秀華文創

韓復榘全傳

從北洋目兵到國軍二級上將
從追隨馮玉祥到效力蔣介石
北伐之役，「飛將軍」首占北京
抗戰軍興，英年早逝

韓宗喆——著

自序

落筆之前，首先要感謝元華文創/方集出版社/如是文化編輯部及陳建安先生，惟經各位的幫助與辛勞，拙著方得以順利出版，付梓問世。筆者感激至深，備極欽敬。

二〇一一年筆者出了一本書，《韓復榘與西北軍》，該書的自序即開宗明義：「本人是一名醫生，說實話，要寫一部有關歷史的書有點勉為其難；韓復榘先生是我的祖父，由後人為先人作傳，又被一般認為是犯忌的事。奈何筆者愚魯，仍『知其不可為而為』，斗膽握管成書，是耶非耶，成耶敗耶，讀者明鑒。」

毋庸諱言，韓復榘先生是民國史上頗有爭議的人物之一，由於眾所周知的緣故，有關韓先生的專著幾希。

一九八五年出版的《韓復榘傳》（作者呂偉俊，山東大學歷史文化學院院長、歷史系主任），應該是第一部研究韓先生的學術著作。該書重點在論述韓先生主魯期間在政治、經濟、文化及軍事等領域的舉措及影響。

一九九二年，先父韓子華先生寫了一篇長文《記亡父韓復榘先生》，被臺灣《傳記文學》第三六四期以特稿刊出，編輯部還加了兩條編者按。該文是以家人的角度和日常生活的側面講述韓先生的生平，並無所謂「宏大敘事」。因文中提到家父曾與孔德成先生有過一面之交，孔先生見到此文後贈家父一幅墨寶「白日依山盡，黃河入海流」。

二〇一三年，家父的一部口述歷史《我的父親韓復榘》由中華書局出版，臺灣的思行文化傳播有限公司也出了該書的繁體字版。這本書不僅回顧韓先生生平，也述及韓先生兒孫輩的種種境遇。在由新華網與中國出版傳媒商報社跨媒聯合主辦的「二〇一三年度中國影響力圖書」評選中，該書為50種獲獎圖書之一。

值得一提的是，旅美學者、前日本京都大學、武漢大學、中國人民大學、華東師範大學歷史學教授劉正先生一部業已完稿的專著《韓復榘・傳說與史實對比研究》，作者嚴守學術本位，「立志於對原始檔案文獻的使用，屏除既有的似是而非的觀點，利用真實可信的原始檔案文獻，努力恢復韓復榘的本來面目。」期待劉教授大作早日付梓出版，先睹為快。

《韓復榘與西北軍》問世已十年餘，此間筆者從海峽兩岸的檔案館收穫到有關韓先生的檔案文獻可謂海量，很多史料都是前所未聞，甚至是曾被誤解，深感有必要再寫一本書，以求最大限度地符合或接近歷史真相。

筆者寫作《韓復榘全傳》仍然堅守尊重史實，屏棄杜撰，多敘事，少評論，盡可能把事情講清楚，留給讀者一個充分的思考空間，最終得出自己的結論。但是，少議不等於不議。筆者評論的原則為，是則是，非則非，不唯上，不媚俗，不錦上添花，不落井下石，不隨波逐流，不人云亦云；堅守獨立思考，力避感情用事，鋭意個性表達，務求客觀公正。

在下不敏，書中謬誤、疏漏之處在所難免，敬請讀者不吝指正。

韓宗喆

二〇二二年四月於北京

目次

第三章　國民革命軍時期

第一章

身世與家事

出身耕讀之家

清光緒十六年陰曆正月初五（西元一八九〇年一月二十五日）午時，韓復榘出生於直隸（今河北省）霸州東台山村。

霸州地處（北）京、（天）津、保（定）三角地帶，位於北京東南一〇〇公里。後周世宗廣德元年（西元七六三年），為加強邊塞防禦，曾在此設立「益津關」，戍兵駐守。益津關即在當今霸州城的位置。後周顯德六年（西元九五九年），世宗柴榮在益津關設立霸州。益津關瀕臨灞水，故名霸州。霸州自建制以來，幾易隸屬，但一直沿用「霸州」古名，至民國二年，改稱霸縣。

台山村位於霸州城東南二〇里，宋代建村。此地原是一片河間窪地，有三處地勢較高，「台基有三如鼎峙」，故而得名「台山」。三處「台基」按方位分別取名東台山、西台山和中台山。韓復榘就出生在東台山村。

圖001　霸州益津關

「台山無山」，在明代即為「霸州八景」之一。有詩詠之：

〈台山無山〉　徐以貞

台村峨聳勢如山，更喜清流豔曲灣。
林樹直侵雲漢外，人字高架水雲間。
白溝東注拖銀練，恆岳西蟠擁翠鬟。
乘輿登臨舒遠眺，也勝壘石作山看。

台山村在中亭河南岸。中亭河是大清河一條支流，東西貫穿霸州南部，上自蓮花台，下達台山，再注入大清河，綿亙數十里，至此水流減慢，泥沙澄清，水清見底，故名中亭（停）河。雨季水漲，中亭河與大清河連成一片汪洋，因而有「清河無北岸，中亭無南堤」之說。

台山村東、西、南皆有繞村而過的小河（大清河支流）與中亭河相通，如此台山村就成了四面環水的孤島，僅靠東、西、南、北四座小橋與外界交通。每當夏季，村周青波蕩漾，翠柳低垂，輕舟小橋，炊煙縹緲，猶如江南水鄉。

霸州地勢低下，古代大部為湖沼，宋遼時期，還是一片澤國，後因河水氾濫，泥沙淤積，至元代始變為蘆葦叢生的沼澤地，居民

圖002　霸州台山村

原本就很少，元朝蒙古人入侵，又對當地漢民屠殺擄掠，以至幾乎人煙絕跡了。

明王朝建立後，為開發大都（北京），改變京畿荒蠻面貌，於洪武永樂年間兩次大移民，以充實京畿，韓復榘的先祖就是那時候由江南遷徙到霸州的。據韓氏族譜記載：韓氏祖居湖廣布政司武昌府蒲圻縣（今湖北省赤壁市）大車里。「蒲圻」因「湖多蒲草」而得名，三國時期孫權在此設縣。

明朝建立後，為開發大都（北京），於洪武、永樂年間兩次大規模移民，移民來源有二：一為湖廣，一為山西。霸州地處畿南，是移民主要遷徙地之一。明成祖朱棣為遷都北京，攜大批移民北上，以充實京畿。武昌府蒲圻縣大車里村韓氏家族有韓貴高一支，北遷京師順天府霸州境內東台山村，子孫繁衍，愈加昌大，漸成霸州望族之一。

韓氏家族世代書香，族人多為讀書人。韓氏自第八代至第十七代有男性直系後裔二十人，皆為學子，其中庠生（科舉制度中府、州、縣學生員之別稱）九人，貢生（挑選府、州、縣秀才中成績優異者，升入京師國子監讀書，稱為「貢生」或「太學生」）九人。韓復榘（韓氏第十八代孫）之父是秀才，祖父和叔父都是太學生。

清乾隆至嘉慶年間，韓氏家族最為興旺。自韓復榘的祖父起，家道日漸衰微，庚子之變後，家境益困。

韓復榘的父親韓世澤，字靜源，生於清咸豐十一年（西元一八六一年），耕讀為業，家道小康，光緒十二年（西元一八八六年）為博士弟子（秀才），後在本村和鄰村任塾師多年。村塾收學費極廉，每個學生一年不過五百枚制錢，教授幾十名學生也就是五吊錢，如此微薄的收入，實難養家，韓世澤還要下河撈魚捕蝦，以維持家庭生活。光緒二十八年（西元一九〇三年），朝廷提倡新學，霸州開始興辦新式學堂。韓世澤被鄉人公舉赴縣城參加師資甄別，合格後任本村初等小學堂教員。一九二五年秋，韓世澤病逝於北京西城毛家灣七號寓所，享年六十四歲，臨終前遺訓子孫：「世世勿忘為讀書人。」是時韓復榘任國民軍（總司令為馮玉祥）旅長，正奉命帶隊出征，行至通州，聞父遽逝，在馬上慟哭失聲，然師行在途，不敢貽誤軍機，父親後事皆由時任北京衛戍司令的鹿鍾麟代為料理。時有《北京晨報》記者曾撰文記述此事，讚韓「以忠代孝」。

二十世紀五六十年代，有相聲《關公戰秦瓊》，說的是前山東省政府主席韓復榘在濟南為其父祝壽，辦堂會，壽公亂點戲譜，鬧出諸多笑話。韓復榘一九三〇年九月出任山東省政府主席，而其父早在一九二五年即去世北京，何來祝壽之說？

韓世澤事親至孝，撫弟友愛，敦厚方正，待人寬和，澹泊朦朧，榮辱不驚，一生崇尚「淳樸」二字。雖身為教書先生，其衣著飲食一如老農。一九一七年，韓復榘在通州馮玉祥第十六混成旅任連長時，國學大家、時任北洋政府教育部社會司司長之高步瀛在北京第一次與韓世澤見面，韓留給他的第一印象是：「其容岸然而和，言藹然而盹。至衣冠樸素，而無隕獲之態。予心奇之，竊以為有道君子也。」（高步瀛：《韓世澤先生墓表》）待一九二二年末，高再次與韓世澤會面，「越六年，復榘以勞擢團長，家境亦稍裕矣，複見先生，意態被服如昔，而氣益和，乃愈歎果為有道君子。

圖003　韓李氏墓誌銘拓片

明年，東北戰事（第二次直奉戰爭）起，都城一日數驚，而先生意氣靜穆如平時，益信非有道君子不能也。」高歎曰：「若先生宅心淡泊，閱萬變而始終不渝，洵無愧有道君子。」（高步瀛：《韓世澤先生墓表》）

韓復榘之母李氏，霸州西台山村人，二十二歲出嫁，是一位賢妻良母式的農村婦女，「尊章在堂，稚弱在抱，奉老慈幼，曲有恩紀，門內雍然。里中咸稱頌：韓氏有賢婦矣！」韓母雖一普通鄉間農婦，卻頗識大體，對子女教誨極嚴，嘗誡之：「貧困不足慮，要當使兒輩奮發，有所建樹，為邦國光，斯不負耳。」（吳闓生：《韓太夫人李氏墓誌銘》）韓復榘就任河南省政府主席時，迎母至汴奉養。母「嘗以盡忠國事，愛惜民生為復榘誡」。（吳闓生：《韓太夫人李氏墓誌銘》）韓母李氏一九二九年病逝，享年七十歲。

為韓母書寫墓誌的是著名書法家劉春霖。劉春霖（一八七二～一九四四），字潤琴，直隸肅寧人，蓮池書院肄業，光緒三十年（西元一九〇四年）中狀元。劉氏書法享譽清末民初書壇，尤以小楷著世，時有「大字顏真卿，小楷劉春霖」之美譽，曾得慈禧太后的賞識。馮玉祥之父馮有茂的墓誌亦出自劉之手筆。

七歲束髮受書

光緒二十四年（西元一八九八年），韓復榘束髮受書，在父親主持的舊式塾學裡開蒙。是年正值光緒帝變法維新，庚子之變後，維新勢力又捲土重來，因宣導新學，霸州將始建於元代的益津書院改辦新式「高等小學堂」，各村塾學更名「代用學堂」（初等小學堂）；全縣試行「癸卯學制」，即六歲入學，初小五年，高小四年。是時，韓復榘已在塾學中讀書五年，相當於完成了當時所謂的初小學業，家中無力再送他到縣裡的高等小學堂繼續念書。韓父已被聘為村中代用學堂的教員，學堂就設在村西一座俗稱「大寺」的祠堂裡。韓在學堂裡一邊隨父親學習高小功課，一邊輔導低年級學生。

韓復榘在塾中隨父親讀書，通讀四書（《大學》、《中庸》、《論語》、《孟子》）、《詩經》、《書經》、《春秋左傳》等，除子、史外，還學習古文選、八股文、唐詩絕句等，習字也是重要功課。父親對書法尤為偏愛，時時臨摹，頗有造詣，小楷更見清秀工整，為他日後在縣衙任「帖寫」謀生，並在軍旅中以「司書生」進身創造了條件。

由於家境日窘，韓復榘在讀書之餘，還要與兄長在田地裡勞作。當年台山村四面環水，河渠交錯，家家都有小船，有如江南水鄉。父親水性極好，善長抓魚，捉蝦，摸蛤蜊以補家用。

光緒三十三年（西元一九〇七年），韓復榘十六歲，修完高小功課，因清廷兩年前即宣佈停科舉，廢八股，韓仕途無望，遂輟學在家，白天與兄長勞作於田間，晚上挑燈讀書練字。

光緒三十四年（西元一九〇八年）春，韓世澤託友人、縣衙刑房主管王佐舟先生舉薦韓復榘拜縣衙蔣稿公為師，在戶房內當了一名「帖寫」，主要公事就是伏案謄錄文牘。

「斷國孝」迎娶高藝珍

光緒三十四年秋，光緒皇帝與慈禧太后相繼駕崩，聖諭全國舉哀。是年韓復榘十七歲，與本縣北莊頭村高氏之女高藝珍成婚。韓、高兩家之所以選擇此時舉辦婚事，緣為「斷國孝」期間，婚嫁概不准動用絲竹及鑼鼓響器；衣著不准染有紅紫諸色；待客不准擺設酒宴等等。如此男方不僅可以節省一大筆費用，女方也可為陪嫁寒酸遮羞。

韓復榘妻高藝珍，字淑德，長韓復榘兩歲，因此韓復榘呼之「大姐」。高性格開朗，雍容大度，深受韓敬重。

高氏家族原為世代書香的大戶人家，後中落，但仍以「文」名見稱於鄉里，高藝珍父與韓世澤當年為同窗好友，高藝珍的堂叔是著名學者，北學領袖人物高步瀛先生。

高步瀛，字閬仙，直隸霸州人，中舉後留學日本，辛亥革命後任教育部社會司司長，魯迅先生尚在其屬下任僉事。一九二七年辭職，歷任國立北京師範大學、北京女子師範大學、中國大學教授。高先生對古文的義理、考據、辭章都有很深的功底，平生著述極多，當時日本學者把他的考據與廣東黃節的詩學，桐城吳闓生的古文並稱為「中國三絕」。高步瀛不僅學識淵博，而且品德端方，為學界所景仰。魯迅曾對戲劇家齊如山先生說：「閬仙是個行不違

圖004　高藝珍，一九二〇年武昌

圖005　高步瀛先生

所學的人，閬仙高就高在這裡。」（徐北文：《韓復榘與高步瀛》，《山左鴻爪》，上海書店出版社，一九九四年，頁八五）一九四〇年，高先生病逝。一九四四年四月，北京師範大學開會紀念抗戰時期去世的錢玄同先生與高步瀛先生，胡適先生即席演講，稱：「錢先生是南方學人的典型；高先生是北方學人的典型。」（萬福增：《河北真儒高步瀛》，《河北歷史名人傳．科技教育卷》，河北人民出版社，一九九七年，頁三五〇）

一九二〇年代初，韓復榘駐軍北京南苑，因仰慕高先生的道德文章，偶爾進城，輒前往府上拜訪。高先生時任政府高官，韓僅為區區團長，恆待之以禮。高先生記誦博洽，辭章典故，如數家珍。韓每遇古人詩文難解之處，輒向先生請教。高先生必命韓從其堆積如山的藏書中取出一冊冊書卷，再令其翻至某某頁，溯本求源，解析精微，不厭其煩，令韓佩服得五體投地。

浪跡關外　投筆從戎

韓復榘婚後生活十分窘迫，帖寫職務卑微，工作單調，薪俸亦少得可憐，難以養家。韓阮囊羞澀，更兼前途渺茫，心中十分苦悶，常去小酒館喝兩杯燒酒，借酒澆愁，因而認識一位酒友梁海文。梁是縣城西街剃頭鋪子的師傅，三十多歲，為人慷慨尚義，頗有幾分豪氣，與韓一見如故，遂結為金蘭之好。

縣城畢竟不同窮鄉僻壤的農村，商鋪、酒肆鱗次櫛比，兼有賭戶。韓復榘窮極無聊，常隨差役涉足賭場，日久逐漸染指賭博，不到半年時間竟債臺高築。韓職卑薪薄，無力償還賭債；父親家規甚嚴，不軌之事又不敢使知之，終日坐困愁城。

宣統元年（西元一九〇九年）春節將至，債主紛至遝來。韓復榘無顏面對債主，又愧對父母妻子，思前想後，決計鋌而走險，一走了之，去關外另謀出路。韓在出走之前曾私下徵求薦保人王佐舟及義兄梁海文的意見，王、梁都贊同他的想法，並各贈送給他幾吊錢作為路費。韓去意已決，便連夜由縣城趕回台山村，不敢驚動父母，只向新婚的妻子說明了自己的意圖，並表示愧疚之情。高藝珍是個拿得起，放得下的女子，非但沒有怨天尤人，反而慰勉丈夫今後要志存高遠，發奮圖強，到外邊闖蕩出一番事業來。臨別時，高將自己僅有的陪嫁首飾——一對空心銀鐲子拿出來，一只送給丈夫作盤纏，一只自己留作紀念。

韓復榘在院中向父母居住的北屋磕了三個頭，便踏上了闖關東的漫漫征途。是時，韓十八歲。

韓復榘闖關東起初打算尋兄，無奈只知大哥復森在關東煤窯做工，卻不知具體地址，更不知關東之廣袤！韓出關後，所帶盤纏已所剩無幾，只得一路打短工，流落到遼陽。

一九〇九年五月，韓復榘患傷寒病，病倒在一家由山東逃荒到遼陽的老夫婦開的小客店。店主夫婦無兒無女，見韓眉清目秀，貌似書生，遂起惻隱之心，非但免收食宿費用，還熬湯煎藥精心護理。時過二十餘日，病情不見好轉，韓驟起輕生念頭。入夜，待店主夫婦都熟睡了，韓悄悄爬下床來，就著水缸喝了一肚子冷水，原來他略諳醫理：傷寒病人喝涼水必死！他唯恐死在店裡給店家惹來麻煩，隨即溜出小店，步履蹣跚地走到鎮外一片荒蕪的墓地，仰面朝天躺在一個墳丘上，瞑目斂息，靜候死神光臨，不想竟恍惚入睡。翌日，韓一覺醒來，已是出了一身透汗，身體頓感些許輕鬆，自忖命不該絕，又起身折回小店。從此，韓病情一天天好轉，在店主夫婦的精心調養下，又過了十餘日，病體已告痊癒。適值駐軍新民府之中央陸軍第一混成協（不久易名第二十鎮第四十協）第八十標招兵，韓決計從軍，吃糧當兵。店主夫婦答應作韓的保人，並立下由韓書寫的具保文書。臨行告別時，韓認店主夫婦為乾爹乾娘，跪地磕頭，發誓說，今後若有出頭之日，定接二老去孝養終生。

一九三六年，時任山東省政府主席的韓復榘曾對人說：「當我民國十四年在北京升到旅長時，為了報恩，我曾派人到東北各處尋找那位救濟我的山東老鄉；到山東當主席後，又派了幾個人去找，但終未找到，很是遺憾！」（王雨田：《憶韓復榘二三事》，頁二）

新民府在京奉鐵路線上，距遼陽八〇里地。韓復榘趕到新民府，在鎮街南一間販賣糧食的穿行大店裡找到了陸軍第一混成協第八十標的招兵處。負責招兵的青年軍官要登錄韓的姓名、年齡和籍貫。韓先報了姓名。青年軍官寫了「韓復」兩個字後，沉吟著停下筆來，顯然是不知寫哪個「ㄐㄩˇ」字。韓恭敬地要過筆來，在一張草紙上端端正正地寫了個「榘」字。值此之際，一位身材高大的軍官走過來，拿起那張草紙，認真端詳了一會兒，又把韓上下打量了一番，說：「想不到你還有這兩下子，行了，你就留下吧。」

韓復榘如願以償地在陸軍第一混成協第八十標第三營補了一名副兵，第三營的管帶（營長）就是他應募時見到的那位身材高大的軍官、後來大名鼎鼎的馮玉祥！

第二章

北洋軍時期

第二十鎮是北洋軍的基本武力之一。

北洋陸軍採用德、日兩國軍制與訓練方法，裝備全部是由國外購買的火炮及槍械，同時聘請外國軍事教官訓練軍隊。官兵軍服仿歐式，為藍色（後改為土黃色），標紅色徽號，軍官帽檐加標軍階級別。

韓復榘能在中國第一支新式軍隊——北洋軍中開始他的戎馬生涯，當是十分幸運。陸軍第二十鎮武器精良、訓練有素、思想活躍、人才濟濟，由此培養和造就出許多中國軍政界的著名人物。韓在此接受的軍事教育和訓練，為他日後成長為一名傑出的軍事將領打下了堅實的基礎。韓接觸到新思想，開闊了視野，結交了很多出類拔萃的血性男兒，為他以後的發展提供了良好條件。更幸運的是，韓復榘從一名副兵開始，便與馮玉祥結下不解之緣。馮氏一生不甘平庸、自強不息，以天下為己任的英雄氣概，以及他在治軍練兵方面的獨到之處，對韓的思想方法和行為方式都產生了深刻影響。

從一名副兵做起

韓復榘的軍旅生涯是從一名副兵開始的。

新兵入伍一律換上藍色仿歐式軍裝，辮子盤在頭頂上，扣在軍帽裡，帽頂隆起一個包，即魯迅所說的「富士山」。新兵先要學習如何打綁腿、打背包，如何繫皮帶、

圖006　清北洋新軍第二十鎮

繫風紀扣；然後就是練習操法，從「立正」、「稍息」、「托槍」、「開步走」開始；接著便是隨著教習的口令，反覆操練「步法」和「轉法」，皆屬分解動作，要逐一糾正。最吃力的是練習「拔慢步」，每個動作都要停留很久，新兵越是站不穩，教習越不下達進行下個動作的口令，任其「金雞獨立」，一站老半天。韓復榘入伍第一二十天，腿都站腫了，晚上疼得上不了鋪。

兵丁晚上要睡「兵棚子」，一棚（班）人住一間營房，睡的是大通鋪，每人只佔五〇公分的地方，人擠人，夜間棚裡充滿著汗臭和腳臭味兒。每天早上士兵要跑步半小時，至收操時，軍衣及背包全被汗水浸透。

副兵不發槍，兩人一組，只發一條扛子，行軍時負責抬運軍資雜物。副兵除去例行的操練外，還要清理馬廄，打掃環境，並擔當其他雜務，苦不堪言。有軍諺道：「老鄉見老鄉，兩眼淚汪汪。你去抬扛子，我也沒有槍。」

當時軍隊裡盛行打罵教育，官佐、頭目對兵丁開口就罵，舉手就打，槍托、刺刀柄，手裡有什麼就用什麼招呼，嘴裡還粗言穢語，無般不罵出口來。被打罵的兵丁絕不能申辯，更不敢頂嘴。兵丁日久習以為常，亦處之泰然，若某日未被打罵，反覺無趣。

經過三個月的新兵教育之後，新兵便加入老兵的行列，開始軍中正常生活和訓練，名曰「入大挑」。第四十協設有「隨營學堂」，挑選軍中識字的目兵當學兵，每營二十名；以有學識的官佐擔任教員，講授相當初級軍官水準的《步兵操典》、《射擊教範》及測算、輿圖、沙盤、棋兵等等。

韓復榘負膽略，好談兵，對軍事學極感興趣，刻苦研習，課餘時分，經常獨自一人在沙盤、輿圖前揣摩攻守戰法，偶有心得，便記在紙箋上，以為備忘錄，裝在一隻布袋裡，美其名曰「錦囊妙計」。

兼通文墨而又極具個性的韓復榘早就引起管帶馮玉祥的注意，經過九個月的觀察，馮決定破格啟用韓

圖007　馮玉祥

復榘。

一九一一年（宣統三年）三月，韓復榘由副兵提升為正兵，月餉銀四兩五錢；七月，升副目；八月，因原營部司書劉驥調任營部參謀，韓越級升任營部司書，月餉銀十兩。在不到半年的時間，韓連升四級，由一名副兵破格提升為官佐，顯然是由於馮玉祥的特別垂青。

按清軍營制，司書屬最低一級官佐。每營設司書六名，其中管帶配二名，四位隊官各配一名。司書日常工作為文牘管理及繕錄等項。

韓復榘升任司書後，即調至營部當差，常侍管帶馮玉祥左右。

辛亥灤州起義

辛亥武昌起義前夕，大清王朝已是風雨飄搖，岌岌可危。清廷為力挽危局而編練新軍，反而加速了其瓦解的進程。隨著革命運動的發展，革命黨人加緊在新軍中活動，新軍官兵中的革命力量在不斷壯大。馮玉祥與六名青年軍官在軍中組織「武學研究會」，以研究軍事為名，團結同志，秘密鼓吹革命。韓復榘在馮的影響下加入武學研究會，並很快成為其中的骨幹分子。

起初，武學研究會的活動僅限於指點江山，議論時政，以自強相策勵，以革命為號召；相互傳閱《嘉定屠城記》、《揚州十日記》等反滿書籍。一九一〇年冬，武學研究會為表示「扶漢排滿」決心，毅然剪去髮辮，此舉在當時形同造反。馮玉祥在日記中寫道：「列兵之中毅然剪去髮辮者，韓氏為列兵中之第一人。」（《馮玉祥日記》，一九三八年一月二十六日）

武昌新軍起義成功的消息傳來，武學研究會全體同仁歡喜若狂。他們時而秘密策劃武裝暴動方案，時而到廣大官兵中進行宣傳鼓動。馮玉祥搞到一台油印機，把義軍節節勝利的戰報、各省回應起義的文電，以及鼓吹革命的文章等，及時印成宣傳品，分發到各營官兵中。韓復榘身為軍中的「秀才」、營部的司書及武學研究會的同仁，責無旁貸地承擔起編寫、刻印、分發宣傳品的任務。

圖008　新軍第二十鎮部分官兵

一九一二年一月三日，為回應武昌起義，清新軍第二十鎮四十協部分官兵在王金銘、施從雲、馮玉祥領導下，於灤州舉義旗、興義師，宣佈「中華民國北洋軍政府」正式成立，王金銘就任中華民國北洋軍政府北軍大都督；施從雲就任北軍總司令；馮玉祥就任北軍參謀總長；韓復榘就任北軍左路軍司令，當日即進軍北京。清廷急派重兵彈壓，義軍寡不敵眾，功敗垂成，王金銘、施從雲犧牲，馮玉祥和韓復榘被捕，原擬要殺頭，後因事件很快平息，清廷不願再將事態擴大，乃改判「撤職除名、遞解回籍」。

一九二六年，馮玉祥在「五原誓師」的集會上，曾發表一番自述懷抱的講話，其中就說到：「辛亥武昌起義，我與張之江、李鳴鐘、張樹聲、韓復榘諸同仁，同了王金銘、施從雲、白雅雨諸烈士舉兵回應而有灤州之役；不幸為王懷慶所欺，功敗垂成，王、施、白諸烈士即時成仁就義。我同張、李、張、韓均被遞解回籍，僅以身免。」（馮玉祥：《我的生活》下冊，黑龍江出版社，一九八一年第三版，頁四九一）

一九一二年一月六日晨，馮玉祥和韓復榘在被拘禁三天之後，分別被遞解回籍。馮玉祥在執事官梁喜奎押解下先到北京，拜見京畿軍政執法處處長、恩公陸建章，在得到肯定的承諾後，才回到保定老家，靜候陸的召喚。韓復榘則被押回霸縣，負責押送的馬弁把他交到縣衙裡就走了。韓世澤被傳喚到縣衙，立下保狀，把離家出走兩年的兒子接回台山村。是年，韓復榘二十二歲。

一身征塵、滿臉滄桑的韓復榘，在離家出走兩年之後不期而歸，令家人又驚又喜。外間鬧革命黨的事家人早已風聞，驚的是韓居然也敢冒死參與其中；喜的是造反不成還能活著回來，也是不幸中之萬幸。

回到家中的韓復榘終日深居簡出，心中鬱悶固然是主要原因，頭上沒了辮子也讓他寸步難行。雖說是時清廷已頒佈聽由民眾剪除髮辮的明諭，但在偏僻的鄉村，頭上光禿禿的仍招人非議。據說在縣城花十二塊銀元就能裝上一條假辮，但韓不屑於此。馮玉祥回到原籍就裝了一條假辮，每次上街都提心吊膽，惟恐被人看出破綻。

辛亥灤州起義作為辛亥革命的一部分，雖然功敗垂成，但由於灤州地處京畿，變生肘腋，對清廷構成極大威脅，有力地牽制了清軍對武昌的進攻。

一九三六年，由國民政府主持在北京修建「辛亥灤州起義烈士紀念陵園」。陵園位於北京西北郊溫泉附近的界龍山上，部分死難烈士的衣冠安葬於此。陵園內建有紀念堂、紀念碑和高十二米的紀念塔。紀念碑正面有馮玉祥親筆題詞，背面是韓復榘親自纂文並書寫的〈辛亥革命先烈衣冠塚銘并序〉。

〈辛亥革命先烈衣冠塚銘并序〉，全文如下：

嗚呼！此灤州革命諸先烈埋藏衣冠處也。夫革命非速成之事業，而流血乃大好之收場。在仁人義士，固已視死如歸，雖肝腦塗地，膏血原野，在所弗恤。獨是殺身成仁，見危受命，或戰歿於疆場之間，或殺戮於立談之頃，同時死義者都數十百人，求骸骨而不得，乃設衣冠葬之，何其慘哉！竊維灤州革命，主其事者，為已故大都督王金銘、總司令施從雲等百餘人，處清廷淫威專治之下，當革命胚胎萌芽之秋，初則設武學研究會，以秘密運動；繼則設山東同鄉會，以策劃進行。困心積慮，待時而動者，蓋已久矣。洎乎武昌事起，天下豪傑聞風回應，而灤州忠義之氣，遂一發而不可遏止。論者謂：辛亥革命雖發軔於武昌，而其成功之速，實灤州舉義有以促成之，其信然也。先是，革命計畫以王金銘、施從雲、張建功三營為灤州之主力軍；以海陽之馮營

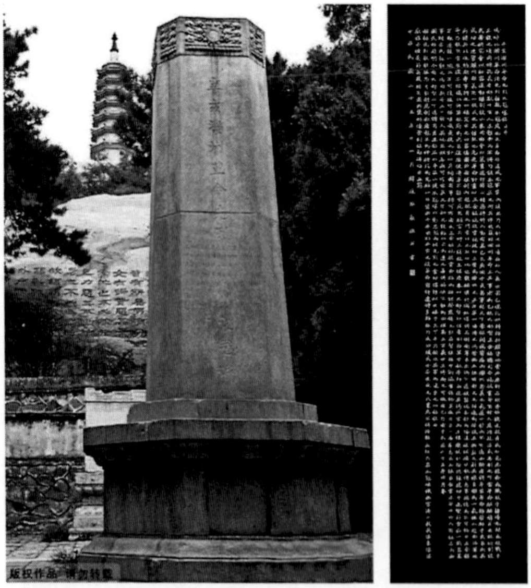

圖009　北京溫泉辛亥灤州起義先烈衣冠塚碑

與三張所部之馬隊遙為聲援；且與藍天蔚、吳祿貞聯為一氣；派員赴南洋軍政府，請兵北伐。約期舉事。持之以鎮定，處之以審慎，固非若拔劍而起，挺身而鬥者比也。然以地近畿輔，漢奸滿奴環侍其側，南軍未至，馮公遽被監視，各部馬隊復被調撥分散，情急事迫，僾焉不可終日。王金銘等乃毅然宣告獨立，組織北洋軍政府，為武昌後盾，使清軍不能首尾兼顧。當其時，且誘至王懷慶，奉以大都督印信，牽制淮軍。方欲率師西進，直搗燕京。而王懷慶詭計潛逃，張建功中途變節，雷莊一戰，眾寡不敵，遂至一蹶而不可復振，可勝歎哉！是役也，計以身殉國有事蹟可考者為：王金銘、施從雲、白雅雨、孫諫生、戴錫九、熊齊賢、張振甲、劉瀛、董錫純、萬盛臣、呂一善、牟惠來、王禹臣、黃雲水等十四人；有姓名而無事蹟者為張勳之、馮日興等五十餘人，其他並姓名無可考者，蓋又不知凡幾。雖以司馬遷之善傳游俠，不能為田橫島五百義士立傳，斯尤可慨者！已乃者於民國二十五年四月，奉國民政府明令，自大都督以下追贈有差，並飭在北平西山建衣冠塚，以彰忠烈。而諸先烈之豐功偉績，始大禒於天下。予乃詮次其事，而復系之以銘。銘曰：

赫赫先烈，耿耿孤忠。弓能射虎，劍欲屠龍。
生為神將，死為鬼雄。一日碧血，千年白虹。
辛亥之役，革命前鋒。遭時多難，敗乃成功。
殲我士卒，喪我元戎。裹屍不得，掩骼無從。
乃葬衣冠，標識幽宮。湯山峨峨，溫泉溶溶。
廞旌冷壙，亮節英風。賴有國典，褒恤優崇。
刻銘勒碑，昭示無窮。

中華民國二十五年十一月　韓復榘敬撰並書

韓復榘撰寫的碑銘已成為研究灤州起義歷史的一篇重要文獻。「辛亥灤州起義研究會」副會長兼秘書長唐向榮指出：「只就灤州起義而言，韓復榘有四點是可以肯定的：第一，他早年投身灤州起義是正確的；第二，他對灤州起義的紀念和宏揚是有貢獻的；第三，親筆為衣冠塚屬文是基本符合史實的；第四，衣冠塚銘文是情深理正的。」（唐向榮：〈辛亥灤州起義〉，《灤縣文史資料》，第七輯，頁二三二）

辛亥灤州革命先烈衣冠塚銘并序
嗚呼此灤州革命諸先烈殉義衣冠處也夫革命非速成之事實而流血乃大好之收場在仁人義士固已視
立說之頃同時死義者都數十百人求骸骨而不得乃設衣冠葬之何其慘哉竊維灤州革命主其事者為己
武學研究會以秘密運動繼則設山東同鄉會以策畫進行同心精慮待時而動者蓋已久矣洎乎武昌事起
成功之速實灤州舉義有以促成之其信然也先是革命計畫以王金銘施從雲張建功三營為灤州之主力
府請兵北伐約期舉事拘之以鎮定出之以審慎固非若拔劍而起挺身而鬥者比也然以地近畿輔漢奸滿
等乃毅然宣告獨立組織北洋軍政府為武昌後盾使清軍不能首尾兼顧當其時且誘致王懷慶來以大都
不敢遂致一敗而不可復振可勝嘆哉是役也計以身殉國有事蹟可考者為王金銘施從雲白雅雨孫諫聲
事蹟者為張勛之馮國璋等五十餘人其他並姓名無可考者蓋又不知凡幾雖以司馬遷之善傳游俠不能
國民政府明令自大都督以下追贈有差並飭在北平西山建衣冠塚以彰忠烈而諸先烈之豐功偉績始大
赫赫先烈耿耿孤忠弓能射虎劍能屠龍生為神將死為鬼雄一日碧血千年白虹辛亥之役革命前鋒遺時
厭旌冷壙亮節英風精有國典褒郵優崇刻銘勒碑昭示無窮
中華民國二十五年十一月　韓復榘敬撰并書

圖010　韓復榘撰寫之〈辛亥革命先烈衣冠塚銘并序〉（局部）

再赴戎行

一九一二年二月十二日，清帝溥儀宣佈退位，這天離過陰曆年還有六天。消息傳來，早已待得不耐煩的馮玉祥不等陸建章招呼，便於大年初三（二月二十日）登上去北京的火車。馮到了北京，被陸建章委以左路備補軍前營（二營）營長。馮手下沒有一兵一卒，便著手去直隸景縣召募新兵。此次景縣召募的新兵中，有不少人日後蔚起為西北軍著名將領，如孫良誠、劉汝明、佟麟閣、程希賢、曹福林等。前幾位嗣後都成為馮玉祥的「十三太保」，曹以後是韓復榘麾下「哼哈二將」之一。

五月中旬，馮營開往京西三家店，一邊訓練，一邊守護陸軍部軍械局。

韓復榘在家中憋了近半年時間，正百無聊賴之際，突然聽說老管帶馮玉祥在北京又當上營長，時下正在邀集舊部，重整旗鼓，不禁精神為之一振，在徵得父母妻子的同意之後，於六月初離家，再赴戎行。

霸縣地處京畿，韓復榘很快就在京西三家店找到了馮玉祥，二人劫後重逢，別有一番喜悅和感慨。馮先安排韓在二營任什長，未及一月，又讓他做起老本行——營部司書。

韓復榘的前任司書為王喜瑞，滿族人，腦後留著一條小辮子，手裡總是端著一個亮晶晶的水菸袋。有人跟他開玩笑，說馮營長是革命黨，在灤州造過反，專殺留辮子的旗人。王膽子小，不辭而別。

一九一三年九月，左路備補軍奉命改編為「京衛軍」，下轄左翼第一團和左翼第二團，陸承武營擴編為左翼第一團，陸任團長；馮玉祥營擴編為左翼第二團，馮任團長。

「老二營」擴編為團後，韓復榘向馮玉祥明確表示：志在帶兵打仗，不願再做案頭工作，正是「寧為百夫長，不做一書生」。馮見韓有膽有識，便調他到二團二營六連任排長。

圖011　白朗軍席捲隴南

一九一四年（民國三年）三月二十一日，以陸建章為統領的京衛軍接到陸軍部下達的出征西北，追剿白朗的命令。

袁世凱派段祺瑞兼豫督，指揮豫、鄂、皖，蘇四省軍隊對其圍追堵截，因「朗」與「狼」諧音，乃謂之「打白狼」。一九一四年三月，白部佔據老河口，直指荊紫關，欲進入陝、甘。袁派陸建章為陝西宣撫使，率所部京衛軍入陝進剿。

陸建章乘機擴大實力，請准陸軍部將所部京衛軍擴編為兩個旅，即左翼第一旅和左翼第二旅。馮玉祥任左翼第一旅旅長兼左翼第一團團長。

四月初，馮玉祥率部分乘三列火車沿京漢路南下，再轉隴海路西行至河南澠池下車，是時白朗部已攻克荊紫關，進入陝西。馮部經陝縣向潼關徒步行軍，於四月十六日到達華陰縣，在此接到陸軍部命令：京衛軍改編為中央陸軍第七師，陸建章任師長；馮玉祥任第十三旅旅長；韓復榘調任該團二營七連排長。

「模範連」排長

在與白朗軍周旋的過程中，馮玉祥深感自己所帶的隊伍人員複雜，良莠不齊，尤其是團、營、連三級幹部，用起來大多不能得心應手，於是便痛下決心，從連以下官佐目兵抓起，培養一批軍事素質高，又絕對以馮馬首是瞻的青年軍官，為將來建立一支所向無敵的「馮家軍」而儲備人才。

一九一四年夏，馮決定建立一個「模範連」，下轄三個排，計一三〇人，從連長到目兵全部由當年「二十鎮」和「老二營」的弟兄中選拔產生，以副官長李鳴鐘為連長，以韓復榘、過之綱、宋西翰分任第一、二、三排排長；以石友三、葛金章、孫連仲等為頭目；以田金凱、馮治安、吉鴻昌、曹福林、聞承烈、梁冠英等為士兵，以宋子揚、蔣鴻遇、劉郁芬、吳樹榮等為教官。學習科目除基本教練、體操、拳擊、劈刀外，還有戰術原則和應用戰術等。

第一期模範連為期不到兩年，取得突出成效。當部隊離開四川回到直隸廊坊時，該連學兵已陸續分配到各連、排，擔任下級軍官，以後大多成長為西北軍高級將領。

第一期模範連為馮軍培養出兩代最優秀的戰地指揮官：以韓復榘、石友三、孫連仲、席液池、葛金章、過之綱等為代表之第二代將領；以馮治安、梁冠英、吉鴻昌、曹福林等為代表之第三代將領。

由於陸建章身為「揚威將軍」不能再兼第七師師長，一九一四年九月十八日，第七師建制被取消，第十四旅擴編為第十六混成旅，馮玉祥任第十六混成旅中將旅長。

韓復榘任該混成旅步一團二營七連排長，十一月補授陸軍步兵少尉銜。

第十六混成旅轄步兵二團、騎兵一營、炮兵一營、機關槍一連，全旅官兵五千至六千人，山炮十八門、機關槍六挺。

第十六混成旅直隸中央陸軍部，是一支相對獨立的軍事、政治集團，從不甘居人下的馮玉祥，終於有了一個可以施展其抱負的堅實平臺。十九世紀二三十年代，雄踞中國北方的西北軍，即根植於第十六混成旅。

入川作戰　一度被俘

圖012　韓復榘的青年時代

一九一四年九月，馮玉祥在接到改編第十六混成旅命令的同時，也接到了開赴漢中的命令。九月下旬，馮率領一混成團翻越秦嶺至漢中。四川督軍胡景伊自兵變後，屢屢請援於中央。袁世凱乘機派北洋軍入川，於一九一五年二月，委心腹大將、總參謀部參謀次長陳宧進川「會辦軍務」。陳指定第十六混成旅馮玉祥部由漢中進駐川北。

一九一五年十二月十二日，袁世凱宣佈實行帝制，自稱「中華帝國皇帝」，改元洪憲。二十三日，雲南將軍唐繼堯、蔡鍔、李烈鈞等請懲帝制禍首。二十五日，雲南宣佈獨立，並組織護國軍，進軍四川敘府（今宜賓）、瀘州「討袁」。

陳宧命第十六混成旅馮玉祥部渡江南下進攻護國軍。馮部於十二月二十七日，行至距敘府二〇里之白沙場，與護國軍劉雲峰第一梯團遭遇，打了一場敗仗。在這場不大不小的白沙場之役，勝負雙方各有傷亡。馮玉祥將滇軍傷兵百餘人及本部傷兵六十餘人均交由韓復榘照管，將傷兵用木船沿長江順流運至瀘州醫治。韓押船行至江安水面時，意外被劉存厚的川軍扣留。

原來原來防守敘永的川軍第二師師長劉存厚部突然倒向護國軍，宣佈獨立，自稱「四川護國軍總司令」，瀘州已被劉部與雲南護國軍第二梯團聯合攻佔，劉部移駐江安。韓復榘和眾傷兵不知瀘州已落入護國軍手中，就在江安水面糊里糊塗地當了俘虜。

關於韓復榘及傷兵被俘一事，馮玉祥在其自傳《我的生活》中是如此記述的：劉存厚手段很辣，前不久剛剛殺了所俘伍祥禎旅的一位團長和四位營長，現在又意欲殺害韓復榘及全體傷兵。韓沉著地說：「我們這次作戰實出於萬不得已，不信，你看我們收容的傷兵裡面也有滇軍，而且待遇完全一樣。」劉即派人到船上查看，果然如此，方化敵為友，並給每名傷兵發洋五元，又讓韓帶了許多宣傳品去散發。（馮玉祥：《我的生活》，黑龍江人民出版社，一九八一年，頁二二〇）

關於韓復榘等被俘一事，尚有另外一種版本，即劉汝明在其自傳《一個行伍軍人的回憶》中所述之情節。據劉稱，學兵連排長韓復榘及馮玉祥之馬弁王秉發護送五十多名傷兵乘船去後方，經過川軍第一師周駿部防區水面時，被川軍扣留。川軍將傷兵都推入河裡，把韓及王捆送到師部審問，以核實馮旅是否串通護國軍。周先把韓提去問話，留下王捆在樹上，由兩名士兵看管。入夜，王悄悄掙脫繩索，哀求一名士兵替他找碗水喝。待那名士兵離開後，王又求另外一名士兵替他點根菸抽，並示意紙菸在自己口袋裡。那名士兵聽說有菸，立刻把手伸進王的軍衣口袋。王乘機用已鬆開的雙手，奪過那名士兵的步槍，將其刺死，然後迅速逃走。待川軍發現時，王早已消失在黑暗之中。王跑回部隊營地，當即向旅長報告一切。馮旅長給周師長發了一通電報，要

圖013　馮玉祥收復敘州後遣返護國軍傷兵

求他立刻釋放韓復榘，否則即命所部留守成都人員捕殺周父，為韓償命。周接電氣奪，忙不迭放韓歸隊。韓回營後向旅長報告審訊情形。馮始覺察袁世凱已對第十六混成旅有所防範，便決心儘快促使陳宧宣佈獨立，以防不測。（劉汝明：《劉汝明回憶錄》，臺灣傳記文學出版社，一九七九年三月，頁一九）

一九一六年二月，韓復榘補授陸軍步兵中尉銜。

三月三日，第十六混成旅駐紮敘府，部隊增編一個補充團，韓復榘升任補充團第三營第十一連連長。

在北洋軍中晉升連長是一件大事，除請客吃飯外，照例還要身著歐式軍禮服，戴白手套，扶著軍刀照紀念像，有站姿，也有坐姿。韓復榘鄭重地把相片寄回老家，家人見了都驚喜不已。

一九一六年三月二十二日，袁世凱迫於形勢壓力，宣佈取消帝制。五月初，第十六混成旅轉赴成都。途中，馮將所部第十六混成旅番號改為「護國軍第五師」。馮部進至距成都五〇里之龍泉驛，停止不前，對陳宧實行兵諫，力促其宣佈四川獨立。五月二十二日，陳宧終於發表一則反袁通電，次日四川省宣佈獨立。

六月六日，袁世凱病逝於北京新華宮，享年五十八歲。袁氏歿後，黎元洪繼為第二任大總統，段祺瑞出任國務總理兼陸軍總長，蔡鍔被北京政府任命為川督。馮玉祥部奉調出川，移駐直隸廊坊。途中，馮部放棄護國軍第五師名義，又恢復第十六混成旅番號。

討伐張勳

一九一六年八月初，第十六混成旅全部到達廊坊，因營地關係，第一團第一、二兩營駐通州；第二團第一、二兩營駐天津疙瘩窪；其餘部隊駐廊坊軍營。韓復榘隨一團二營駐通州。

第十六混成旅駐蹕廊坊期間，補充團建制被取消，韓復榘調任一團二營七連連長。

一九一七年三月，陸軍次長傅良佐以陸軍部名義調第十六混成旅一個團去甘肅。馮玉祥以冀、隴兩地相距甚遠，勢難兼顧，恐軍紀鬆懈，教育退化，請調全旅同往甘肅。傅怒，責馮抗命。四月一日，陸軍部下令免馮玉祥旅長職，調為第六路巡防營統領，以楊桂堂升任第十六混成旅旅長。

陸軍部調令下達後，第十六混成旅官兵一片譁然，以參謀長邱山寧領銜電呈府、院，請收回成命；李鳴鐘、張之江、宋哲元等宣稱：將率全體官兵與馮旅長同進退。陸軍部為防不測，派第八師第三團進駐韓家莊監視。四月五日，韓復榘、石友三各率一連士兵由通州兵營趕到豐台，不由分說，先拆毀一段京津鐵路，以阻止陸軍部調兵彈壓。

更有甚者，以韓復榘為首的十二名連級軍官，自動分成若干組，輪流到廊坊車站值守。韓揚言：「哪個混小子敢來廊坊接事，我們就宰了他！」（《傅瑞瑗口述歷史》錄音）當時尚住在北京的楊桂堂哪裡敢來廊坊走馬上任！

段祺瑞恐激起兵變，乃請陸建章出面，親赴廊坊斡旋。馮玉祥為避「抗命」之嫌，於三月六日和七日，兩次電催楊桂堂來廊坊接任旅長職，並派參謀長赴京迎接。

馮玉祥走後，韓復榘與當初一起在廊坊車站值守的孫良誠、孫連仲、劉汝明、過之綱、韓占元、聞承烈、李長清、石友三、佟麟閣、葛金章、韓多峰等十二名連級軍官（營副與連長同級，可對調）結拜為把兄弟。這些人都是馮氏之嫡系軍官，又是直接掌控兵權的基層部隊長，他們的結合為馮氏日後重返第十六混成旅做好了鋪墊。

一九一七年六月，北京政局發生突變。

時值第一次世界大戰期間，以國務總理段祺瑞為首的政府內閣力主對德宣戰，提出參戰議案，被以大總統黎元洪為代表的國會否決，所謂「府院之爭」日趨尖銳。六月九日，「辮帥」張勳領「辮子兵」十營計四三〇〇餘人開進北京，逼黎元洪解散國會，「奉還大政」。七月一日，張擁清廢帝溥儀復辟，改民國紀元為「宣統九年」，去民國五色旗，易以遜清龍旗。

七月三日，段祺瑞以「討逆軍」總司令名義，在直隸馬廠誓師討張（勳）。段委天津之段芝貴為東路「討逆軍」司令，重新起用馮玉祥，率第十六混成旅加入東路「討逆軍」戰鬥序列。

七月十一日，「討逆軍」總司令部命令第十六混成旅、第八師、第十二師進攻北京永定門、右安門，入城後圍攻天壇。

是日深夜，第十六混成旅第一團第二營及第三營率先由豐台出發，直薄右安門外。十二日拂曉，谷良友、韓復榘分別率第二營第六、七兩連士兵，首先攀雲梯登上城樓，打開城門，大隊人馬自右安門魚貫而入，旋即佔領先農壇，將「辮

圖014　破壞鐵軌圖

軍」一部及員警繳械。與此同時，宋哲元亦率第二團第一營攻破永定門，直趨天壇。是時，陳光遠第十二師亦趕到，與第十六混成旅合力進攻據守天壇之三千「辮軍」，甫經接觸天壇守軍便掛起白旗。

此刻，「討逆軍」第一師也由朝陽門攻入城內，直趨東單牌樓及東安市場，逼近南池子張宅；西路「討逆軍」攻進平則門後，一直向北推進到西華門，直指景山。

突然，「討逆軍」炮兵從平則門城樓上發射一顆炮彈正中南池子張宅，引起一片火光。「辮軍」在一陣大亂之後全無鬥志。張勳見大勢已去，便在兩名荷蘭人的保護下，乘汽車遁入荷蘭公使館。

七月十一日下午三時，全城即告肅清，歷時十二天的復辟鬧劇終於收場。十三日，第十六混成旅奉命撤回廊坊軍營。討伐張勳戰事結束後，韓復榘補授陸軍步兵上尉銜。

駐防湘西

張勳復辟破產後，段祺瑞以「三造共和」之美譽，複出國務總理兼陸軍總長，同時拒絕恢復被張勳廢棄的《臨時約法》與國會。一九一七年九月十日，孫中山在廣州組織軍政府，就任中華民國海陸軍大元帥職，宣佈「護法」，形成南北對峙的局面。

段祺瑞力主「武力統一」，派北洋軍入湘，同時命第十六混成旅南下援閩。馮玉祥對南下作戰持消極態度，以勞師遠征，兵力不敷為由，不肯開拔。段祺瑞乃允馮成立一個補充團。

十月，韓復榘升任炮兵團第一營營副。孫連仲時任該營第三連連長。韓、孫莫逆之交即始於此。韓赴炮兵團任職僅一個月，又調回步兵第一團第二營營副。

十月六日，南北戰爭首先在湖南打響。

段祺瑞嚴令第十六混成旅自廊坊南下浦口，乘輪船溯江而上，轉赴湖南參戰。馮旅一路走走停停，磨磨蹭蹭，直至一九一八年七月十一日方在石首棄舟登陸。十四日，第十六混成旅佔領湖南常德。不久，馮玉祥出任湘西鎮守使。

韓復榘在常德轄區之臨澧駐紮半年，仍擔任一團二營營副，

圖015　張勳復辟，「討逆軍」訓練攀爬北京皇城城牆

一九一八年七月補授陸軍步兵少校。

「荷槍行軍」是一團二營官兵在臨澧最重要的軍事訓練項目之一，每月兩次，每次七天，幾乎佔去一半的軍訓時間。路線是是由臨澧至桃源，桃源到常德，然後再返回臨澧。每次行軍，從營長到伙夫都必須參加，一個也不能少；除武器外，一切生活必需品都要帶在身上，每名官兵的荷重為四十八斤，不能多也不能少；初時日行八〇里，以後漸增至一二〇里、一四〇里（馮旅規定八小時行軍一二〇里）。這種超強度的急行軍訓練在一定程度上促成了日後韓復榘「以快制勝」的作戰風格。

一九一八年十二月，炮兵團團附孫連仲調任炮兵團一營營長，馮玉祥鑑於韓復榘曾當過一個月的炮兵營營副，便把他從臨澧調到常德，任炮兵團團附。炮兵團駐常德城外，沅江之濱。

炮兵團團長鹿鍾麟體格勻稱，面龐清臞，一雙大眼，炯炯有神，其人足智多謀，精明幹練，在軍中有「鹿小鬼」的雅號，被馮玉祥倚為肱股。韓復榘在炮兵團任職期間，與鹿鍾麟、孫連仲過從甚密，閒暇時，三人常到沅江邊遛馬，散步；有時登上常德城牆，一邊遠眺水天一色的沅江，一邊聊天。

一九一九年九月，三團一營營長劉汝明要將流落在哈爾濱的父親靈柩遷回到直隸老家，向旅長請假遭拒絕，索性就仿效當年關羽「掛印封金」，不辭而別了。馮玉祥聞訊，對劉的「有組織，無紀律」勃然大怒，一邊命令韓復榘代理劉的三團一營營長職務，一邊派人把已跑到岳州的劉叫了回來。

劉汝明回到常德，不敢去旅部，先回到三團一營營部，是時韓復榘已接事。韓一見劉已回來，便說：「子亮，你回來好極了，你還回來當營長吧。」劉說：「營長我不幹了，只怕我要倒楣哩！」韓說：「不要緊，我們找幾個人陪你一同去。旅長要打你，我們一塊給你講情。」說著，派人去約了孫良誠、佟麟閣、石友三、過之綱等幾位營長來，陪劉一起去旅部。

傳令兵向馮玉祥報告：劉營長回來了。馮沒讓劉汝明進屋，而是先傳令營長集合。待包括劉在內的全體營長列隊集合完畢，馮才從屋裡走出來，一見劉便大罵：「好啊，你當了營長了，可以自由隨便了！你請假，我不准，你應該再請，再請不准，應該三請，怎麼可以自己一跑？今天非要打你四十軍棍不可！」說著便命人將劉按倒，自己拿了軍棍要打。

當時軍中有句流行的「順口溜」，說的是，「叫你學好不學好，鴨嘴軍棍挨上了。」

韓復榘見狀，立刻跑上去對馮玉祥說：「旅長別生氣，叫我來打。」說著就伸手要過棍子。馮有意無意地順手把軍棍遞給韓。韓接過軍棍便打，但軍棍打下來，只將棍梢打在地上「啪啪」作響，棍子本身並沒有著實打到劉汝明的身體。馮在一旁不知是真沒看見，還是假沒看見，只管連聲喝道：「重打！」打了十幾下，眾人都上前求情。馮遂下令不再打了，叫劉起來，問：「你還跑不跑了？」劉說：「除非准我假，再不然就把我押起來，否則我還是要跑！」馮震怒，一聲斷喝：「把他送到手槍隊押起來！」（《劉汝明回憶錄》，傳記文學出版社，一九七九年三月，頁三三一—三四）

事後，馮玉祥對劉汝明說：「你一定要去就去吧，早些去早些回來。你的營長韓復榘已到差了，你就接他的炮兵團團附，你們倆就算對調。」劉一口答應了。（《劉汝明回憶錄》，傳記文學出版社，一九七九年三月，頁三三六）至此，韓正式接任三團一營營長。

劉汝明與韓復榘私交很好，即使在韓早已被蔣介石打入另冊之後，他在臺灣出版的回憶錄中，即在蔣的眼皮底下仍坦承：「韓、石（友三）與我的私交均甚篤實」（劉汝明：《劉汝明回憶錄》，傳記文學出版社，一九七九年三月，頁七四）

第三團駐軍常德，韓復榘第一營的防地在德山一帶。德山與常德古城隔江相望，兩地相距八華里，山上林壑幽邃，郁郁蔥

圖016　劉汝明

蔥，山巔有孤峰塔一座，倒映江中，是古城標誌性建築。當地有民諺曰：「常德德山山有德，長沙沙水水無沙」。

不久，韓營的防地轉移到河伏。河伏是在常德城以西二〇多里，沅江邊上的一個水碼頭，一面靠山，一面臨江，其上游是桃源，下游即是常德。

當時在沅江上販運菸土的犯罪活動很猖獗，毒犯將菸土製成燒餅似的圓扁狀塊，藏在桐油簍的底夾層，外邊再用洋鐵皮封固，外人很難察覺。馮玉祥飭令韓復榘營嚴查毒品。

一日，一位英國牧師帶著一船當地教徒沿沅江順流而下，停靠在河伏碼頭。韓營士兵上船執行例行檢查。英牧師早聞馮旅號稱「基督雄師」，官兵都是基督徒，既然彼此都是教友，理應關照，免予檢查，但遭到韓營士兵拒絕。英牧師獨自去常德，面見馮玉祥，說：「你的兵不應當檢查我們，因為你也是教友！」馮問：「你船上帶有違禁品嗎？」英牧師斷然否認。馮又問：「既然沒有違禁品，為什麼怕接受檢查呢？」答曰：「因為我們是教友，用不著履行檢查手續。」馮正告：「你說錯了，正因為我們是教友，你更應該接受檢查，怎麼真是教友，還怕接受檢查呢？」英牧師怏怏然而去。（馮玉祥：《我的生活》下冊，黑龍江人民出版社，一九八一年三月，頁二九七—二九八）

當初韓復榘營移防河伏時，河伏已駐有一支水上員警部隊，正式番號為水上陸戰隊第三隊，隊長是張自忠。

「十三太保」

外間盛傳西北軍有所謂「十三太保」，儘管馮玉祥從未如此說過，且被冠以「太保」頭銜者也從未承認過，但此說在西北軍中流傳甚廣。「十三太保」之說界定在馮軍的哪一歷史時期，「十三太保」指的又是哪些人，則眾說紛紜，有說是指常德練兵時期的十三位營長，有說是指南苑練兵時期的十三位步兵團長。筆者傾向後一種說法，因為南苑練兵時的步兵團長恰好是十三位，旅長有五位，故又引申出「五虎將」一來。不過，目前持前一種說法者居多。至於十三位營長究竟指的是誰，又有眾多版本，按現在比較通行的說法是：「十三太保」者，孫良誠（一團一營營長）、韓復榘（三團一營營長）、石友三（三團二營營長）、孫連仲（炮兵團一營營長）、張維璽（一團二營前營長）、劉汝明（四團一營營長）、佟麟閣（四團二營營長）、過之綱（二團二營營長）、葛金章（一團二營後營長）、程希賢（工兵營營長）、聞承烈（二團三營營長）、趙席聘（三團三營營長）、韓多峰（機關槍營營長）是也。

以上十三名營長都是馮玉祥一手提拔起來的青年軍官（除趙席聘外，均在三十歲以下），受到馮的特殊信任，是嫡系中的嫡系；他們有事可越過團長，直接向馮報告，屬於

圖017　西北軍之「十三太保」

「通天人物」，正因為如此，「十三太保」之說未必完全是一種美譽。據說，劉郁芬、蔣鴻遇對馮玉祥格外提拔青年新秀就有所保留，常用一種調侃的口氣說起「十三太保」。

由於韓復榘一向善待袍澤，加之大大咧咧的性格，在他周圍總是聚集著一幫朋友，「十三太保」中多數都是他的摯友。西北軍解體後，過之綱、葛金章、聞承烈、程希賢和韓多峰都先後前往山東與韓共事。

「十三太保」的稱謂有其嚴格的時效性，由於各位「太保」自身潛質及機遇不同，隨著馮集團的發展，彼此之間的差距逐漸拉開，各人擁有的實力也明顯不在一個水準上，因此脫離「常德練兵」或「南苑練兵」這一特定歷史時期，泛談「十三太保」已無任何意義。

馮玉祥一生有兩次大練兵，一次在湖南常德，一次在北京南苑。第十六混成旅駐軍常德期間，一是有了自己的地盤，二是時局相對比較穩定，正是練兵的好時機。

馮玉祥的練兵是非常成功的，即使他的宿敵也不否認。

馮玉祥很注重提高官兵文化水準，為掃除文盲，軍中編寫《六百字課本》，官兵中的文盲每天飯前不認識兩個新生字，不准吃飯，如此下來一年可認六百字，基本掃盲。對有文化的軍官則鼓勵他們多讀書，勤練字。有些人以為西北軍人多為行伍出身的貧苦農民，一定都是「大老粗」，其實這是一個極大的誤解。西北軍高級將領一般都有讀書的習慣，書法也拿得出去。馮在軍中開設「英語班」和「日語班」，要求營級以上軍官、軍佐必須選修一門外語。馮玉祥、李鳴鐘、過之綱、葛金章、韓多峰等選修英語，韓復榘、門致中、薛篤弼、劉汝明、程希賢等選修日語。

為適應部隊在南方水鄉生存和作戰，馮玉祥要求官兵都要學會泅水（游泳）和划船。英國傳教士仁修本到常德傳教，馮請他為官兵講道。這位年過六十的傳教士善於泅水，馮請他在沅江向全體官兵作渡江表演，藉以鼓勵部下學游泳。韓復榘自幼生長在冀中白洋澱水系，出門就要乘船，泅水和划船自然不在話下。韓在駐防德山、河伏期間，常去沅江游泳，由於他皮膚白皙，又水性好，游得快，眾人戲稱他是「浪裡白條」（《水滸傳》中水軍頭領張順的綽號）。

一九一九年，第十六混成旅分別於春、夏、秋、冬四季對全體官佐的軍事學進行筆試，並於年終將中級（營級）軍官及初級（連、排級）官佐的四次考試總成績（總分八十分）張榜公佈，同時將中級軍官成績前二十名及初級官佐成績前一四五名者排出名次。李炘（七二・五六分）、石友三（六六・六六分）、韓復榘（六四・七〇分）分別名列中級軍官第一、二、三名；丁漢民、王文彬、王寶良分別名列初級官佐第一、二、三名。（《陸軍第十六混成旅民國八九兩年紀實》，上海商務印書館，一九二一年，頁三〇八）

西北軍有個很好的傳統，部隊無論開到哪裡，都要在當地植樹造林。馮玉祥發現從常德到桃園的公路兩邊童山濯濯，滿目荒涼，便決定從常德的臥虎山訂購松柏樹秧，移植到河伏。馮命駐防河伏的韓復榘負責綠化河伏山前的一大片隙地。韓首先「購定樹秧」，並「派員督工，挖掘深坑」，再安排、監督各團、營官兵輪流前往河伏種樹。（馮玉祥：《馮玉祥選集》中卷，黑龍江人民出版社，一九八一年三月，頁一一〇）由於韓在這次植樹工作中安排有序，成績突出，並積累不少經驗，因此部隊開到西安後，馮仍指定他負責全軍的植樹造林。

據說現在河伏山建有中國國家級森林公園，遙想當年

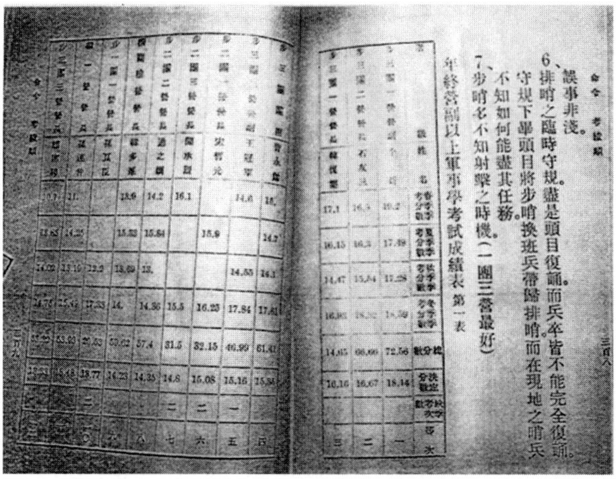
6、排哨之臨時守規。盡是頭目復誦。而兵卒皆不能完全復誦。守規下畢頭目將步哨換班兵帶歸排哨。而在現地之哨兵不知如何能盡其任務。
7、步哨多不知射擊之時機。（二團三營最好）
年終營副以上軍事學考試成績表 第一表

圖018　第十六混成旅營副以上軍官一九一九年的年終軍事學考試成績表

第十六混成旅官兵為綠化河伏山也曾灑下辛勤汗水。

第十六混成旅在常德駐軍兩年，比較安定，馮玉祥准許營級以上軍官、軍佐攜帶家眷。韓復榘同別人一樣也將妻子高藝珍從老家接來常德。馮玉祥為提高部隊家眷的文化水準，開辦了「婦女培德學校」及附設工廠，家眷們可在此半工半讀，即學了文化，經濟上也不無小補。

一九一九年，韓復榘長子韓嗣燮出生於湖南常德。

迎戰「趙三麻子」　擊斃「李二虎」

時間跨入一九二〇年，北方政局愈益混亂，北洋軍直、皖兩系鬥爭日趨尖銳。直系中央陸軍第三師「署理師長」吳佩孚於五月二十五日開始自行北撤。七月六日，第十六混成旅亦奉命撤出常德，開往湖北。第十六混成旅到達長江沿岸的藕池口時直皖戰爭已爆發兩天，旋以直軍大獲全勝而結束。北京政府已為直、奉兩系所控制。

鄂督王占元指定第十六混成旅暫駐江北的諶家磯造紙廠。造紙廠房屋不夠住，官兵就住進帳篷，時值酷暑，天氣溽熱，如同身在蒸籠內。韓復榘閒暇時間，常約三五知己去江邊游泳，興起之時，索性橫渡長江。

一九二〇年十一月上旬，好不容易天氣漸涼，第十六混成旅又奉命移駐豫南信陽。韓復榘率三團一營駐紮駐馬店。

第十六混成旅移駐河南信陽以來，北京政府積欠馮部餉項已達半年以上，河南督軍趙倜也不肯接濟糧餉，部隊困頓已極，官兵每日兩餐僅以鹽水佐飯。一九二一年一月九日，馮為餉糈無著，詠詩一首以記之：「南北爭持苦不休，孤軍駐守信陽州。夢中籌餉曾啼哭，抹淚醒時濕枕頭。」（《馮玉祥日記》，一九二一年一月九日）

這年冬天異常寒冷，剛過新年，馮玉祥去北京催餉回來，火車途經駐馬店站，正值風雪交加的午夜。韓復榘率官兵一部冒著嚴寒，在月臺上肅立迎候，全成「雪人」，馮見狀極為感動。他在一九二一年一月七日的日記上動情地寫下這樣的字句：「早一點，予到駐馬店站，韓營長及當地軍隊來接。天極寒，官兵

勢苦，予心極不忍。」（《馮玉祥日記》，一九二一年一月七日）

一九二一年二月十日，駐馬店之「宏威軍」一部與豫南「巡緝營」一部因賭博而火拚，互有傷亡。韓復榘為維護地方治安，打出紅十字會旗，冒險為雙方調停。宏威軍首先向韓營開火，韓營斷然反擊，雙方發生戰鬥。三團團長張維璽率石友三營由確山往援。馮玉祥為避免事態擴大，下令撤出戰鬥，將韓營調往確山，與石營換防。

事後偵知，此次流血事件，係趙傑指使，目的在試探馮軍虛實。趙倜之三弟趙傑，綽號「趙三麻子」，被其兄委任「宏威軍」總司令，為霸河南一方，禍民尤烈。吳佩孚評價趙傑：「趙大哥（趙倜）倒是老實人，只是沒有主意，尤其對趙老三太放任，弄得名譽不太好。」「我對趙大哥真無辦法，他將來一定會吃趙老三的虧。」

四月十四日，曾被趙倜撤職的河南陸軍第一旅旅長成慎秉承直系的意圖，協同豫北巡緝營，在彰德（安陽）自封「豫北軍總司令」，興兵討伐趙倜。馮玉祥在豫南與豫北之成慎遙相呼應，躍躍欲試。

宏威軍總司令趙傑派所部李鵬舉（人稱「李二虎」）團假「剿匪」為名，首先向駐確山的韓復榘營開火。韓營立即應戰；張之江率所部第二團自信陽馳援韓營。宏威軍乃烏合之眾，根本不堪一擊，很快就被包圍繳械，繳獲一千多支嶄新的漢陽造步槍，「李二虎」也被當場擊斃。事後，趙倜向北京政府狀告馮玉祥勾結成慎作亂；扣留地方稅款；劫奪宏威軍槍支。馮玉祥也向北京政府指控趙倜首先襲擊第十六混成旅駐確山之韓復榘營，馮旅「為正當防禦計，不得不派隊往禦，以求自衛，而安地方。」

騎兵團長

一九二一年春，陝西發生戰亂。北京政府乘機罷免接近皖系的陝督陳樹藩，五月二十五日，任命直系第二十師師長閻相文為陝督，目的是使直系的勢力伸入陝西。陳抗命不從。北廷命令閻率本部第二十師、吳新田第七師、張錫元第四混成旅及馮玉祥第十六混成旅開赴陝西，武力驅陳。

進軍命令下達，五月二十九日，第十六混成旅乘火車，沿京漢路北上，經鄭州轉隴海路西行至觀音堂下車，再徒步行軍至潼關待命。陳樹藩部號稱有五旅之眾，但多貌合神離，實際聽其指揮的不過五千人，根本不是久經陣戰的直軍對手，因此，「驅陳之役」將是一場毫無懸念的戰爭。果然，戰鬥一打響，第十六混成旅首戰告捷。陳樹藩部全線西退，潰不成軍。七月七日，閻相文第二十師推進至距西安二〇里之灞上。第十六混成旅野炮轟擊西安城內督軍署。陳率殘部退出西安，逃往漢中。同日，陝西省長劉鎮華開城出迎直系大軍。閻相文正式出任陝督，劉繼續擔任省長。

閻相文督陝後，屢電曹錕請將第十六混成旅擴編為師。一九二一年八月五日，北京政府下令，將第十六混成旅擴編為中央陸軍第十一師，馮玉祥任師長，下轄二旅三團四營。

騎兵團是在原騎兵營基礎上新擴建的，馮玉祥最初委任「馬隊三張」之一的張樹聲為團長。二十天後，馮就任陝督，為解決關中駐軍餉項困難，增加財政收入，改調張擔任「長藍禁菸分局」局長，所遺騎兵團長一職由營長韓復榘升任。韓時年三十歲。

一九二一年八月二十三日，陝西發生一件爆炸性新聞：閻相文在正式就任陝督一個半月之際，突然自殺身亡，死前還留下一篇遺囑，說了些莫名其妙的憂國憂民的話。

閻相文歿後第三天，馮玉祥繼任陝西督軍。劉鎮華仍任陝西省長。

馮玉祥一向主張官兵要參加工農業生產，實行「半操半勞」、「寓兵於工，寓兵於農」，如此不僅可以解決殘疾軍人就業，改善官兵生活，還可使目兵學會一技之長，將來離開部隊後能有謀生手段。馮規定：「工務事歸鹿（鍾麟）團長指揮；農務事歸韓（復榘）團長指揮。」（《馮玉祥日記》，一九二二年三月三日）

在鹿鍾麟主持下，全師成立四個軍人實習工廠：孫良誠主辦胰皂廠；石友三主辦機織廠；孫連仲主辦鐵工廠；蔣鴻遇主辦罐頭廠。

韓復榘在員警廳配合下，勘察丈量西安城內空地，再分配給全師各部種植穀物和蔬菜；在護城河淺處種植蓮藕，深處養魚。

一九二二年三月七日，馮玉祥親自率領部分官兵到西安城外韓信塚種植柏樹，植畢講話，略謂植樹不但於陝西人民有益，於黃河兩岸人都有益，返回途中又去省立森林苗圃考察，旋即命令韓復榘購買桑子，也培育苗圃，為全師植樹提供樹苗，於是植樹造林也成了韓份內的事，這顯然與韓在駐軍湖南常德時就負責過種樹有關。

直皖戰後，皖系勢力土崩瓦解，雄踞關外的奉系代之而起，成為唯一能與直系抗衡的軍事政治集團。一九二一年末，直系與奉系為控制北京政府又起爭端。奉軍秣兵厲馬，積極備戰，

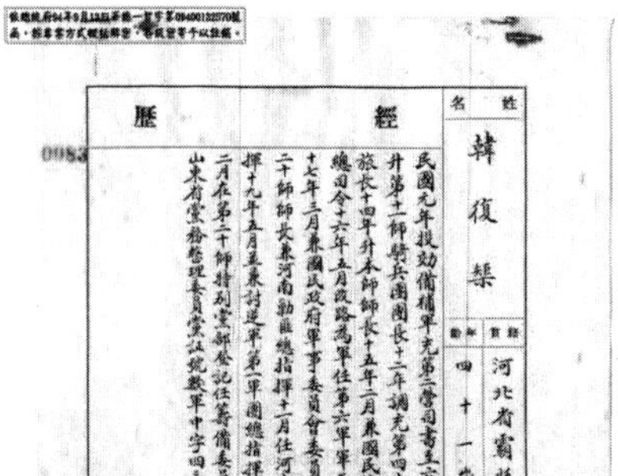
姓名：韓復榘
籍貫：河北省霸縣
年齡：四十一歲
選出方法團體：軍隊特別黨部
經歷：
民國元年投効備補軍充第二營司書至六年遞升第十六混成旅第三團第一營營長十年升第十一師騎兵團團長十二年調充第四十三團團長十三年升暫編陸軍第一師第一混成旅旅長十四年升本師師長十五年二月隸國民第六軍軍長十二月改編為國民軍聯軍任第六路總司令十六年五月改路為軍任第六軍軍長八月升第三方面軍總指揮仍兼第六軍軍長十七年三月兼國民政府軍事委員會委員六月兼河北省政府委員時陸軍縮編為師任第二十師師長兼河南勦匪總指揮十一月任河南省政府主席十八年四月兼討逆軍第三路總指揮十九年五月兼討逆軍第一軍團總指揮九月任山東省政府主席又十五年九月入黨十七年十二月在第二十師特別黨部登記任籌備委員十八年三月任河南省黨務整理委員十九年十一月任山東省黨務整理委員黨證號數軍中字四三八
0083
056

圖019　韓復榘任騎兵團長履歷表

一九二二年四月中旬，開始源源不斷開進山海關，直逼北京，第一次直奉大戰終於爆發。

直軍在京、保兩地兵力薄弱，坐鎮洛陽的吳佩孚急電馮玉祥率部進關參戰。曹錕任命馮為後方總司令，司令部設在鄭州。

馮玉祥出發前，命李鳴鐘率第二十一旅及孫連仲第一炮兵營先行開拔，馳赴北京西南之長辛店，對奉軍作戰；派張之江率第二十二旅及炮兵第二、三兩營開赴鄭州，監視趙倜之豫軍；馮自率衛隊團隨後向洛陽進發。陝軍第一師胡景翼部及第四混成旅張錫元部亦隨後跟進。

由於騎兵團擴建時間不長，尚未形成有效戰力，暫交張樹聲節制，留守後方，韓復榘以團長身份入馮幕，襄助參謀長指揮軍事。

一九二二年四月二十日夜零點三十分，為全師殿後之衛隊團在過之剛團長率領下開拔。是時夜深人靜，馮玉祥在劉驥參謀長、蔣鴻遇總參議、鹿鍾麟（炮兵團）、韓復榘（騎兵團）、張維璽（教導團）三位團長、宋良仲副官長及手槍營的簇擁下，率領督署及師部人員策馬離開西安，急促的馬蹄聲，打破了古城的沉寂。

馮玉祥乘火車於五月五日到達鄭州，不料想，豫軍師長趙傑突然率兵四〇個營偷襲正在鄭州待命的直軍，揚言要「活捉馮玉祥」。原來趙倜早與奉張暗通款曲，直奉大戰爆發後，乘

圖020　馮玉祥軍激戰趙倜軍

機發動，企圖一舉驅逐直系在河南的勢力。當時在鄭州的直軍只有十一個營，眾寡懸殊，又是倉促應戰，形勢萬分危急。馮佈置防禦畢，急返洛陽，組織部隊反攻。陝軍胡景翼師一部自洛陽匆匆趕來鄭州增援，拚力將豫軍擊退，鄭州之圍始被完全解除。

五月八日凌晨，馮玉祥率司令部人員來到鄭州以東的二里崗及魏莊督戰。團長韓復榘隨行襄助參謀長劉驥、參議蔣鴻遇指揮作戰。

戰鬥進行異常激烈，雙方傷亡很大，過之剛率衛隊團也增援上來。

五月九日，狂風大作，揚塵蔽日，馮玉祥下達總攻擊令，各路人馬直搗河南省垣開封。

一九二二年五月十一日，北京政府任命馮玉祥為河南督軍，同時將趙倜撤職查辦。趙氏兄弟於十二日晚悄然化裝離汴，前往歸德，再轉赴上海，行前留寶德全在開封維持秩序。

五月十三日，韓復榘隨馮玉祥及督署、師部人員在手槍隊護送下，由鄭州出發，或騎馬、或步行，一路說說笑笑，向開封方向行進。當日抵達中牟。

五月十四日上午七時，河南省長張鳳台帶一列火車來接。馮玉祥一行由中牟上車。十五日上午十時三十分，馮一行所乘火車到達開封車站，城內一班文武官員在月臺迎候，寶德全也在其中。馮命手槍營營長李向寅將寶逮捕，下午二時二十分秘密處決。

當鄭州之戰激烈進行之際，第十一師騎兵團已在張樹聲率領下開進河南，但未參戰。馮玉祥督豫後，騎兵團移駐豫北彰德府，與胡景翼師駐地相毗鄰。韓復榘身為騎兵團長，但離陝後一直在馮玉祥身邊效力，直到他調任第二十二旅第四十三團團長，張樹聲正式接任騎兵團長為止。

第四十三團團長

馮玉祥督理河南，厲行新政：澄清吏治、整理財政、平定匪患、振興實業、築路浚河、提倡教育、移風易俗，未及半年，政績赫然，「平民督軍」之譽斐聲省內外。

但是，馮玉祥與坐鎮洛陽的頂頭上司吳佩孚的關係卻逾趨緊張。

先是，馮玉祥自督豫之日起，便開始擴軍，戰後不到半月已建成三個新兵團，每團二千人，至一九二二年八月中旬招滿五個團，以後就是在這五個團和衛隊團的基礎上組建成三個混成旅。

是時，吳佩孚雄踞洛陽，牧野鷹揚，中州虎峙，臥榻之側豈容他人做大，馮玉祥的擴軍引起他高度警惕。一山不容二虎，吳佩孚示意直系閣員高恩洪，敦請總統黎元洪以「廢督裁兵」的名義，罷免馮玉祥本兼各職；同時致電曹錕，請准以武力解決馮軍。

馮玉祥被逼無奈，親自跑到保定，向曹錕哭訴委屈，自稱是「沒娘的孩子」。後經馮當年在二十鎮的老長官、時任國務總理兼陸軍總長的張紹曾（張、馮後結為姻親）說項，曹才准調馮進京任陸軍檢閱使，所部移駐北京。

馮軍由二個旅發展成五個旅，三萬人，二千匹馬，成為中國北方一支能夠左右政局的武裝力量，這是馮軍發展史上一個劃時代的里程碑。

從人事上看，馮軍由二位旅長，戲劇性地變成五位旅長，官兵們套用《三國演義》裡「關、張、趙、馬、黃」的典故，恭維張之江、李鳴鐘、鹿鍾麟、劉郁芬、宋哲元為馮玉祥的「五虎上將」。

基於同樣理由，有人認為，所謂「十三太保」，並非常德練兵時期的十三位營長，而是南苑練兵時期

圖021　馮軍「五虎將」

的十三位步兵團長（是時恰好有十三個步兵團）。

宋哲元升任第二十五混成旅旅長後，所遺之第四十三團團長由韓復榘接任，隸屬鹿鍾麟第二十二旅。韓由騎兵團長調任步兵團長，雖然是平調，但是四十三團團長對他來說，卻是其軍旅生涯的關鍵一步。韓嗣後升任旅長、師長、軍長乃至總指揮，其軍中主要帶兵官多是當年四十三團的連、排長，甚至目兵，無怪乎西北軍人都說：韓復榘是四十三團起家的。

馮軍有兩次大練兵，一次在常德，一次在南苑，歷時皆為兩年。

馮玉祥練兵是有口皆碑的，他有自己的一套辦法，很實用，也很有效，在北京首善之地，打造出幾萬能征慣戰的精兵。他練出的軍隊紀律嚴明、軍容整肅、吃苦耐勞、作戰勇敢，在當時中國軍隊中堪稱首屈一指。

馮玉祥練兵除致力學、術兩科外，尤注重官兵體能訓練。韓復榘在湖南常德當營長時，就特別注重官兵長途負重行軍訓練，到了北京南苑，馮經常命令韓四十三團進行長途急行軍拉練。馮在一次對弁兵團講話時，就此解釋說：「吾令四十三團日行百里者，為練習體力也。」

馮玉祥身為武人，卻非常尊重知識，尊重文化人，經常請北京的名流學者來南苑給官兵演講，如請王鐵珊（馮幕僚）、梁式堂（馮幕僚）講《易經》、《書經》；請梁漱溟（北京大學講師）講儒家哲學；請黃郛（教育總長）、顧維均（外交總長）、顏惠慶（內務總長）、王正廷（農商總長）、熊希齡（北京香山慈幼院院長）、張伯苓（南開大學校長）等講中國政治與國際形勢；請蔣百里（軍事學家）講軍事學。各界精英及名流學者在講壇上的風采與談吐，令韓復榘歎為觀止、受益匪淺。

馮玉祥在軍中成立「高級戰術教導團」，以段其澍為團長、熊斌為教育長，教官皆為陸軍大學及日本士官學校畢業的將校，著名軍事專家蔣百里也應邀常來授課，教學內容與陸軍大學相同。學員來自各旅推薦的營職以上軍官，一律在職受訓，每期學制一年，其間每三月甄別考試一次，淘汰六人。韓復榘、孫連仲、石友三、梁冠英等有幸成為第一期學員。一九二三年七月二十六日，「高級戰術教導團」第一期舉行開學典禮。一九二四年十一月二十四日至二十五日，「高級戰術教導團」進行畢業考試，馮玉祥親臨試場監閱，韓復榘順利通過考試。

在馮玉祥南苑練兵的同時，韓復榘的練兵也開始了。

韓復榘很自負，他一般不崇拜任何人，包括馮玉祥在內——他對馮只有尊重，但是在練兵上，他對馮佩服得五體投地。韓練兵完全照搬馮的一套，原汁原味，一直延續到抗戰軍興。

韓復榘作戰以「快」取勝。韓軍運動速度極快，緊急出擊時，日行軍一五〇里司空見慣，使敵猝不及防。若敵軍敗退，韓軍便死死咬住敵軍，不分晝夜，窮追不捨，不予敵軍以片刻喘息機會，直至全殲而後快。因此，韓練兵尤其注重部隊行軍耐力的訓練。當時南苑軍

圖022　第四十三團團長韓復榘

營大操場周圍有用土和碎磚石堆成的假山，每天早晚，韓親自帶領官兵在假山上「跑起伏」。韓經常帶隊進行長途負重行軍，動輒日行百里。

韓復榘善夜戰，這與他平時重視部隊夜間軍事訓練有很大關係。夜間軍事訓練有：夜間緊急集合、夜間旅次行軍、夜間戰鬥行軍、夜間築壘、夜間戰鬥、夜間宿營、夜間駐軍警戒等等，要求不見火亮、不聞聲響、動作迅速、隊伍整齊、方位準確、武器齊備。韓嚴令部隊反覆練習，不厭其煩。

韓復榘於佇列訓練要求最嚴，一切動作必須符合「制式」規定。列隊行進要整齊劃一，動作要準確有力，不允許有絲毫誤差。如正步走，要求步距七十五公分，以此為標準，在地上劃出一道道等距離直線，反覆練習。列隊行進時，韓親自在一邊卡表，規定每分鐘走一一四步，多一步重走，少一步也要重走。士兵持槍，要求「舉槍」、「托槍」、「背槍」、「槍放下」等動作必須乾淨俐落、鏗鏘作響。在馮玉祥每週一次的閱兵式中，四十三團的分列式總是格外引人注目。

韓復榘治軍之嚴厲在全軍中是有名的。對於違犯軍紀，疏於訓練的官兵，韓一律嚴懲不貸，體罰的事司空見慣。馮軍士兵給軍中幾位治軍最嚴厲的軍官編了個「順口溜」，叫：「石友三的鞭子，韓復榘的繩，梁冠英的扁擔賽如龍，張自忠剝皮真無情。」

恩威並施，寬猛相濟，從來都是名將的帶兵之道。

行伍出身的韓復榘很能體諒士兵的疾苦。對那些遠離父母，吃糧當兵的年輕人，韓視之如同子弟，愛護備至。韓經常告戒屬下帶兵官，一定要像父兄一樣善待士兵。

韓復榘凡事率先躬行，講求身教。馮軍以窮著稱，但韓總是千方百計讓士兵吃飽、穿暖。他經常在部隊開飯時，突然來到某一班，和士兵蹲在一起吃大鍋飯，看飯菜做得如何，問士兵能否吃飽。他經常去營房檢查士兵的衣被，看是否清潔、暖和，甚至半夜悄悄擠到能睡十人的大炕上，和士兵睡一起，試試冷不冷。無論下屬官佐還是目兵，只要家裡有困難或手頭短缺，韓都慷慨相助；士兵生病，韓必督促醫治，甚至親奉湯藥；行軍時，韓常將自己的坐騎讓給傷病員，自己加入佇列裡，和士兵一起行進。因此，下屬官佐和士兵都對韓畏威而懷德，追隨始終。

韓復榘豪氣干雲，膽大包天，在軍中一向是言人之不敢言，為人之不敢為。馮玉祥在軍中令出如山，一言九鼎，即使有說錯話，做錯事的時候，部屬也是噤若寒蟬，敢怨而不敢言。每逢此刻，他們往往去向韓訴說委屈和不平。韓必挺身而出，曰：「不平則鳴，我陪你們見檢閱使去！天子聖旨，御史也有上陳之權呀。」（傅瑞瑗：《家國鴻影》，春秋雜誌出版社，一九八四年，頁二五六）

一次，馮玉祥頒佈命令，擢升某人為營長，此人父兄藉此在外招搖，甚至在火車上販賣菸土，毆打旅客，官兵嘖有煩言，馮卻全不知曉。韓復榘知悉內情後，立即謁馮，直言無忌，終使馮收回成命。（傅瑞瑗：《家國鴻影》，春秋雜誌出版社，一九八四年，頁二五六）

馮軍中流傳一句「順口溜」，說的是：「大大咧咧的韓向方，又狠又毒的石漢章。」所謂「大大咧咧」，指的是粗放大略、不拘小節，以此四字概括韓復榘的秉性可謂言簡意賅。

北京政變

第一次直奉戰爭後，直系軍人控制北京政權。張作霖退回關外後，啟用新派軍人，整軍經武，秣馬厲兵，養精蓄銳，志在雪恥。直軍則在山海關部署精銳之師，嚴加戒備。第二次直奉戰爭一觸即發。

由於馮玉祥統帥數萬精兵，駐軍京畿，又非曹、吳嫡系，反直各方皆向其示好。馮在河南受吳佩孚排擠，到北京後，每次去總統府領餉，總要受到巡閱使署軍需處長李彥青的刁難與克扣，而李又是曹錕的紅人。馮原本就對吳挾恨，現在對曹也十分不滿。

即將爆發的第二次直奉戰爭給馮玉祥一個千載難逢的機會，在他的心中開始醞釀一個大膽的計畫，即在直、奉雙方殺得難解難分之際，在直軍後方發動兵變，一舉推翻曹吳政權。

一九二四年九月十五日，以「朝陽事件」為導火線，第二次直奉大戰終於拉開序幕。

按吳佩孚部署，直軍嫡系軍隊任山海關正面戰場；第二路王懷慶第十三師及胡景翼師出喜峰口，向朝陽前進；第三路馮玉祥軍出古北口，向平泉進發，再會合第二路，攻敵側面。

馮軍從九月二十一日至二十四日，陸續開出北京，韓復榘團所在之鹿鍾麟第二十二旅走在全軍最後。馮玉祥之所以如此安排，是因為按計劃一旦發動兵變，「後隊變前隊」，首先進入北京的應是最精銳的第二十二旅，此即馮所謂：「走的晚，回來的早」。

九月二十八日，鹿鍾麟第二十二旅經過高麗營、懷柔，到達密雲縣，在南關軍營駐紮下來。鹿在密雲駐紮期間，指揮韓復榘、過之剛兩團朝北京方向反覆練習急行軍，或五〇里折回，或六〇里折回；時而徒手行軍，時而全副武裝，負重行軍；時而支起帳篷，準備露營，時而又收起帳篷，返回駐地；行軍途中還

圖023　馮玉祥在灤平召開軍事會議，發佈返京命令

配合作戰演習。鹿如此演練的目的，旨在麻痺外界視聽，不致日後大軍作反方向運動時，引起人們的注意。經過近半個月的演練，全旅官兵精疲力盡。

十月十一日，馮玉祥到達灤平，是時馮軍前鋒方進抵承德，進軍如同龜步。十四日，山海關直奉大戰白熱化。十五日，直軍豬熊峪陣地失守。十六日，奉軍向直軍山海關陣地發動第三次總攻擊，山海關告急！

馮玉祥認為時機已到，事不宜遲，應立即發動。十月十八日下午七時半，馮在灤平召集軍事會議，宣佈全軍立即「移後方，做前方」，班師回京。駐密雲的鹿鍾麟旅擔任全軍最前鋒，到達北苑後經安定門進入北京城，大軍隨後跟進。

十月二十日，鹿鍾麟在密雲南關軍營召集營長以上軍官開會，傳達總司令部班師回京命令，就部隊夜間急行軍及入城後之軍事行動均有嚴格規定和周密佈置。

二十一日午夜，第二十二旅官兵全副武裝，偃旗息鼓，在夜幕掩護下向北京方向急行軍。韓復榘第四十三團走在全旅最前面，全團編成三個混成營，以便各兵種聯合作戰，沿途割斷電話線，嚴格封鎖消息，以一晝夜趲行二〇〇里的速度向北京奔襲。鹿旅因走在全軍前面，所部用過的帳幕、鍋灶等均留置

圖024　馮軍進入北京城

沿途，供後續部隊使用，以利縮短休息與吃飯時間。

二十二日午夜十二時，馮軍第二十二旅從北京安定門入城，部隊一律以混成營為單位，輜重在前，步兵殿後，前一營入城後，發出信號，後一營再跟進，如此魚貫而入，自北向南，沿著安定門內大街，銜枚疾走，匕鬯不驚。衛隊旅及三個補充旅隨後跟進。

鹿鍾麟旅長與李興中參謀長及韓復榘、過之剛兩位團長騎馬並轡而行，走在隊伍最前面，一邊行進，一邊下達命令，每到一預定地點，便派出一混成營，在預先安排好的便衣隊引導下，前往市內各主要交通路口布崗警戒，對某些重要的通衢大道，均以大車、沙袋封堵，一切行動均從容不迫、有條不紊。

最後，鹿鍾麟等一行人來到長安大街，鹿將旅部設在太廟（今勞動人民文化宮）內，韓復榘將四十三團團部設在正陽門（俗稱「前門」）甕城內的關帝廟。第二十二旅的主要任務就是對北京實行軍事管制，暫不參加下一步對直軍的作戰。

緊隨第二十二旅之後進城的是衛隊旅，孫連仲率手槍團及顧佔鼇團一部於凌晨三時包圍總統府，將曹錕軟禁在中南海延慶樓，其他閣員暫時集中到北海團城內，限制自由。

翌晨，北京市民一覺醒來，驚異萬分地發現滿城遍佈戴著「不擾民，真愛民，誓死救國」臂章的執勤

圖025　馮軍士兵及其大刀

士兵，當他們看到馮軍「班師主和」的佈告，才知道京師一夜之間發生了軍事政變！

十月二十三日，也正是馮軍出師一月紀念日，馮玉祥回到北苑，發表漾電，呼籲「停戰主和」。二十五日下午，馮在北苑舉行軍事政治會議。會議議決：成立「國民軍」，馮玉祥任國民軍總司令兼第一軍軍長，胡景翼、孫岳分任國民軍副總司令兼第二、三軍軍長；推舉黃郛組織「攝政內閣」，攝行大總統職務。

十月二十八日，山海關方面戰局驟變，直軍大敗，主力損失殆盡。國民軍乘機先發制人，對楊村吳軍發動攻擊。經過四天激戰，國民軍於十一月三日佔領楊村和北倉，進逼天津。吳佩孚見大勢已去，回天無力，乃於十一月三日轉赴塘沽，乘海軍渤海艦隊「華甲號」運輸艦南下吳淞口折入長江。時人將唐詩顛倒前後句，以喻吳浮海南下之悲劇一幕：「一片冰心在玉壺，平明送客楚山孤。洛陽親友如相送，寒雨連天夜入吳。」

驅逐溥儀出宮

吳佩孚浮海南下之翌日，即一九二四年十一月四日晚八時，馮玉祥召員警總監張璧往旃檀寺，說：「常談之事現在時機已至，可以辦了。」張愕然。馮解釋道：「就是那個小孩子的事。」張請示辦法。馮謂：「你可與瑞伯便宜行事。」張建議由內閣下令方妥。馮諾。（李玄伯：〈張璧口述溥儀出宮情況〉，《故宮五年記》，上海書店出版社，二〇〇〇年六月，頁一七四）

新組建的攝政內閣在馮玉祥授意下，連夜舉行臨時閣議，決定修改《清室優待條例》，將清遜帝溥儀驅逐出宮，並委派北京衛戍司令鹿鍾麟主持執行這次行動。馮之所以急於完成此項「徹底革命」，是「以免段芝泉來後重生枝節」。

五日上午十時，國民軍以「統一軍權」為名，將駐在清宮及景山內之禁衛軍一二〇〇人繳械，調駐北苑，聽候改編。韓復榘第四十三團進駐景山。

是日拂曉前，韓復榘團已完成對紫禁城神武門至醇王府沿途及皇城各門的警戒。韓諭令駐在神武門兩側筒子河營房之員警四隊約四八〇人於十二時前將軍械、子彈一律繳出，聽候調遣。

上午九時，鹿鍾麟在張璧，國民代表、北大教授李石曾（李鴻藻之孫）的陪同下乘汽車直趨紫禁城，後面尾隨兩輛卡車，分載員警四〇人、軍士二〇人。鹿一行在神武門下車，步行入宮。韓復榘團營長丁漢民以鹿之隨從身份一併進入。韓親率士兵一部在神武門外警戒。

韓復榘離家時，妻叮囑說：「進宮裡見了皇上要有禮貌。」韓笑道：「我又不進宮，只在外面當差。」

鹿一行進入神武門，沿西筒子西行，未至隆宗門即遇清室總管內務府大臣紹英、榮源、耆齡、寶熙等四人衣冠而出，於是共入「他坦」（即隆宗門外盡西頭之數間北屋）談判。鹿先出閣令示之，請清帝即日出宮，限三小時答覆。

紹英等四人入隆宗門與溥儀商量，半小時後回覆鹿等：同意出宮，但須容期三個月。張璧曰：「三個月時間太長，你們皇上所作所為，頗為新潮流所不能容，外間教育界及軍士群情激憤，我等難負保衛之責。」李石曾亦曰：「今天之事非今天解決不可！」紹英等出入隆宗門數次，將期限由三月減為一月，繼而十天。鹿等仍不允。

榮源謂：「小戶人家搬家尚須幾天，何況此特別之局。」鹿怒曰：「外面情形甚為不妥，如今天不搬，我即將軍隊撤開，先生敢負責不發生意外變故麼！」紹英等回覆：「收拾物品須三天方畢。」雙方交涉兩個多小時迄無結果，時已下午三點，鹿急中生智，故意對丁營長大聲呼曰：「速去囑外邊韓團長，時間雖已屆，事情猶可商量，再延長二〇分鐘，先不要在景山上開炮！」

圖026　鹿鍾麟在紫禁城內對溥儀下逐客令

是時，醇親王載灃亦匆匆自宮外趕來，與紹英等會議約一小時，始出曰：「立即出宮，往北府。」（宮中稱醇王府為「北府」）鹿原是一句恫嚇語，卻有神效。鹿等乃出候於順貞門。未幾，溥儀夫婦、淑妃、宮女、太監等手中各執小包，自御花園步出，載灃、紹英等亦隨之。紹英介紹鹿等與溥儀相見，各自握手畢，乃登車。汽車備五輛，最前一車為鹿鍾麟，第二車為溥儀及紹英，第三車為後妃及隨從，第四車為載灃，第五車為張璧、李石曾等，兩卡車軍、警隨後。（李玄伯：〈張璧口述溥儀出宮情形〉，《故宮五年記》，上海書店出版社，二○○○年六月，頁一四八）

車隊緩緩駛出神武門，萬籟無聲。韓復榘率士兵整齊列隊，肅穆鵠立，致軍禮迎送。

車隊至後海甘石橋醇王府邸，溥儀下車，鹿鍾麟問他嗣後是自稱皇帝，抑以平民自居耶？溥對曰：「吾既已接受修改之優待條例，當然不能再稱皇帝，嗣後只是中華民國國民一分子耳。」鹿等報之以掌聲。

十一月十五日，張作霖、馮玉祥、盧永祥等通電推段祺瑞為中華民國臨時執政。二十二日，段祺瑞在吳光新衛隊護衛之下進京；張學良率奉軍衛隊營進駐北京城內順承王府；郭松齡率奉軍一個團進駐京北黃寺。二十四日，段在京就任中華民國臨時執政；黃郛內閣自動解體；張作霖進京，下榻順承王府官邸。

圖027　韓復榘（右立敬禮者）率部在紫禁城神武門外擔任警戒，向車隊敬禮

第一旅旅長

馮玉祥自知軍事實力難與奉張匹敵，政治上也遠非段祺瑞的對手，不如高棍群公，激流勇退，韜光養晦，從長計議，遂於十一月二十五日發表下野通電，向段遞交辭呈，當晚即帶著衛隊團上了京西天臺山。奉軍一進北京便先聲奪人，張作霖力薦奉系將領李景林為北京衛戍司令，以取代鹿鍾麟，進而壓迫國民軍全部從北京撤出。

面對奉軍咄咄逼人的氣勢，馮玉祥表現出異乎尋常的低調，連其盟友孫岳、胡景林都按耐不住性子，更不要說他的驕兵悍將了。十二月四日，也就是張氏父子離京後的第二天，已升任第一旅旅長的韓復榘登天臺山謁馮。馮首先對時局發表一番感慨：「吾國自古重信義，尚廉恥，今則互爭權利，良可歎也！」韓忿然道：「君子小人相處，當然君子吃虧。然以國家大事論之，君子絕不可讓小人。蓋君子愈讓，小人愈多，國事愈非，必至於亡國而後已！」二人正談話間，北京旃檀寺來電話報告：李彥青病重將死。馮接電話後，開導並激勵韓曰：「一，吾望諸君提高自己，做事不可隨波逐流，宜有定見定力。二，吾近來剛銳之氣日消月磨，起衰振廢，全賴諸君矣。」最後說到李彥青將死之事，馮謂：「李彥青死後，當為之特立一廟，並為之塑像，著明其當權時賣槍，賣子彈之狀況。」（《馮玉祥日記》，一九二四年十二月四日。）十一天後，李在北京天橋被處決。

馮玉祥索居天臺山，實際上是在權益問題上鬧情緒，「以退為進」，採取消極態度。段祺瑞為穩住馮，執政府在一九二四年末至一九二五年初，先後發表了一系列人事任命：馮玉祥任西北邊防督辦；張作霖任東北邊防督辦；張之江任察哈爾都統；李鳴鐘任綏遠都統；鹿鍾麟任京畿警備總司令；薛篤弼任京兆尹。

一九二五年一月十三日，馮玉祥赴張家口就任西北邊防督辦，「國民軍」的名義已在一個月前取消，國民一軍易名「中華民國西北邊防軍」，簡稱「西北軍」。

新改編的「中華民國西北邊防軍」已擁有十步兵旅、五混成旅、二騎兵旅、一炮兵旅、一衛隊旅、一鋼甲車團及一機炮團。

「北京政變」後，鹿鍾麟升任第一師師長，下轄四個旅，已成為西北軍最具實力的人物。韓復榘升任第一師第一旅旅長，其部隊番號中的兩個「第一」也足以凸顯韓在西北軍中的特殊地位。

第一旅訓練有素、武器精良，無疑是西北軍最精銳的部隊之一。第一旅下轄二步兵團、一特務團及旅直屬部隊。

兩位步兵團團長分別為張汝奎、丁漢民，每團轄三營，每營轄四連。每步兵團直屬重機槍一連、輕機槍一連。孫桐萱在二團任營長。

特務團團長為程希賢，下轄一騎兵營、一工兵營和一通訊營（配備活動半徑七五公里的無線電臺）。旅直屬部隊下轄一機關槍營、一山炮營（十二門七五毫米日制山炮）、一野炮連（七六毫米克虜伯炮）及數門臼炮。

步兵使用的是一八九八年至一九〇一年出廠的德式步槍，北京政變後更換日本「三八」式步槍，機槍為日式。騎兵使用的是德式馬槍和馬刀。

第一旅的武器不是最新式的，但都保養得很好，光可鑑人。

由於國民黨奉行「聯俄容共」策略，李大釗（國、共兩黨雙重身份）、徐謙等介紹馮玉祥於蘇俄。馮派代表劉驥、唐悅良與蘇俄代表鮑羅廷、蘇俄大使卡拉罕接洽，爭取蘇俄為國民軍援助軍火，並派遣軍事顧問，馮及其軍隊因此而有了「赤化」之名。

國民軍各級將領對蘇俄軍事顧問的態度完全採取實用主義，初期為取得蘇俄軍火，對顧問奉若神明，言聽計從，以後隨著軍火供應減少，顧問地位每況愈下，無人理睬，淪為吃閒飯的客卿。韓復榘一向討厭外國軍事顧問，無論是哪個國家的，從一開始就沒給過他們好臉，更不要說向他們討教了。蘇俄軍事顧問對韓又恨又怕，經常向鹿鍾麟告狀。鹿對韓笑道：「這些俄國人無論如何也是總司令請來的客人，你差不多就行了！」

郭松齡夤夜密訪

一九二五年七月十八日，韓復榘授陸軍少將銜。

九月十五日，日本武官松室孝良面晤馮玉祥，請西北軍派人參加以陸軍總長吳光新為首的中國軍事代表團，赴日參觀日軍秋操並訪問東京、仙台等地。馮決定派韓復榘、程希賢等前往。

中國軍事代表團主要成員由奉軍和西北軍軍官組成，奉軍首席代表為郭松齡，成員有高紀毅、劉翼飛等；西北軍首席代表為韓復榘，成員有程希賢等。

十月二日，中秋節剛過，韓復榘偕程希賢從北京西直門火車站乘車到張家口，謁見馮玉祥並請示機宜。馮囑韓等赴日參觀時應注意三事：一，表示中日互助；二，日本對中國有三派：其一，謂中國非亡不可；其二，謂中國雖不至於亡，但亦無甚希望；其三，謂中國將來統一以後，前途發展頗難限量，汝等當與此派接近。三，言語當謹慎，如與基督徒談話時，則告以吾等所信者為捨己救人之基督教，決非強盜式或買賣式之基督教也。（《馮玉祥日記》，一九二五年十月二日）

十月六日，中國軍事代表團啟程東渡扶桑，在東京下榻帝國飯店三樓。

一日深夜，韓復榘已睡下，猝然有人敲門。韓披衣起視，來訪之不速之客竟是奉軍首席代表郭松齡！

郭松齡（一八八二～一九二五），字茂宸，遼寧奉天人，北京陸軍大學正則班第四期畢業（與西北軍參謀長劉驥、熊斌，國民三軍將領徐永昌同學），時任京榆駐軍司令部副司令兼第六軍團長。

「京榆駐軍司令部」設在天津，張學良為司令兼第三軍團長，其前身系由奉軍最精銳的第一、三兩軍組成的「第一、三聯軍司令部」，下轄六步兵師、一騎兵師、二炮兵旅、一工兵團，總計七萬五千人，奉

圖028　郭松齡

軍六大軍團之精華悉入其中矣。

郭松齡身材偉岸，連鬢鬍鬚，雙目炯炯，不怒而威，人稱「郭鬼子」。郭思想激進，疾惡如仇，志趣雄奇，豪氣干雲，是奉軍將領中出類拔萃者。

郭松齡年初曾帶兵一團駐北京北郊黃寺，韓復榘見過他幾次，但無任何交往。韓見郭突然夤夜造訪，料其必有大事。

郭松齡對韓復榘說，他到東京後，有日本參謀本部一位重要官員來防，問他此次來日本觀操，是否兼有代表張作霖將軍與日本國簽約的任務。來人見他一頭霧水，遂既告辭，悻悻而去。事後他覺得事出蹊蹺，細心打問，才獲悉張氏為攻打國民軍，擬同日本秘密簽約，從日本獲得一大批軍火。此項密約已在奉天談妥，張氏通知日方，簽字代表近日將抵達東京，恰巧他先到一步，引起誤會，現在張氏的代表于沖漢已到東京。講到這裡，郭憤憤地說：「連年軍閥混戰，爭城掠地，殺人盈野，國家元氣斷喪殆盡，老百姓無法生活，強鄰虎視眈眈，正在伺機而動。張作霖為了個人利益，不顧一切，出賣國家，這種割肉飼虎，引狼入室的幹法，無論如何我是不能苟同的。我是個軍人，不是個人的走狗！我不能昧著良心服從亂命。他若打國民軍，我就打他……」最後，郭又鄭重請求韓嚴守秘密，並向馮玉祥轉達他願與國民軍合作的誠意。

韓復榘聽郭松齡一番慷慨陳辭，深感茲事體大，肅然道：「我對郭先生人格十分欽佩。我回去之後，一定將你的意思報告馮先生，再商量進一步的辦法。今天的談話，關係重大，我一定嚴守秘密，請你放心好了。」（吳錫祺：〈馮玉祥、郭松齡聯合反對張作霖的經過〉，《文史資料選輯》，第三十五輯，頁

一七〇）

十月二十四日，郭松齡被張作霖緊急電召回奉天，受命去天津部署軍事，準備對國民軍作戰。郭到天津不久，「條蟲病」復發，入住義大利醫院治療。

韓復榘、程希賢等隨中國軍事代表團於十一月五日晨回到北京，未及回部隊，便直接乘火車去包頭，六日到達包頭鎮已是下午。晚八時半，韓、程等在東門外玉皇廟督辦公署謁見馮玉祥，「報告日本各兵種之分配及動作並其團結之精神」。最後，眾人散去，韓單獨留下來，向馮報告郭松齡的事。

正在為奉軍步步緊逼而苦思對策的馮玉祥聽到這個消息，如同「天上掉餡餅」，激動之情可想而知，但又恐其中有詐。待韓向馮請示辦法時，馮謂：「這事情關係太大，不要輕率地亂做主張，最好請郭先生寫個親筆的什麼東西，派兩個親信的人送來，兩下從長商酌一下，方顯得鄭重其事。」

韓復榘、程希賢於十一月八日返回北京，臨行前馮玉祥令其轉告鹿鍾麟，北京方面軍隊速退南口備戰。韓回到北京後再轉赴天津，直接去義大利醫院，當面向郭松齡轉達馮玉祥的意見。

十一月二十日，郭松齡派代表赴包頭謁見馮玉祥，雙方達成協議，繕成密約兩份，馮簽字。雙方還約定以「母病癒，已出院」為發動之隱語。郭松齡二十二日在密約上簽字。是晚，郭在馮玉祥代表熊斌陪同下前往直隸督署與李景林會商發動事宜。原來李與郭在反奉問題上早已達成共識。

郭松齡於十一月二十三日赴灤州，通電全國，向奉張發難。郭將京榆駐軍改編為四個軍，向東北挺進，出山海關後所部正式命名「東北國民軍」。

由於奉軍主力盡在郭松齡手中，開始進展異常順利，連戰皆捷，其勢銳不可擋。奉軍退守巨流河一線，與郭軍隔河對峙。張作霖已經做好放棄奉天的準備，同時要求日軍出兵干預。日本方面在權衡利弊之後，終於改變原來的「中立」態度，十二月八日，對郭軍發出警告，九日，向南滿鐵路、奉天、營口增兵，阻礙郭軍行動。張亦從吉林、黑龍江調兵，孤注一擲，準備反攻。

十二月二十一日，郭松齡下達總攻擊令，三次衝鋒未果，郭軍內部又發生分裂，軍心動搖，終被吳俊升率領的黑龍江騎兵沖散。郭見大勢已去，乃與其妻化裝逃走，於二十四日在遼中縣芬家屯被俘。張作霖命將郭解往奉天。楊宇霆恐節外生枝，命令將郭夫婦就地處決。郭從發動到兵敗身亡，恰好一個月。

郭松齡在韓復榘的心目中是個有血性的漢子。韓得知郭的死訊，傷感不已。

吳佩孚在湖北得知郭松齡倒戈事，想起當初張作霖支持馮玉祥倒戈，得意地吟了兩句詩：「而今悟得循環理，斜倚闌干亂點頭。」

首佔天津

郭松齡的失敗有一個很重要的原因，那就是沒有得到盟友馮玉祥和李景林的支援。馮與李之所以沒有援郭，是因為正當郭與奉軍鏖戰之際，他們二位在後方先打了起來。

馮玉祥派張之江率過之綱第二旅及葛金章第七混成旅進駐豐台待命，準備在必要時支援郭松齡軍。李景林認定馮玉祥支援郭松齡是假，奪取直、熱、津及出海口是真，決定與國民軍兵戎相見。

李景林與張宗昌聯合組成「直魯聯軍」以厚軍力，並令部隊沿京奉路向北京節節前進，前鋒已至楊村。

十二月六日，張之江率過之綱第二旅及葛金章第七混成旅由豐台出發，乘火車至廊坊，在離車站不遠的一座莊院裡設立總指揮部。一個由蘇聯軍官組成的顧問組協助張指揮作戰。

大戰在即，國民軍總司令部命令鹿鍾麟第一師之韓復榘第一旅及鄭金聲第三師之宋慶林第五旅加入京奉鐵路正面戰場，分別擔任左右兩翼。

楊村是李軍設在京奉鐵路上的第一道防線，兵力在三萬人左

圖029　張之江

圖030　李景林

右，東、西、北三面各幅有一二〇〇米長的戰壕，火炮編成三組，呈三角型佈陣，每組配備十二門山炮和十六門迫擊炮。奉軍的炮兵在當時中國是最強大的。

十二月九日傍晚，蘇軍顧問組來到張之江在廊坊的司令部。張身著灰色棉軍裝，正盤腿坐在炕上，仔細端詳一張十萬之一的天津地圖。十幾名參謀官圍坐在點著蠟燭的大桌邊忙碌著。蘇軍顧問組長哈寧指著天津地圖，通過一名會俄語的國民軍官向張建議，應於當晚派一支步兵突擊隊，乘鋼甲列車夜襲楊村車站。如果翌日鐵路橋被李軍炸毀，進攻將會遇到困難。張問，突擊隊是否有危險。哈寧回答：「這個計畫是有一定危險的，但顧問也將隨車前往。」張同意了。哈寧又建議攻打敵軍右翼，即楊村車站東北二〇公里的梅廠鎮。張說他也有這個想法，按照他的計畫，第一師之韓復榘第一旅已由通州開拔，進至武清，翌日即可進抵梅廠鎮。張與蘇軍顧問組的意見不謀而合。於是韓旅被確定為左翼，正式加入戰鬥序列。

入夜，國民軍武裝鋼甲列車隆隆駛出廊坊車站，其後緊隨一列掛有十二節車廂的火車，車上載著由六個步兵連組成的突擊隊。但是國民軍還是晚了一步，李軍已提前將楊村鐵路橋炸毀。國民軍派出工兵搶修鐵橋。

韓復榘第一旅當夜急行軍趕到梅廠鎮，於十二月十日凌晨四時發起攻擊。梅廠鎮有李軍一旅，睡夢中被國民軍打了個措手不及，頃刻間土崩瓦解。

國民軍直到十二月十日黎明前才把楊村鐵路橋修好。鋼甲列車開足馬力衝上橋頭，用密集的機槍火力驅散企圖再次炸橋的李軍工兵。國民軍突擊隊在鋼甲列車兩門火炮及八挺機槍的掩護下向楊村車站發動強攻，緊跟其後的是跑步前進的第二旅及第七混成旅。擔任國民軍左翼的韓復榘第一旅自梅廠鎮向楊村包抄過去。楊村守軍擔心被國民軍包圍，終於放棄陣地，退往李軍第二道防線漢溝。清晨時分，國民軍佔領楊村。

李軍撤出楊村後，退守漢溝、大宋莊、南王坪、雙口一線這裡是北倉的前沿陣地。北倉是天津的北大門，也是李軍重兵把守的要塞。李景林重金聘請德國軍事築壘專家，在此構築了歐戰時期發明的「蟹堡式」防禦工事，即每一組工事的核心結構是一座圓形地堡，形如蟹殼，左右兩側各伸展出若干戰壕，上覆鋼板，狀似蟹足，各組工事均以戰壕相通，連接成網，工事前還架設電網，埋置地雷。這在當時世界上也算是最先進的防禦工事了。

十二月十一日晨五時，國民軍向李軍發起攻擊，戰鬥一直持續到九時，中路進至馬家口，左翼韓復榘旅進至張四莊、北王坪一線，右翼仍無進展。由於張之江低估了李軍戰鬥力，首期投入兵力不足，加之李軍星羅密佈的雷區，使國民軍每前進一步都付出巨大的代價。

馮玉祥在張家口在得到前線軍事進展不順利的報告，著派陳希聖第六旅、佟麟閣第二十一旅、石敬亭第四混成旅、劉玉山第五混成旅及孫連仲騎兵第二師分別從北京、察哈爾、綏遠開赴前線。從此，國民一軍與李軍在楊村至北倉之間展開「拉鋸戰」與「消耗戰」。

韓復榘探知李軍士兵為禦寒，在戰壕裡鋪設了很多麥草及棉被等易燃之物，聯想到歷史上田單大擺「火牛陣」破敵的戰例，考慮採用「火羊陣」的戰術，對敵發動「火攻」，而且狂奔的羊群還可以踏響敵人埋設的地雷，為部隊前進掃清道路。

對韓復榘大擺「火羊陣」，蘇軍顧問組副組長普里馬科夫的日記有所記載：「第一師師長韓將軍（確切說，韓是在十天之後才正式就任第一師師長）提出了第一個計謀。又高又胖的（確切說，應該是又高又瘦的）韓將軍來到張之江司令部，請予單獨接見（韓歷來討嫌外國顧問）。他告別的時候心情非常愉快，張將軍把他送到大門口，他們兩人都帶著神秘而滿意的樣子。他們想出一條極端危險的計謀，要置敵人於死地。司令部的軍官們想探聽兩位將軍密談內容，但一無所獲。……十二月十四日，韓將軍整天都在收購和徵用公羊。他利用國際特別快車通過的停戰期間，儘量採購，天黑前已收購到三百隻。……十五日夜，戰爭又開始了，三百隻尾巴上栓著點燃了麻絮的公羊，被趕向敵人的戰壕。驚恐的羊群『咩、咩』叫著，拖著冒煙的尾巴，拚命奔跑，步兵都準備隨著羊群衝入敵陣。敵人發現了帶火飛奔的羊群，後來，在照明彈之下看清了這些驚恐的動物在戰壕旁邊亂跑亂竄，塹壕裡的人哈哈大笑起來。因失敗而大怒的韓將軍命令該旅發起衝鋒，但被敵人的機槍火力打退了。」（〔蘇〕維・馬・普里馬科夫：《馮玉祥與國民軍》，中國社會科學出版社，一九八二年十月，頁一四二）

以上故事是蘇軍顧問講述的，不排除其中有刻意貶低國民軍將領及文學渲染的成分，但就那段史實而言，還有一定參考價值。

從一九二五年十二月十二日以來，北路國民一軍在京奉路上一直未取得明顯進展，而且傷亡很大。在前線協助張之江指揮作戰的副總參謀長熊斌向馮玉祥報告前線戰況異常慘烈，官兵傷亡嚴重。馮在電話裡痛哭數分鐘不止。馮嚴厲斥責張之江指揮不力，命李鳴鐘、鹿鍾麟、鄭金聲等師長統統集中到前線司令部，與張共同指揮作戰，實際上是把指揮大權移交給了李鳴鐘。為儘快結束天津之役，馮又將劉汝明、門致中、石友三、陳毓耀等四個旅調到前線。這時國民一軍幾乎是全部壓上，孤注一擲了。

一九二五年十二月二十一日，國民一軍各前線指揮官在司令部召開軍事會議，定於二十二日向李軍北倉陣地發動總攻。計畫中的這次總攻一改過去正面強攻的辦法，而是首先派一支勁旅，在正面步兵發動總攻前，以夜戰突襲方式，破敵右翼南王坪陣地，再與鐵路正面之大部隊夾擊北倉守軍。

李鳴鐘在慎重考慮之後，把最關鍵的偷襲任務交給韓復榘，一是韓部在左翼北王坪一線，距敵南王坪陣地最近；二是自開戰以來，韓部表現不俗；三是韓善夜戰。

韓復榘領受任務後，深感責任重大，立即與參謀長李樹春返回部隊，從所部第一、二兩旅（旅長過之剛被撤職，所部調撥韓指揮）遴選敢死隊二連、炸彈隊一連，每人發五尺白布，繫在腰間，潛伏時披在身上，冰天雪地中可以掩護，若不幸陣亡權當裹屍布，昭示拚死一戰的決心。當國民軍攻克天津的次日，鹿鍾麟用電話向馮玉祥報告：「下令之日，我軍旅長都有必死之志！」這裡主要指的就是韓復榘。馮「聞之，淚流不已。」（《馮玉祥日記》一九二五年十二月二十五日）

是日，大雪復至，飛積盈尺，華北大平原白茫茫一片。

午夜，韓部兩旅輕裝出動，披星犯雪，迅速迂迴到李軍右翼南王坪陣地之後，在夜幕籠罩中潛伏下來，距敵軍陣地最近的是敢死隊和炸彈隊員，一律身罩白布單，匍匐在雪地上。

十二月二十二日凌晨四時，國民一軍發動總攻擊的信號彈騰空而起，國民一軍炮隊開始猛轟李軍北倉陣地。韓軍突現李軍右翼之背，如同天降，敢死隊和炸彈隊衝在最前，大刀與手雷彈盡顯神威。韓復榘、李樹春、程希賢等手持指揮刀親臨一線，身先士卒。李軍還沒反應過來，南王坪陣地已被國民軍佔領。韓部兩旅乘勝追擊，轉而猛攻李軍北倉陣地之側。李軍卒不及防，倉促應戰。

是時，李軍北倉陣地正面防線已被國民一軍四十六門火炮轟開一個四公里長的缺口，國民一軍步兵開始從正面發起衝鋒，首先衝進敵陣的是葛金章第七混成旅，進而擴大戰果，隨後陳希聖第六旅、劉汝明警備第一旅、劉玉山第五混成旅相繼攻入北倉。李軍兩面受敵，頓時大亂，但仍拚死頑抗，且戰且走，除死傷及被俘者外，殘部向雙口等地退卻。

十二月二十二日八時十五分，國民一軍佔領北倉。熊斌向馮玉祥告捷，馮當即在電話裡任命韓復榘升任第一師師長。

戰後，李鳴鐘當面向馮報告：「我軍戰勝原因，是出其不意，攻其不備。」

北倉一役打得十分慘烈，戰鬥結束後，交戰雙方在戰場上陳屍千餘具，戰壕多被屍體填滿。北倉易主，敲響了天津李軍的喪鐘，兩個多小時的血戰，使李軍主力所剩無幾，天津的北大門完全洞開。

國民一軍佔領北倉後，馬不停蹄，立即分三路向天津市區挺進。韓復榘第一師在中路走在最前邊，途中擊潰李軍尹玄壽混成旅，佔領宜興埠；左翼門致中警備第二旅從西堤頭繞攻天津；右翼李炘騎兵旅從韓家墅向天津疾進。

是時天津周圍尚有李軍四萬餘人，而且地雷密佈。韓師邊排雷，邊搜索前進，推進速度受到一定影響。

十二月二十三日下午，李景林微服至穆家莊視察軍事，見部隊已潰不成軍，知大勢已去，乃疾回督署。下午，李鳴鐘師就進據穆家莊。李景林潛入租界，旋即乘艦桴海南下。

十二月二十四日晨，鐵路正面之韓復榘師，左翼之門致中旅及右翼之李炘騎兵旅都加快速度向天津西站兼程並進。凡事都要勇爭第一的韓復榘終於上午十時搶先一步，佔領天津火車總站。轉瞬之間，門致中旅及李炘騎兵旅也接踵而至。李景林督署衛隊及河北公園內李軍千餘人先後被韓師繳械。隨後，石友三第八混成旅及陳

圖031　馮軍韓復榘師開進天津

希聖第六旅也進入市區。

馮玉祥接到劉驥的捷報，對最先進據天津的韓復榘師、門致中旅及李炘騎兵旅賞洋三十萬元。

韓師佔領車站後，隨即進駐河北曹家花園。翌日，韓復榘以國民軍第一軍第一師師長的名義佈告安民。

耶誕節那天，張之江身為國民一軍前敵總司令和虔誠的基督徒，為慶祝勝利，在天津舉行盛大閱兵式，並親自主持隆重的新年祈禱儀式。

天津戰役是馮軍自第十六混成旅以來遭遇到的第一場硬仗，其持續時間之長，投入兵力之大，消耗物資之多，官兵傷亡之眾，都是馮軍前所未有的。另一方面，協助張之江指揮天津戰役的蘇軍顧問普里馬科夫對國民軍士兵的素質卻給予很高的評價：「中國士兵比我們的士兵強，他們有忍耐性，不愛發牢騷，勇敢，機動能力強。中國士兵日行七〇公里，並不感到困難，一般來說，這是未來的精銳步兵。我們的步兵和中國步兵比，顯得十分呆傻。由此可以得出這樣的結論：中國步兵是世界上的優秀步兵，或許這個評價過高了。」（〔蘇〕維・馬・普里馬科夫：《馮玉祥與國民軍》，中國社會科學出版社，一九八二年十月，頁二一五）

第一師長

天津戰役戰鬥尚未結束，韓復榘即晉升國民一軍最精銳的第一師師長。韓復榘以奇襲北倉，首佔天津而一舉成名，從此，韓部成為馮玉祥直接指揮下的獨立戰鬥單位；韓本人也由馮系偏將躋身於主力戰將之列。

國民軍第一軍第一師下轄三個混成旅，一個炮兵團，是國民一軍的「王牌」部隊，在以後關鍵的津浦反擊戰、京畿保衛戰及晉北大戰中，都責無旁貸地擔任主力。

天津戰役後，國民軍的鼎盛局面不過是曇花一現，形勢很快發生逆轉。

東山再起吳佩孚與張作霖、張宗昌、李景林結成盟軍「聯合討馮」，將矛頭直指國民軍。

已是四面楚歌、處境孤危的馮玉祥為給部屬留下迴旋餘地，決定辭職下野。面對環跪挽留的部將，馮大發雷霆：「我不准你們當馮玉祥的走狗！」

一九二六年元旦，馮玉祥在張家口通電辭職，避居平地泉（今集寧），行前委張之江代西北邊防督辦及國民一軍總司令職。

馮玉祥的辭職並沒有減緩反馮盟軍的進攻勢頭。二月三日，直魯聯軍攻陷東光、泊頭，國民二、三軍節節敗退，天津危在旦夕。國民一軍將主力調到津浦線上，張之江任命韓復榘為津浦線防務總司令。

自二月二十五日午後起，直魯聯軍在李爽愷率領下，分三路向陳官屯發起攻擊。國民一軍各部二萬餘人在韓復榘指揮下與直魯聯軍在陳官屯以南一線展開激戰。戰鬥持續約六小時，在夜幕降臨之際，國民一軍終於遏止住直魯聯軍凌厲的攻勢。此戰是直魯聯軍北進以來第一次受挫。

馮玉祥鬆了一口氣，決定在靜海設立總司令部，鹿鍾麟任總司令，韓復榘任前敵總指揮，國民一軍轉守為攻。

三月一日晚，善於夜戰的韓師沿大運河再挫涅恰耶夫師，正面及西路國民一軍亦取得進展，迫使直魯聯軍退守減河南岸。於是，兩軍夾減河對峙。二日，鹿鍾麟決定津浦線正面主要由國民一軍擔任，韓復榘總負其責。津浦線左翼由國民三軍擔任；右翼京漢線上由國民一、二、三軍及國民四軍魏益三部擔任。

三月六日，鹿鍾麟下總攻擊令。國民軍發動總攻擊後，戰鬥異常激烈，在直魯聯軍精疲力竭之際，韓復榘命令東路騎兵兩團發起猛烈衝擊，至七日上午十時，直魯聯軍終於不支，向南敗走；國民軍佔領馬廠。是役，國民軍打得非常英勇，連韓的對手，涅恰耶夫將軍也公開坦承：「國民軍是支訓練有素，能夠抵抗歐州軍隊的強大敵人。」（〔蘇〕維・馬・普里馬科夫：《馮玉祥與國民軍》，中國社會科學出版社，一九八二年十月，頁一六八）

初戰告捷之後，韓復榘第一師在馬廠附近晝夜構築防禦工事，以備直魯聯軍反撲。果然，一九二六年三月八日，直魯聯軍第六十五師在涅恰耶夫中將師長指揮下向韓師發起反攻。

直魯聯軍第六十五師下轄由中國官兵組成的第一六五旅及由兩千名俄籍官兵組成的第一六六旅（俄籍軍團中的軍官也有俄籍朝鮮人）。沙俄軍團的成員同世界上所有的外籍

圖032　張宗昌之白俄軍團

雇傭軍一樣，都是久經陣戰的職業軍人和兇悍無比的亡命徒。涅恰耶夫在帝俄時代接受過嚴格、正規的軍事教育，是一名軍事素質很高的戰地指揮官。他不懂漢語，作戰前，只要由華裔軍官用紅藍鉛筆在軍用地圖上將交戰雙方佈防情況標出，他當即就能掌握戰場形勢，領會上級意圖，執行任務，準確無誤。

韓師陣地設在津浦路與大運河之間一片開闊的田野上，陣地前沿有一條小河，韓部士兵排成密集的陣線，趴伏在戰壕裡，距離俄軍陣地非常之近。

俄籍雇傭軍進攻時排成散兵線，昂首挺胸，闊步前行，只偶爾放幾槍，氣勢咄咄逼人。當俄軍士兵接近河邊，距韓師陣地僅幾十米時，韓部士兵開始射擊，機關槍猛烈掃射。俄軍士兵在一片震耳的吶喊聲中發起衝鋒，但很快就被韓部密集的射擊壓制住了。這時，國民軍一列由蘇聯軍官幫助建造的鋼甲列車開足馬力，由車站駛出，向沙俄軍團散兵線飛速衝去，從車廂兩側噴出機槍掃射及火炮轟擊的火光及硝煙。與此同時，韓師十二門火炮開始轟鳴。沙俄士兵不支，丟棄了同伴的屍體和傷患，爭相逃命。沙俄軍的鋼甲列車來晚了一步，為避免被國民軍虜獲，又匆匆駛回。

韓復榘命令飛機轟炸敵軍鋼甲列車，第一飛行隊出動一架「大維梅」飛機，攜帶一八〇磅炸彈二枚、十磅炸彈十枚，自靜海機場飛赴馬廠以南上空，敵高射炮立即在飛機四周的空中打出一團團白煙。「大維梅」在空中兜了一個圈，從四千英尺升高到五千英尺，瞄準敵鋼甲列車，投下兩枚大炸彈，硝煙起處，列車停止不動了。飛機再投小炸彈，投最後一枚時，因炸彈架故障，炸彈自爆，兩名炸彈員受傷，飛機嚴重受損，勉強滑翔回機場。敵軍鋼甲列車被炸毀，涅恰耶夫將軍的朋友切霍夫上校被炸死在毀壞的車廂裡。

三月九日，國民一軍韓復榘、劉汝明等部及國民三軍自馬廠乘勝南下，與直魯聯軍相峙於滄州城外，約一周之久。直魯聯軍傷兵對《申報》戰地記者說：「國民軍戰略極優，紀律尤佳。士兵戴錫帽，穿鋼馬甲，其作戰之英勇，為聯軍所深畏。」

正當國民一軍在津浦線上取得重大進展之際，京漢線及冀東方面的國民軍卻受到嚴重威脅。三月十五日，吳佩孚軍先頭部隊已進抵石家莊。十八日，奉軍佔領灤州。津浦線上的直魯聯軍為配合吳軍與奉軍，也重整旗鼓，分三路發動反攻。

鑑於局勢嚴峻，馮玉祥決定收縮兵力，拱衛京師。張之江於三月十九日下總退卻令，津浦線、京漢線及京奉線的國民軍分頭向北京撤軍。張任命韓復榘為津浦線掩護司令。

韓復榘對徐永昌說：「後邊起了變化，不能再往下打了，馮先生有命，非回撤無以善後。」於是，雙方約定三月二十日凌晨兩點，國民一軍與三軍同時撤退。

事後，韓復榘以為三軍必定會提前行動，使一軍為其殿後，乃命令一軍提前兩小時，即十九日午夜十二點撤退。

三月二十日凌晨六點，國民一軍大部已撤到馬廠減河以北，韓復榘發現徐永昌率領的國民三軍竟被遠遠甩在後邊，原來國民三軍是凌晨兩點準時開始撤退的。韓十分羞愧，覺得自己是以小人之心度君子之腹，急令所部停止於馬廠減河一線，接應國民三軍。待隨後徐永昌趕到時，韓誠懇地向他道歉：「滄州撤退時，所部爭先行動，故而提早，沒想到你們如此守時間，很對不起！此次從減河撤退，你如不走，我亦不撤！」果然再往後，一軍與三軍始終保持同步撤退。徐後來撰寫回憶錄談及此事，慨慨道：「不料因此一再撤退，反與韓撤出交情來了。」（《徐永昌回憶錄》，團結出版社，二〇一四年，頁一一〇）

三月十九日晚，天降大雪，滄州城外除偶爾聽到幾響零星的槍炮聲外，夜空如同死一般寂靜。翌晨，從夢中醒來的滄州守軍驚異地發現，城外的田野白茫茫一片，四周的國民軍全無蹤影！原來津浦線上的國民軍實現了一次成功的大撤退。一晝夜，幾萬大軍從容不迫、有條不紊地從滄州撤回天津，輜重和大炮毫無損失，直可謂「完師以退」。久經陣戰的軍人都知道，在戰爭中，撤退往往比進攻更困難。

三月二十日，即韓復榘率部撤回天津之日，馮玉祥帶著部分隨員及衛士，乘汽車悄然離開平地泉，前往蘇聯求援。

三月二十一日，張之江命令國民軍放棄天津，退守北京。至二十三日，從津浦線撤回的韓復榘第一師在京津線上退守京南黃土坡至南苑一線。

為拱衛京畿，國民軍總司令部任命韓復榘為京東南方面總指揮；石友三為京南方面總指揮；唐之道為京東方面總指揮；鄭金聲為京東北方面總指揮。

一九二六年三月二十五日，直魯聯軍李爽愷師、榮臻師、朱益清師、王賓師、李望旅、李濱淪旅、衛隊旅、騎兵旅及白俄軍團等共計四萬餘人向北京開動。

自四月一日起，已越過安定的直魯聯軍在榮臻指揮下分三路發起進攻，中路攻打黃村，右翼攻打馬駒橋，左翼攻打龐各莊。韓復榘指揮所部奮起反擊，一週之間，雙方反覆「拉鋸」，陣地幾易其手，戰鬥異常激烈。

四月三日，在隆隆炮聲中，北洋政府授予韓復榘陸軍中將銜。

自四月九日至十一日，直魯聯軍與奉軍同韓、石指揮的國民軍在黃村展開激烈的炮戰。奉軍在全國各軍中，擁有陣容最強大的炮隊，火力異常猛烈。韓復榘以過時的重迫擊炮還擊。此類型的重迫擊炮過去從未使用過，發射時響聲極大，整個北京城都能聽到，但殺傷力並不大。來自黃村的隆隆炮聲給北京市民帶來極大的恐慌，白天還可以，一到晚上根本無法入睡。

經過三晝夜的炮戰，韓復榘終於不支，放棄黃村，撤守南苑，距北京城的安定門僅十六華里。石友三軍撤守豐台。從南苑至豐台已是國民軍在京南最後一道防線。

正當韓復榘京南鏖戰之際，鹿鍾麟又在北京發動一起不流血的政變。

一九二六年四月十日凌晨二時，鹿鍾麟派兵包圍鐵獅子胡同執政府及吉兆胡同段宅。段祺瑞事先予聞，避入東交民巷一座由法國人辦的公寓裡。是日，鹿鍾麟發表通電，宣佈段祺瑞三大罪狀：「金佛朗案」；屠殺學生；挑撥戰爭。同日，鹿致電吳佩孚，表示竭誠擁戴之意：又發表司令部佈告，表示要「保護總統曹公，恢復自由，並電請吳玉帥即日移節入都，主持一切。」

四月十日上午十時，韓復榘從南苑前線趕回城內，代表鹿鍾麟至中南海延慶樓福祿居晉謁曹錕，報告驅段始末。曹謂：「前此聯軍飛機來京，使民飽受虛驚。此次總以保全生命，使小民不受驚恐為是。」韓又告以國直（吳）合作情形，請曹從中斡旋。曹云：「我亦國民，只求力所能做者，准努力做之，以減兵禍。」言下對政治態度甚為冷淡。韓問曹獲自由後，欲往何處居住，彼軍願隨同保護。曹答：「此處頗安適，不願他往。」（《申報》，一九二六年四月十六日）

昔日階下囚，今朝座上賓，一場《捉放曹》的戲至此告一段落。

四月十一日，曹錕顯然是在人授意下，致電吳佩孚，為鹿鍾麟說項：「鹿君見識過人，深明大義，願隸麾下，以當前驅，已於本日，不動聲色，不鳴一槍，復我自由，揚彼之惡；即遣該軍師長韓復榘赴漢報

圖033　漫畫：馮玉祥之國民軍（左）與張宗昌之魯軍白俄兵（右一），身後為鋼甲列車

告。兄亦派劉中將文亮同往，乞予優待，以示獎恤。時至今日，論公論私，均無再戰理由。」吳在湖北查家墩司令部收到曹錕蒸電，於電末批「假電」二字，再未覆電。

同日，韓復榘在南苑司令部接受《申報》記者採訪，謂：「吳（佩孚）對國民軍之諒解已成立。田（維勤）部現駐防琉璃河，兩三日內來駐南苑亦未可知。國民軍唯一目的在和平，斷然由天津、馬廠撤兵亦不外達此目的。與張作霖合作之說有誤。原期奉軍不入關，今則奉軍不但入關，且由榆關至天津，更向北京攻擊，以武力遂其野心，且行動益行明顯。基於此舉，似已破壞對奉之諒解。目下，國民一軍之目的，吳氏亦已瞭解。國民一軍對時間並無成見，今則唯聽吳（佩孚）之命令。現與奉軍敵對，但奉軍如願和議，亦不惜與之言和。若奉軍繼續其作戰行為，則國民軍為自衛計，寧首當其衝也。」（《申報》，一九二六年四月十八日）

四月十三日，韓復榘因戰事日急，難以分身，張之江致電吳佩孚，改派門致中赴鄂晉謁，願竭誠擁護，聽候改編調遣。吳命秘書電覆：「除執事與瑞伯（鹿鍾麟）下野，交出部隊外，別無善策。蓋執事非如此不能表示反赤之決心，鄙人非如此不能取信於諸師，一俟群疑盡釋，自當借重長才。」（陶菊隱：《吳佩孚傳》，上海書店出版社，一九九八年一月，頁一三四）

極端情緒化的吳佩孚再度關閉了與國民軍和解的大門。

自四月十三日起，京南及京東方面戰鬥明顯升級。京東方面發生變故，國民一軍第九師師長唐之道放棄通州防地，回師京城。十四日，奉軍佔領通州；吳軍進據西苑，北京東、西大門洞開。唯京南之南苑與豐台仍在韓復榘師與石友三師控制之下。

四月十六日凌晨，韓復榘師在大雨滂沱中悄悄撤出南苑軍營，經西便門、阜成門，直達西直門火車站，乘火車駛往南口。京南方面隨韓師同時撤走的還有豐台的石友三師與劉玉山旅。

四月十八日，奉軍與直魯聯軍開進北京城。

晉北大戰　軍薄雁門關

鹿鍾麟在南口、居庸關及上關關城設立三道防線。南口正面由韓復榘師、石友三師及劉汝明師擔任；麟閣師擔任左翼；陳希聖擔任右翼。鹿鍾麟任前敵總司令。韓復榘任前敵總指揮。

一九二六年四月二十一日，張之江在張家口舉行軍事會議，為適應戰爭形勢的需要，對部隊編制做出重大調整，除遠在甘肅的劉郁芬第二師外，其餘部隊共編為九個軍又二個騎兵集團。韓復榘任第八軍司令官兼暫編陸軍第一師師長，下轄張汝奎、程希賢、丁漢民三個混成旅。

一九二六年五月上旬，閻錫山突然出兵晉北，控制天鎮至大同的京綏鐵路，切斷國民軍補給線及退路，此舉無異於掐住國民軍的脖子。

國民軍總司令部決定立即在晉北開闢第二戰場，首先打通京綏交通線。為實施兩線作戰的方略，總部將不久前改編的九個軍縮編為六個軍，分東、西兩路。東路軍在南口取守勢，應對「討賊聯軍」，由鹿鍾麟擔任總司令，鄭金聲任前敵總指揮；西路軍在晉北對晉軍取攻勢，由宋哲元擔任總司令，韓復榘任前敵總指揮兼第六軍司令官。

總部急從南口調韓復榘軍，石友三軍到綏東，加入西路軍序列。

四月末，韓復榘軍及石友三軍自南口陸續西開綏東。韓軍虎踞豐鎮，鷹瞵大同；石軍飲馬殺虎口，鶚視左雲、右玉。晉北大戰一觸即發……。

一九二六年五月十八日，國民軍西路軍總司令宋哲元在豐鎮總部下達作戰令，對雁北晉軍發起全線總攻擊。

晉北大戰由此拉開序幕。

晉北重鎮大同是國民軍志在必得的戰略要地，也是京綏交通線的要衝。晉軍在晉北駐軍八萬多人，佔晉軍總兵力的一半。

五月十八日，即宋哲元下達總攻擊令的當天，韓軍在老牛坡與晉軍接火，晉軍潰敗。韓佔領得勝堡並乘勝追擊，向孤山進軍。

孤山是一座死火山，在大同以北四〇里，乃大同鎖鑰，站在山巔，向南遙望，可見大同鎮。晉軍在此深溝高壘，設三道防線，嚴陣以待。

晉軍在此深溝高壘，設三道防線，嚴陣以待。

五月二十六日，韓軍程希賢旅仰攻孤山。韓復榘派程旅第二營首先出動。韓對二營營長李九思下了死命令：「打不下孤山，我要殺你的頭！」晉軍豐玉璽旅力戰不支敗下陣來，退守孤山以南。韓軍程旅佔據孤山制高點，旋即又衝下山來，奪取孤山南麓之宏賜堡。是役程旅損失也不小，李九思營五六百人只剩下三十餘人。（李九思：〈與將軍相處的日子〉，《我所知道的馮玉祥》，中國文史出版社，二〇〇三年一月，頁一八三）

晉軍第四師師長謝濂嚴令旅長豐玉璽務必奪回孤山陣地。於是晉軍與國民軍在宏賜堡至孤山一線短兵相接，徹夜激戰。晉軍幾次反攻均被韓軍擊退，幾全軍覆沒，十三團團長楊增祥陣亡，六團團長張蔭梧重傷，甚至旅長豐玉璽本人亦被俘。

圖034　孤山

韓軍大勝晉軍於孤山，大同危如累卵。閻錫山極為震驚，在溫壽泉就孤山之役答記者問時也坦承：「國民軍英勇善戰，實可讚許。」

閻錫山終於祭出「殺手鐧」，委派其麾下第一員大將商震為晉北前敵總指揮，率所部第一師李培基旅、傅存懷旅及第六旅楊愛源部、山西炮兵司令周玳所轄之八個炮兵團出雁門關，急赴大同前線增援。是時晉軍的四個主力師全部壓到了晉北。

當周玳率炮兵到達謝濂的司令部駐地孤店村時，謝師已是兵敗如山倒，潰兵滿坑滿谷，比比皆是。謝濂親自站在司令部門前，槍斃了兩個營長，才穩住了陣腳。

周玳來不及喘息，便率八個炮兵團開上火線，每團七十二門炮，以零線子母彈猛烈轟擊韓軍。隨後步兵也趕至，換下謝濂的殘軍，與韓軍相持於孤山腳下。

新增援上來的精銳的晉軍第一師，企圖在強大炮火支援下一舉奪回孤山陣地。韓軍新構築的防禦工事極為堅固，全部為鋼軌、鐵板建造，全不為晉軍炮火所動。韓軍裝備的俄式「水連珠機槍」殺傷力極大，對晉軍步兵構成很大威脅。但韓軍炮兵只有少數山炮，雖有兩門蘇俄援助的十五生野炮，但炮彈尚未運到。晉軍迫擊炮多，每個步兵營都有迫擊炮連，山西自製的迫擊炮彈殺傷力很大。雙方勢均力敵，戰鬥一度進入僵持狀態。

未幾，商震派出武器精良、訓練有素的挺進隊，在強大炮火掩護下，一度撕開韓軍防線，奪回孤山高地。

關鍵時刻，宋哲元親率第四十混成旅及衛隊團乘火車馳援。周玳以炮火猛轟軍列，打翻一節車廂。韓軍在援軍配合下，拚死博戰，終於五月二十七日再度佔領孤山高地。隨之韓軍一鼓作氣攻下山來，直搗大同。當晚，韓軍佔領大同火車站，兵臨大同城下。

至此，國民軍又恢復了生死攸關的京綏鐵路交通線。

自晉北戰事發動以來，閻錫山一面敦促奉張全力進攻南口、多倫，以減輕晉軍壓力，一面又大肆宣傳「勝利」，謊報五月二十四日大同以北之孤山一役中，「滿山都是馮軍遺棄的軍械，馮軍被俘、被傷者為數極多，其高級將領韓復榘等都乘車倉惶逃走」云云。事實上，此刻晉西北十三縣除個別縣城外，已全部落入國民軍手中。

晉軍長於守城。韓軍包圍大同，連日攻城，未能得手。韓軍缺乏攻城重炮，彈藥又奇缺，攻城手段有限。韓復榘曾試用向城內挖掘地道，再用炸藥轟倒城牆的老戰術，但兩次掘進工作均遭晉軍破壞而未果，第三次終於炸塌一截城牆，一連人衝進去，一個也沒出來。

韓復榘向總部請領彈藥，僅領到區區兩千發「六五」子彈，而韓軍士兵用的都是「七五」步槍。韓大發雷霆，說：「這仗叫我怎麼打？只好揹著空槍往回跑了！」

鹿鍾麟派飛機來大同上空，散發傳單，揚言要投擲重磅炸彈，警告居民立即出城，勿謂言之不預也。此種精神戰術亦未果。

正值韓復榘，進退失據，左右為難之際，參謀長李樹春進言：他與大同守將傅汝鈞係保定軍校第一期同學，畢業後又同在曹錕的衛隊旅任職。他願以同學之誼與傅聯絡感情，然後再相機行事。韓諾。

李樹春參謀長果然不辱使命，他與傅汝鈞見面後很快達成一項默契：韓復榘保證不再攻城；傅汝鈞承諾絕不阻斷京綏鐵路。

韓復榘解除了後顧之憂，乃留下張汝奎混成旅繼續監視大同，守護京綏鐵路，其餘各部均於一九二六年六月十八日南下，直取雁門關。

是時，國民軍右翼石友三部已佔據右玉，旋攻克左雲、擊殺守城團長黎洪儒，俘獲團長王鴻恩，正向山陰挺進。

在韓軍進抵懷仁之前，商震原擬死守懷仁。閻錫山則嚴令商震將主力南撤，退守雁門關。閻在電話中對商說：「無論如何要服從命令後退。你們不聽話，讓敵人佔了雁門關，我完了，你們也完了。」（周玳：〈閻錫山參加直奉反馮的經過〉，《文史資料選輯》，第五十一輯，頁一三四）一個當總司令的把話說到這個份上，商震也就只能從命了。

韓軍右翼的石友三軍所向披靡，進展極快，一路向山陰殺去。增援上來的晉軍左翼孔繁蔚師被石軍打得落花流水，不知去向。

由於國民軍通訊器材短缺，石軍未能及時與韓軍保持聯繫。石友三尚不知韓軍已攻克懷仁，未敢冒然前進，一連耽誤了三天，致使商軍得以經山陰安然撤至雁門關。事後，周玳對商震講：「如果石友三部隊當時再前進五〇里，我們都要被俘了。」（周玳：〈閻錫山參加直奉反馮的經過〉，《文史資料選輯》，第五十一輯，頁一三四）

自一九二六年五月十八日晉北大戰爆發以來不到十天，國民軍斃、傷、俘晉軍團以上軍官十四人，連克十三縣。

韓、石兩軍在山陰會合後，浩浩蕩蕩，直逼廣武、雁門關。

自六月下旬起，韓、石兩軍晝夜猛攻雁門關。最慘烈的一場戰鬥發生在饅頭山。

圖035　雁門關

石友三部首先對饅頭山發動猛攻，戰鬥持續了一整天。入夜，石友三派第十六混成旅第四十八團、四十七團及機關槍兩連、迫擊炮一連組成敢死隊，由陳團長率領乘夜色摸上饅頭山，凌晨五時衝進傅旅陣地，雙方短兵相接。西北軍善夜戰，行進時悄無聲息，上得山來便掄起大刀，排頭砍去，黑暗中一片鬼哭狼嚎。天明時分，石軍完全佔領了饅頭山，殺傷敵軍九百多人，繳獲重機槍七十五挺、迫擊炮七十五門，晉軍陣地屍橫遍野，血流成河。

為報復石軍的夜襲，周玳命令楊耀芳炮兵營以猛烈的炮火轟擊饅頭山。商震派兩個精銳團反攻，這回輪到晉軍的手雷、滾雷和集束手榴彈大展威力。晉軍的特點是手榴彈多，都是山西兵工廠自製的。晉軍的手榴彈很有特點，人稱是「又乾又脆，一炸粉碎」，彈片散佈均勻，殺傷力非常大，在以三〇米為半徑的圓周內絕難倖免。上午十時，石軍不支，晉軍又奪回陣地。石軍傷亡八百多人，屍體滿坑滿谷，據稱只逃出二百餘人。

就在饅頭山上血肉橫飛時，遠在太原的閻錫山異常緊張，照例是一聲不吭，背著手在屋中緊轉，直到得知晉軍又奪回饅頭山時才如釋重負，急著人押送一汽車銀元運往前線，以勵士卒。

國民軍凌厲的攻勢，隨著時間的推移漸漸冷卻下來。韓、石兩軍連續作戰四〇餘日，官兵極度疲憊，彈藥、糧秣又嚴重短缺，進攻的節奏明顯放慢，戰事漸入膠著狀態。不久，雁門關的攻防戰遂告停滯。自此，國民軍與晉軍在雁門關前，竟一直對峙了八十三天，也算是戰爭史上的一樁奇事。

國民軍晉北一役，打出了軍威，不僅予晉軍以嚴懲，更重要的是確保了京綏交通線的暢通，有力支援了南口戰役，更為以後的國民軍大撤退提供了一條安全通道。

一度投晉

南口久攻未克，南方軍事又趨緊張，吳佩孚急於結束南口戰事，以便抽出兵力對付南方的北伐軍，遂於一九二六年六月二十八日抵達北京，與先兩天進京的張作霖舉行軍事會議，重新修會後，奉軍與直魯聯軍加強了對南口的攻勢。國民軍東路軍劉汝明、佟麟閣、陳希聖師浴血奮戰。

八月一日，奉軍精銳騎兵勞師遠征，穿越熱河荒漠之地，一舉攻佔多倫。多倫失守，張家口大震，南口戰局急轉直下。同日，奉軍、直魯聯軍和吳軍以十萬之眾再次向南口發起總攻。奉軍炮兵在全國各軍系中是最強大的，國民軍在南口的所有防禦工事幾乎全部被轟平。

鑑於南口守軍已苦撐三個多月，兵員傷亡過半，糧秣、彈藥奇缺，後方又受到來自多倫的奉軍壓力，國民軍總司令部於一九二六年八月十四日夜，對國民軍各部下達全線總退卻令，一體西撤綏遠。

是日，東路國民軍主動撤離南口陣地。張學良指揮奉軍、直魯聯軍在未受到任何抵抗的情況下佔領了南口。

韓復榘率西路軍中路各軍自雁門關，經山陰、懷仁，退往大同，在確保京綏線交通的前題下，掩護全軍西撤，並負收容流落官兵之責。

韓復榘接到總部撤退命令，一面指揮進攻雁門關的國民軍各部且戰且退，向山陰集結，一面命令所部張汝奎旅全力進攻大同，確保京綏線交通。韓堅信：進攻是最好的防禦。

從南口撤下來的東路國民軍，開始還按步就班有組織地撤退，但不久就演變成名符其實的大潰逃：輜重隨意拋棄，火車頻頻撞車，散兵游勇如過江之鯽遍地皆是，軍紀蕩然，潰軍所過之處一片混亂。

一位時任國民軍蘇俄顧問的目擊者，其後在日記中寫道：「從豐鎮到平地泉的撤退，給人留下了可怕的印象。沿途和兩側一〇公里的地區退兵如潮湧，連綿不斷。退兵對人民的掠奪肆無忌憚，他們無緣無故地放槍，士兵們找到牲畜，就騎上到處流蕩，步兵成了騎兵。」（〔蘇〕維什尼亞科娃·阿基莫娃：《中國大革命見聞》，中國社會科學出版社，一九八五年七月，頁九四）

退守雁門關的晉軍組成三路追擊隊，在商震指揮下一路向北反攻。晉軍一路上未遭遇到大戰，故而進展很快。閻錫山躊躇滿志，頻頻向「討赤聯軍」總司令部發出捷報。

值此關鍵時刻，商震突然派代表秘密聯絡韓復榘與石友三，希望韓、石兩軍撤到綏遠後不要再西去包頭，留下來與晉軍共同阻止奉軍東進，條件是為韓、石兩軍提供餉項。

韓復榘眼見團體四分五裂、離心離德，而馮玉祥又遠在國外，曾聲稱至少要滯留七個月，其間還要「當工人」，倍感前途渺茫，無所適從。韓的這種心態在他投晉之後曾有所表露。一日，韓復榘在歸綏一家飯店宴請周玳、李培基、傅存懷等晉軍將領吃飯。韓在酒後感慨萬千地說：「馮先生在軍隊造成了至高無上的權威，事事都聽他一人指揮。將級軍官都是兄弟班，各不相下，除了馮先生親自指揮，誰也不服誰。這次作戰，因為馮先生下野出國了，指揮不統一，你打我不打，結果被對方各個擊破，這個仗就打不下去了。」（周玳：〈閻錫山參加直奉反馮的經過〉，《文史資料選輯》，第五十一輯，頁一三八）

圖036　西北軍撤退陝甘

更為嚴重的是，國民軍已群龍無首，糧餉無著，對於韓軍來說，第一是要生存，第二還是要生存。韓復榘必需要為國民軍這支碩果僅存的完整隊伍找一個臨時吃飯的地方。

是日，馮玉祥自蘇聯啟程秘密回中國。

次日，韓復榘來到大同車站，問鹿鍾麟的參謀長吳錫祺：「鹿先生呢？」吳答：「昨天已去綏遠了。」韓說：「軍隊的給養全沒一點辦法，我看卓資山、平地泉均無法防守。現在我和商啟予（商震）已有個商量，我們打算先到綏遠。請告鹿先生，凡不欲留綏遠的隊伍，限三天離開綏遠省城。」（吳錫祺：〈我所經歷的晉北之戰和南口大戰〉，《國民軍與南口大戰》下冊，中國文史出版社，二〇一二年，頁四七四）

韓復榘指揮部隊在大同車站一直堅持到八月十八日。是時東路國民軍殘部已全部撤至平地泉以西，掩護全軍過境的任務業已完成。同日，韓復榘突然指揮部隊反守為攻，逼敵後退幾十里，待兩軍拉開距離後，方從容地撤往豐鎮。

國民軍第一道防線設在平地泉；第二道防線設在卓資山。

韓復榘軍在平地泉為國民軍殿後。

南口失守後，散佈在塞外二千里戰線上的國民軍各部都潰不成軍，有的自行解散，有的番號還在，但官兵所剩無幾，僅察、綏地區的散兵游勇就多達數萬之眾。韓復榘軍處變不驚，完師以退，隊伍很整齊，自然要擔負起掩護全軍撤退，沿途收容潰兵之任務。韓軍因此收容了不少潰兵，隊伍擴大了許多。韓軍名義上是一個師，但該師的編制極大，每師轄三旅，每旅轄三團，而且人員都大大超編，說是一個師，實際上比兩個師的人還多。此外，韓軍還轄一個騎兵旅，總兵力達三萬人。

然而，在國民軍各部都七零八落，嚴重減員的同時，韓軍卻因增兵添將而做大，難免引起國民軍內部一些人的嫉妒，於是他們紛紛向總部告韓「截留部隊」。

按說，韓部作為全軍殿後，收容散兵游勇應是其本份，如置西北軍掉隊的官兵於不顧，其結局定是流落為匪，或凍餓而死，甚或投敵。儘管韓、石兩部做了大量的收容工作，散兵游勇仍然比比皆是。當奉軍進至豐鎮時，其第八旅旅長郭希鵬輕而易舉地就將國民軍潰兵編了三個騎兵團，組建所謂「察哈爾暫編第一旅」，掉過頭來又去打國民軍。

八月二十五日，晉軍進據平地泉。韓軍撤退到第二道防線卓資山。

自韓復榘率部到達卓資山後，有關他的行蹤就成了一個謎。

一九二六年八月二十七日，北京發行的《晨報》突然爆了一個「猛料」，文稱：「韓復榘已於上月（七月）下旬猛攻大同時負重傷，在大同車站陣亡，此事國民軍嚴守秘密。今國民軍退卻，當地人民告知其詳。」直至九月十四日，該報才正式報導韓復榘投晉消息。

韓復榘來到卓資山時，退軍麇集，一片混亂。韓與鹿鍾麟在鹿的專車上會面，剛到卓資山的徐永昌也在車上。鹿著韓部在卓資山佈防。韓面露難色。鹿的專車剛要開動，退兵紛紛要求蹬車，每節車廂門口都擁堵著上百人。韓復榘下車彈壓無效，返回來對徐永昌說：「軍心如此，如何能佈防！」（徐永昌：《徐永昌回憶錄》，團結出版社，二〇一四年四月，頁一二二）

鹿鍾麟、韓復榘、徐永昌一行到達綏遠，由車站進城路上，見路邊倒臥著十幾具屍體。是因搶劫而被宋哲元為整飭軍紀而處決的軍人。到綏遠的次日，鹿鍾麟、宋哲元、徐永昌、韓復榘、石友三、弓富魁等將領在火車東站開會，討論佈防，撤退問題。韓、石表示：「隊伍不但不能打仗，且亦不能再走，只有與晉軍接洽留降。」會議意見不能統一，無結果而散。會後，鹿、宋徑去包頭。（徐永昌：《徐永昌回憶錄》，團結出版社，二〇一四年四月，頁一二二）

第三日，徐永昌的國民三軍殘部到齊，徐也準備去包頭，在車站遇到韓復榘、石友三。韓對徐說：「你請稍候，我已派代表去見晉軍總指揮商啟予，很快就回來。」須臾，韓的代表、騎兵第五旅旅長李炘回來，他曾對商談，無論如何辦理都可以，韓、石不想打仗了。商表示歡迎韓、石留下不走。李報告完畢，徐即蹬車西去包頭。（徐永昌：《徐永昌回憶錄》，團結出版社，二〇一四年四月，頁一二一）

商震之所以首先要聯絡西北軍的韓復榘、石友三，因為他們還有一段歷史淵源。

商震早年身為一名東北同盟會員，在辛亥革命前即曾深入清新軍第二十鎮策動革命，與軍中革命組織「武學研究會」的馮玉祥、韓復榘等相識，過從甚密。嗣後，商震又與馮玉祥、韓復榘等隨陸建章入陝追剿白朗，因此可以說商與馮、韓都是老朋友了。

商震在東北期間曾一度在長春東關龍王廟小學當教員，是時石友三陪少東家在該校侍讀，故而人皆言商與石有一段師生之誼。

一九二六年八月二十七日，晉閻正式將韓復榘、石友三、陳希聖三部分別改編為晉軍第十三、第十四、第十五師，統歸

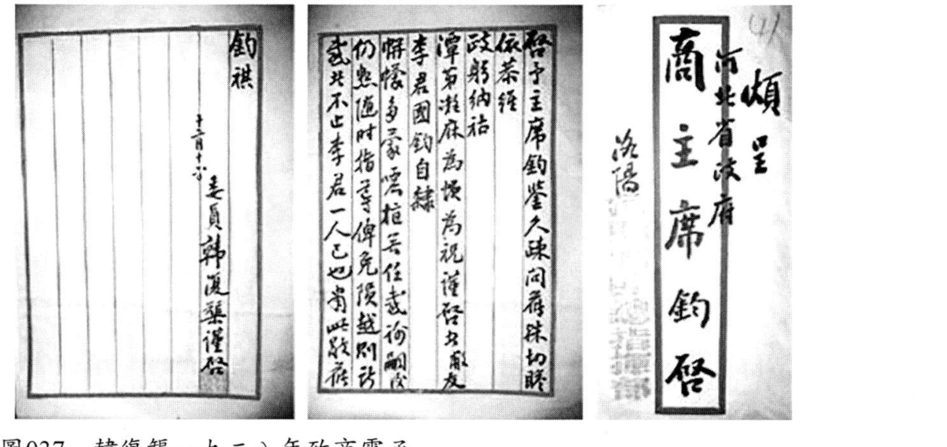

圖037　韓復榘一九二八年致商震函

商震節制。商為韓復榘、石友三、陳希聖三師發兩個月的餉給，並補發冬衣。

陳希聖，字明德，山東巨野龍固集鎮人，一九一四年在潼關投馮玉祥京衛軍左翼第一旅吃糧當兵。南口大戰時任國民軍第三師師長。

國民軍中的投晉將領除韓復榘、石友三、陳希聖外，還有第十五混成旅旅長張自忠、第十四混成旅旅長趙廷選、騎兵第五旅旅長李炘及以曹寶清為首的西北軍航空司令部。

就在韓、石、陳正式接受晉軍改編這一天，正在歸國途中的馮玉祥已經過了伊爾庫茨克，途遇前來迎接的李烈鈞、石敬亭。石報告韓復榘、石友三被商震收編事。馮深受刺激，賦詩一首：「解放民族欣回國，露宿河邊夢不成。革命未完心未了，臥聽河水到天明。去而復返太勞身，多為當時錯用人。借此警餘他日事，前車已覆莫重循。」

九月一日，商震率領晉軍東路追擊隊進抵歸綏，代理綏遠都統。商震在綏遠僅有自己一個嫡系師，勢單力孤，遂以維持地方治安為由，請調韓復榘師駐歸綏；石友三師駐包頭；陳希聖師駐武川。

如何看待韓復榘一度投晉，由於論者的立場和看問題的角度不同，得出的結論也大相徑庭。南方國民政府派到馮軍擔任代理政治部長，同時也是馮玉祥好友的簡又文，曾經說過這樣一段話：「留駐晉北之韓復榘、石友三、張自忠等部，撤兵不及，乃與商震妥協暫歸晉方改編，一則以保存實力，二則以掩護退卻，三則協助晉軍扼守綏遠以阻奉軍之發展，亦計之得者。但軍中有些同袍便以為他們背叛團體，變節投降，始終不能原諒了。」（簡又文：《馮玉祥傳》，傳記文學出版社，一九八二年，頁二四九）

馮治安衛隊旅經過綏遠韓軍駐地，人困馬乏，面帶菜色，韓復榘因馮過去曾為其部下，頗念舊情，盡力為其補充給養。馮旅有一營長，也曾是韓的屬下，哭求留在韓部。韓不肯乘人之危，最終還是勸那位營長隨馮去了。後來有人說，韓在綏遠「截留友軍」，純屬謠言。

「我立即準備歸隊」

一九二六年，國民革命軍自廣東出師北伐，與吳佩孚軍激戰於湘、鄂之間。國民黨元老李烈鈞在庫倫（烏蘭巴托）致電馮玉祥，敦促他儘早回中國，在北方重振旗鼓，與南方北伐軍遙相呼應，共謀北伐大業。

正在蘇俄考察的馮玉祥決定立即回中國，蘇方承諾為他提供四〇萬軍隊的軍事裝備。一九二六年八月七日，馮玉祥秘密離開莫斯科，在蘇俄軍事顧問烏斯曼諾夫及中共代表劉伯堅的陪同下，經庫倫走陸路回中國。

馮玉祥路過庫倫，途中巧遇曾先期回中國的于右任。原來于在包頭時曾與鹿鍾麟的衛隊同住在一所學校的教室裡，一日，于放在桌上的一個手表被一位士兵當著于的面拿了就走，態度十分坦然，于反倒是愕然了。于解釋說：「這是我的表。」那位弟兄依然不動聲色，揚長而去。于見部隊精神頹喪，紀律鬆弛到了這等地步，失望到了極點，決意取道庫倫，途經歐洲返回廣東。

于右任在赴庫倫途中，還遇到一位原鹿鍾麟手槍隊的營長。此人追隨韓復榘多年，願隨韓去，遂率隊繞道後山赴綏遠。這位營長不認識于，頗為不敬，給于留下深刻印象。其後多年，這位營長參加北伐、抗日，晉升師長，最終又去了臺灣。一次在臺灣舉行的紀念五原誓師集會上，于在發言中提起此事，隨便說了句：「不知此人安在？」座中忽然有人起立，肅然曰：「就是我！」于撫髯大笑。（劉汝明：《劉汝明回憶錄》，臺灣傳記文學出版社，一九七九年，頁七四）此人正是韓當年的部將榮光興。

鑑於馮玉祥已打道回中國，于右任為共圖大業，終於打消去意，復隨馮由原路折回。

一九二六年九月十六日，馮玉祥一行到達綏西五原縣，這一天正是韓、石、陳正式接受商震改編的第二十天。

從東線潰退下來的國民軍殘部陸續集中到包頭以西的五原縣。五原是個荒僻的小縣，地處黃河後套。國民軍鹿鍾麟、宋哲元、門致中、馮治安、張凌雲、田金凱、鄭大章、席液池、趙守鈺、韓多峰、方振武、弓富魁等部不足兩萬人，皆分佈在這方圓幾十里的範圍之內。有的團只剩下二三百人，有的旅僅餘五百餘眾，各部之間還爭人，爭槍，動輒動武。馮玉祥滿打滿算，還用得上的國民軍殘部不過五萬人，且全部分散在從綏遠、寧夏到甘肅的廣闊地域，軍心渙散、紀律鬆弛、戰力全無、幾不成軍已是不爭的事實！

重新組建軍隊是馮玉祥當務之急。

馮玉祥來到五原第二天，即一九二六年九月十七日中午，國民軍第一、二、三、五、六軍官兵一萬多人在縣城西廣場舉行誓師大會。馮站在一個臨時構築的土臺上，發表了慷慨激昂的〈五原誓師宣言〉，以勵士氣。他在講話中回顧了當年與老戰友們一起參加辛亥灤州起義的光榮歷史，其中特別提到韓復榘的名字，這一點引起全體官兵，尤其是高級將領的格外關注，因為他們都急於想知道下車伊始的總司令對韓、石「投晉」

圖038　國民聯軍五原誓師

這一事件的態度，哪怕是片言隻語，他們也會敏感地去捕捉，並以自己理解和分析，去揣摩總司令的心思……。

接著，馮玉祥宣佈成立「國民聯軍」，並就任聯軍總司令，同時提議全軍集體加入國民黨，並參加北伐革命戰爭。最後，于右任代表國民黨為之授黨旗。

馮玉祥在五原振臂一呼，流落在綏西各地的國民軍官兵便紛至遝來，重聚在國民聯軍的大旗下。已經離開五原的第十師師長劉汝明又風塵僕僕地跑回來，謁見總司令。馮問他還有多少人。劉報告只剩下六千人（實際上劉師這時只剩三個步兵團，一個騎兵連，總共不到三千人）。馮替他打氣說：「不少，不少，比咱們十六混成旅時侯還多呢！」馮又問：「我派人去叫石友三、韓復榘了。你說，他們兩人回來不回來呢？」劉回答：「總司令回來了，不要派人去叫，他們二人就會回來的。」（劉汝明：《劉汝明回憶錄》，臺灣傳記文學出版社，一九七九年，頁七四）

劉汝明是韓復榘的摯友，他早摸透了韓的脾氣。他知道韓為什麼要走，也知道韓為什麼會回來。

馮玉祥在歸國途中即已獲悉韓、石、陳已投奔商震了。韓、石、陳三軍共計八萬人馬，其中韓、石兩部又是國民軍中裝備最精良、訓練最有素的久經陣戰之師。馮在路上就已得出這樣的結論：能否把韓、石兩軍重新收回帳下，實為他日後事業成敗的關鍵。因而他一回到五原，下車甫始即鄭重宣稱：韓、石之投晉，事發張之江主軍期間，並非對他本人的背叛，所謂「叛馮」之說可以休矣！現在他既已歸國，韓、石等當從速歸隊。

馮玉祥之表態，無非是為杜讒口，共圖大業，同時也是向韓、石先打個招呼。

馮玉祥關於韓、石離隊的表態遭到部分軍政人員的不滿：一是緣於嫉妒，國民軍各部皆潰不成軍、七零八落，韓、石兩軍卻因收容散兵游勇而得以坐大；二是出於擔心，韓、石兩位重量級人物歸隊，勢必會使新組建之國民聯軍內部權力分配出現新變數，這顯然是那些剛剛嶄露頭角，又時思染指兵權的新貴所最不願意看到的一幕。當然，這些話是擺不到桌面上的，他們只能站在道德制高點上指韓、石「不忠」。

然而，馮玉祥畢竟是作大事的人，不管感情上能否真正接受，但理智告訴他：要想東山再起、爭雄天下，必須將韓復榘、石友三招回。只要是馮認準的事，任何人也休想左右。

四十年後，韓復榘在西北軍中的「死對頭」石敬亭，在臺灣曾對人說：「馮先生於民國十五年由俄回中國後，如果不是因為韓（復榘）的襄助，很難東山再起，闖出這麼一番輝煌事業；又如果沒有民國十八年，韓叛馮的事情發生，歷史也許就要改寫了。」（傅瑞瑗：《家國鴻影》，春秋雜誌出版社，一九八四年一月，頁二五八）

九月二十九日，徐永昌自包頭來見馮玉祥。馮問及韓復榘投晉事，徐如實講述在綏遠聽到的李炘代表韓面晤商震情況。

接下來，事情卻發展得極富戲劇性。馮玉祥尚未動身，石友三自己先風風火火從包頭跑來五原，一見到總司令便跪倒在地，放聲大哭。

一九二六年十月八日，馮玉祥在石友三陪同下，去包頭視察石軍。馮一行距包頭尚有三〇里地，石部官兵即整整齊齊地列隊在大路兩邊，一眼看不到頭。當馮的汽車緩緩經過時，士兵們頂著塞外凜冽的朔風，向總司令鵠立敬禮。此情此景，令馮感動不已。

自馮玉祥回中國以後，韓、石兩部的動向即為各方所密切關注。

馮玉祥到了包頭，石友三的態度已完全明朗，唯韓復榘何去何從，尚是一個未知數，報界對此議論紛紛。

十月二十二日，《大公報》評論：「駐綏遠商震所收編之國民軍，近因馮玉祥回中國，有通電演說等舉，仍不免生幾許情感上影響。商與韓、石交往極為摯厚，數日前尚相安無事。晉督閻錫山處則情形稍異。日前閻已有令到綏，命調韓師全體開拔，轉駐晉南。」

閻錫山為防不測，調韓師移駐晉南確有其事。作為對策，韓復榘採取「拖」的辦法。他先是向晉閻索要開拔費二十萬元，接著又藉口有病，住進綏遠公教醫院。韓住院期間，參謀長李樹春代行師長職。

綏遠公教醫院曾經是當地唯一的一所西醫院，位於新城區，即現在呼和浩特市中山西路的市立第一人民醫院前身。綏遠公教醫院是比利時教會創建的一所天主教會醫院，由天主教「聖母聖心會」於一九二三年所創辦，佔地一四〇畝，綠樹成蔭。院長係比人費君，來華已三十餘年，衣著悉同漢人，操流利漢語，能與韓復榘談笑風生。

對馮玉祥回中國貌似無動於衷的韓復榘，其實早已歸心似箭，但他也知道馮軍中有人不希望他歸隊，並在馮身上做足了文章。韓是個高傲的人，他認為自己並沒有做錯什麼事情，完全問心無愧，因此他不會做出像石友三那般極富戲劇性的舉動。現在，他要耐心等待，等總司令想明白了先來找他。

馮玉祥與韓復榘相處多年，深知韓最要面子，因此在他離開五原之前就先派韓的老友過之綱去綏遠晤韓，表明其心跡。

十月八日，馮玉祥到達包頭，當晚八點住西腦包許長林旅長駐地，立刻命隨他同行的韓多峰給正在綏遠公教醫院「養病」的韓復榘去電話，先試探一下他的口氣。韓多峰在電話裡告訴韓復榘，他現在就要去綏遠看他。韓復榘當然明白他的意思，便直截了當地對他說：「大哥（韓多峰長韓復榘三歲），你不要來了，請轉告馮先生，我立即準備歸隊！」。正在隔壁臥室休息的馮玉祥聞訊後，忙不迭跑過來親自與韓復榘通話。（韓多峰：〈五原誓師前後的片斷回憶〉，《內蒙古文史資料》，第二十四輯，頁一六一）

韓復榘在電話裡一聽到馮的聲音，眼淚立刻奪眶而出。馮先是關切地問韓的「病」，繼而才問及他今後的打算。韓不遐思索，脫口而出：「部隊西開不成問題，幾天後出院即來見總司令，請予處分。」馮趕緊安慰說：「先把病治好。」然後又試探著問：「你的炮隊是否可以先開過來，以便與韓占元的隊伍一同出發？」韓爽快地回答：「可以先開！開動情況即派人前來報告。」（吳錫祺：〈馮玉祥五原誓師〉，《內蒙古文史資料》，第二十四輯，頁三一）

馮玉祥的包頭之行如願以嘗、皆大歡喜。

馮玉祥與韓復榘通話後心裡有了底，立刻又與駐歸綏的商震通電話，以示明人不做暗事。石友三先撥通了電話，向商報告：「老師，馮先生回來了，他要和您說說話。」商先在電話裡問候馮：「大哥，一路辛苦了吧？」馮故意不提韓復榘的事，只講了些革命的豪言壯語：「兄弟，咱們還得革命！現在我的意見：推百川（閻錫山）為首，我做革命軍總司令，你做副總司令。咱們從京綏路打，讓百川率軍出娘子關。」商聽馮說話有點不著邊際，趕緊搪塞說：「革命是要幹的，你的意見我贊成，但是還需等待。我可以把您的意見轉閻，同時再派一個人到您那裡去。」（李培基：〈五原誓師後馮玉祥與商震的一段交往〉，《內蒙古文史資料》，第二十四輯，頁一六九）

商震當然知道，馮玉祥來電話就是要招回韓復榘、石友三，但如此大事無法在電話裡說，只能派人去面談。

同日，商震果然派李炘去見馮玉祥。李炘與韓復榘私交甚厚，又是馮玉祥的親信，顯然是最佳人選。馮玉祥從李炘那裡又瞭解了一些情況，這才通過他正式向商震提出兩個要求：一，要把韓、石兩師帶走；二，請晉方為韓、石撥一百萬元開拔費。

如此大事，商震當然要請示閻錫山。閻深知留人難留心，放人的事當無問題，只是開拔費打了五折，准撥五十萬。

韓復榘與馮玉祥通話後，立刻命參謀長李樹春率校、尉級軍官連夜去包頭見馮總司令，請示機宜。李指示參謀處務必每隔一日將所部調動、訓練情況寫成書面報告，由參謀傅瑞瑗呈送包頭馮總司令過目。

次日凌晨，天未大亮，韓部中、下級軍官即乘火車趕到包頭，在東門外一家店鋪前院，點著油燈，聽馮總司令激情滿懷地講述國民聯軍日後發展壯大的光明前景，眾人倍受鼓舞。

馮玉祥趁熱打鐵，又先後派石敬亭、李興中、過之綱、李炘等走馬燈似地往返歸綏、包頭之間，與韓復榘聯絡感情，磋商部隊西開事宜。

十月十四日下午，韓復榘在騎兵第十一旅旅長楊兆林和騎兵第三旅旅長鄭澤生的陪同下，親自從歸綏來到包頭西腦包閻家大院謁見馮總司令。馮玉祥異常興奮，熱情邀請韓一行共進晚餐。飯間，韓說起總司令出國後，國民軍群龍無首、各自為政的局面，及其率部攻打大同、雁門關，隨即又掩護大軍西撤，最後在萬般無奈的情況下，接受商震改編的一段往事。一向不善言辭的韓復榘這天卻講得十分流暢、動情。馮好言撫慰說：「你現在就很好啊！部隊伍來了，你也來了，我非常滿意！你現在就計畫著如何把隊伍帶好，往西撤就行了。」說到這兒，兩人都落了淚。男兒有淚不輕彈，在座的人無不為之動容。（傅瑞瑗：〈韓復榘舊事〉，《縱橫》，中國文史出版社，一九九一年第二期，頁三三）

馮玉祥對他一個電話就召回了韓復榘及其三萬精兵，十分得意，事隔多年仍津津樂道。他日後在日記中回憶說：「余擬往包頭，商啟予以為不便，同人亦多謂韓復榘、石友三已為晉軍改編，恐不可持。孰不知到包頭以後，徐永昌言辭激烈，主張革命甚力。韓復榘亦從綏遠來，吾問之曰，『汝意欲如何？』韓云，『以後行動當以總座意旨為依歸。』吾聞徐、韓言論，膽氣為之一振。」（《馮玉祥日記》，一九二七年四月二十日）

馮玉祥當初為考驗韓復榘的誠意，曾要求他先將炮隊西開，因此參謀長李樹春在安排部隊開拔計畫時，韓強調一定要炮隊先行，同時把裝在火車上的飛機也一併拉走。韓軍炮隊和航空司令部在綏遠車站準備蹬車時，遭到不明就裡的晉軍憲兵阻攔。

韓復榘在醫院聞訊後，立即驅車趕到車站，指揮手槍隊將晉軍憲兵全體繳械，並放言：「誰再敢搗亂，我就對他不客氣！」後經參謀長李樹春勸說，為照顧商震面子，韓才答應發還憲兵槍械。

韓、石兩部歸隊引起極大反響。原來一度投晉及游離在團體之外，持觀望態度的國民軍將領，如二韓（韓占元、韓德元）等，紛紛回到馮總司令帳下。

駐武川、固陽的陳希聖藉口有「病」，隻身離開部隊，暫且迴避，並示意所部官兵「自行」開到包頭報到。不久，陳本人也回來，被編入國民聯軍援陝軍第七路，歸門致中節制。同樣接受晉軍改編的原國民軍第十四混成旅旅長趙廷選也悄然歸隊，被任命為國民聯軍第十五師師長，歸韓復榘節制。

遠在太原的張自忠，聽說馮先生自蘇俄回中國，只振臂一呼，昔日袍澤便重聚大旗之下，不免心焉往之。未幾，張悄然離晉，潛往西安，找到馮總司令，被委以副官處長。

為便於指揮計，國民聯軍總司令部任命韓復榘為國民聯軍駐綏軍總司令，司令部駐包頭；石友三為副總司令，司令部駐五原。所有駐綏部隊統歸韓指揮。

馮玉祥命令韓復榘把他的軍隊全部開到包頭。

一九二六年十一月上旬，韓部三萬大軍分期分批乘火車離開綏遠，開赴包頭。鐵路南邊廣袤無垠的平野農田直達天際，向北眺望，遠處大青山起伏如幛……。

韓復榘投晉一個多月，至此告一段落，但事情並沒有就此結束。他一度投晉的歷史，如影隨形，始終困擾著他。儘管日後他出生入死，屢建戰功，但仍不能擺脫那片陰影。但韓畢竟不是那種委曲求全、逆來順受的人，終於在三年之後，他再次離開這個團體，而且是一去不回頭！

西行路上　動輒得咎

韓復榘的司令部設在包頭東門外的玉皇廟。部隊分駐東河村的東營盤和西腦包的西營盤。

這時馮玉祥也正住在包頭，忙著點驗和整編各部隊伍，每天上、下午都要輪流召集各師、旅官兵，在西腦包軍營大操場檢閱、訓話。韓復榘身為國民聯軍駐綏軍總司令，也要鞍前馬後，事必親躬。

馮玉祥規定：每有部隊開到包頭，必須聽三次訓話，休息三天，洗澡、換衣，每連發菜金六十元，吃一頓豬肉燉白菜。

十一月十六日，馮總司令對剛剛開到的第六路韓復榘部的連、排長及頭目訓話，略謂：國民聯軍為多數人謀福利，就要吃苦耐勞云云。

一九二六年十一月中旬，京綏線上的奉軍第八軍萬福林部開始進襲包頭。馮玉祥命鄭金聲率石友三、陳希聖等部在包頭阻擊奉軍；命韓復榘軍繼馮治安師、韓占元師、韓德元師之後撤離包頭，向寧夏進發。

當年火車只通到包頭，部隊再向西開只能步行。隊伍出發前，韓復榘給官兵每人發炒米五斤、磚茶半塊，充當行軍的給養炒米是蒙古人每天必吃的食物，所謂「茶不離米，米不離茶」。炒米的原料是糜子，先用水煮八成熟，再放入鍋內炒乾，便可長期儲存，可以放入熱奶茶內泡著吃，也可拌酥油乾吃，非常方便。

一九二六年十一月二十一日清晨，韓復榘騎著馬隨大軍開出包頭鎮西門，翻過一道山梁，眼前便展現出一片平坦的碎石荒原。從包頭到寧夏的大車道是由當年石友三任包頭鎮守使時，於一九二五年一月率領工兵開始修建，至八月底完工，歷時七個多月，道路全長六五〇公里。現在的中國一〇九國道基本上是沿著這條大道走的。

運輸輜重的騾車隊和駱駝隊跟在大軍後面緩緩行進。這種綏西特有的騾車可載重一二〇〇斤左右，日行八〇里。韓復榘的參謀官傅瑞瑗專門負責駱駝隊，六十年後，已是臺灣退役空軍中將的他，在說起駱駝的習性時仍滔滔不絕。韓軍臨行前，帶了許多芨芨草編的笓子和木板，以備沉重的炮車和騾車在通過沙丘時，墊在車輪下邊，不致陷入沙中。

從包頭到五原，道路兩旁長滿了哈茅兒、紅柳和雉雞草等沙生植物，其中雉雞草有一人多高，一望無際，風吹草低，牛羊入目，不禁使人聯想起當年北齊名將斛律光吟唱的那支悲壯蒼涼的〈敕勒歌〉：「敕勒川，陰山下，天似穹廬，籠罩四野。天蒼蒼，野茫茫，風吹草低見牛羊。」

部隊過了磴口，便是一路黃沙滾滾，荒原漫漫，加之時令已是寒冬，到處是冰天雪地，行軍變得異常艱難。韓軍司令部參謀傅瑞瑗晚年在臺灣撰寫回憶錄時，曾這樣記述：「余等白日行軍，夜晚露宿，大夥依偎而臥。吃的就是隨身攜帶的炒米，渴則烹磚茶而飲，至於菜蔬就更談不上了。……行走兩三日不見人煙，不時又遭地方武力（蒙匪）的攻擊。我們有時睡在破蔽的蒙古包或帳篷裡，有時找不到避風的所在，就以穹蒼為帳，四宇為床，艱苦之狀，不可言喻，非親身歷其境者，難以置信。……路上最擔心就是飲水問題，所幸在冬季，必要時，冰雪既可當水用，故沿途尚未發生重大困難，唯嚴禁用水洗臉，遑論沐浴，此皆為涉及浪費也。」（傅瑞瑗：《海天慨往》，臺灣春秋雜誌出版社，一九八四年，頁四三）

圖039　韓復榘軍西征路上

塞外嚴冬，氣溫常下降到零下二、三十度。入夜，身為一軍之長的韓復榘也只能裹著軍大衣，躲到馬肚子底下睡覺。時任韓軍炮兵連長的周範防晚年撰文寫道：「在行軍中，韓復榘先生和參謀長（李樹春）不斷把坐騎讓給病員騎，和士兵一起燒火做飯。韓不愧為和士兵同甘共苦之將也。」（周範防：〈五原誓師前後的韓復榘〉，《內蒙古文史資料》，第二十四輯，頁三〇二）

部隊沿荒漠邊緣行進，偶見空中一縷炊煙直上百丈之高而無絲毫彎曲散亂之象，足證王維詩句「大漠孤煙直，長河落日圓」狀物之真切。或見一群黃羊在天際邊飛竄而過，驚鴻一瞥，轉眼即逝，官兵歡呼雀躍，一時忘卻旅途勞頓。

韓軍一路艱辛，途經監糧台、河拐子、石嘴山，終於在十二月下旬來到寧夏的平羅，結束了最艱難的一段行軍路程。

駐在平羅的國民聯軍師長馮安邦、團長高樹勳、金變三等皆積極為韓軍妥善安排食宿。

韓軍在平羅休整數日，再乘木船渡過黃河，終於在一九二七年元旦前一週到達銀川。從五原到銀川計程五五〇公里。

馮玉祥是十一月二十八日抵達銀川的，住了二十幾天，等到韓軍平安到達銀川，照例檢閱部隊，訓話之後才驅車前往甘肅平涼。

韓軍在銀川休息兩天，洗澡、換衣，照例每連發菜金六十元，吃一頓豬肉白菜餃子，又踏上去甘肅平涼的征程。從銀川到平涼的路好走多了，部隊行軍的速度也開始加快，正是：「銜枚急馳趨隴阪，旌旗逶迤過銀川。」

一九二七年元旦剛過沒幾天，韓復榘軍行抵甘肅平涼。隴東重鎮平涼地處六盤山東麓、涇河上游，為陝、甘、寧三省交會之處，是自西安西進、北上的必經之地。西元三五八年，前秦王苻堅欲討前涼，於高平鎮設平涼郡，取平定涼國之意，平涼由此而得名。馮玉祥是元旦前到達平涼的，待韓軍一到，立刻對韓部官兵訓話，「勉勵備至」。一月六日，又檢閱了韓軍的分列式，很是滿意。下旬，馮離開平涼，前往西安。

在西行路上，走在前面的馮玉祥一直是走走停停，始終與韓軍保持接觸，如影隨形。顯然，馮對韓復榘的這支隊伍還是不放心。

韓軍在平涼邊剿匪、邊休整，歷時約一個月。

一九二七年二月上旬，韓復榘奉命率部離開甘肅平涼，向陝西進發。

部隊行抵隴東涇川，適逢黃得貴、韓有祿殘部死灰復燃，再次向國民聯軍發難。馮玉祥命令韓部暫停入陝，在第二十二師馬鴻賓部及第八師周永勝部配合下，克期平靖黃、韓兩部。

黃得貴原為甘肅陸軍第一師第一旅旅長；韓有祿為原甘軍團長。南口大戰期間，甘肅省隴東鎮守使張兆鉀及隴南鎮守使孔繁錦乘國民軍勢窮力蹙，自顧不暇之際發動叛亂，黃、韓兩部亦聞風而動，圍攻蘭州。張還發了一個聲討國民軍的「討赤」檄文，文曰：「私自招兵，此赤化一也；擅殺李長清，此赤化二也；信仰基督教，此赤化三也……」一時傳為笑柄。

韓軍兵分兩路：一路直趨甘肅慶陽縣，殲匪於董志原之西峰鎮，再回師涇川，繼向南追剿；一路由長武向東搜索前進，最終兩路會師於陝西彬縣。

甘肅隴東地形複雜，縱橫交錯的溝壑將大地切割成大大小小的「原」，溝壑並不很寬，但相當陡峻，蜿蜒曲折，便於股匪隱蔽流竄。韓軍大部隊行動，人生地不熟，剿匪頗費周折。

國民聯軍總政治部派遣六名政工人員，會同國民黨陝西省黨部四人前往前線，向民眾宣傳「國民聯軍致力於國民革命之主義」。韓軍在友軍及政工人員配合下，分進合擊，窮追不捨，匪勢方頹，紛紛做鳥獸散。

就在韓復榘軍次西峰鎮（今甘肅省慶陽市西峰區），進剿屢屢得手之際，馮玉祥接二連三電責韓部「軍紀廢弛」。韓一頭霧水，又不得不有所表示，遂每日派軍紀巡查隊，手捧「大令」（一種箭兵符），在大街巡視，發現違紀官兵立即實施懲罰，一般由巡查隊長用一端紅色，一端黑色的「軍紀棍」（俗稱「鴨嘴棍」）執行，或打屁股，或打手心，有時甚至採取殺一儆百的極端手段，以致官兵多生怨謗，韓本人亦頗為難。

某夜，韓復榘親率巡查隊執勤，在鎮上查獲一河南籍趙姓人宿娼，問其身份，謊稱十四師人員，韓以「冒充軍人」罪將其押回軍營審訊，趙某始供認為第十四師某高級軍官之叔，自原籍來此探親。韓罔加優容，判令槍決。某軍官託人說辭，韓仍堅持原判，如此嚴刑酷法有悖情理，遂結怨於胞澤。自是，某軍官遞辭呈，調離韓軍。

未幾，馮玉祥又向全軍發出〈詰韓復榘飭中下級軍官戒驕戒傲電〉，文稱：「……尤不應有驕傲之心。若不論事理，任性使氣，一味自以為是，而視人皆非，不特其聲音顏色足以拒人於千里之外，且因此一念驕傲之心，趾高氣揚，軍心不固。」又謂：「……而不求教益，自視太高，目空一切，此種勢氣，固為進步之動機，殊非善用此種勇氣之道也。」（〈詰韓復榘飭中下級軍官戒驕戒傲電〉，《馮玉祥軍事要電彙編》上冊，北平東方學社，一九三三年，頁六）

明眼人不難看出，這哪裡是在訓誡「中下級軍官」，分明是在指斥韓復榘！

平定黃、韓之亂後，韓復榘軍駐紮彬縣。宋儒名臣范仲淹就是陝西彬縣人。膾炙人口的名篇〈岳陽樓記〉即出於他的手筆。

馮玉祥到西安後，即著手準備東出潼關，參加北伐，將國民聯軍依次東調，向潼關方向集結。

三月二十一日，韓軍由彬州移駐乾縣。乾縣地處關中平原中段北側，古稱乾州，因縣城北乳頭山上有唐高宗與武則天的合葬墓乾陵而聞名於世。

四月五日，馮玉祥電飭韓復榘率部自乾縣開拔，接替方振武軍圍攻同州（今大荔）。方軍東調潼關待命。

韓軍進抵同州，接替方振武軍將同州團團包圍。韓復榘的司令部就設在距同州十五公里的關中糧食集散地——羌白鎮，同州即今渭南市大荔縣，是一座地處關中西陲的古城，北枕鐮山，東瀕黃河，南界渭水，西繞洛河。同州城池牆高壕深，固若金湯，在陝西素有「東同州，西風翔」之說。

據守同州的是原國民二軍第十一混成旅旅長麻振武，人稱「麻老九」。麻不識字，愚魯而重義，早年在靖國軍郭堅部任支隊長（相當營長）。郭死後，麻追隨胡景翼，一度任國民二軍旅長，後又被劉鎮華收編，任鎮嵩軍師長。國民聯軍解西安之圍後，于右任力勸麻歸順，但麻以曾受郭堅知遇之恩，誓與殺郭之馮玉祥不共戴天。馮令方振武圍殲麻於同州，歷時已三月。方以五旅之眾，屢攻不克，師老兵疲，還損失一員旅長。方私下責馮一不派兵增援，二不接濟糧餉，怨氣沖天，好不容易才奉命東調，把這「燙手的山芋」交給了韓復榘。

麻振武為固守同州，在磚城之外又築一道土城，土城之外再挖城壕，寬深均在三丈以上。壕外每隔百米左右修築磚石炮樓或碉堡一座，下有地道通入城內。

韓復榘首先採取強攻。他令士兵先用無數捆麥草將城壕填平，再蹬雲梯強行攻城。但同州城牆很高，城上又堆放了許多檁條和石塊，如同古代的「滾木擂石」，攻城士兵傷亡很大。

韓軍善夜戰，但麻旅早有防範，入夜自城頭探出許多長竿，外端吊著鐵絲筐，內置乾柴，點燃後照夜如同白晝，韓軍難以在夜幕掩護下偷襲。

韓復榘又試行挖掘地道的辦法。龐旅就在四周城壕內挖掘許多單人掩體，內置大甕，口朝下置於地，有士兵俯身貼耳於其上，竊聽動靜，一旦聽到有掘進的聲響，便挖橫溝堵截地道。

韓軍缺乏攻堅重炮，單靠以上這些土辦法難以奏效，二十多天下來竟毫無進展。

馮玉祥先是電責韓復榘攻城不力，旋又電斥韓部軍情電報每多延誤，當時韓軍僅有一部電臺，戰時往來軍事電報甚多，有時很難及時拍發出去。主管情報工作的參謀官傅瑞瑗不忍見司令官屢屢受責，一日竟擅自在發電時間上做了手腳，將例應十四日下午九時拍發之「寒戌」電，提前至當日上午即送交電臺拍發。不料是日碰巧電報不多，「寒戌」電上午便及時發出，馮玉祥中午就看到了，於是又責問韓：「寒戌」電何以「寒午」便收到了！韓向參謀處問及此事，傅戰戰兢兢，如實以告。韓沒有責怪傅，只搖頭苦笑，反安慰他說：「別害怕，沒關係。」

韓復榘自隴東平叛以來，動輒得咎，痛感總司令對他態度與以往時異事殊，些須小事便橫生非難，究其原委，當是總司令對他一度投晉仍心存芥蒂。韓為此意殊消沉，萬念俱灰，漸萌退志……

一九二七年四月末，韓軍奉調東出潼關，圍攻同州的軍事移交第二軍劉汝明部擔任。

劉汝明軍攻城兩月亦未果。七月初，馮玉祥又從甘肅天水調來第十三軍張維璽部增援，任張為同州攻圍軍總司令，劉副之，兩軍聯合攻城。一個月限期已過，同州仍在龐部掌握之中。馮給予張、劉革職留任，戴罪圖功的處分。八月二十六日，張、劉兩軍終於破城而入，斃敵二千，俘敵三千，龐振武傷重而亡。

韓部第六路軍自同州開拔後，韓復榘率司令部人員乘舟沿洛河東下，再向南駛入渭河，臨近潼關時，發生了一件意外的事。

關於這件事，五十年後，旅居臺灣的傅瑞瑗在他的回憶文章中是這樣講述的：「四月底，韓軍奉命開赴潼關。韓復榘率總部人員乘船沿洛河南下。一日晨，韓突然失蹤，詢問船夫，說韓穿著便衣，天不亮就乘一艘小船去了。李參謀長率我們幾人急忙追到風陵渡，上了北岸，受到晉軍河防部隊阻攔。待我們說明來意，晉軍說確有一人在此登岸，自稱要取道山西，回直隸老家。我們終於找到了韓，見他精神十分沮喪，執意要解甲歸田。我們都知道他的脾氣，好說歹說，又把他接回了部隊。」（傅瑞瑗：〈韓復榘舊事〉，《縱橫》，第二期，一九九一年，頁三四）

國民聯軍陸續入陝後，馮玉祥即實施援鄂攻豫、會師中原之策略，將軍隊分為五路大軍，計三十餘萬人，馮任國民聯軍總司令。馮軍的三員大將：孫良誠、韓復榘和石友三都在以馮玉祥為總司令的中路軍。這一豪華陣容足以證明中路軍將是未來戰爭的中堅力量。

第三章

國民革命軍時期

兵出潼關　參加北伐

一九二七年四月，在武漢國民政府敦促下，馮玉祥決定立即出兵援鄂攻豫，參加北伐。四月二十日，武漢國民政府將馮玉祥的國民聯軍正式改編為國民革命軍第二集團軍。五月一日，馮玉祥宣誓就任國民革命軍第二集團軍總司令。

第二集團軍中路軍一部已在潼關集結完畢；韓復榘的第六路軍正在潼關待命。

五月五日，馮玉祥親赴潼關督師，發佈總動員令。

馮玉祥命令中路軍之孫良誠第三路軍、石友三第五路軍、方振武第一路軍、馬鴻逵第四路軍及鄭大章騎兵集團組成先遣部隊，首發出關作戰；韓復榘之第六路軍由馮總司令直接指揮，擔任總預備隊，隨後出關。

時任第二集團軍總政治部組織處處長的簡又文後來評論說：「孫良誠、韓復榘、石友三三部實為二集團軍最精銳之師。戰時，孫常任前敵，逢攻必克，夙有『鐵軍』之稱。韓、石二部則為全軍最驃悍，最驍勇善戰之師，常留在後方作預備隊，一遇前線各方有困難，馮氏即指揮這兩個犀利無匹的鐵錐向前敵兇猛衝擊，幾戰無不勝者。」（簡又文：《馮玉祥傳》，臺灣傳記文學出版社，

圖040　第二集團軍在潼關誓師北伐

一九八二年，頁三三二）

由於駐紮靈寶、陝州一帶之劉鎮華軍避往嵩山，已向國民革命軍投誠，洛陽以西只有奉系雜系、土匪出身的張治公部，完全不堪一擊，因此第二集團軍前鋒出師順利，五月二十六日攻克洛陽。奉軍決意放棄隴海線。二集團軍乘勝追擊，如入無人之境，三十日佔領鄭州。六月一日，武漢北伐軍唐生智部亦進抵鄭州，與二集團軍會師中原。

五月三十一日晚，二集團軍鄭大章騎兵師進抵開封郊外。六月一日，武漢北伐軍右翼張發奎部前鋒進據開封。北伐軍河南之役告一段落。

六月二日，南京北伐軍佔領徐州。至此，第二集團軍與寧、漢北伐軍會師中原的計畫即告實現。

一九二七年五月中旬，韓復榘的第六路軍在「大軍東出潼關去，會師中原入北京。不怕死，不偷生，打倒奉魯軍，撲滅反革命。本親愛精誠，團結工農商學兵」的軍歌聲中，陸續開出潼關，徒步行軍至靈寶。當時隴海鐵路僅通到靈寶，韓軍由此或乘車，或徒步，分赴陝州，並繼續向東搜索前進。

是時前方戰事正酣，韓軍沿途收容散兵游勇，掃蕩趁亂打劫的股匪及「紅槍會」。五月二十七日，也就是二集團軍攻佔洛陽的第二天，戰火的硝煙尚未散盡，韓復榘便接管了這座古城，將第六路軍司令部設在洛陽城西關外的西工兵營。

五月三十日，韓復榘派出一支短小精悍的突擊部隊，以迅雷不及掩耳之勢進據鞏縣兵工廠，保全了機器設備。張學良在離開鄭州時曾給南軍留下一封親筆函，其中說到奉軍撤退時本可以破壞鞏縣兵工廠及黃河鐵橋，但不毀之，以「為中國保全一點元氣」。不知少帥之言信耶非耶？

一九二七年六月四日，端午節，也是韓復榘到達洛陽的第九天，孫良誠派人將前直軍將領田維勤押解洛陽，交韓監押，聽候總司令發落。

田維勤，陝西富平縣人，日本士官學校畢業，原直系將領，隸靳雲鶚部。一九二六年春，「討賊聯軍」進攻國民軍。靳任「討賊聯軍」第一軍總司令，田任該軍前敵總指揮，沿京漢路北上。靳與田均為吳軍中堅定的「聯馮討奉」派，暗中與馮軍將領通款。田曾微服來到北京城內帥府園鹿鍾麟的司令部，對鹿及韓復榘通報戰情。國民軍退守南口後，吳佩孚親往督戰，田奉命往攻。嗣後，馮軍兵出潼關，吳軍被擊潰，田潛身往汴，向馮軍投誠。孫良誠電話向馮玉祥請示辦法。馮命將田押赴洛陽，交韓復榘監管，韓復榘命參謀傅瑞瑗將田維勤安排在車站附近的屋內住下，好生伺候，一邊對傅說：「我現在不宜見他，你們就說我到前方視察去了，等回來再請他吃飯。」一邊向潼關總司令部請示處置辦法。次日，馮玉祥以密電覆韓，稱田「梟獍成性，不守諾言」，命韓協同內防處長韓占元將田秘密處決。韓接電後，回想起田當年給國民軍通風報信的事，不無苦澀地說：「軍人一生，不亡於戰陣之間，即死於是非之地，否則老驥伏櫪，抱恨以歿，古今同慨！」（傅瑞瑗：《海天慨往》，頁七六）旋囑傅將田護送至洛陽城內，交韓占元處置。

當晚，韓占元在道尹公署後院將田處決。次晨，傅返回正要向韓司令官覆命，韓轉過臉，把手一擺，道：「算了，算了，辦了就算了。」（傅瑞瑗：〈韓復榘舊事〉，《縱橫》，第二期，一九九一年，頁三五）

不久，二集團軍總司令部由潼關移駐鄭州。馮玉祥路過洛陽，對韓軍訓話，其中提到處決田維勤的事。馮面對韓說：「我為什麼要命令你就地處決田維勤呢？當初他進攻南口時，我與他訂了密約，盡其所有，湊了三十萬元給他，請他陣前起義。田收了錢，但行動那天卻沒有履行承諾。他這種人，沒有一點道德，跟妓女一樣，甚至連妓女都不如！」

一九二七年六月十、十一兩日，馮玉祥、于右任等與武漢國民政府之汪精衛、孫科、唐生智等在鄭州舉行聯席會議，議決成立河南、陝西、甘肅三省政府，分別由馮玉祥、于右任、劉郁芬任主席；豫、陝、甘三省劃為第二集團軍防地。

六月十二日，第二集團軍所屬各部改「路」為「軍」，重新劃分八個方面軍。韓復榘之第六路改第六軍，韓任軍長，由總司令直接指揮。

韓軍進據洛陽以後，奉軍退至黃河以北，兩軍隔河對峙。黃河以南尚有眾多張治公部之散兵游勇。張原系嵩山巨匪，與王天縱、柴雲升、憨玉琨等同稱「中州大俠」，所部多為收編之土匪，與馮軍作戰根本不是對手，殘害百姓倒是綽綽有餘。「紅槍會」亦乘機作亂，在魯山、寶豐、臨汝一帶倡言「維護地方治安」，實則無惡不作，百姓慘遭荼毒，哭告無門。

韓軍奉命清鄉，在豫西全力剿匪。先是，五月二十四日，韓軍尚未到達洛陽即接到馮玉祥的電報：「據報，陝州南一五公里十八王村有嵩匪千餘人，自稱已受我軍收編，盤踞地方，不肯開動，該匪等逼處肘腋，萬難姑息，應由韓總司令清理，以弭後患。」

是時，地方政府因戰亂已完全癱瘓，北伐軍戰事方酣，無力顧及，百姓飽受兵匪之苦。韓軍所到之處，田園荒蕪，十室九空，鄉民咸以挖野菜、剝樹皮為食，面皆菜色，腹脹如鼓，情景至為淒慘。

韓復榘平生最恨土匪，一經生擒，殺無赦。歷時兩月痛剿，匪患悉平，鄉民紛紛遷回故里安居，韓軍過處，咸以鞭炮迎送，嗣後大軍北伐，後方安謐，多所胥賴。

第二集團軍右路軍在孫連仲率領下，自陝南經荊紫關，進入豫西

圖041　豫西紅槍會

南，在方振武第一路軍配合下，擊潰滯留在襄、宛之間的吳佩孚最後一支武力于學忠部。先已向馮軍輸誠並被任命為第三十八路總司令之襄樊鎮守使張聯升，以武力驅逐吳殘部。吳遁入四川，「一代天驕」的軍事生涯就此結束。

戰後，馮玉祥正式授予張聯升部以國民革命軍第二集團軍第三十八軍的番號，張任軍長，所部歸韓復榘節制，調洛陽整編。

豫南之役結束後，新任第二集團軍第三方面軍總指揮的方振武早已有意脫離馮玉祥，便以防區地處鄂省為由，接受了武漢國民政府委任的國民革命軍中央直屬第九方面軍總指揮之職。方所遺之第二集團軍第三方面軍總指揮一職由韓復榘擔任。

一九二七年七月八日，韓復榘在洛陽正式就任第二集團軍第三方面軍總指揮職，下轄第六軍、第三十八軍。

第二集團軍第三方面軍建制：

第三方面軍總指揮　韓復榘　副總指揮　張聯升　參謀長　李樹春

第六軍軍長　韓復榘（兼）

第一師師長　張凌雲

第十四師師長　曹福林

第十五師師長　孫桐萱

炮兵團團長　榮光興

第三十八軍軍長　張聯升（兼）

第一師（原番號）師長　劉文瑞

第二師（原番號）師長　王宗荃

第三師（原番號）師長　葛潤琴

第三十八軍毫無戰力可言，這支隊伍其後名存實亡，只剩下一個空番號，成了一支名符其實的「影子部隊」。韓復榘指揮的第三方面軍實際上只有他的三個嫡系師。

兵不在多而貴精，韓復榘之第六軍、孫良誠之第三軍及石友三之第五軍是公認的西北軍三大主力。

由於馮軍膨脹過快，軍費捉襟見肘，部隊出關前官兵每月每人伙食費僅四元五角，迨出關後食物價格飛漲，官兵伙食費乃增為六元五角，韓軍駐蹕洛陽期間部隊生活十分艱苦。韓軍司令部有個廚子，人稱老王，是韓的老鄉，追隨韓多年，專給司令部幾位長官做飯，韓最愛吃他做的「蛋炒飯」。說是「蛋炒飯」，並非是雞蛋炒米飯，而是將乾饅頭用水泡軟，與生雞蛋攪在一起，再放些蔥、鹽，用油炒熟，吃起來鬆軟可口，據說此種吃法是馮玉祥發明的。不過如此美食只能偶爾為之，有時司令部來了客人，即以此招待。

蘭封大戰

一九二七年十月中旬，直魯軍十六萬人分三路大舉犯豫，目標直指省會開封。張宗昌另遣孫殿英、袁振青等部三萬人由大名進逼豫北。

馮玉祥料定未來主戰場必定是在蘭封一線，必須集中精兵強將破敵於豫東，故令孫良誠率所部第三軍及馬鴻逵軍擔任隴海線正面；石友三軍由陳留進駐杞縣，擔任右翼；劉鎮華軍陣於考城以東，擔任左翼；韓復榘軍在鄭州擔任總預備隊。

馮玉祥在即將爆發的蘭封大戰中由誰擔任總指揮的問題上頗費思量——儘管總指揮的人選，他早已心中有數，既然安排孫良誠負責戰場正面，誰擔任總指揮已是明擺的事，但他還是要徵求韓復榘的意見

馮玉祥預料眼前這場大戰，韓部雖名為預備隊，卻是非上戰場不可的，而且上去之後還將是破敵之主力。他深知韓復榘一向爭強好勝、從不甘居人下。馮絕不允許在這場生死攸關的決戰中，內部出現二虎爭雄的局面。

於是，馮玉祥試探著問韓復榘：「你到前方去，是願意聽孫良誠指揮，還是叫孫良誠聽你的？」韓不假思索，脫口而出：「我聽孫少雲（孫良誠字）的！」（馮玉祥：《我的生活》下冊，黑龍江出版社，

圖042　右起：張學良、張宗昌、褚玉璞。

一九八一年，頁五七二）馮大樂。以後，馮在為官兵講話時，曾多次提起這件事，頗為得意。韓上前線後，還主動向孫表示願瞻馬首，孫甚為之感動。

孫良誠與韓復榘是馮玉祥攻無不克、戰無不勝的兩個鐵拳，難分伯仲。馮為避免二人爭雄，每逢大戰，必將他們分開，各當一面。韓與孫雖無深交，但袍澤之情猶在，彼此之間從未發生過任何爭執，也從不相互攻訐。「蘭封大戰」是韓、孫第一次合作。

戰前，馮玉祥向韓復榘面授機宜，命韓之第六軍向杞縣西南、右翼龐炳勳軍之後集結，與石友三之第五軍會合待命。蓋直魯軍精銳多集中在鐵路正面，後方空虛，戰鬥打響後，韓、石兩軍可實行右翼包抄，使敵首尾不能相顧。

十月二十一日，直魯軍沿隴海線進至野雞崗、內黃集。二十三日，第二集團軍與直魯軍在鐵路正面接戰。二十六日，自黃河南岸至杞縣一線展開全面激戰，晝夜不息。

韓復榘先於二十八、二十九兩日，率第六軍三個師自鄭州，以日行軍一五〇里的速度，不分晝夜向杞縣方向急行軍。與此同時，孫良誠軍在鐵路正面緊逼直魯軍，令敵無暇它顧。

十月二十九日晚，日夜兼程趕到杞縣的韓軍喘息未定，便與石友三軍、梁冠英師全部出動，兵分六路，五里一站，向敵後抄襲。

直魯軍大體沿鐵路線佈陣，那段鐵路由蘭封斜向開封，並於此處拐一大彎，甩出一條「大尾巴」向西南而去。

十月三十日拂曉，韓、石兩軍突然從晨曦中冒出來，向那條「大尾巴」發起猛攻。直魯軍猝不及防，被打亂了陣腳。當日，韓、石兩軍在陽崮集、呂屯、田康岩大破敵軍防線，直魯軍東潰。石軍向李壩集急追；韓軍朝柳河疾進，追殺殘敵，分佔鐵路沿線各城邑。

十一月二日，孫良誠軍下內黃；石友三軍克李壩集；韓復榘軍佔領柳河車站，將鐵路截為數段，繳獲鋼甲車四列（北京號、山東號、泰安號、河南號）、山陸炮二三十門及百餘名俄兵。

十一月五日，韓復榘軍及龐炳勳軍攻克歸德，俘直魯軍軍長袁家驥及所部官兵萬餘人。六日，石友三軍追逾馬牧集；鄭大章騎兵軍進至碭山西。

至此，第一次「蘭封大戰」以第二集團軍大獲全勝而告終。

是役，俘直魯軍三萬餘人，獲槍兩萬餘支，大炮四十餘尊，鋼甲車四列，堪稱空前大捷。

史家評論：此役決勝關鍵在馮軍右翼成功實施敵後包抄，破敵左翼，帶動全域。因此，韓、石當記首功。

在韓復榘軍與龐炳勳軍攻佔歸德過程中還發生一段插曲。韓與龐在攻打歸德之前曾約定，兩軍分別由南、北兩門攻城，先進城者負責收繳敵軍槍械。結果韓軍首先由北門攻入城內，正在收繳槍械時，龐軍譚炳衡師亦自南門進入城裡，也要收繳槍械。韓指龐違約，遂派謝會三旅用機槍卡住南門，不准龐軍官兵出入，並將他們所繳槍械一律

圖043　韓軍繳獲張宗昌軍鋼甲車

沒收。龐認為自己不是馮軍嫡系，處處受欺，便哭訴於鹿鍾麟。鹿好言相慰，並囑韓准許龐軍入城官兵每人可攜帶一件繳獲槍械出城。其實龐早暗令入城官兵將所繳獲軍械從城牆上卸到城外。龐軍經此補充，實力大增。這件事後來也成了西北軍人茶餘飯後的笑談。

蘭封大戰結束，馮玉祥調韓部到鄭州，在操場上列隊訓話，獎諭一番，然後親自檢查目兵口袋，將所裝物品逐一取出審視。原來韓軍繳獲四列鋼甲車，裡邊有很多衣服鞋襪等生活用品。自尊心極強的韓站在馮身後，臉色異常難看。

第一次蘭封戰後，第二集團軍氣勢如虹，眾將皆欲乘勝追擊，直取徐州，其中韓復榘呼聲最高。馮玉祥則認為，津浦線上，何應欽軍方在蚌埠與孫傳芳相持，距徐州尚遠，南北不能銜接；隴海線上，直魯軍新敗，實力猶存，不可輕敵，乃下令退兵。一路退下來的直魯軍因此而在單縣、成武、碭山穩住陣腳，得以喘息。不久，又從濟南開來十八列火車的援軍，直魯軍很快又組織起第二次反撲。

一九二七年十一月十六日，直魯軍十三萬人馬分三路再犯豫東，揭開第二次「蘭封大戰」的序幕。

馮玉祥速調韓復榘軍由鄭州趕赴蘭封，與石友三軍共為中路，韓任總指揮，在隴海線上迎戰正面直魯軍主力徐源泉、方永昌、王棟部；以孫良誠軍、馬鴻逵軍為左路，以濟寧為目標，迎戰直魯軍另一主力劉志陸軍及潘鴻鈞軍；直魯軍左路較弱，以右路鹿鍾麟軍應對當無問題；鄭大章騎兵軍在鐵路以北者歸孫良誠指揮，在鐵路以南者歸韓復榘指揮。

十一月二十四日凌晨三時，第二集團軍發起全線總攻擊。

中路韓復榘軍沿鐵路正面前進，在野雞崗與敵方永昌部遭遇，破之；二十五日進至柳河，與直魯軍基本部隊徐源泉軍接戰，遂陣於張莊、趙老家莊之線。與此同時，中路石友三軍遇敵於寄崗集，破之；進至李壩集，遇敵主力王棟部兩萬人，再破之，並於二十五日進抵柳河，與敵陣於李莊、老李莊、伯綱集之

圖044　俘獲白俄雇傭軍

線。是日，韓、石兩軍已按計劃於柳河附近會合。集結於柳河一線的直魯軍主力計四萬人，敵總指揮褚玉璞率衛隊兩千名，赤膊上陣，親自督師，與韓、石兩軍激戰徹夜。

十一月二十六日晨，韓、石兩軍在濃霧籠罩下發起猛攻，斃敵二千，俘敵四千，午後三時，敵終不支，向東潰退。韓復榘電話向馮玉祥報告。馮「囑其猛追」。韓、石兩軍馬不停蹄，連日追擊，十二月一日，進至碭山一線。此役，韓、石兩位戰地指揮官親臨第一線，表現異常英勇，誠如馮玉祥所言：「韓總指揮、石軍長都是親自手提機關槍站在散兵線上。」

左路孫良誠軍也大獲全勝，一戰而下考城，斃敵軍長潘鴻鈞，再乘勝急進，連下荷澤、單縣。吉鴻昌師於十二月二日圍敵姜明玉軍於曹縣，翌年一月二十九日破城，姜自殺身亡。

右路鹿鍾麟軍於十一月二十七日克歸德，十二月一日收復夏邑。

至此，第二次蘭封大戰宣告結束，為時不及旬日，破敵十萬餘人，張宗昌、褚玉璞之主力損失殆盡。此役，韓復榘、石友三兩軍擔任中路，破敵主力，又立頭功。

戰後，韓復榘軍繳獲最犀利之新式手提式機關槍三千餘支，盡被馮玉祥收去配給其衛隊旅。韓頗為此憤憤不平，但亦無可奈何者也。

蘭封大戰中還有一個小插曲。韓復榘的汽車被炮火摧毀，司機亦受重傷，馮玉祥將自己的車及司機一併借給韓使用。當時中國的汽車很少，西北軍窮，汽車更少，物以稀為貴，開汽車的比現在開飛機的還神氣。馮的司機姓王，因為是給總司令開車，更是趾高氣揚。韓一打仗就精神倍增，日以繼夜在槍林彈雨中穿梭，故給他開車既辛苦，又危險，王某很不情願，經常藉口「車壞了」，不肯出車，韓只得以馬代步。

一次，韓要乘車去前線督戰，副官長報告：車又壞了。當時韓正俯案查看軍事地圖，頭也沒抬，只冷冷甩了句：「告訴那狗東西，限他半個鐘頭把車修好，不然就直接交執法隊槍斃！」結果不到十分鐘王某就出車了。事後，王某向馮的親信哭訴。親信立刻就把話傳給馮，乘機挑撥說：「打狗還要看主人呢！」馮豁然笑道：「韓復榘就是韓復榘，厲害！」親信討個無趣，悻悻而去。

徐州會戰

「蘭封大戰」甫畢，徐州便成為馮玉祥志在必得之地，只是慮及沿津浦線北上之第一集團軍距離徐州尚遠，近期恐難收南北夾擊之效，正猶豫不決之際，他得到了一個錯誤的情報：何應欽軍已過固鎮，張宗昌及孫傳芳軍皆北潰。馮認定會戰時機已到，遂於一九二七年十一月三十日發出〈令前方將領整軍向徐州挺進電〉。（〈令前方將領整軍向徐州挺進電〉，《馮玉祥軍事要電彙編》，下冊，北平東方學社，一九三三年）

這裡要插兩句話：有人講，韓復榘在徐州會戰之初，「持勇倔強，抗命前進」，結果「壞在一個『貪』字上」。那麼韓當初究竟是「抗命前進」，還是奉命「速向徐州方面進展」，從馮玉祥的電報中不難得出結論。

在津浦線上，孫傳芳軍與直魯軍丟失了南京與合肥後退守固鎮大橋，於津浦線兩側佈防。第一集團軍由浦口進入安徽後，蔣介石正忙於在南京組建新政府，希望第二集團軍首先進攻徐州，因此並未積極北進，而是與北軍對持於固鎮大橋以南。

蒙在鼓裡的第二集團軍在馮總司令的一聲令下，已向徐州疾進！

參加攻徐之第二集團軍主要由中路軍（韓復榘）、右路軍（鹿鍾麟）和鄭大章騎兵軍擔任。左路軍（孫良誠）負責在魯西牽制直魯軍。

擔任中路的攻徐主力韓復榘軍晝夜兼程，一馬當先，走在大軍的最前鋒，十二月四日抵達並攻佔徐州西北郊之九里山，同時佔領隴海路徐州北站，切斷津浦鐵路，直薄徐州城下，將張宗昌、褚玉璞圍困於城內。張、褚急調徐州東、南及濟南之軍隊馳援。未幾，韓軍一個團已突入徐州城東關。

在隴海路上，如狂飆突進之韓復榘軍將友軍遠遠甩在後邊，事實上已成孤軍深入之勢。

圖045　張宗昌（右）與孫傳芳（左）

張宗昌命令所部死守徐州，並全力奪回戰略要地九里山。孫傳芳部軍長路展臣自告奮勇，願率本軍拿下九里山。張部警衛旅及城內兩個步兵旅將從東關突入城內的韓復榘軍一個團驅出城外。

九里山橫亘在徐州城西北，如同一道天然屏障，是著名的古戰場。直魯軍與孫傳芳軍在雨霧迷濛之中，猛攻被韓復榘軍佔領的九里山及隴海路徐州北站，戰鬥異常激烈。路展臣眼見戰事遲遲沒有進展，脫衣赤膊，親臨前線，搖旗指揮作戰。

當韓復榘偕參謀長李樹春及參謀部人員在城東關外督戰時，驚異地發現直魯軍及孫傳芳軍漫山遍野，如潮水般由東、南、北三個方向湧來，大惑不解，回過頭來詢問站在身後的第一集團軍前敵總指揮何應欽派來的聯絡參謀何競武：「你們部隊究竟在什麼地方？」原來何參謀前不久曾向韓轉交一則第一集團軍前敵總指揮部的電訊，稱第一集團軍前鋒已越過固鎮，到達徐州以南不遠的符離集、曹村一線，徐州四郊已無敵蹤。何支吾其詞，所答非所問。韓從來「眼裡不揉砂子」，再三追問，何始透露：第一集團軍尚在固鎮大橋以南！韓感到自己受了騙，立刻大發脾氣，對何厲聲說：「你們的情報怎麼假的呢！聽說你們南方軍隊都有什麼政治工作，這政治難道就是不講實話，專害國家、害朋友的？你們今天是不是又在這裡要政治啊！」何連聲說：「這是誤會，這是誤會……。」（傅瑞瑗：〈韓復榘舊事〉，《縱橫》，第四十四

期，一九九一年，頁三六）

被困在徐州城內的直魯軍得到增援，立即出城反攻，裡應外合，反將韓復榘軍包圍在徐州西北一隅。是時，石友三軍、鹿鍾麟軍尚未趕到，鄭大章騎兵軍只能在周邊奔襲策應，一時難解韓軍之圍。

韓復榘孤軍奮戰，指揮若定，官兵反覆衝殺，前仆後繼，始終保持旺盛的士氣。在豫東戰場上屢屢受挫的張宗昌，為雪前恥，發誓要置韓軍於滅頂之災，動用飛機、鋼甲車及俄兵助戰。韓軍與數倍之敵激戰四晝夜，戰事異常慘烈，傷亡官兵六千多人，其中旅長二人，師長孫桐萱、曹福林亦受傷，其傷亡程度甚至超過後來的彰德大戰。

時任韓復榘參謀官的傅瑞瑗，晚年（退役前任臺灣防空炮兵司令，授空軍中將銜）在臺灣做《口述歷史》，對這次戰鬥曾有一段生動的回憶：「蘭封大戰後，韓先生率我軍緊追張宗昌，孤軍深入，直逼徐州。在九里山附近，我軍被北上支援的孫傳芳軍和張宗昌軍包圍。我軍寡不敵眾，由九里山退到郝寨。張宗昌的鋼甲車沿鐵路向郝寨衝來。韓先生率我們參謀部人員騎馬迂迴到鐵路以北的一個小村子裡。我們（眾參謀）原想騎馬躲遠一點，可是韓先生卻下了馬，若無其事地說，『咱們先休息一下吧。』並叫我們把馬牽遠一點，以便隱蔽。我們藏在幾個秫秸堆後面，但是鋼甲車還是發現了我們，朝我們打了幾炮，把秫秸堆都打散了，大家都伏在地上，十分緊張。韓先生卻笑著說，『俄國老毛子的炮打得還相當準呢！』過了一會兒，有二三百名俄國兵從鋼甲車上跳下來，在炮火支援下向我們衝過來。韓先生指揮我們兩三人編成一組，分別爬到幾個房頂上，並命令我們：敵人不到二〇米不准開槍，他自己則蹲在地上指揮。韓先生又派人繞過村子北邊，去向後方的張凌雲師長傳達他的命令：穿過鐵路，從右側包抄鋼甲車。我們原以為要調增援部隊上來，沒想到韓先生卻是命張師長去包抄敵人，大家都很驚慌。韓先生笑到，『你們這些當參謀的，平時做計畫，頭頭是道，怎麼一打起仗來，就都變成餐饃了！』當敵人離我們五〇米時，因後方出了問題（張凌雲師包抄），天又漸漸黑了，敵人摸不清我方虛實，再不敢貿然前進，又都回到鋼甲車上，返回去了。韓先生說，『好了，老毛子都跑了。你們去找人熬點小米稀飯，我不餓，就是渴。』韓先生又問我們誰帶紙菸了，當時馮先生的軍隊是不准吸菸的。一位軍械官尷尬地掏出菸來，韓先生深深吸了一口菸，悠然說，『人到愁來菸酒多』，接著又讓大家都吸。韓先生自始至終都鎮靜自若。」（《傅瑞瑗口述歷史》）

傅瑞瑗就此有感而發，講了如下一段話：「到了我這個年齡（八十四歲），已不必對一件事做違心之論，更不必言過其實。本著良心和良知，我可以這樣說：在我一生戎馬中，耳聞目睹的陸、空軍將領如同過江之鯽，但像韓先生這樣與部下同甘共苦，戰場上臨危不亂、指揮若定的將領，我實實在在沒見過第二人。這話在十幾年前，我曾在臺北對石筱山（敬亭）講過。石先生當時說，『我很理解你這個想法，這絕不是對韓向方（復榘）的過譽，因為我太瞭解他了。』」（《傅瑞瑗口述歷史》錄音）

正在金鄉的直魯軍劉志陸部向碭山以西的楊集運動，企圖切斷韓軍的退路。第十軍軍長劉汝明奉馮玉祥之命率部前往楊集，狙擊劉志陸軍。韓復榘率部殺出一條血路，自郝寨突圍而出，迅速撤至李莊、黃口之線待命。

第二集團軍第一次攻徐之役功敗垂成，究其原因，一是情報不準而導致判斷錯誤；二是各攻徐部隊之

圖046　臺灣空軍中將傅瑞瑗八秩壽辰照（身後「壽」字為蔣經國所書）

間配合不協調。歷史學家丁中江則認為是「馮軍久戰，疲憊不堪，攻抵徐州時，既無攻擊計畫，又缺乏充分兵力，因此對方南北兩面大軍增援後，即告不支而退。迨何應欽大軍馳援，徐州雖克，可是張宗昌等均已先逃，未能一網打盡。」

一九二七年十二月九日，沿津浦路北上的第一集團軍終於進至曹村。十日，何應欽致電馮玉祥，約定第一、二集團軍於十四日會攻徐州。

一九二七年十二月十二日，馮玉祥電令韓復榘、石友三、鹿鍾麟、鄭大章等軍發動第二次攻徐之役。韓復榘軍擔任中路，沿鐵路正面前進，矛頭直指徐州城北之隴海車站及茅村車站，劉汝明軍在韓軍之後跟進；石友三軍擔任左翼，在鐵路以北前進，協攻茅村；鹿鍾麟擔任右翼，在鐵路以南前進，攻擊蕭縣；鄭大章騎兵軍集結於灣裡集，掩護各軍攻徐。

十二月十四日，第一、二集團軍同時對徐州發起攻擊。

第二集團軍韓復榘第六軍與石友三第五軍在鋼甲車、坦克車的支援下，合力擊潰鐵路正面的直魯軍主力褚玉璞、徐源泉部三萬餘敵，迫近徐州西北郊；並以一部北攻茅村，切斷津浦路徐州以北一段鐵路，防止奉、直魯軍增援部隊南下。右翼鹿鍾麟之第九方面軍向徐州西南進展，攻克蕭縣，與北上之第一集團軍相聯絡。第二集團軍在沛縣、豐縣、單縣方面的助攻也頗具威力。至此，徐州已完全被第一、二

圖047　顧祝同

集團軍包圍。

徐州守敵猶作困獸鬥，迭次向北、向東突圍，均被韓復榘、石友三兩軍擊退。十二月十六日，徐州守敵一部終於自東北方向突圍而出，又被鄭大章騎兵軍追至魯、皖交界的韓莊以北，方得以倖存；另一支突圍敵軍千餘人向西逃至楊集，被跟進的劉汝明軍繳械。

韓復榘軍進至徐州以北一〇公里的茅村時，第一集團軍第九軍（顧祝同）捷足先登，已進入徐州城內。

第一集團軍第九軍軍長顧祝同親自到茅村面晤韓復榘。顧見到韓及其參謀長李樹春時非常恭敬，說是已在市內花園飯店為總指揮及參謀長準備好下榻之處。當時韓的司令部就臨時設在村中的一個大牛馬棚裡。韓說：「顧軍長不要客氣，我們都是友軍，還要共同北伐。我是個軍人，長官叫我打到哪裡，我就打到哪裡，至於我的個人生活，顧軍長就不必費心了。如果顧軍長還有需要我幫忙的地方，我一定盡力而為。」顧即提出擬從韓軍借用一批偵探。顧軍係南方軍隊，因方言關係，難以向敵後派遣偵探人員。韓慨然允諾。不久，顧便派一位姓王的中校參謀來到韓部，挑選三十名偵探帶回顧軍，期限一個月。（傅瑞瑗：〈韓復榘舊事〉，《縱橫》，第四十四期，一九九一年，頁三七）

徐州會戰之後，第二集團軍將領紛紛到開封向總司令述職。韓復榘在報告攻徐經過時，特別提到南方軍隊中有一位指揮官很年輕，也很能幹，所指即顧祝同，其實顧僅比韓小兩歲。

彰德大戰

徐州會戰之後，南、北雙方的軍事行動進入相對沉寂狀態，而盤踞在豫西南的樊鐘秀又倡言：當率二十萬健兒與馮周旋！馮玉祥當然知道樊鐘秀不過是在虛張聲勢，但鑑於其變幻無常的性格，也不得不防。一九二七年十二月二十五日，馮為確保後方安謐，調韓復榘軍至豫南漯河，一邊監視樊部，一邊休整補充。

一九二八年一月四日，蔣介石在南京正式復職，八日，就任北伐軍總司令，宣佈要早日完成北伐。

二月十六日，蔣介石親赴開封，與馮玉祥及閻錫山的代表在袁家花園（十年後，蔣即在此誘捕韓復榘）會晤，共商北伐大計。會議議決：由蔣、馮、閻分別擔任第一、二、三集團軍總司令。蔣之第一集團軍沿津浦線北進；馮之第二集團軍沿京漢線與津浦線之間北進；閻之第三集團軍進出冀西，並沿京綏線東進；京漢線則留給李宗仁之第四集團軍負責。各路大軍期於三個月內會師京、津，再向山海關、承德方向轉進。

第一集團軍兵力雖多，但素質參差，綜合戰力不強，故將第二集團軍第一方面軍孫良誠部撥歸第一集團軍節制，以厚軍力。

一九二八年四月十日，蔣介石、馮玉祥、閻錫山同時下達攻擊令。

第二集團軍之孫良誠軍、馬鴻逵軍進攻山東濟寧；石友三軍為預備隊；孫連仲軍與鹿鍾麟軍在彰德迎戰奉軍。

五月一日，第一集團軍佔領濟南。三日，日軍突然出兵干涉，製造「濟南慘案」。蔣介石與馮玉祥在濟南以南的黨家莊會晤，決定馮之第二集團軍繞過濟南，繼續北上。蔣之第一集團撤出戰鬥，津浦、京漢兩線均由馮統一指揮。

京漢線上，四月初，由張學良、韓麟春率領的奉軍最精銳之第三、四方面軍十二個師，計十三萬人大舉南下，直逼豫北彰德。

參加彰德大戰的第二集團軍北路軍計有十一個師和二個騎兵師。北路軍總司令鹿鍾麟坐鎮湯陰；前敵總指揮孫連仲的司令部設在彰德城內。

一九二八年四月五日，彰德大戰拉開序幕。

奉軍首先向彰德之線的第二集團軍北路軍發起攻擊。奉軍武器精良，火炮威力尤大，並有從法國新購進的坦克、飛機助陣。

第二集團軍奮力反擊，傷亡慘重，幾不能支。

馮玉祥將劉驥軍、劉汝明軍先後從豫西調往彰德前線，並於四月九日、十二日、十三日，連續三次急電已被國民政府任命為第四集團軍總司令的李宗仁，懇請從速派兵沿京漢線北上支援，口氣幾近哀求，但毫無結果。馮只得退而求其次，復請李派兵到漯河，接替韓復榘軍防地，以便調正在河南漯河休整的韓軍北上參戰，李始允派葉琪軍開往郾城、許昌之線。

奉軍攻勢有增無減，北路軍防線面臨全面崩潰之虞，情勢萬分緊急。馮玉祥的第二集團軍在北伐戰爭時期計有四支最基本的武力：孫良誠的第三軍和韓復榘的第六軍各有三萬人，石友三的第五軍和孫連仲的第十四軍各有二萬人。此刻良誠軍與石友三軍正在魯西與直魯軍及孫傳芳軍鏖戰，根本無暇西顧，馮玉祥手中最後一張王牌只有韓復榘了。

四月十五日下午六時，馮玉祥發出十萬火急電，命令韓復榘軍立即北上彰德參戰。

韓復榘接到命令，當晚即率隊分批自漯河登上幾列火車，沿京漢線星夜北開，次日上午便趕到炮聲隆隆的彰德車站。

當韓復榘所乘坐的鋼甲車駛入車站時，月臺上軍樂隊奏樂迎賓，北路軍前敵指揮孫連仲也在月臺上迎接。韓一下車就笑著對孫說：「仿魯，你這是幹什麼，還要這個場面？趕快撤走，趕快撤走！」

在馮軍中，孫連仲是韓復榘最好的朋友之一，他們之間說話全是直來直去，無需客氣。沒等孫回話，韓又問：「你是不是打電話給總司令要求增援了？」孫為人誠懇、忠厚，他坦言：「我們實在支持不住了。」韓拍著孫的肩膀說：「仿魯啊，你真糊塗。總司令在新鄉只有一個手槍隊了，早上出東門，晚上進西門，全是疑兵之計，總司令哪裡還有人！沒辦法才叫我來的。不過我來了，你可要聽我指揮。」

孫連仲知道總司令已重新任命韓復榘為北路軍前敵總指揮，頓感輕鬆，高興地說：「那好啊，由你指揮更好了！不過，奉軍的炮火實在太厲害。」韓笑了笑，說：「我們和奉軍作戰又不是第一回了，難道你還不清楚他們？他們就是那三斧頭！來，來，來，咱們先到廣生醫院吃點飯再說。」（傅瑞瑗：〈韓復榘舊事〉，《縱橫》，第四十四期，一九九一年，頁三七）

圖048　第二集團軍第三方面軍總指揮韓復榘

當天，孫連仲就在廣生醫院「西洋房」的兩層小方樓裡，向韓復榘及其參謀長李樹春詳細講述北路軍各軍、師的戰鬥位置及奉軍的作戰序列。彰德正面是奉軍主力第二十九軍戢翼翹部；奉軍左翼是第二十軍于學忠部，也是久經陣戰之師；奉軍右翼是第十一軍富雙英部，相對較弱。孫還強調奉軍炮火猛烈，我軍不宜大兵團作戰。

四月十七日晨，韓復榘席不暇暖，即率第六軍及坦克車隊向鐵道與韓陵山之間出擊，猛攻奉軍于學忠部。韓軍下車伊始，如猛虎出籠，勢不可擋，連下三十餘村、堡，給了奉軍一個下馬威。張學良急調竇聯芳騎兵軍一部增援左翼，穩住陣腳。雙方激戰至夜，一天之內，韓軍傷亡官兵數千人，其中張凌雲、曹福林、孫桐萱三位師長及兩位旅長均受傷。師長張凌雲是在彪澗觀察敵情時被一枚炮彈擊傷的，他的十幾名傳令兵及十幾匹馬同時被擊斃。

張學良調奉軍一部增援彰德。韓復榘以敵鋒甚銳，乃深溝高壘，固守待敵。兩軍在漫長的洹河兩岸隔水對峙。

是日，馮玉祥電告北路軍各將領：前線各部將領絕對服從韓復榘指揮。

自四月十七日韓復榘軍初戰告捷後，雙方演成「拉鋸戰」，韓陵山陣地成為爭奪的焦點。

圖049　韓軍在坦克車掩護下向奉軍進攻

奉軍猛烈的炮火將北路軍陣地夷為平地，奉軍步兵在飛機、坦克掩護下，頻頻向第二集團軍北路軍發起攻擊，前鋒已達殷墟附近，矛頭直指彰德城。鹿鍾麟在其湯陰指揮部用電話向馮玉祥告急，語氣含蓄地請示：「能不能把部隊往後挪一挪？」馮回答：「你的意思要往後撤退，是不是？我們是來革命的，我們只有前進，沒有後退！……你們誰要退，請誰先把我打死！」（馮玉祥：《我的生活》下冊，黑龍江出版社，一九八一年，頁五九二）

韓復榘認為奉軍炮火兇猛，必須設法消耗他們的彈藥和精力。韓挑選三百多名敢死隊，每二十人編一班，夜間反穿棉衣，每隔十幾步一個人，排成散兵線，匍匐前進，摸到敵人戰壕前，先打一排槍。奉軍以為馮軍偷襲，便槍炮齊鳴，持續數小時。待槍炮聲逐漸沉寂，敢死隊又上去打一排槍，奉軍又一陣槍炮齊鳴。如是反覆騷擾一個多星期，不僅消耗了奉軍大量彈藥，奉軍官兵亦疲憊不堪。

四月二十三日，張學良親到彰德前線督師，欲畢其功於一役。二十五日，奉軍從東、西、北三面竭其全力，夾攻彰德，一度攻破北路軍三道防線。北路軍絕地反擊，陣地失而復得。

四月二十八日，韓復榘在總指揮部召集北路軍各軍、師、旅長開會，聲色俱厲地說：「明天總攻如不能將奉軍擊潰，你們就不要來見我！」

四月二十九日，第二集團軍發動總攻擊。奉軍富雙英部拚死抵抗，張學良調竇聯芳騎兵軍支援富軍。雙方短兵相接，反覆「拉鋸」，曲溝集陣地幾易其手，屍體幾乎將戰壕填平。最後，韓軍終於攻佔西曲溝集，並在此建立第六軍前沿指揮部。

韓軍炮兵團的三十六門山、野炮與奉軍大口徑榴彈炮群在洹河南北兩岸展開猛烈炮戰，炮火的硝煙遮天蔽日，位於北岸的袁世凱陵園卻安然無恙。原來交戰雙方皆有保護陵園不受戰火破壞的默契。

第二集團軍北路軍連續進攻一晝夜，疲憊已極，彈藥又不敷用，總攻漸成強弩之末。奉軍乘隙發起反攻。雙方又演成一場混戰。

不知什麼原因，兩軍統帥在陣前誤通一次無線電話，先是各自一驚，繼而互稱對方是「好樣的」。此說雖未經官方證實，卻在「野史」中盛傳一時。

韓離開彰德城內總指揮部，來到西曲溝集第六軍指揮部，再向北抵達洹河南岸的西夏寒村就近指揮作戰，經過半小時的炮擊後，韓軍強渡洹河，佔領北岸的七八個村莊，奉軍右翼防線終於被撕開一個口子。

但迎接韓軍的是奉軍排山倒海般的炮彈及機關槍子彈。韓軍傷亡慘重。

正在新鄉的馮玉祥對北路軍下達了死命令：只准前進，不准後退，違令者按軍法處置！

韓復榘站在洹河北岸召集第六軍師、旅長，聲淚俱下說：「我歷來作戰沒有這樣丟過人，我沒臉活了！」說著，轉身就往河邊飛跑。參謀處作戰科長傅瑞瑗及情報科長吳化文跑上去，各抱住他一條腿。韓大發雷霆，罵道：「你們這些參謀真太可惡了！」在場的師、旅長們跪下一大片。剛接替曹福林任第十四師師長的徐桂林說：「請總指揮不要難過，我自己同他們拚去！」韓遂命令師、旅長都把手槍上了膛，如完不成任務就自裁，不要再回來。如此，全體官兵都紅了眼，戮力同心，又衝殺上去。（傅瑞瑗：〈韓復榘舊事〉，《縱橫》，第四十四期，一九九一年，頁三八）

在新鄉，馮玉祥以拿破崙的名言激勵官兵：「兵之勝敗，在最後五分鐘。」馮又以中國古代名將的用兵之道告誡全軍：「兩軍相對，我困苦，敵亦困苦；我能忍，敵不能忍，即我勝矣。」

正是第二集團軍北路軍咬緊牙關，堅持到最後五分鐘，奉軍陣線開始動搖。事後，馮玉祥開玩笑說：「韓這一鬧，定了乾坤。」

五月一日下午四點，在韓軍晝夜不停地頑強攻擊下，奉軍右翼之北嶺防線終於不支，向洪河屯、黃蒲村退去。韓軍咬住不放，步步緊追，先後佔領蓋村等二十餘個據點，旋向右發展，直撲曲溝集。與此同時，奉軍左翼也受到劉汝明軍有力的迂迴側擊。北路軍正面亦加大攻擊力度。奉軍終於全線後退三〇里。

韓復榘抓住戰機，命鄭大章騎兵軍迅速插到敵後，在黃昏前把村子裡的秫秸堆用火點著，從彰德以北直到磁縣（邢臺），頓時火光沖天。奉軍見後方烽煙四起，頓時亂了方寸，接著便一潰而不可收拾，所謂兵敗如山倒，亂紛紛向順德（邯鄲）方向逸去。

是日晚九時，捷報傳至湯陰，鹿鍾麟長出一口氣，以手加額道：「現在我可以向總司令報告了。」

一路北上　勢如破竹

北路軍乘勝向磁州方向追擊，韓復榘親率第六軍一馬當先，衝在最前面，第二十三軍馮治安部緊隨其後。

韓復榘在出發前，曾對孫連仲講：「明天中午十二點之前，我將拿下磁州，住縣政府。你們的報告直接送到磁縣縣政府就行了。」孫大惑不解：彰德距磁州尚有九〇里，奉軍雖新敗，仍是一隻受傷的獅子，韓一夜之間豈能趕到磁州？

是夜，曾任過騎兵團長的韓復榘親率一支輕騎，冒鏑疾進，直趨縱深，於翌日佔領磁州，時方十一點四十分。被甩在後面的奉軍驚聞磁州已失，乃繞城東而遁。於是韓復榘「飛將軍」之名不脛而走。（傅瑞瑗：〈韓復榘舊事〉，《縱橫》，第四十四期，一九九一年，頁三八）

韓復榘在戰場上有我無敵，勇往直前的英雄氣概給馮玉祥留下深刻印象。嗣後他在日記中提起這件事仍激動不已：「韓復榘曾參加孫良誠抄敵後路，又解衛輝之圍，迨與敵對壘彰德，所屬三師之團、營長多數傷亡，而韓復榘猶氣宇豪邁，謂：『吾尚未抬回，夫何懼何憂。』壯哉！」

張作霖在皇姑屯被炸身亡的那天，馮玉祥在道口行營對總部高級官佐訓話，又提到彰德大戰。他講：「別處的不說，就韓復榘前些日子，在彰德作戰的犧牲說，一上去，他的三個師長就受了傷。有一天重傷了四百人，官長佔了八十餘人，要不是我們的官兵明白主義，如何到這種田地！」訓話後，每人發炸雞一盤、粉皮一盤、水煮鮮杏二枚。「杏」乃「興」之諧音，取其吉利之意也。

彰德大戰是第二集團軍與奉軍主力第一次，也是最後一次大決戰，雙方出動兵力各十餘萬，並有飛機、坦克助陣，規模之大、傷亡之巨，在北伐戰爭史上都是罕見的。

彰德大戰是韓復榘第一次指揮大兵團作戰的成功實踐，也是他戎馬一生的華彩樂章，得意之筆。

彰德大戰後，第二集團軍北路軍一路北上，勢如破竹。

一直在娘子關踟躕不前的晉軍擔心第二集團軍集團軍搶先佔領北京，乃於一九二八年五月四日緊急出動。九日，第三集團軍東路軍第十二師楊效歐部佔領石家莊。

韓復榘率第六軍、第二十三軍沿京漢線北上，五月十二日進抵石家莊，與第三集團軍會師。第三集團軍總參謀長朱綬光、北路軍總指揮商震、東路軍總指揮徐永昌假「正太飯店」宴請韓復榘及第二、三集團軍全體將領，共聚一堂，互祝勝利。

當時，第四集團軍尚未到達石家莊，第二、三集團軍都當仁不讓，各自沿京漢線迅速北上。由於第三集團軍早三天到達石家莊，因此走在前面，韓復榘率第二集團軍緊躡其後。閻錫山電告馮玉祥：第三集團軍可獨力擔當石家莊以北京漢線上軍事，無需再勞動第二集團軍。馮大不悅，於五月十五日稱病，逕自赴豫北衛輝縣百泉「休養」。

蔣介石在鄭州與馮玉祥、白崇禧會晤，討論進軍京、津路線，議決：第一集團軍與第二集團軍孫良誠部沿津浦線北進；第二集團軍北路軍在津浦線與京漢線之間北進；第三集團軍沿京綏線東進；第四集團軍（李宗仁軍）沿京漢線北進。

第三集團軍兵分兩路：左路軍（商震兼）轄第六軍、第七軍，計八個師；右路軍（徐永昌）轄十四個師，沿京漢線兩翼疾進，直逼北京，大有「先入關者為王」之勢。

第三集團軍佔領保定後，馮玉祥一反前日的消極，命令韓復榘率所部第六軍、馮治安第二十三軍及鄭大章騎兵軍向北急進，目標直指北京。實際上韓復榘軍早在四天前即以每日攻克一城的速度積極北進，五月三十一日已進抵高陽。

正值馮玉祥摩拳擦掌之際，蔣介石又於六月二日風塵僕僕來到河南滑縣的道口，徵求馮對戰後北方版圖劃分之意見。馮在地盤問題上向來不肯說真話，唯恐別人說他爭權奪利，於是又說了一通只為革命，不爭地盤，一切以蔣總司令的意旨為意旨之類的漂亮話，結果正中蔣之下懷。於是蔣便順水推舟說，第二集團軍擁有魯、豫、陝、甘、寧、青六省，已不為少；而第三集團軍僅有晉省及察、綏兩特區，再給一個冀省也不為多；至於平、津兩地，外交關係複雜，難以對應，馮性情剛直，不宜於外交折衝，故以交閻應付為宜。馮對蔣的話不便當面表示異議，問題就這樣決定下來。

當初北伐軍浴血奮戰之際，馮部韓復榘、孫良誠兩方面軍都衝在最前線，蔣介石為使馮玉祥更加賣力，除向他承諾由孫擔任山東省政府主席外，還表示一旦攻克京、津，由鹿鍾麟出任京津衛戍司令，韓復榘出任河北省政府主席，現在勝利在望，又節外生枝，馮雖憤憤不平，只因前邊冠冕堂皇的話說得太多，再無法改口，只能把好人做到底，箇中酸楚，可想而知。是日，馮致電閻錫山，請其主持北京政務，還違心地說：「此繫夙懷，絕非客氣。」

蔣、閻之間的交易很快就被第二集團軍眾將所知悉，一時群情激憤。第二集團軍轉戰萬里，出生入死，在與奉軍、直魯聯軍、孫傳芳軍的血戰中，他們犧牲最多，戰功最大，到頭來卻是為他人做嫁衣！與此同時，馮玉祥密令韓復榘軍務必搶在晉軍之前到達北京，即使不能入主幽燕，也要向天下昭示：完成北伐大業，究竟誰出力最多，貢獻最大，至少也要在道義上討一個公道。

是時，韓復榘軍已過高陽，正向雄縣挺進。從高陽到北京還有三〇〇多里。晉軍從保定出發，距北京不到三〇〇里，且有京漢鐵路之便。這是一場不公平的競跑。

馮玉祥為鼓舞韓軍士氣，效法歷史上「管仲作歌」之例，亦譜軍歌以勵士卒：「到北京，過端陽，為民除害美名揚，碎屍萬段精神樂，不與賊匪共世上。到北京，過端陽，禍國軍閥無下場，三民主義早實現，富國利民誇外洋。」

六月一日至三日，韓軍與孫傳芳軍發生戰鬥，連克雄縣、霸縣兩城，孫軍殘部退往天津。

韓復榘是直隸霸縣人，途經霸縣台山村時，曾回家探視，因連續幾天沒睡覺，兩眼佈滿血絲，一進門二話沒說，倒頭便睡。兩小時後，韓被副官叫醒，又踏上北進的征途。

六月一日下午，「安國軍」大元帥張作霖在北京中南海居仁堂舉行告別茶話會，招待各國公使，並鄭重表示：「此次離京只是大元帥府由北京遷往奉天，不管怎樣，我姓張的絕不賣國，也不怕死。」並告以本人離開北京後，政務交國務院攝行；軍事由各軍團長負責；北京秩序請王士珍負責維持，並同意王及各國公使要求，留奉軍第四十七旅（旅長鮑玉麟）維持北京治安。

六月三日凌晨，張作霖乘火車離京赴奉天。四日凌晨五時二十五分，張專車在距奉天六里之皇姑屯車站被日本關東軍炸毀，張受重傷，不治身亡。

就在張作霖遭遇不測的當日，韓軍前鋒已進至京南永定河畔，與擔任掩護任務的奉軍作最後之戰鬥。此刻奉軍已無心戀戰，旋向東北方向撤退。

首佔北京

一九二八年六月六日下午四時，韓軍李漢章旅進抵北京南苑，為北伐軍第一支到達北京的部隊。韓軍一路過關斬將，疾進如飛，直薄北京，令中外人士驚訝不已，有外報頭版以通欄標題謂：〈飛將軍自天而降〉。

一直在河南道口靜候佳音的馮玉祥立即於當日向全國發佈〈佔領南苑通電〉：「傾接韓總指揮復榘魚十九時報告：魚日下午四時，我李漢章旅已將南苑完全佔領，潰敵紛紛向東北逃竄，是役俘獲甚多。北京紳商民眾皆來歡迎等語，特聞。」（〈佔領南苑通電〉，《馮玉祥軍事要電彙編》，卷一，北平東方學社，一九三三年，頁六二）

韓復榘於翌日以第二集團軍前敵總指揮部參謀處名義發表「陽電」，通告光復北京。

馮玉祥致電國民政府稱：所部已到團河、南苑一帶，已飭韓總指揮復榘以騎兵追擊，主力即在南苑練兵，不准進入北京。

原來蔣介石於六月二日來到河南滑縣的道口，徵求馮對戰

世界日報
國民革命軍前鋒
韓復榘率部昨抵南苑
順直特委會及總商會等
均派代表前往歡迎犒勞
韓表示所部現暫不入城
（上圖）為昨日行抵南苑之韓復榘中立者為韓氏兩旁為其衛兵

圖050　韓復榘率部北伐首抵北京

後北方版圖劃分之意見。馮在地盤問題上向來不肯說真話，唯恐別人說他爭權奪利，於是又說了一通只為革命，不爭地盤，一切以蔣總司令的意旨為意旨之類的漂亮話，結果正中蔣之下懷。於是蔣便順水推舟說，第二集團軍擁有魯、豫、陝、甘、寧、青六省，已不為少；而第三集團軍僅有晉省及察、綏兩特區，再給一個冀省也不為多；至於平、津兩地，外交關係複雜，難以對應，馮性情剛直，不宜於外交折衝，故以交閻應付為宜。馮對蔣的話不便當面表示異議，問題就這樣決定下來。

一九二八年六月七日上午，韓復榘偕參謀長李樹春乘汽車來到他曾駐紮四年之久的南苑軍營，這裡的一切在他眼中即熟悉，又親切。六年前，他隨部隊由河南進駐這裡時，還只是一名團長；六年後，他再從河南來到這座軍營，已是統率三萬貔貅的總指揮，其間之戎馬倥偬、榮辱沉浮，令他感慨萬千。

中午十二時，日使館武官建川美次郎少將抵南苑軍營拜會韓復榘，討論北京治安及外僑保護問題。韓答以京內一切事務皆由閻總司令主持，寥寥數語即將其支走。

是日天氣炎熱，午飯後，官兵人困馬乏，軍營內除崗哨外，皆解衣休息。參謀又報有十餘輛汽車向軍營駛來，韓復榘未及穿戴整齊，僅身著軍褲、白襯衣即匆匆出迎。來者為京師臨時治安維持會會長王士珍、副會長熊希齡率北京商紳各界人士及各報記者等。王代表北京各界饋贈部隊慰勞金三十萬元，並對北伐軍到來表示歡迎。韓向正、副會長軍禮致敬，以示感謝，並鄭重聲明所部

圖051　首抵北京之韓復榘，一九二八年六月六日，北京南苑

僅駐南苑、通州，絕不進城。市內軍政事務皆由閻總司令主持一切。

南苑軍營是馮玉祥練兵故地。兩年前，馮軍撤離北京，韓復榘率所部第一師作為掩護部隊也是最後從這裡撤往大西北的。兩年後的南苑軍營又是什麼樣子呢？恰巧有一位《國聞週報》記者去南苑採訪，就此有一篇十分寫實的報導，不妨摘錄其中一段文字以饗讀者：

「……六月十日上午十時，又乘汽車赴南苑，訪問馮部第三方面軍總指揮韓復榘氏。車出永定門，已見韓部兵士三三五五遊行道途，市廛中熙熙攘攘，絕無軍事時代風光。夾道綠樹成蔭，稻田阡陌相連，彷彿江南風物。農夫刈草插秧，似不知有干戈之事。除有兵士押大車拉草料以外，地面上充滿和平氣象。

車至大紅門，始見有韓部哨兵，或持槍聳立，或佩刀站崗，於過客概不盤詰。大紅門上大書『努力救國』、『不勤儉便要亡國』等標語，則猶是三年前馮玉祥駐軍時之紀念物也。即入南苑街市，則觸目皆是第二集團軍第三方面軍某某師政治部宣傳品，或繫印刷品，或繫手寫品，間有圖畫在內，革命氣氛，頓覺緊張，此為與北京城內顯然不同之處。而兵士肩摩踵接，莫不精神振作，面色黑中帶紅，尤可表現馮玉祥部卒之特徵。

韓復榘司令部前照壁上大書『奮鬥』二字，兩旁一畫『聞雞起舞』，一畫『蘇武牧羊』，亦馮氏駐節時代所遺，墨色已剝落不少。距此不遠，則『國恥』地圖赫然在目，亦馮氏遺留者也。營房多已朽壞，聞炮兵營之屋頂亦被拆去，至其他各處門窗缺毀者尤為不少。守衛者亦為大刀隊。

記者先至副官室小坐。時方開飯，窩窩頭數枚，鹹菜一小碟，小米粥一桶而已。副官等即席地而坐，凳几且不完全，遑論床鋪。電燈早拆，入夜燃燭。幸該軍規定：五時即起，九時熄燈，故電燈之有無殊無關係也。

韓復榘辦公室只粗桌二，木凳數具。其人瘦削而有神，語言遲慢而沉著，令人有孫傳芳、鹿鍾麟合而為一之感。韓氏誠摯聲明：國民軍志在完成國民革命，絕對不想地盤，故馮玉祥至今尚在道口，彼以津、京地區軍隊太多，已令所部酌量後退，當置於固安、武清等處。」

鮑旅事件

一九二八年六月八日上午九時，比韓復榘軍晚到一步的晉軍由廣安門浩浩蕩蕩開進北京城，街道上懸掛青天白日旗以示歡迎。按協議，是日十時奉軍鮑毓麟旅自朝陽門撤出北京。下午二時，晉軍前敵總指揮商自西直門入城，進駐東城帥府園。

奉軍鮑毓麟旅出朝陽門後，下午三時行至距通縣八里之八里橋，為第二集團軍馮治安軍所阻，不准通過。鮑旅折回朝陽門外，駐東岳廟內。當晚，韓復榘軍展書堂旅包圍東岳廟，將鮑旅繳械，引起軒然大波，史書稱之「鮑旅事件」。

先是，「安國軍」大元帥張作霖撤離北京前，曾應京師臨時治安維持會會長王士珍及外交公使團之請，暫留鮑毓麟旅在京維持治安，直到北伐軍進城再撤出北京，返回東北。治安會及外交公使團已就此事向國民政府說項，後者照准，並通知各集團軍總部。

鮑毓麟，遼寧海城人，前吉林督軍鮑貴卿之侄（鮑貴卿與張作霖是兒女親家），時任奉軍第四十七旅旅長。鮑旅兵精械利，為張作霖的衛隊之一。

張學良、楊宇霆離京前曾令鮑旅先走兩團，僅留第五十五團（團長傅孟炎）在京，計一千五百餘人，被韓復榘繳械的僅是鮑旅的一個團。

早在六月七日上午，韓復榘飭參謀長李樹春進城拜訪治安會要人及奉軍旅長鮑毓麟。李與鮑握手敘談，狀甚密切。李還帶去韓致鮑之親筆謝函，措詞懇切，大致如下：（上略）迭據報告，籍悉足下維持北京治安，聿著成勞，殊堪欽佩，但在防務未交替以前，仍盼照舊服務，並已通知本軍，對貴軍經過時，一

律放行。（〈鮑旅今日全部出城……〉，《世界日報》，一九二八年六月八日，第二版）

六月八日晨，鮑旅全體集中景山，在參謀長張文傑率領下開至員警廳。八時半，鮑毓麟乘馬率全體官兵赴朝陽門。熊希齡偕治安會及京師商紳代表分乘汽車前往送行，外交公使亦有代表前往者。

十時，鮑旅齊集朝陽門。韓復榘派馮治安軍參謀官顧振華為其代表前往送行。熊希齡介紹顧與鮑毓麟相見，「雙方握手後，鮑謂：敝軍擔任京師治安雖無隕越，猶無成績，希望貴軍今後日加改善，並轉達貴司令好。顧云：將軍執事勤勞，至為欽佩，今日貴軍經過敝軍防地，如有招待不周之處，務祈原諒，同是一家人，絕不至有何誤會，望即放懷。鮑謂：我們同是救國軍隊，精神一致，不過形式方面略有異同耳。旋顧振華云：敝人本為第二集團第二十三軍馮軍長治安部下參謀，現在敝軍駐紮通縣，韓總指揮復榘因鮑旅經過該地，故派兄弟陪送，擔保不生問題。」最後，顧與鮑握手合影留念。（〈鮑旅今日全部出城……〉，《世界日報》，一九二八年六月八日，第二版）

不料時隔五小時，事態突發劇變。

下午三時，鮑旅及各方代表行至距通州八里之八里橋時，被第二集團軍第二十三軍馮治安部阻止，不准通行。各方代表假通州農工銀行宴請馮軍長，協商通過辦法。馮謂：此去三河縣一帶為第二集團軍第八方面軍劉鎮華部防地，絕不可通過，不如服膺三民主義，改旗易幟，則無危險。鮑毓麟拒之；馮堅不放行。鮑旅乃返回朝陽門外之東岳廟暫駐。

當晚，韓復榘軍之展書堂旅突然包圍東岳廟。翌晨，韓復榘驅車而至，請鮑毓麟出廟面晤，同時命令鮑旅繳械。鮑謂：繳械原無問題，不過

圖052　奉軍鮑旅從朝陽門撤出北京

圖053　北京東岳廟

弟兄們維持北京治安，頗費苦心，請給予安全之地，由我率領入城云云。韓斷然拒絕。是時，治安會、商會來人調解亦無結果。最終鮑旅全體官兵被繳械，逕送往南苑軍營。鮑毓麟本人則交給治安會帶回城裡。荷蘭、英、美、日四國公使連袂趕赴東岳廟，擬為鮑旅關說，惟是時業已繳械，故又折回。

鮑毓麟抵治安會，王士珍見之，跪哭出聲道：「吾誤老侄矣！」外國公使對鮑表示：「國民政府與馮失信於吾人，吾人乃失信於足下，吾當有所奉慰。」並問鮑是否要求外交保護。鮑說：「吾今為平民，何用保護！」

然而，韓復榘在「鮑旅事件」中的表現，前後判若兩人，國內外記者皆引為異事。

原來韓復榘於六月八日中午突然接到馮玉祥密電，稱：「人民與軍閥之間，非人民敗，即軍閥敗，非兩國可比。該旅欲以全副武裝出關，是留將來捲土重來之計，使團目的在避京城戰事。則出城後，為免增敵勢起見，應消滅其戰鬥力為要。且中國軍隊，外國擔保，亦說不通云。」

韓復榘接到馮玉祥的電報，甚為驚詫，是時鮑旅已上路，軍令如山，韓採取應急措施，於是便有上述一幕發生。

「鮑旅事件」震動京畿，治安會與公使團均就此事致電國民政府。

六月九日上午，熊希齡代表治安會前往帥府園緊急會晤第三集團軍前敵總指揮商震，尋求解決辦法。

是日下午一時三十分，商震在帥府園總指揮部舉行記者招待會，聲明：「今（九日）早熊秉老來，謂（鮑旅）已被解除武裝，並謂韓（復榘）擬將鮑兵押往南苑。鮑非戰鬥兵，可否懇請韓、商（對鮑旅）不做俘虜待遇，暫令留原地。鄙人當即謂，與韓私交亟篤，可以照辦，遂即電詢韓。韓謂係奉馮總司令命，本人處理，甚感困難，當於下午入城面談，但對鮑旅則必予保護等語……敝軍對於此事，亦頗有困難之點：第一，第二集團軍係友軍，鮑旅仍係奉職，此中無從措語。第二，鮑旅行動亦自欠審慎，古北口可行，而何必取道通州？通州一帶方在戰事區域，豈任與敵軍同旗號之軍隊從後方穿過。大概此事在馮總司令因距北京過遙，或尚不知北京在目今和平接收狀態下，以為尚在劍拔弩張、軍事時期中，故於敵方一旅之眾，遂有不能容許之意，也未可知。此事待閻總司令來後，由閻與馮去商量，當有解決辦法，總會可有完滿之辦法。」云云。（〈商震昨對記者談話……〉，《世界日報》，一九二八年六月十日，第二版）

商震在談話中著重透露兩點意見：韓復榘在「鮑旅事件」中之所作所為係奉命行事；鮑旅取道第二集團軍後方出關「亦自欠審慎」。

韓復榘六月九日凌晨在北京朝陽門外東岳廟指揮對鮑旅之繳械行動後，返回南苑軍營。下午又進城赴帥府園，面晤商震，共敘舊誼，並討論「鮑旅事件」。十日上午，韓在南苑軍營接受《國聞週報》記者採訪，在談及「鮑旅事件」時，「口氣卻十分緩和，韓示意其對鮑個人甚為欽佩，而繳械一事，亦示保全之意。當在此交戰狀態中，鮑以敵軍身份通過後方，於勢於理，均為不合。即令放彼東行，在途中與他軍發生衝突，後果不堪設想。如今雖被解除武裝，生命、身體可保安全云云。」（〈聞韓言論〉，《國聞週刊》，第六期，一九二八年）

六月十日下午，天氣炎熱，南苑軍營裡，韓復榘正赤膊坐在樹蔭下的一個條凳上剃頭，參謀報告有外國公使團代表來軍營求見。由於列強一貫敵視馮軍，從一九二六年的「大沽口事件」，直至不久前之各國公使聯合上書抵制馮軍進入北京，無不令馮軍官兵義憤填膺。韓只用毛巾擦了擦臉，赤膊走進一間簡陋、空置的營房，坐在一條長條板凳上，傳令帶公使團代表進見。荷蘭駐華公使歐登科偕英、美、日三國公使、武官及翻譯官來到韓復榘面前。當他們見到赤裸上身的北伐軍高級指揮官時，其驚訝程度可想而知。韓起身與來賓一一握手，表示歡迎。賓主在幾個長條板凳上落座後，韓首先重申保護友邦使節及外籍僑民之宗旨。當外國公使提及「鮑旅事件」時，韓面色冷峻地表示：迄今為止，彼尚未接到准許鮑旅武裝回奉的國民政府命令。彼之使命為打倒奉系軍閥，鮑旅為奉軍之一部，彼自有權處置。且繳奉軍之械，純系中國內政，外國無權干涉！鑑於韓不留任何談判餘地，各國公使悻悻而去。

韓復榘接見外國公使團時，參謀傳瑞瑗即在場目睹全過程。傳後來解釋說：「外國公使團到達南苑軍營時，韓先生正在院子裡剃頭，按過去老習慣都是要赤膊的，正趕上來人，就赤膊去見了，並非聽說外國公使來了，就故意脫去上衣，赤膊去見。當然，這與韓先生討厭外國人也有關係，如果是馮先生來了，韓先生絕不會如此的。」

翌日，有人在報上撰文，稱北伐軍韓總指揮接見外國公使，衣冠不整，禮貌不周，揶揄韓不懂外交事務。韓見報，一笑置之。

馮玉祥深知韓復榘因「鮑旅事件」承受壓力甚大，覆電韓以資鼓勵，並統一對外解釋口徑：「國府令保鮑旅安全，並非保其戰鬥力。解除武裝利於官兵的安全，正符國府命令，且與使團期望不在京城衝突之要旨相合。」（《申報》一九二八年六月十二日）

各國公使與韓復榘交涉不得要領，旋由荷蘭公使歐登科出面，電責國民政府背信失約，從而引起一場不大不小的國際糾紛。

南京國民政府於是就「鮑旅事件」致電馮玉祥交涉。馮於六月十二日致電外交次長唐悅良及白崇禧，為韓復榘解除鮑旅武裝條陳七項理由。

六月二十一日，馮玉祥為息事寧人，電令韓復榘送還鮑旅人槍。二十二日，鮑毓麟在北平朝陽門外東岳廟接受鮑旅全部人槍。鮑旅隨後在北平憲兵護送下，經天津到塘沽，七月六日乘船返回奉天。

「鮑旅事件」至此乃寢。

芥蒂猶存

一九二八年六月十五日，國民政府宣告統一告成。二十日，改北京為北平；改直隸省為河北省。自六月八日晉軍開進北京城後，國民政府發表了一系列任命。先是，六月四日任命閻錫山為京津衛戍總司令；八日，任命張蔭梧為北京警備司令；十二日，任命傅作義為天津警備司令、南桂馨為天津特別市市長；二十六日，任命商震為河北省政府主席。兩市一省盡入晉閻囊中矣。

蔣介石為安撫馮玉祥，任命鹿鍾麟為國民黨北平政治分會委員；馮的秘書長何其鞏為北平特別市市長；任命韓復榘為河北省政府委員，皆為有職無權的頭銜。

七月四日，以商震為主席的第一屆河北省政府在天津成立，省府委員宣誓就職，韓復榘缺席。馮玉祥為示與世無爭，早於六月十三日即命韓復榘率所部第六軍撤出南苑軍營，移駐北京西南七十五公里的新城縣。第四集團軍（李宗仁）之李品仙部進駐南苑軍營。未幾，韓軍再移駐保定以南十公里，京漢線上的于家莊。韓復榘的司令部設在望都，距北京一七〇公里，也在京漢線上。

七月二日午，蔣介石專車將過望都，韓復榘理應到站迎送。參謀官傅瑞瑗四處尋韓，不見蹤影，最後好不容易在當地商會會長家找到正在打牌的韓復榘。傅向韓報告：蔣總司令專車即將路過望都，請總指揮儘快去車站迎送。韓一邊打牌，一邊不動聲色地說：「他來就來，走就走，我去幹什麼？」傅深知韓的脾氣，急忙又把參謀長李樹春請來，再三勸說，韓才極不情願地換上一身整齊的軍裝去了車站。（《傅瑞瑗口述歷史》錄音）

雖然只有十幾分鐘時間，蔣介石還是在車廂裡接見了韓復榘。由於是初次見面，蔣不外語多勉勵。

蔣在說話時，一直在很注意地看著韓復榘，也許是韓在河南戰場上不俗的表現，以及不久前發生在北京的「鮑旅事件」給蔣留下深刻的印象。

七月下旬，國民革命軍發動東征，肅清灤東，以期消滅直魯軍殘部。此次行動以三、四集團軍為主攻，徐永昌、白崇禧分任總指揮；一、二集團軍為協攻，陳調元、韓復榘分任副總指揮（陳職由白代理）。四集團軍李品仙、廖磊部一馬當先，沿京奉路向灤東進發。

馮玉祥此刻無意再替人做嫁衣，答應二集團軍參加東征，不過是虛與委蛇。

八月初，韓復榘軍奉命自望都出發，繼李品仙軍之後參加東征。韓軍一路磨磨蹭蹭過了天津，行至軍糧城附近時，豫西南樊鐘秀部與滯留在豫南駐馬店一帶的陝軍岳維俊部聯合反馮。馮玉祥令參加東征的韓復榘軍立即撤回河南協剿。

恰在此時，徐永昌率三集團軍路過韓軍駐地，出於私誼，順便去看望韓復榘。韓對徐說：「馮先生已有命令，教我撤回河南，不讓我去。」同時又密告：「直魯軍與奉軍力量尚大，你們沿津榆線過塘沽腰地，幾乎四面是水，只中間一條鐵路，此一去恐怕很難得回來！」徐說：「你們知難而退，這對不起朋友，而且我卻不能和你們那樣做。」韓說：「按馮先生命令，須立即撤走，不過看在朋友的份上，我可以緩緩開拔，能等你兩星期，至非走不可時，亦留一部隊伍等待收容你的隊伍，我亦趁此休息整頓幾天，你們會很快地敗退回來。」當時三集團軍行軍路線恰在鐵路的最南面，比鄰大海，因此韓說：「你部右後皆水，你們吃敗仗，後退都退不回來，想收容你恐怕都很難。」（《徐永昌回憶錄》，團結出版社，二〇一四年，頁一六〇）

徐永昌在前線見到白崇禧，話及遲遲不到的二集團軍，躊躇滿志的白對徐說：「我們由廣東能打到此地，他愛來不來！」後來在徐的精心指揮下，三集團軍東征進行得還算順利，韓復榘雖然沒能幫上忙，但徐對韓的一片好意始終心存感激。

八月二十四日，馮玉祥嚴令參加東征的韓復榘軍立即撤回河南協剿。韓軍遂班師返豫。韓復榘臨行前，張宗昌致韓一信，略謂北伐軍的成功，並非完全是軍事勝利，實因民心所向，天意所歸。今精選戰馬數十匹，分贈兄等云云。張贈韓十二匹高頭大馬，馬項間皆懸牌記名，皮毛多為棗紅色及米黃色，據說都是張部白俄軍團之上駟。（傅瑞瑗：〈韓復榘舊事〉，《縱橫》，第四十四期，頁三九）

三十一日，鹿鍾麟、韓復榘兩部在南陽大敗樊鐘秀軍，亦將盤踞在豫西伏牛山區之樊軍殘部驅向鄂境之棗陽、隨州，樊本人逃往漢口。同時壓迫駐馬店之岳維俊軍退往皖境。河南全境，遂告肅清。

進入九月，韓復榘部奉命駐紮陝州。是時韓已不再是第三方面軍總指揮，也不是第六軍軍長，而是「暫編第一師」師長。

北伐完成後，全國軍隊有八十四個軍（含二七二個師）、十八個旅、二十一個獨立團，共計一百多萬人，一年軍費需三億元，而當時全國一年財政收入不過四億元！因此裁軍勢在必行。

蔣介石、馮玉祥、李宗仁、白崇禧於八月在南京舉行非正式編遣會議，經過一番激烈得討價還價，做為初步裁軍方案，先將全國軍隊暫編四十八個師，每集團軍十二個師，待編遣會議正式召開後，再行調整。

馮玉祥根據裁軍初步方案，第二集團軍現有軍隊（岳維俊、劉鎮華兩部脫離後尚有三十四個師、二十幾個旅）縮編為十二個師。韓復榘任暫編第一師師長，韓復榘第六軍的三個師在這次編讉中基本全部被保留下來只不過記在韓名下的只有原第十五師。這個師是韓最基本的部隊，嗣後韓發動「甘棠東進」，就是以這個師為核心力量。原第十五師老師長孫桐萱在彰德大戰中受傷，一度離隊休養，現又歸隊擔任副師長。暫編第一師參謀長還是韓復榘的老搭檔李樹春。

九月七日，馮玉祥任命鹿鍾麟為豫魯剿匪總司令兼河南剿匪總指揮；孫良誠為山東剿匪總指揮；任命劉郁芬為陝甘剿匪總司令；宋哲元為陝西剿匪總指揮；孫連仲為甘肅剿匪總指揮。在擔任「方面軍總指揮」職務的馮軍嫡系將領中，榜上無名的只有韓復榘和石敬亭，而「連個沒有帶兵，沒有立戰功的石敬亭也代理了山東省主席。」（鄧哲熙語）

馮玉祥的這一任命在第二集團軍中引極大震動，因為無論從資歷、才幹、戰功以及時下所擔任的軍職來權衡，「河南剿匪總指揮」一職非韓復榘莫屬，然而這一職位偏偏要被空缺，由鹿鍾麟兼任。雖說「剿匪總司令」、「剿匪總指揮」一類的頭銜只是虛職，但馮玉祥卻賦予它某種特殊的含意。馮就是要通過這一任命向全軍明白無誤地表明：隨著北伐戰爭的結束，韓復榘將逐漸從軍隊中淡出。

從來視榮譽為生命的韓復榘在感到屈辱的同時，也不免心灰意冷。他原以為將近兩年時間的攻城掠地、屢建軍功，總可些許化解與老長官之間的芥蒂，但到頭來只是一廂情願而已。

北伐期間，馮玉祥之所以視韓復榘為「一個寶」（石敬亭語），屢委重任，說到底，就是韓能克敵制勝，不辱使命。戰爭期間，打了勝仗，可以掩蓋一切矛盾和猜忌。而一旦無仗可打時，韓痛心地發現，馮的目光又變得陌生和遙遠了……。

最令韓復榘寒心的是，馮玉祥對他「一度投誓」，始終耿耿於懷，一次，韓致電馮，催發官兵軍餉。馮覆電說：「我這裡沒有錢。你如果要錢，可以到太原找閻總司令！」（陳紹岳：〈開封訴苦〉，《一代梟雄韓復榘》，中國文史出版社，一九八八年，頁三八）韓深受刺激。

馮玉祥對下屬說話，一向口無遮攔，他或許沒有想到，可能就是因為這樣一句話，最終讓他和他嘔心瀝血，苦心經營的團體付出了慘重的代價！

九月底，韓復榘師接童玉振師防，移駐潼關。潼關左背峭壁，右臨黃河，關城在山河之間，扼喉而起，重樓疊垛，極其雄峻。河之北，山如屏列，已屬山西省界。韓的師部就設在城北的道尹公署內。

十月二日，國民政府委員會第九十八次會議議決：正式取消各集團軍名義，全國軍隊（東北地區軍隊除外）統一編為第一至第四十八師。馮軍暫編第一至第十二師番號，改為全國統一番號第二十至第三十一師。韓復榘任第二十師師長。

十月國民政府對原第二集團軍高級軍政人員發表了一系列的任命：任命馮玉祥為行政院副院長兼軍政部長；任命鹿鍾麟為軍政部常務次長；任命薛篤弼為內政部長（後任衛生部長）；任命曹浩森為軍政部陸軍署長；任命熊斌為軍政部航空署署長；任命虞典書為軍政部總務所所長；任命徐庭瑗為軍政部兵工署副署長；任命賈玉章為軍政部軍需署副署長。

根據馮玉祥的提議，九月二十四日，孫連仲被任命為青海省政府主席；十月二十一日，宋哲元被任命為陝西省政府主席；十一月一日，門致中被任命為寧夏省政府主席。而孫良誠早在五月二十一日就被任命為山東省政府主席。

韓復榘又被「晾」在一邊。

河南省政府主席

五原誓師時，馮玉祥曾允諾革命成功以後，官兵的餉項一定要增加。五原誓師之後，因為要打仗，馮規定誰也不准要錢，官兵只得將一切希望均寄託在北伐成功，但北伐完成以後，官兵薪餉還是少得可憐，欠餉也不補。西北軍人與南方國民黨軍人一接觸，才發現彼此待遇相差懸殊。當時西北軍官兵薪餉標準是：下級軍官二十元；中級軍官四十元；高級軍官八十元；士兵一兩元零用錢，三元菜金。蔣介石部隊則是中尉六十元；上尉八十元；少校一四〇元；中校一七〇元；上校二四〇元；少將三二〇元。西北軍將軍的待遇相當於蔣軍的上尉。（吳景南等：〈馮玉祥部及其本人的經濟情況〉，《西北軍集團軍政檔案》，中國文史出版社，二〇〇九年，頁一六五）

一九二八年十二月十日，馮玉祥在南京召集所部新編旅長以上將領開會。韓復榘不願見馮，稱病不去開會，命副師長孫桐萱代其出席。孫臨行前，韓交他一封信，說：「這是給總司令的，替我當面呈遞。總司令不是去年宣佈了嗎？革命勝利以後，中國一定補發官兵的欠餉。現在北伐已經成功，幾年來大家生活全夠苦的，高級將領們都是老先生一手培養的，沒有什麼閒話，許多下級官兵都隨總司令不久，恐怕不好維持，請示總司令補發一下欠餉。」

孫桐萱到南京後，將信面呈馮玉祥。馮看信後，臉色通紅，把信一摔，大聲說：「你們全師一共有多少人？發給你們的錢還少嗎？」其實韓要求的是補發自北伐以來的欠款，孫不敢頂撞，再沒說話。後來孫返回潼關，也沒敢將馮的原話轉稟韓，只輕描淡寫說：「總司令說目前經濟困難，補發欠餉一時不易辦到。」韓頗不悅。（孫桐萱：〈韓復榘叛馮投蔣紀略〉，《文史資料選輯》第五十二輯，頁一四二）

十二月十二日上午八時三十分，馮玉祥在馮軍高級將領會議上，當眾宣佈對革命有殊勳的將領和官長名單，計有鹿鍾麟、劉郁芬、宋哲元、孫良誠、韓復榘、孫連仲、薛篤弼、石敬亭和張允榮等，並頒發褒狀、匾額、墨水匣等。馮在會上對每位獲獎者都進行了一番點評。當馮講到韓復榘時，特別著重褒揚：「韓復榘曾助孫良誠抄敵後路，又解衛輝之圍，迨與敵對壘彰德，所屬三師之團、營長多數傷亡。而韓復榘猶氣宇豪邁，謂，吾尚未抬回，夫何憂何懼？壯哉！」（《馮玉祥日記》，一九二八年十二月十二日）

馮玉祥對韓復榘的褒揚似乎還遠不止這些，以至連韓的好友劉汝明都聽不進去了。劉幾十年後在他的回憶錄裡，對此有一段很生動的記述，「另一事則是對韓復榘大大地誇讚了一番，說他怎麼好，怎麼好，簡直沒有再好的了。……我與向方雖是好友，但聽他如此離了譜的誇讚，心裡也覺得很不公平，便扭過頭看窗外，不聽。馮見我不好好地聽，便停下來，不說話，注視著我，會場立時沉靜下來。其他的人發現有異，又見他注視著我，便偷偷地和我打招呼。我知道自己失態，便也趕忙端正坐好。馮便也再繼續講下去。」（劉汝明：《劉汝明回憶錄》，傳記文學出版社，一九七九年三月，頁九七）

出席會議，同時也代表韓復榘出席會議的孫桐萱更是大惑不解，總司令昨天還對韓復榘大發脾氣，何以一夜之間態度大異？

會議進行到上午十時，馮玉祥又匆匆趕去參加中央政治會議。就在這次中央政治會議上，正式批准馮辭去所兼河南省政府主席職務，該職由韓復榘接任。

正在潼關「養病」的韓復榘對這一任命感到十分意外。按說，憑韓的資歷和戰功，擔任這一職務也在情理之中，蓋此前馮軍的兩位大將孫良誠和孫連仲都已在是年早些時候先後就任山東省政府主席（五月二十一日）和青海省政府主席（九月二十四日）。真正讓韓感到意外的是，這項任命頒佈之日，正是馮、韓關係日趨緊張之時。

圖054　韓復榘就任河南省政府主席，三十七歲，一九二八年十二月，開封

但無論如何，韓復榘對總司令的提攜還是十分感念的，同時也為自己誤會了老長官的一片苦心而內疚。

是年，韓復榘三十七歲。韓離開潼關赴河南省會開封任職前，命副師長孫桐萱代理第二十師師長職。

一九二八年十二月二十一日，韓復榘在開封正式就任河南省政府主席。

由韓復榘任主席的河南省政府各廳、局長仍是馮玉祥兼主席時的原班人馬：

秘書長：王承增	高等法院院長：張吉墉
民政廳長：鄧哲熙	財政廳長：傅正舜
教育廳長：李敬齋	建設廳長：張　鈁
工商廳長：宋子久	員警廳長：闞樹人
省公安局長：李　炘	

其中民政廳長鄧哲熙、財政廳長傅正舜和高等法院院長張吉墉在五原誓師後，以「明主義，懂政治」的新派人物成為馮玉祥的心腹近臣。

河南省地處中原，是西北軍勢力範圍內最重要的一塊地盤（山東省雖然是個好地方，但西北軍在山東實際控制範圍僅限於最貧窮的魯西一隅），也是西北軍政治、軍事的中心。河南戰亂頻仍、土匪如毛，百姓飽受兵燹之苦。西北軍在河南駐軍極多，加之客軍頻頻過境，沉重的軍費開支，使全省經濟瀕於破產。

韓復榘新官上任，初次從政，很想為河南百姓認認真真做點事情。一九二九年元旦前夕，剛上任一個星期的省主席便以省府名義頒佈了《民國十八年行政計畫大綱》，規定新一年行政大綱凡八章一八〇節。不久，韓復榘便沮喪地發現，不僅他的施政大綱難以實現，就是這個省主席也很難當。

馮玉祥無論是在南京，還是在開封，都直接插手河南事務，越俎代庖，事無巨細，都要過問，省主席在他眼裡不過是個擺設，稍不順心，又要拿省主席試問，大加呵斥。當年馮任河南督軍，在吳佩孚這位「婆婆」手下當「小媳婦」的滋味兒，現在輪到韓復榘去品嚐了。

更令韓復榘難以容忍的是，省府廳長、法院院長等自持是總司令的親信，把持著人事、財政、司法大權，處處與韓掣肘。

韓復榘要撤換一個縣長，必須經過民政廳長的同意；韓貼出佈告禁菸，財政廳長隨之貼出佈告，徵收鴉片菸稅，於是大街小巷開起了菸館，令韓十分難堪；韓要用幾百元錢，還要寫印領，經財政廳長批准。（陳紹岳：〈開封訴苦〉，《一代梟雄韓復榘》，中國文史出版社，一九八八年，頁三八）

鄧哲熙後來也承認韓復榘當的是個「空頭主席」。

省府廳長敢於向省主席發難，除了自持有靠山外，還有其它原因。

靠馬上打天下的馮玉祥始終把武力擺在第一位，在西北軍中重武輕文是顯而易見的。加之馮本身對文人也有偏見，他說：「俗人多諂，文人多曲，唯武人尚有豪俠爽直氣概。」（《馮玉祥日記》，一九二八年十一月六日）因此，在西北軍這個軍事政治集團中，文職人員難與軍人比肩。

西北軍管轄六個省，而六個省的省主席一律是帶兵的將領。薛篤弼當居西北軍中文官第一把交椅，在他赴南京就任國民政府衛生部長前，只能代理河南省主席。即便是權傾朝野的石敬亭，身兼總參謀長和方面軍總指揮於一身，就因為手中無兵，也只能代理幾天陝西省主席。

一些不甘寂寞的政客及幕僚，對手握兵權，官爵日顯的沙場老將且羨且妒，因妒生恨。他們既不敢對總司令說三道四，也怕得罪總司令的寵將，如孫良誠等，於是便把一腔怨氣發洩到他們認定是正在「走背字」的將領身上，韓復榘自然首當其衝。

韓復榘之所以成為某些人的攻擊目標，除因失寵於馮玉祥外，還有其個人方面的因素：一是韓持才傲物，蔑視權臣，為馮新寵所不喜；二是韓落拓不羈，輕肆直言，往往授人以柄；三是韓有一段投晉的「歷史問題」，可供人借題發揮，做足文章。

面對來自上下兩方面的壓力，以桀驁不馴著稱的韓復榘也只能退避三舍。於是，他不再過問省府的事，一切沿襲舊制，蕭規曹隨，再後來索性就很少留守開封，大部分時間到全省各縣巡視或去鄭州小住。

封疆釋兵權

省府這邊如此，軍隊那裡也不順心。

韓復榘離開潼關後，第二十師代師長孫桐萱屢接總司令電，指斥該師軍風紀廢弛，如官兵上街服裝不整；官兵中有吸紙菸的；官長有打牌的等等。孫只得嚴加稽察。

韓復榘身為師長，要任用一名營長也做不了主，須打電報到南京，向時任軍政部長的馮總司令請示。一次，韓保薦一名營長，幾次請示馮，都石沉大海，沒有回電。過了幾天，馮在南京的參謀處覆電韓稱：保某人任營長一案，奉諭「不理」，此覆。

新年過後不久，更發生一件令韓復榘極為意外之事。

一九二九年一月十一日，馮玉祥發佈了一項任免令，電文如下：「大戰告終，各部隊應積極整頓，努力訓練，以免日見廢弛。兼第二十師師長韓復榘已調任河南省政府主席，政務繁多，實難兼顧。韓復榘著開去師長兼職，茲任命石敬亭為第二十師師長，仰將全部開赴洛陽，竭力訓練，俾成勁旅。」（〈任命石敬亭為師長電〉，《馮玉祥軍事要電彙編》，卷七，北平東方學社，一九三三年，頁二一七）

韓復榘至此方恍然大悟，原來馮玉祥舉薦其為河南省政府主席是對奪他兵權預為安撫！馮此舉與新近閻錫山委商震為山西省政府主席，同時解除其兵權如出一轍。

第二十師是韓復榘帶領多年的子弟兵，這支隊伍在他心目中的份量，比那空頭主席要重得多。然而更令韓難以接受的是，韓、石（敬亭）不睦，在馮軍中早已不是秘密，馮玉祥不會不知道，而如今馮偏偏指定石接替韓的第二十師師長，不啻是對韓的一種羞辱。

圖055　石敬亭

石敬亭為人富機謀、巧辭令，加之又與馮玉祥多一層姻親關係，頗受馮氏青睞而權傾朝野。

韓復榘與石敬亭不和，由來已久，這在西北軍內是盡人皆知的事，但二人究竟是在何時，因何事而結怨，誰也說不清楚。

馮玉祥指定石敬亭接替韓復榘第二十師師長職務的後果是嚴重的，它是最終導致韓脫離西北軍主要遠因。正如現代著名民國軍事史專家王俯民所言：「一九二九年春華陰會議後，韓叛馮投蔣，石之奪韓軍權促進了矛盾的激化。」（王俯民：《民國軍人志》，中國廣播電視出版社，一九九二年，頁一〇三）

抗戰結束後，時任第四綏靖區司令官的劉汝明回首往事，對其副參謀長李誠一說：「西北軍是鐵的團體，後來馮先生聽石敬亭參謀長的話，以為諸老將，如韓復榘、石友三等功多，權大跋扈，當稍事抑制，以後遂提拔一些新進，如梁冠英、吉鴻昌等，結果離心離德。」（李誠一：〈我與劉汝明將軍共事的十年〉，《河北文史資料》，第二十六輯，一九八八年）

石敬亭接任第二十師師長後，把第二十師由潼關調到洛陽西工，以團為單位分批在大校場幕營整訓一星期，陸續撤換一批追隨韓復榘多年的部屬，換成他自己的親信。

石敬亭集合第二十師軍官訓話：「首先要告訴你們，我不是來當你們這個師長的，主席我當過（指曾代理陝西省主席），總參謀長我也當過。誰都知道你們這個第六軍（韓部編遣前為第六軍）少校以上的官誰也帶不了我才來的，以後誰不聽話，我是非編即遣！」（《李益智回憶錄》檔案資料）

一日，石敬亭路過鄭州，要視察第二十師駐鄭州的第六十旅趙仁泉部。趙旅長親自率儀仗隊到火車站迎接，因火車時間延誤沒有接到，遂暫回司令部，通知部隊整理內務，以備接受檢查。趙原擬得知火車到站具體時間後，再赴車站迎接，不料火車恰在趙沒有得到任何消息的情況下突然到站。石下車未見到趙旅長的面，儀仗隊還在月臺上架槍休息，立刻大發雷霆，當即宣佈將趙撤職，另以軍士教導團團長李文田接任趙職。

韓復榘一向愛護部下，在西北軍中，韓「護犢子」是有名的，如今眼見追隨自己多年的老部下被人如此欺負，激憤之情可想而知。

石敬亭接任後，對二十師幾年來一百多萬元的報銷一概不管，要韓自己負責，還指責韓亂花錢，說：「他的帳我沒法幫他報銷。」最讓韓氣憤的是：石對二十師官兵講話，大罵該師軍風紀不好，說「韓復榘把你們二十師帶成土匪了！」（鄧哲熙：〈韓、石叛馮和閻、馮聯合反蔣的經過〉，《文史資料選輯》，第一輯，頁四七）

韓復榘日後脫離西北軍，曾對人說：「我的離馮，是石敬亭逼的。」（鄧哲熙：〈韓、石叛馮和閻、馮聯合反蔣的經過〉，《文史資料選輯》，第一輯，頁四七）馮玉祥後來在華陰也承認：「韓復榘不跟我是因為石敬亭；石友三不跟我是因為張自忠。」

幾十年後，已是耄耋之年的石敬亭身在異鄉臺灣，心境也淡定下來。他曾對鄰居、時任臺空軍中將的傅瑞瑗（韓復榘的舊部）談起這段往事：「當初馮先生欲委我擔任二十師師長時，我曾為難地說：『二十師都是跟隨韓向方多年的子弟兵，我去接他的事，不太合適吧。』馮先生說，『二十師的軍風紀太差，我叫你替他整頓一下再回來。』果然韓向方因此對我產生了隔閡，其實這都是些誤會，當然也有人從中挑撥。不過後來我們彼此也都諒解了。」石又說，「若說領兵打仗，馮先生對韓向方是一百個放心。先生最擔心的就是韓向方的軍風紀。」（《傅瑞瑗口述歷史》錄音）

第二十師是馮軍最精銳的部隊，是馮手中的王牌，石敬亭兼任師長兩三個月，頤指氣使，激化矛盾，搞得全師上下雞犬不寧，怨聲載道。馮玉祥見石一味挑戰韓復榘的忍耐力及自尊心的底線，也開始感到不安，唯恐鬧出亂子，遂命老成持重，為人正派的第三十師師長佟麟閣接替石敬亭擔任第二十師師長。

佟麟閣接任第二十師師長不到半個月，便被莫名其妙地送往南京去「讀三民主義」，同時授予國民政府參事的名義。佟所遺之第二十師師長職由訓練總監李興中繼任。

李興中為人穩健、厚道，雖於「五原誓師」後得到馮玉祥特別重用，仍待人謙和，十分低調。他接任第二十師師長，未曾在人事上大動干戈，更沒有安插私人，與二十師官兵都處得很融洽。

其實被剝奪兵權也不只韓復榘一人，在此前後，劉汝明、佟麟閣、程希賢等老將也紛紛被解除軍職。究其原委，劉汝明在其回憶錄中曾就此有一段論述：「五原誓師以後……二集團軍吸收了不少的陸大、保定和日本士官的學生，這些人不甘久居幕僚，老想掌握兵權，便多方排擠老人，當然有的擠得動，有的擠不動，諸如李興中繼佟捷三任二十師師長，張允榮繼程希賢任二十九師師長，便都是在這種情形下造成的。」（劉汝明：《劉汝明回憶錄》，傳記文學出版社，一九七九年，頁九七）

一九二九年一月十一日，閻錫山在南京舉行的編遣會議第三次大會上提出一個裁軍方案，即第一、二、三、四集團軍各編十一個師，另編一個中央編遣區，亦編十一個師，不言而喻，這中央編遣區當然歸蔣介石掌握。當時第二集團軍之兵力相當於第一、二、三集團軍總兵力之一半，如照此方案實行，第二集團軍要裁撤一半；第四集團軍不增不減；第三集團軍還要增加數萬人；而最佔便宜的當數蔣的第一集團軍。閻這個方案一推出，立刻得到蔣、李（宗仁）的支持，馮玉祥則完全被孤立，憤憤不平的馮玉祥開始託病不出。一次，馮正在與部屬談話，忽報孔祥熙來訪，立即臥床蒙被，呻吟不止。

二月五日，馮玉祥以「神經衰弱症」向蔣介石請假返汴休養，當晚即乘鋼甲車渡江北上。十六日，馮電召所部在寧人員返豫。

二月七日凌晨一時，馮玉祥專車到達開封車站，馮部駐汴高級軍政人員均到站迎接，唯獨沒有韓復榘和石友三。馮問左右：「韓向方為什麼沒來？」馮的副官長張俊聲回答：「韓主席到許昌視察去了。」馮又問：「石友三呢？」張答：「石師長去鄭州了。」馮臉色立刻陰沉下來，再未說話。

此前，韓復榘與石友三都在開封，聽說總司令要返回開封，均不願與之見面。韓託辭赴許昌視察；石也藉故去了鄭州。

下午六時，馮即命副總參謀長秦德純電詢韓復榘剿匪情形。

二月九日上午，餘怒未消的馮玉祥集合駐汴部隊連長以上軍官訓話，他說：「現在許多高級軍政人員很腐化，吸菸、喝酒、打牌還不算，有的人打了幾個勝仗，自以為了不起，你弄個唱戲的，他弄個說書的……。」馮雖未點名，但大家都知道指的是韓復榘。（孫桐萱：〈韓復榘叛馮投蔣紀略〉，《文史資料選輯》，第五十二輯，頁一四四）

原來韓復榘去年駐軍豫南漯河時，結識了在當地唱京劇的（不是唱豫劇，也不是唱河南梆子的）女伶紀甘青。韓就任河南省主席後，公開納紀為如夫人，納妾是中國封建社會遺留下來的陋俗，在韓復榘生活的那個時代，是一種十分普遍的社會現象。即使是西北軍中的高級軍政人員，能始終遵從一夫一妻制的也是鳳毛麟角。但無論如何，馮玉祥禁止部下納妾還是值得稱道的。

西北軍人以窮著稱，馮玉祥一有錢就就招兵買馬弄武器，大力擴軍，哪裡有錢發餉呢？為使部隊官兵安於清貧，馮嚴禁部下吸菸、喝酒、打牌。西北軍中、高級軍政人員對馮的這些清規戒律，一般都採取陽奉陰違的態度，當面規規距距，背後不要說吸紙菸，就連抽大菸的也大有人在，至於打牌，幾乎是半公開的娛樂活動。馮玉祥對此也心知肚明，只要部下不當他面違規，他一般也是睜一眼、閉一眼。

曾在馮軍政治部任職的簡又文說：「馮不吸菸，亦最惡部下吸菸，軍令極嚴，莫之敢犯。但高級軍官偷偷吸食者，卻大有人在。」（簡又文：《西北東南風》，上海書店出版社，二〇〇〇年，頁十二—十三）

韓復榘率性而為，不自雕飾，與其同僚不同，他敢於公開對抗總司令的戒條。

其實，馮玉祥制訂這些清規戒律，不過是一種手段，最終目的還是要打天下，因此在具體操作上，馮從來都是因時而異、因人而異。

當年彰德大戰正在激烈進行之際，總執法張之江曾對河南省政府某些高級官員的生活方式表示不滿。馮玉祥則十分豁達地說：「聲色犬馬之好，古來英雄多所不免，小眚不能掩大德，勿求備於一人也。」（簡又文：《西北東南風》，上海書店出版社，二〇〇〇年，頁十二—十三）

負責督查軍紀的石敬亭亦嘗語人曰：「吃過晚飯，搓幾圈『衛生麻將』也不大要緊。」（簡又文：《西北東南風》，上海書店出版社，二〇〇〇年，頁十二—十三）

馮玉祥早就知道韓復榘吸菸、喝酒，不循戒律、不拘小節，而獨優容之，如今又舊事重提，顯然是借題宣洩。

馮玉祥回到河南後，為避南京方面的耳目，於一九二九年二月十四日離汴，悄悄去了豫北輝縣的百泉。百泉是豫北著名風景區，位於輝縣縣城北門外，那裡有許多長年不涸的泉水自山中潺潺流出，故名百泉；參天的古木映掩著一片古建築群，其中有一座清乾隆皇帝的行宮清輝閣，軒敞潔雅，馮就住在裡邊。

總司令在公開場合不點名批評省主席的事，很快傳到韓復榘的耳朵裡，韓很生氣，一直不露面。直到馮玉祥返豫十一天後，即二月十八日，韓復榘才去輝縣百泉謁馮，報告剿匪情況。

不久，馮、韓之間又發生了一件不愉快的事。

馮玉祥回到河南後，欲將韓復榘的手槍隊併入其衛隊，擴編為手槍旅（旅長劉汝珍）。韓不同意。馮派參謀長李興中把韓叫來，大發雷霆說：「你現在當了主席，很威風了，在家裡有人守衛，出門有人保駕。你們都不管我了，好啊，我這裡沒人守衛，你給我站崗去！」韓只好在馮的大門外站了兩個多小時的崗，後經人勸說，馮方甘休。（凌勉之：〈中原大戰前的馮玉祥〉，《文史資料選輯》，第五十二輯，頁一三六）

國民三軍代總司令徐永昌就此事發表意見，「聞韓某日往謁馮。馮以韓由士兵至方面（軍總指揮），皆渠提拔，因細事罰韓荷槍守衛，韓不能堪。」

張學良在他的「口述歷史」中也說，「韓復榘已經是軍長了，他跟我說，馮玉祥要他在門口給自己站崗，韓說，『我有兒子、孫子，我實在受不了了！』所以他後來不叛變了嗎？」（唐德剛：《張學良口述歷史》，臺北遠流出版社，二〇〇九年）

馮玉祥以這種人身侮辱的方式，將其至高無上的權威發揮到了極致，使馮、韓之間業已十分緊張的關係，變得更具有爆炸性。日後韓脫離西北軍，究其原因，就有人認為與這兩個鐘頭的門崗不無關係。

馮玉祥在軍隊管理上，堅持封建家長制，對待部屬如同對待奴僕一樣，動輒便訓斥，罰跪，打屁股。有的部屬即便已成為高級將領，甚至位及封疆，仍得不到馮起碼的尊重。

馮軍南苑練兵期間，一日，馮玉祥邀黃郛到通州第七混成旅駐地講演。黃驅車到七旅營房，在旅部門外，見旅長張之江正跪在電話機前，驚問張：「子姜兄，這是怎麼回事呀？」張不語，仍不敢起迎。黃忙打電話給檢閱使署，問馮究竟。馮在電話中令張起迎，張始敢起立。事後才知道，原來此前馮、張二人在電話裡一言不合，馮便喝令張跪下。（悟明：〈談西北軍的馮玉祥與張之江〉，《成敗殷鑑；北洋人物與民國風雲》）

中國新聞界前輩、民國史專家陶菊隱如此評論馮玉祥治軍，「韓復榘、孫良誠等官至上將，位列專閫，稍拂意，輕則面壁而跪，重則遞衣受杖，折辱於稠人中，帖然無辭。諸將竊議曰，『受辱如此，吾儕有何面目統帥部眾耶？』蓋諸將之離心離德，早種因於是時。」（陶菊隱：《政海軼聞》，上海書店出版社，一九九八年，頁六四）

決定蔣、馮、閻、李四大軍系兵額分配的「編遣會議」於一九二九年一月二十五日不歡而散，四巨頭打道回府，準備下一輪的較量。

第三路軍總指揮

自北伐以來，李宗仁的桂系輕而易舉地從唐生智手中奪取湘、鄂兩省，而後又駐軍河北省，勢力貫穿中國南北。蔣派親南京政府之湘人魯滌平任湖南省主席。一九二九年二月，桂系派兵入湘，逼魯去職，同時委親桂系之湘人何鍵為湖南省主席，由是引發蔣、桂之間衝突，戰爭一觸即發。

馮玉祥意識到全中國性的內戰即將爆發，出於未來戰略上的考慮，於一九二九年三月二十三日離開河南輝縣百泉，西赴豫、陝交界、華山腳下的華陰縣，韓復榘隨行。

馮玉祥在與閻錫山、張學良頻繁磋商並權衡利害之後，三月二十四日在洛陽覆電蔣介石，表示服從中央對桂系用兵，並請示出兵路線及作戰方略。

一九二九年三月二十六日，蔣介石在得到馮玉祥的支持後，立即以國民政府的名義通電討伐桂系，將「討逆軍」第三路軍建制留給馮軍。

三月二十八日，蔣軍蔣鼎文師進佔湖北武穴，蔣、桂正式開戰。

馮玉祥三月二十七日晚到達華陰，住華山腳下的玉泉院。次日上午便與先期到達並等候在這裡的邵力子晤談。邵轉達蔣介石的意見，馮如出兵討桂，南京方面承諾：一，由馮出任行政院長；二，在湖北、安徽兩省中由馮選一省，歸西北軍管轄；三，青島特別市由西北軍接收。

馮玉祥當即表示，論公論私，皆不能使蔣獨任其艱，允出兵十三萬援蔣。邵謂：有五萬足矣，並請馮舉薦一位有力的將領擔任總指揮。馮舉鹿鍾麟、宋哲元和韓復榘供其選擇，最終確定由韓擔任「討逆軍」第三路總指揮，編遣會當即發表任命令。

馮玉祥把「蔣桂之戰」視為其向江南富庶之地發展的一次絕好機遇，用他的話說，「按中國歷史，不能得湖北，便不能守河南。」據傳馮已內定未來的湖北省主席為劉驥（劉系湖北人）；熊斌為財政廳長；孟憲章為教育廳長……

按馮玉祥的如意算盤，是借援蔣之名揮師南下，先坐觀成敗，再借蔣、桂一死一傷，以收「卞莊刺虎」之利：蔣敗，則跨江奪取南京；桂負，則出關（武勝關）直下武漢。鑑於最終仍不免一場惡戰，首次投入的兵力不能少於六個師，這就必須選擇一位既有決戰決勝能力，又有統御三軍威望的將領擔任總指揮。馮最終還是選擇了韓復榘。

馮、韓關係緊張已達半年之久，馮玉祥為什麼還要選擇早已被他邊緣化的韓復榘呢？在馮看來，時下如同兩年前兵出潼關，西北軍又遇千載難逢的絕好發展時機。北伐期間，馮擯除芥蒂，頂住非議，堅持把韓擺在最關鍵的位置上。韓果然不負重託，在戰場上為團體贏得一個又一個勝利。現在又到了用人的關鍵時刻，馮依然堅持自己的選擇。此刻，在馮的心目中，總指揮的人選實際上只有兩個：一個是孫良誠，一個是韓復榘，當前孫正積極準備接收包括濟南、膠東在內的全部山東省域，片刻也不能離開，於是韓復榘就成了他唯一的人選。

同日，蔣介石以陸海空軍總司令名義電頒韓復榘為「討逆軍」第三路軍總指揮。

蔣介石對各路部隊分別下達作戰命令，命第三路韓復榘部集中南陽、信陽附近，於四月二日以前進抵襄陽、武勝關，限五日以前到達武漢附近，與第二路（劉峙）共同攻取武漢。

同日上午十時，馮玉祥在華陰玉泉院與邵力子、韓復榘、宋哲元及劉治洲會餐，並通令各軍備戰。飯

圖056　討逆（桂）軍」第三路軍總指揮韓復榘，一九二九年三月

後，韓復榘即赴鄭州，準備出征，臨行前馮秘授機宜。

馮玉祥電蔣介石，謂已確定魏鳳樓（泌陽）、石友三（南陽）、張自忠（開封）、田金凱（汝南）、張維璽（南鄭）、程希賢（信陽）、萬選才等七個師由韓復榘指揮，即日向武漢前進（萬選才部未動）。馮未將原韓最嫡系的第二十師交韓指揮顯然也是有所考慮。

三月三十日，韓復榘在鄭州正式就任「討逆軍」第三路總指揮，並發表通電：「頃奉總司令馮及蔣主席令，任榘為第三路總指揮職，遵於三十日在鄭就職，唯輕材任重，時虞隕越，尚希不遺去遠，南針時賜，無任企盼。韓復榘叩。」

一九二九年四月一日，韓復榘率第二十三師（魏鳳樓）、第二十四師（石友三）、第二十五師（張自忠）、第二十六師（田金凱）、第二十七師（張維璽）、第二十九師（張允榮）等六個師分路南下。韓親自指揮第二十九師，因該師的前身即前韓麾下之曹福林師（曹仍在二十九師任副師長）。第三路軍南下時，沿途張貼「攻取武漢，交還中央」等標語。

馮玉祥在華山通電各報館，謂：「武漢軍閥甘冒不韙，中央萬不得已，明令討伐，玉祥謹以至誠，靜待侯命，苟利國家，惟義是從」。

四月二日，蔣介石電馮玉祥、鹿鍾麟轉韓復榘，獎勉韓督師討逆。

蔣軍第二路劉峙部與桂系胡宗鐸、陶鈞、夏威部激戰於五通口、新洲、礪子岡、黃陂一線。是晚，劉部已佔領距離武漢僅數十里之青山。

是日，桂軍第三路副司令李明瑞突然倒戈降蔣，將部隊由團風撤至孝感。由於李陣前倒戈，桂軍迅速瓦解。這一突然變化大出馮玉祥的意外，密令韓復榘指揮各部晝夜兼程，力爭搶在蔣軍之前佔領武漢。

四月四日，韓復榘指揮馮軍第二十九師由信陽急進至武勝關下，馮軍第二十四師佔領襄樊，並向荊、沙疾進。

蔣介石派第六師方策部一旅急趨武漢，準備接收該市，同時令代理軍政部長鹿鍾麟轉知韓復榘在原地停止待命。而同日馮玉祥則電告韓，二十九師進至廣水，二十四師進至荊、沙後再停軍待命。韓當然要服從馮的命令。

是日，馮玉祥在華山玉泉院召集「將校團」訓話：「蔣、桂因種種原因以致決裂，今已兵戎相見，誠非國家之福。吾方對於雙方情誼相等，原不便有所偏袒，惟為情勢所迫，不得已權行出兵六師，交由韓復榘統率，出武勝關南下，到達廣水停止待命，以聽雙方之自行解決。然為國家前途計，為人民痛苦計，無論孰勝孰負，甚願戰爭從速了結，國民稍得喘一口氣也。」馮不再指責「武漢軍閥甘冒不韙」了。

馮玉祥聲稱絕不參加內戰，卻又派韓復榘部由平漢路直下武漢，結果兩邊都不討好：南京方面疑其乘機攫取漁人之利；四集團認定其與蔣聯手夾攻。

四月六日，韓復榘赴信陽督師，所部第二十九師及鋼甲車已進抵廣水，與蔣軍對峙。

是日，蔣介石在海軍司令陳紹寬的陪同下，乘「楚有」艦在漢口江海關碼頭登岸，並以總司令名義在漢佈告安民。

次日，蔣介石見馮軍來者不善：「煥章將餘四日至今日之電置之不聞，而派韓復榘突入武勝關，且到與、孝感附近。其來電可笑，視人人為小孩可欺，而其心勞日拙，如見其肺肝然矣。取巧投機之徒必自殺也。」（蔣介石日記一九二七年四月七日）再次電令韓復榘在原地整頓待命，並將各部所在位置具報。四月八日，蔣中正致電何應欽，針對韓復榘部忽入武勝關一事，決定展開軍隊部署：「自支日起電令韓復榘十餘通，無一覆。昨日忽入武勝關矣。」。（臺灣國史館保存檔案《蔣中正電何應欽：對韓復榘部忽入武勝關事進行軍隊部署》，編號為002—010100—00011—039。）

韓復榘向馮玉祥請示機宜。馮見蔣軍已捷足先登，大勢已去，遂命韓停止前進。至此，馮玉祥的南進計畫因事出意外而完全落空。

早已被「邊緣化」的韓復榘，重新出任第三路軍總指揮，統帥六個主力師南下，又引起西北軍內一些軍政人物嫉恨。他們時而說，「韓想直撲武漢，強佔湖北地盤，想藉這個機會當湖北省主席」；時而又說，「韓復榘部遲遲不進，失掉了奪取武漢的時機。」欲加之罪，何患無詞，橫豎是不把韓排擠出西北軍絕不甘休。

四月八日，正在廣水督師的韓復榘致電蔣介石：第二十九師（張允榮）進至孝感；第二十四師（石友三）在柳林、李家寨一帶停止待命。韓又派代表張萬慶赴漢口向蔣報告軍務。十日，張向蔣保證：韓絕對服從命令。蔣囑嘉獎韓復榘。

是日，馮玉祥在華山再次通電全國各報館，歷數桂系北伐時停軍武漢，拒不發兵支援時在彰德苦戰之第二集團軍；肆意挑撥馮與中央關係等罪狀四端。

馮玉祥即得罪了李宗仁，不能再得罪蔣介石。邵力子由由華山返回漢口，攜馮致蔣函，內稱鄂邊境之馮軍以中央政府命令是從，並擬即退回豫省。馮亦派曹浩森、劉驥赴漢，增進馮蔣關係。馮四月九日電飭韓復榘、石友三：「有事直接請示蔣氏」（《馮玉祥日記》，一九二九年四月九日）；電飭豫、陝、甘、青、寧各省政府一致服從中央，所有用人、行政、財政等悉聽中央統一指揮。

韓復榘一九二九年四月十日通電，併發告民眾、將士兩書，述此次進兵經過，旨在「縮短戰禍，促進祥和」。是日夜半，韓應蔣介石電召抵達漢口。是日，蔣介石日記：「上午手抄電稿數十通。與（邵）力子、（馬）雲亭商定致馮（玉祥）電，表明余討逆完後辭職出洋，應先開編遣會議及全執委會解決軍事、政治、黨務諸案。彼（馮玉祥）欲任行政院長，又預任韓（復榘）為湖北省主席也。」

四月十一日上午，韓復榘、何健、李明瑞謁見蔣介石。會見後，韓對記者說：已謁蔣主席，兩日左右即回信陽。馮總司令因病，一時難赴京。下午，韓復榘、何健再次謁見蔣介石。

當日，漢口各界在濟生路聚會，隆重歡迎「討逆軍」將士。晚，蔣介石又宴請諸將領。據說，蔣在講話中稱讚韓在北伐中「驍勇善戰、指揮若定」，號召中央各級將領向韓學習。

通過這次會面，蔣介石對韓復榘的印象非常之好，他在日記中稱「會客，何雲樵、韓向方皆可用之材。李裕生、楊騰輝真撲未消。是可用也。」（蔣介石日記一九二九年四月十二日）

四月十二日上午，馬福祥及劉驥、曹浩森等馮軍代表也來到漢口謁見蔣介石。中午，蔣宴請馬福祥、劉驥、曹浩森及韓復榘等。下午休息時，蔣會見劉驥、曹浩森。蔣對曹印象頗好，稱「曹實誠勤為事之軍人也。」（蔣介石日記一九二九年四月十二日）是日晚，蔣又在寄廬舉行家宴，宋美齡出席。據說席間蔣、宋對韓優禮有加，稱讚韓戰功卓著，嘉獎備至。蔣口稱「向方」，而不直呼其名，並說：「現在北伐成功，應當從事和平建設，希望向方兄在這方面努力。」（高興亞：《馮玉祥將軍》，北京出版社，一九八二年，頁一三三）

韓復榘四月十二日在漢口接受記者採訪時說：「上星期我軍進據孝感，一路無阻，及聞武關已下，始命部下即返。武勝關以南之我軍各部完全聽從中央政府調遣。」又謂：「馮總司令病尚未癒，需休養若干天，始能視事。」

是日，石友三師返回樊城；張允榮師返回信陽。豫鄂局勢緩和。四月十四日，馬福祥、劉驥、曹浩森、韓復榘在漢口假座「普海春」，宴請黨國要人。宴後，韓即返回信陽，劉、曹北上同行。

賀耀祖奉蔣介石命，赴豫慰勞第三路將士。

韓復榘在漢口逗留期間曾與湖南省政府主席何鍵下榻同一旅館，外間即謠傳韓、何之間有「異謀」。馮玉祥致電蔣介石，敦請蔣「無信讒言，願稍予注意也。」（《馮玉祥日記》，一九二九年四月二十一日）

目前主流史家大多認為，此次蔣、韓漢口會晤對韓影響甚大，是韓日後脫離西北軍的關鍵因素。至於坊間廣為流傳的說法則是韓被蔣「收買」了，至於蔣到底給了韓多少錢，則人言言殊，從十萬到一千萬不等，這就看各人的想像力了。

馮玉祥班底的大秀才高興亞說：「（蔣、韓）臨別時，蔣又饋贈十萬元」。（高興亞：《馮玉祥將軍》北京出版社，一九八二年，頁一三三）蔣確實給韓復榘十萬元，但不是個人饋贈，而是給韓部第三路軍的犒賞：「派員（賀耀組）往襄樊、信陽慰勞韓部，頒發犒賞洋拾萬元。」（蔣介石日記一九二九年四月十一日）韓復榘率領六師之眾南下助蔣，至少開拔費蔣是無論如何要給的。

退一步說，即便是蔣、韓之間確有所謂「贈款」一事，這銀子究竟是用作「勞軍」，還是個人饋贈？如為前者，按慣例是必須要給的；若是後者，必定相當隱秘，別人是如何知道的？常識告訴我們，類似這種高層上的行賄受賄案件，即便是檢察部門立案偵察，傳訊，也要頗費周折，那些八桿子打不著的人又是如何知道得這般詳盡？

劉正教授就「贈款」一事，曾查閱臺灣國史館檔案，經研究整理得出以下結論：

「韓復榘是否真的收了蔣介石的錢？收了多少錢？就我看到的文章可謂眾說紛紜。出現蔣介石三百萬收買了韓復榘這一說法當然是出自馮玉祥之口。實際上，根據臺灣國史館保存的原始檔案記載，當時蔣介石實際上只給予了韓復榘和石友三兩支軍隊一百萬元。（臺灣國史館保存《蔣中正電韓復榘：所部集洛陽撥款一百萬供給養，並令修復隴海平漢路》，編號為002-010200-00005-040；《蔣中正電告錢大鈞：如石友三未通電反馮玉祥，則韓款直接交韓復榘》，編號為002-010200-00005-041。）——而且是給予韓復榘和石友三兩支軍隊的。而後，半年左右的時間內，根據臺灣國史館保存檔案記載，蔣介石分五次給予了韓復榘、石友三軍隊共一百五十萬元，如下：

一九二九年七月八日，見《蔣中正電令俞飛鵬等：發韓復榘石友三部伙食半數，石應先發二十萬元》，編號為002-010200-00007-007。

一九二九年九月二十五日，見《蔣中正電錢大鈞：發給韓復榘石友三之款，先令中央銀行撥五十萬元並說明》，編號為002-010200-00008-066。

一九二九年十月十二日，見《蔣中正電韓復榘：准領特別費二十萬元》，編號為002-010200-00011-020。

一九二九年十二月二十三日，見《蔣中正電韓復榘：已匯三十萬元，餘款當陸續匯發》，編號為002-010200-00018-020。

一九三〇年一月二十八日，見《蔣中正電韓復榘：三十萬元款項領取支配及石友三餉項事》，編號為002-010200-00021-050。

到了一九三〇年一月二十八日，加上最初的一百萬，蔣介石給予韓、石兩軍的款項共二百五十萬元。」（劉正：《韓復榘：傳說與史實對比研究》，頁九六）

韓復榘督師信陽時，曾乘鋼甲車過武勝關。武勝關南鎖鄂州，北屏中原，扼控南北交通咽喉。關隘地處險口，山巒交錯，群峰環結，關城以山為障，鑿山為隘，古以「車不能方軌，馬不能並騎」形容其險。韓復榘登臨武勝關，北望雞公山報曉峰如雄雞傲立，昂首長鳴；南眺白雲峰如海潮洶湧，雲騰霧漫，不禁心焉往之，對左右遙指雞公山說：「百年之後若能托骨於此峰，吾願足矣！」不料此言一出竟成讖語。

馮玉祥四月十八日離開華陰，十九日下午在潼關接見自豫南信陽前來述職的韓復榘。韓向馮報告見蔣情形，並請撥四個步兵團直接歸其指揮。馮玉祥命韓復榘將其第三路軍總指揮部由信陽遷至鄭州。

韓復榘注意到，他曾駐防過的潼關正在緊張地繕城堞，築炮臺，征雇船隻，運送炸藥，立刻敏銳地感覺到：又要打仗了！

玉泉院風波

「討桂之役」甫歇，南京方面與馮軍在山東問題上爭端又起。

山東為富庶之省，又有出海口，本當是西北軍的一塊風水寶地，但以孫良誠為首的山東省政府還偏居泰安，實際控制區域僅三十餘縣，且多屬魯西貧瘠之地。日本侵略者製造「濟南慘案」後，佔據濟南，沿膠濟鐵路一帶仍在日軍控制之下。南京方面經與日本交涉，原訂日軍撤出濟南後，由孫良誠軍接收，不料因「討桂之役」異常順利，南京方面又改了主意，電令孫軍暫勿進入濟南。待南京方面終於同意孫軍接收濟南時，又派他軍接收富庶的膠東及青島等沿海一帶，不給馮軍留出海口。最終，馮軍除多拿了個省會濟南外，幾乎一無所獲，這顯然是馮玉祥難以接受的事實。

蔣桂戰爭初始，南京方面曾向馮玉祥許諾，只要馮氏出兵相助，戰後將湖北、安徽二省中之一省（由馮選擇）及青島市交馮軍管轄。但戰爭結束後，南京方面又以馮軍未實際參戰而拒不履行承諾，做為獎勵，僅是邀請馮赴京就任行政院長。馮斷然拒絕。

更讓馮玉祥寢食難安的是蔣介石的「削藩」方略。馮認為，蔣通過「討桂之役」，「削」掉了一個「藩」，下一個將要被「削」之「藩」非馮軍莫屬。

馮玉祥為生存與發展計，決心與蔣介石一決雌雄。

一九二九年四月十日，馮玉祥分電各主席、各師長，謂：現在大局危險萬分，用兵則自相殘害，問心不安；不用兵則橫受牽制，開罪於人。今武漢已下，余已電辭各職，望各嚴密備戰，一旦有事，歸韓復榘、石敬亭指揮，而重大事件則由鹿鍾麟辦理。（《馮玉祥日記》，一九二九年四月八日）

圖057　潼關

四月二十三日上午六時，馮玉祥在潼關召集各部隊及總部高級軍政官員開會，討論時局與軍事問題。這是一次非常重要的會議，馮在會上從日本講到中國，從拿破崙講到諸葛亮，然後言歸正傳，首次公開向部屬宣佈他的「大軍略」，馮玉祥首先警告部屬「大局危險萬分」，本軍將被蔣軍拆散、包圍，陷於絕大危急之中，團體面臨生死存亡之關頭。本軍為求生存，謀發展，戰略上只有「聯閻打蔣」一途。馮又強調本軍陣線太長，從山東、河南，直到陝、甘、寧、青，首尾難顧，很容易被分割、切斷，而各個擊破。桂系新近之所以失敗，即因戰線太長。於是馮在作戰方略上，又欲施「後退決戰」之故技，即所謂「縮回拳頭，再打出去」，盡撤山東、河南之兵至潼關，以縮短陣線，積聚力量，而後再伺機打出潼關，逐鹿中原。

馮玉祥一番話後，與會者皆寂然無語。馮氏從部屬的沉默中感受到一種消極的抵觸情緒，這使他十分不快。

戎馬倥傯，連年征伐的馮軍官兵普遍有一種厭戰情緒，好不容易北伐成功，官兵依然是無衣、無食、無餉，這時無論再有任何激動人心的口號，也很難喚起將士重啟戰端的熱情。

此外，馮軍官兵的這種厭戰情緒還有一個大的時代背景。從一九二八年持續到一九三〇年，發生在西北、華北的大旱災是中國歷史上最恐怖的一場大劫難，僅甘肅省即死亡二百三十萬人，佔全省人口的百分之四十二，其中死於饑餓者一百四十萬；而陝西省淪為餓殍，死於疫癘者高達三百多萬；寧夏七十萬人口，死亡三分之一。據史籍載：「重年亢旱，禾稼盡枯，河床裸露，赤地千里；凡樹葉、樹皮、草根、棉籽之類，俱將食盡。」至今陝、甘、青百姓提起民國十八年，猶心有餘悸。

包括韓復榘在內的馮軍將領大都不贊成馮玉祥「聯閻打蔣」的戰略。也許是馮軍當年吃過閻錫山的虧，西北軍將領普遍都厭惡、鄙視晉閻。在他們看來，與其「聯閻打蔣」，不如「聯蔣打閻」，先擺平晉閻，解除後顧之憂，把西北與華北聯成一片，再與蔣介石爭天下。

馮軍高級將領更是普遍反對馮玉祥「後退決戰」的軍略。他們不甘心在沒有受到任何軍事打擊的前提下，即將付出重大犧牲而爭取到的勝利果實拱手讓人。他們進而懷疑，縮回的拳頭是否還能再打得出去？劉汝明的觀點就很有代表性，他在回憶錄中說，「他（馮玉祥）特別迷信一句話是：拳頭要縮回來，再打出去才有力量。這話固然也有對的時候，但是大部隊作戰卻不可輕試。大部隊行動牽制太多，有時一動就會影響了軍心士氣，也許甚至自己退亂了。」（劉汝明：《劉汝明回憶錄》，傳記文學出版社，一九七九年，頁八八）

由於馮玉祥在軍中長期實行封建家長式的領導，部屬從來不敢發表不同意見。而就在這時，一向以「犯上」著稱的韓復榘站起來，對馮的「聯閻打蔣」方略及西撤計畫公開提出異議。他說，「連年打仗，老百姓和部隊官兵都苦到了極點，值此百年不遇的大災之年，幾十萬大軍退入陝、甘貧瘠之地，與災民爭食，連生存都成了問題，還侈談什麼反攻！『收回拳頭』容易，『再打出去』可就難了。」

從來是一言九鼎的馮玉祥被韓復榘當面頂撞，不禁勃然大怒，指斥韓的意見是「小孩子見解」，還指著韓的鼻子說：「到了西北餓不死你！」

馮玉祥以不容置疑的口吻說：「勝，就去南京組織政府；敗，就同歸於盡！」激越之情，溢於言表。

韓復榘見總司令執意甚堅，決心要把這場戰爭進行到底，索性提出一個大膽的進攻方略。他當場請纓自將十萬精兵，沿平漢線南下，包打武漢，並願立軍令狀，若不成功，甘願領死；另以孫良誠將十萬精兵，沿津浦線南下，直取浦口、南京；復以石友三統十萬精兵分駐鄭州至徐州之間隴海線一帶，為總預備隊，策應東、西兩翼；再以宋哲元、劉郁芬率後方軍監視晉閻；如此必獲全勝！

眾將聞言，皆喜形於色，竊竊私語。

馮玉祥萬沒想到韓復榘竟敢以進為退，班門弄斧，簡直反了！一拍桌子，厲聲喝道：「究竟你是總司令，還是我是總司令！」

韓復榘不服，反問：「前者由蘇俄返回五原之時，經南口新敗之餘，綏遠、甘肅只剩下數萬人，而且裝備不全，軍實不足，何以當時肯冒險死拚，勇猛前進，卒成大功？而今擁兵數十萬，十倍於昔，槍炮軍械均全國無匹，何以卻不進攻而退守？」

馮玉祥回答：「從前我是個窮光蛋，只剩些少本錢，故不得不孤注一擲以博大利；如今我已贏了許多本錢，不能不慎重將事，穩健進行，豈能再做傾囊的賭博？只有實行計策萬全，萬分穩健之軍略而已。」（簡又文：《馮玉祥傳》，傳記文學出版社，一九八二，頁三三〇）

韓復榘等眾將領完全不知總司令的所謂萬全之策究為何物，又不敢深問，皆不得要領而去。

據說馮玉祥的「萬全之策」是單獨與劉驥一起秘密策劃的，內容是盡撤魯西、豫東之兵，集中於陝西，以全力壓迫閻錫山，使其合作；苟閻一致行動，則四集團軍與二集團軍雙方亦將聯合而成一強大陣線，莫之能禦。這就是馮所謂的「不戰而屈人之兵」。（簡又文：《馮玉祥傳》，傳記文學出版社，一九八二，頁三二八）

潼關會議後，孫良誠呈國民政府稱病辭山東省政府主席職。馮玉祥命令孫良駐山東的部隊撤往河南開封。馮對孫下了死命令：「五月三十一日前，你若有一兵、一卒、一槍、一炮留在山東，我就取你的項上人頭！」

馮軍一系列異動引起蔣介石高度警覺，他派賀耀祖攜其親筆函赴面晤馮玉祥，促馮早日赴寧「共商大計」。邵力子亦電薛篤弼請勸鹿鍾麟等回寧。馮與之虛與委蛇，大打太極。

韓復榘居間圓場，為馮玉祥打掩護。一九二九年五月五日，韓致電蔣介石，略謂：「邇者謠諑繁興，市虎杯蛇，岌岌影響大局。究其由來不過失意軍人政客暗肆挑撥，並無絲毫事實……馮公即絕對服從中央，鈞座復極端信任馮公，即主張偶有不同，均係為民為國，絕無私意存乎其間，定能互相諒解，故復榘以為現在時局全仗兩方開誠佈公，竭力維持。」（中國社會科學院近代史研究所等：《中華民國史資料叢稿・大事記》，一九二九年五月五日，中華書局，一九七八年）

同日，李宗仁通電組織「護黨討賊軍」，自任南路總司令，斥蔣介石為「黨賊」，並稱只驅除蔣氏一人。顯然這是李向馮玉祥發出的一個和解並聯合反蔣的信號。翌日，馮即請鄧飛黃起草討蔣宣言。

針對馮玉祥的「後退決戰」軍略，蔣介石也於四月底制定《國軍對馮警備計畫》及戰鬥序列。蔣又於五月七日針對馮系與桂系發表《和平宣言》，倡言，「欲消弭內亂，非剷除軍閥不可，故剷除軍閥，非根本撲滅封建地盤之思想」，話已說得相當難聽！

蔣介石五月十二日電令駐鄂各軍統歸劉峙指揮，向平漢路開動。

馮玉祥五月十四日任命韓復榘為鄭州及信陽警備司令；孫良誠為開封及蘭封警備司令。又令駐武勝關、信陽之張允榮師開往泌陽、南陽；駐遂平、駐馬店一帶軍隊向洛陽集中。

從五月十五日起，駐豫南之韓復榘軍紛紛後撤。韓部第二十九師在撤離武勝關時，將其附近隧道及信陽以北長台關鐵橋炸毀，並帶走車頭、車廂三百餘輛；孫良誠部炸毀馬牧集至歸德間隴海路橋二十八座，並扣留隴海路客車；龐炳勳師撤離彰德至黃河南岸，炸毀彰河鐵橋三號及東雙河鐵橋，並將沿路機車、車廂帶走。

五月十五日，蔣介石致電何應欽商討河南作戰的應對問題。

五月十六日，馮軍將領劉郁芬、宋哲元、孫良誠、韓復榘與孫連仲、石友三等十餘名師長聯名通電，公開指責蔣介石外交上賣國，指派「三全」會代表為不合法及用人不當等，促其下野，並宣稱擁護馮玉祥為「護黨救國軍」西北軍總司令，統五十萬大軍與蔣周旋。（中國社會科學院近代史研究所等：《中華民國史資料叢稿・大事記》，一九二九年五月十六日）

馮玉祥的「護黨救國軍」與李宗仁的「護黨討賊軍」字面上何其相似乃爾。

馮玉祥電各國公使領事，謂南京政府不能代表全國，決於討伐，並宣佈就任西北路「護黨救國軍」總司令。

韓復榘偕第三路總指揮部在離開鄭州的西行途中，考慮到在大災之年，局勢如此不利的大背景下，馮總司令再一意孤行，團體必將遭滅頂之災。於是他決心利用五月十八日在華陰召開的軍事會議上，再斗膽向總司令做最後之進言。

一九二九年五月十六日，韓復榘偕第三路總指揮部參謀長李樹春、秘書長張紹堂、參謀處長李宗弼及「八大處」人員由鄭州火車站登上西去的專列。

沿途田野荒蕪，成群結隊的饑民扶老攜幼在逃難，一隊隊西開的部隊在行軍。由於西北正值百年不遇的荒旱，部隊必須自攜軍糧。士兵們扛著麵粉，在塵土飛揚的大路上艱難地行進。

專列在洛陽東站停下來，大家紛紛下車進城吃飯或訪友，看上去一切都很平靜、輕鬆。直到翌日下午，大家方回到車上，升火西行。

專列進抵陝州車站又不得不停下來，因為站內擁塞著數列軍用火車，僅有的幾條道岔都給堵死了，馮軍負責鐵路交通的軍官正在緊張地疏導車輛，是時車站已被軍管。

韓復榘命令總部全體人員一律留在車上，不得擅自行動，他獨自一人改乘汽車赴華陰參會。

五月十八日，馮玉祥在華山腳下的玉泉院召開軍事會議，討論部隊西撤中的具體問題。韓復榘在會上仍堅持反對馮玉祥的西撤計畫，但此時馮早已橫下一條心，根本聽不進任何異議，尤其是對韓的意見，表現得極不耐煩。在他看來，韓不是在提意見，而是挑戰他的權威。

韓退而求其次，提出一個折衷方案，即大軍撤至平漢線以西，主力放在洛陽至南陽一線，留住半壁中原，在西北大旱之年，方能解決幾十萬大軍的吃飯問題。保住洛陽、南陽兩個據點，將來無論是東進還是南下，均進可攻、退可守，收放自如，現在改變計畫還來得及……。

馮玉祥終於忍無可忍，一聲斷喝：「住嘴，你給出去！」把韓趕出會場。

韓復榘一夜未眠。

十八日這天，在華山玉泉院究竟還發生了一些什麼事情，以至於會後沒幾天便發生震驚全國的重大事件？查《馮玉祥日記》發現，一九二九年五月份獨缺十一日和十八日之日記。按《馮玉祥日記》發表規律，凡或缺日記之日，大多有重大、敏感而又不便記述的事件發生。

有人說，馮玉祥在玉泉院會議當眾打了韓復榘的耳光，這簡直令人難以置信。馮令部下罰跪、罰站是家常便飯，要打也是打屁股，從未聽說打過任何人的臉。但是，看了梁漱溟的口述歷史《這個世界會好嗎》及陳森甫所著之《細說西北軍》後，華山會議上究竟發生了什麼事情也就逐漸清晰了。

梁漱溟在接受美國人艾愷採訪，提到韓復榘與馮玉祥分道揚鑣時，他說：「進了潼關之後，開軍事會議，在會議席上，韓（復榘）就說了，發言，發言就是說，我們不應該向西撤。我們軍隊這麼多，好像二十萬人吧，往西撤陝西、甘肅，這個地方是苦地方，不像山東那樣。我們到那裡，到這個苦地方，這麼多軍隊啊，於軍隊不好，於地方也不好，地方也受苦。馮（玉祥）就發怒，說，『你懂什麼？你不要說話！』跟他說，『你出去！』從這個會議室出去，到外間一個屋子，到門外面，外面還是一個屋子。『罰跪！』馮對他自己的部下，他向來就是這樣一個威嚴，好像對自己的孩子一樣。韓就只好在門口外頭——還是個屋子，跪著了。這個會議開完了，馮散會，馮出去的時候，打韓一個耳光，說，『起來吧！』打完了，就走了。韓呢，他已經是總指揮，又是什麼主席，他自己有很多部下嘛，他就受不了。他起來之後，他就把他比較能夠最親信的將領、最親信的部隊，就帶出來了。他就不往西去，回河南，從潼關又回來了。」（〔美〕艾愷採訪梁漱溟口述：《這個世界會好嗎》，外語教學與研究出版社，二〇一〇年，頁二〇三—二〇四）

梁漱溟在山東從事「鄉建」工作多年，與韓及韓周圍的高層人士往來密切，他的消息來源應該比較可信。而且梁對於一些細節都講得很具體：「會議室外面還是一個屋子」。韓復榘是跪在外間屋子，而不是跪在院子裡。

陳森甫在《細說西北軍》中透露如此一個情節：韓復榘「反對馮的命令。馮（玉祥）在辦公室中摑韓（復榘）兩耳光，韓走出到總參謀長辦公室，對副參謀長陳琢如說：『陳參謀長，我身為代理河南省主席（陳氏有誤，韓是河南省政府主席，不是代理主席），當眾摑耳光，以後如何統帥士兵？如此我不能幹了！』待陳琢如向石敬亭報告，轉呈馮玉祥得知時，韓已自靈寶、洛陽，率師而東，向中央輸誠。此為馮軍內部不協，敗亡之兆。」（陳森甫：《細說西北軍》，德華出版社，一九七七年，頁四七三）作者陳森甫是臺灣是研究西北軍史的著名學者，他的說法當有重要參考價值。

翌日，餘怒未消的馮玉祥早上六點半又把馬福祥、宋哲元、韓復榘、曹浩森、秦德純、陳琢如和魏書香召集來談話。馮先講一通「蔣氏之措置失當」，繼而嚴厲警告：「我惟真理與主義是從，如有在軍中造謠者，罪加一等！」（《馮玉祥日記》，一九二九年五月十九日）韓復榘衝冠一怒，拂袖而去，當即驅車返回陝州。

韓復榘返回陝州途中，在距閿鄉縣城二〇里處遇到他的好友、特務師師長劉汝明。劉剛在靈寶主持完一個公路通車典禮，正在返回華陰總部途中。韓停車把劉拉到一邊，眼淚汪汪地說：「我要開小差不幹了！」劉驚問其故。韓說：「子亮，你說把整個河南省放棄，部隊全撤到潼關以西，這不是自取滅亡嗎！以後我們還吃什麼？穿什麼？民國十四年八月一號成立的新隊伍，到今天已快四年了，士兵每月只發兩塊錢的餉，下級軍官才十塊，中級軍官也不過二十塊，像這樣長久下去怎麼能行？這次不知又是什麼人出的壞主意。我向總司令建議，先把部隊撤到平漢路以西地區，主力集中於洛陽、南陽一帶，可是總司令不許，非令我馬上把隊伍帶到潼關以西不可。……」劉勸韓不要太急躁，說：「總司令這樣做，可能有他的道理」。兩人就此分手。（劉汝明：《劉汝明回憶錄》，傳記文學出版社，一九七九年，頁九八─九九）

劉汝明在返回總部途中想到，韓復榘今天氣色這樣壞，不知總司令對他講了些什麼？劉到了華陰見到馮玉祥，報告完公路通車典禮，剛要說碰到韓復榘的事，想請總司令打電話安撫他，不巧，又來兩位生客，劉不便再說，只得告退。（據孫桐萱回憶：劉已向馮報告了韓的事。馮曾想給韓打電話，但沒打通）劉又去找石敬亭，問韓是不是碰了釘子。石說：「沒什麼事，總司令命令他先把部隊撤到潼關以西來；向方主張把隊伍撤到平漢路以西地區，主力集結在洛陽、南陽。」劉聽說沒什麼事，就放心走了。（劉汝明：《劉汝明回憶錄》，傳記文學出版社，一九七九年，頁九八─九九）

玉泉院會議上發生非同尋常的罰跪、掌摑的事件，石敬亭也在會上親眼目睹，而當劉汝明問他「韓是不是碰了釘子」，他居然說「沒什麼事」，究竟處於何種心理，值得玩味。劉汝明「聽說沒什麼事，就放心走了。」沒有再向馮玉祥報告，錯失了一次挽回悲劇的機會。

韓復榘回到仍停在陝州車站的專列時，天色已晚。韓對參謀長李樹春及秘書長劉紹堂述及發生在華陰的事件，決定翌日即拉上他的子弟兵第二十師東開，脫離馮軍。韓命秘書長立即草擬通電稿，並與南陽石友三聯絡，以期共同行動。

韓復榘對帶走他的二十師有充分的把握，問題的關鍵是，能否在馮軍的層層包圍之中順利「東開」，能否在最短的時間內把隊伍安全地拉到鄭州，確保「切割」成功。只要部隊到了鄭州，馮玉祥也就鞭長莫及了。

一九二九年五月二十日晨，韓復榘在火車月臺上找到了正在調度車輛的二十師副師長孫桐萱，命他立即去專列見李樹春參謀長，有事面談。在車上，李向孫透露了韓的計畫，並徵詢詢他的意見。孫當即明確表態：「我當然跟主席走，沒有別的意見！」（孫桐萱：〈韓復榘叛馮投蔣紀略〉，《文史資料選輯》，第五十二輯，頁一四六）於是午飯前，孫、李及秘書長張紹堂另乘一列火車向洛陽而去，為韓打前站。

韓復榘早上離開月臺後，即背著師長李興中，召集第二十師駐陝州的部分旅、團長開會。韓在會上宣佈，他要把第二十師帶走，向東開拔，徵求大家意見。與會軍官皆為多年追隨韓的老部下，自然都是一致擁護。於是韓便開始親自佈置部隊東開的具體工作，強調行動一定要嚴格保密。

會議開到上午八時為止，第五十八、五十九兩步兵旅及炮兵團立即發動，一律步行，東進洛陽。

會後，韓復榘又在鐵路邊藍段長的一座小屋裡請客，應邀出席的有二十師師長李興中、馮軍兵站總監

圖058　陝州

聞承烈、副監莫潤田、總監部參謀長張鉞和洛陽國民軍軍校校長吳錫祺。韓請客主要有兩個目的：一是要通報李，他要把二十師帶走；二是要通報聞承烈，他要把運集到陝州的軍糧拿走。李、聞都是韓的老朋友，無論如何還是要打個招呼。

酒過三巡，韓復榘這才宣佈，他已決定不再隨大軍西撤，理由是西北遭遇大旱，糧食顆粒無收，不可能供養龐大的軍隊。這些年一直在打仗，打得精疲力盡，現在總司令又要拉「閻老西兒」去打老蔣，再這樣打下去，軍隊和老百姓都受不了。韓一席話令四座皆驚。

圖059　第二十師師長李興中

接著，韓復榘面對李興中說：「對不起，實甫兄，我已和二十師的弟兄們商量好，即日開回洛陽。」身為師長的李當然不能眼睜睜看著隊伍讓人拉走，他據理力爭：「你把二十師帶走，叫我怎麼交待呢？你也替我想一想。」韓平靜地告訴他，部隊已經開動，事情已無可挽回。

接著，韓復榘又轉向聞承烈，提出要「借用」軍糧。聞來此之前，正在靈寶主持一個兵站會議，是韓一個電話把他請來的，還把參謀長張鉞和副監莫潤田一同帶來。

聞承烈與韓復榘私交最厚，這在馮軍中是人所共知的事。聞為人謹慎、中規中矩，對韓的驚天之舉斷不敢苟同。出於多年的交情，聞力勸韓要三思而後行。

由於各人堅持己見，飯桌上的氣氛很尷尬。於是軍校校長吳錫祺便出來打圓場，建議大家先吃飯，有話慢慢說。其實那天根本沒有他的事，只因為去找李興中，給碰上了。用他自己的話說是，「自己找上門來的」。飯間，吳請求韓放軍校學生西撤。韓以為此事與學生無涉，當然去留自便。

韓復榘原擬飯後大家就各奔東西，但考慮到第二十師東進的事尚未公開，如果走漏消息，東進部隊可能會遭到西撤部隊的攔截或襲擊，便臨時決定將他們帶到洛陽，待東進行動完全公開後，再放他們西去。不過照吳錫祺的說法，他們是被韓「劫持」了。

韓復榘的擔心不是沒有道理的。就在他們吃飯時，吳錫祺就密書了一張暗示韓部發生軍變的字條，準備悄悄傳出去，報告總部，只因門衛嚴密，未能如願。

當日下午三點，韓復榘邀李興中、聞承烈等一起上了他的專列，向洛陽駛去。列車中途一度突然停車，吳錫祺「心情有些緊張」，以為韓要在那裡處決他。但吳很快就發現是虛驚一場，原來是韓下車去指揮士兵拆除車尾後邊的一段鐵軌。

半小時後，列車繼續東開，不久又駛進一個小站，一列西開的火車因為要錯車，正停在站裡。不想這列火車正是河南省政府的專車，以民政廳長鄧哲熙為首的一批省府官員及其他人士，如財政廳長傅正舜、高等法院院長張吉墉、省公安局長李炘以及梁式堂、余心清、查良釗（當代作家金庸，即查良鏞之族兄）等都在車上。鄧一行下車見過韓。韓告訴他們，車過不去了，鐵路斷了。鄧問其故。韓將「東進」的事直言以告。眾人聞變心驚。鄧故作鎮靜，笑謂：「你不想幹了，我們還得往西去呀！」韓頭也沒回，只甩給他一句話：「到處是土匪」，便轉身上了車。鄧不再吭聲，默然回到車上。

接下來的一幕是：兩列火車一前一後，向洛陽駛去。

韓復榘的所謂「到處是土匪」，並非危言聳聽。

由於馮軍倉促撤退，遺留下大片真空地帶，「紅槍會」及土匪豪強乘機而起，殺人越貨、搶佔地盤。

豫西一帶自古民風強悍，局面更為混亂。馮軍散兵游勇，甚至整排、整連的建制被「紅槍會」或土匪「吃」掉。

孫桐萱、李樹春等乘坐的列車先期到達洛陽西工金谷園車站。李在車站接到六十旅旅長李文田和洛陽警備司令程希賢從洛陽東站打來的電話，問主席什麼時候到洛陽，他們正在車站迎候。李告訴他們，主席幾時到還不確定，請他們先回去休息。

當晚，韓復榘的專車及省府專車同時到達洛陽西谷園車站。韓首先下車，與李樹春說了幾句話，即偕李興中、鄧哲熙、聞成烈等一行來到西工軍營的「廣寒宮」，並安排他們住下。「廣寒宮」是當年吳佩孚洛陽練兵時，在西工軍營大操場檢閱台下修建的一間很大的地下室。為防止走漏消息，韓下令暫時限制他們的自由。

五月二十一日晨，孫桐萱、李樹春等先乘火車來到洛陽站。孫在月臺上被前來迎接的六十旅旅長李文田和總部軍法處長徐惟烈拉去洗澡。其間李問孫：「你們為什麼又回來了？」孫回答：「是奉主席命令，至於為什麼，我不清楚，你見主席就知道了。」

洗完澡，李文田去西工軍營謁見韓復榘，徐惟烈則不知去向，孫桐萱回到車站。李樹春見到孫，先問：「你把徐惟烈扣下了嗎？」孫茫然：「扣他幹什麼？我又沒帶人。」李說：「這個人壞極了，主席的事都是他向總司令報告的，咳，怎麼不扣住他！」（孫桐萱：〈韓復榘叛馮投蔣紀略〉，《文史資料選

圖060　洛陽火車站

輯》，第五十二輯，頁一四六）

原來徐惟烈是個精細人，韓復榘突然要來洛陽及孫桐萱的閃爍其詞，使他預感到要出事。徐心裡有鬼，怕韓報復他，原打算洗完澡就躲起來，但又想立一功，於是便悄然潛往第六十旅駐地，企圖策反該旅官兵。

徐惟烈，一八九三年生於安徽歙縣，徐謙之侄，畢業於安徽法政專門學校，經其伯父介紹進入馮幕。因徐謙是馮玉祥的座上賓，徐惟烈承先輩餘蔭，很順利就當上權勢很大的軍法處長，躋身於馮幕近臣之列。一般人懾於徐是「通天人物」，多不敢得罪他。

韓復榘素鄙徐惟烈之持寵驕人，偶然與之相遇，從不正眼看他。徐遭如此輕賤，很沒面子，便時不時將韓參上一本，以洩積恨。實際上，不少馮軍將領皆對徐討厭不置，劉汝明在他的回憶錄裡就曾坦言，「徐惟烈在馮面前很紅，可是我看不慣他這種少年得意的樣子」。（劉汝明：《劉汝明回憶》，傳記文學出版社，一九七九年，頁八一）

李文田在西工軍營見到韓復榘，韓態度很和氣，只是通知他把六十旅交給團長萬國珍，近幾天暫且留在部隊裡，辦理交接手續，以後就可以自便了。李表示絕對服從。

甘棠東進

一九二九年五月二十一日，韓復榘收到第二十四師師長石友三的加急密電，表示願與韓一致行動。韓復榘接到石友三的覆電，認定時機成熟，乃定於五月二十二日向外界公開宣佈「甘棠東進」。

西周時期周成王之叔周公體恤民情，下鄉巡行時，不擾百姓，嘗坐於田野的棠梨樹下休息，並力倡村民保護這種即能納涼，又能解渴的樹，不要亂砍濫伐當柴燒了。百姓作《召南・甘棠》歌頌揚召公德政，嗣後這首歌又被收入《詩經》，廣為流傳，因此舊時陝州又稱「甘棠縣」。陝州老人說：「先有甘棠，後有陝州」。至今三門峽市車馬坑博物館仍有一通刻有「古甘棠」的石碑。既然韓復榘引兵東進首先是在陝州發動的，此後韓部便把這次行動稱為「甘棠東進」。

韓復榘與石友三等聯銜發表通電（「養電」），電文如下：

「（銜略）中國不幸，戰亂頻仍，十有八年，迄無寧日。幸先總理在天之靈，北伐成功，白日青天，寰耀區宇。凡我同志，應各同心戮力，建設新猷，誓以至誠，共圖國事。近有野心分子，妄起干戈，破壞和平，延長民眾痛苦。燃萁煮豆，是否利慾薰心？索隱尋因，無非自利。復榘武人，知識淺薄，悲憤交

圖061　陝州古甘棠碑

集，不欲有言而又不欲不言者，僅為國人陳之：天下為公，非一人所有；民眾武力，豈是個人所私？我方革命，應以民眾之心為心；獻身主義，擬仿總理之志為志。誠以維護安寧。首須排難解紛，救國救民，更須關懷饑溺。縱觀同胞生命，氣息奄奄，已瀕於危亡；民眾僅存，赤地千里，已陷於難境。老弱轉於溝壑，盜賊滿於山林。喁喁望治之心，已成時與偕亡之歎！復榘等不敢謂饑溺關懷，實屬不忍，實因為謀豫、陝、甘、寧各省民眾生存，為除民眾痛苦。遭逢事變，惟望維持和平，擁護中央，待罪洛陽，靜候命令，藉以上慰總理之靈，下附民眾之望。一俟大局粗定，即行呈請議處，以謝國人，是非曲直，自有公論。臨電涕泣，不知所云，邦人君子，其共鑑之。

韓復榘　石友三　席液池　馬鴻逵　龐炳勳　田金凱
張萬慶　李漢章　喬立志　孫桐萱　叩養（二十二日）

（呂偉俊：《韓復榘傳》，頁五二）

韓、石「養電」一經發佈，全國震動，一石激起千層浪。

圖062　第二十四師師長石友三

何應欽當日即乘飛機由武漢抵南京，面謁蔣介石報告一切。同日，蔣宴請國民政府要員，席間商討時局，決定對馮方略。翌日，何返漢籌畫對馮軍事。

蔣介石致電韓復榘、石友三，聲稱馮玉祥叛變，「自陷反革命之罪惡」，「兄等仗義革命，當不再為個人之工具」，「如有深明大義、反正效順者，中央必倚為長城，恃為心腹」。閻錫山電馮玉祥，促馮「解除兵柄，還之中央，同適異國」。

五月二十日，韓致電總部參軍長賀耀祖，謂接蔣十七日電，「關於交通一節，實有難言之隱」，嗣後力求和平，究應如何妥為進行，務請指示方略，俾獲遵循」。二十七日，賀覆電韓，請「力勸煥公勒馬懸崖，避位遠行」，並「希速與漢章、金凱諸兄集結所部，聽候命令」。

五月二十三日，國民黨中央常委會議決，開除馮玉祥黨籍。對劉郁芬、孫良誠、韓復榘等懲戒問題，決定由國府先行免職，待調查後再分別處理。

同日，韓復榘又以個人名義給蔣介石發出兩通「梗電」。

第一電：「南京總司令蔣鈞鑑：復榘武人，只知服從。主張共和，原為素志。凡以揑造榘之名義，破壞和平者，事前概未與聞。僅電稟聞，伏乞垂察。職韓復榘叩梗。」（中國社會科學院近代史研究所等：《中華民國史資料叢稿・大事記》，一九二九年五月二十三日、二十四日）

第二電：「南京總司令蔣鈞鑑：國民多難，綱紀崩摧。復榘武人，唯知服從命令。前者交通破壞，事前毫未得聞，固已昭然若揭。聯銜攻擊政府，尤非復榘所曉。種種情形，業經表聞，諒蒙鑑察。……業於養日將馬、龐、石、田各部十萬餘人集中洛陽，敬候命令。」（中國社會科學院近代史研究所等：《中華民國史資料叢稿・大事記》，一九二九年五月二十三日、二十四日）

以上兩通電報，主要是針對前不久蔣介石指控韓復榘破壞平漢路交通及韓列名馮軍將領討蔣通電事，做出相應解釋。

蔣介石接到韓復榘的「養電」與「梗電」，可謂喜從天降，興奮之情，可以想見。蔣於五月二十四日覆電韓復榘，電文如下：

「洛陽總指揮勳鑑：梗電閱悉，吾兄服從中央，擁護統一，其精誠毅力足以砥柱中流，力挽狂瀾，不唯我革命軍人之模範，且為我革命歷史無限之光榮，不勝感慰。除呈請政府特加嘉獎外，凡駐豫各部隊，概歸兄指揮。並任石友三為第十三路總指揮，希即轉令遵行可也。並將一切近情，即時電告為盼。蔣中正漾印」（中國社會科學院近代史研究所等：《中華民國國史資料叢稿・大事記》，一九二九年五月二十三日、二十四日，中華書局，一九七八年）

韓、石之「養電」對馮玉祥不啻晴天霹靂。馮接連幾天哭泣不止，語無倫次，忽而自責「昏瞶糊塗」，自打嘴巴；忽而咒罵「韓受三百萬元之賄，甘心賣叛團體」；忽而又稱「余決心終身絕對不提及韓、石一壞字，惟盼望其及早識破奸計，翻然回頭，免使余心常為掛念也」。孫良誠在一邊大呼小叫，鬧著要去追擊韓復榘。馮垂淚歎道：「那一個小舅子要走，這一個小舅子要追，追吧！」（陳紹岳：〈開封訴苦〉，《一代梟雄韓復榘》，中國文史出版社，一九八八年，頁三九）

明眼人不難看出，孫良誠完全是在演戲。孫部西撤途中，恰與東開的二十師迎面而遇，擦肩而過，既不攔截，也不過問，更不向總部報告。蓋孫在反對「聯閻打蔣」及西撤計畫上，與韓復榘的立場完全一致，只是不敢明言、更不敢抗命罷了，但在感情上是同情韓的。孫之所以主動請纓追擊，是怕總司令疑他有通韓之嫌。

孫良誠追擊韓復榘是追而不擊，孫軍跟在韓軍後邊，亦步亦趨，從陝州到洛陽，足足「追」了四、五天。二十七日中午孫桐萱率新兵團剛離開洛陽，下午孫良誠軍就到了，兩軍沒有任何接觸，彷彿是預先約定好了一樣。

當馮玉祥的情緒逐漸冷靜下來之後，他想到的第一件事就是無論如何也要把韓復榘、石友三再召回自己身邊。

馮玉祥與宋哲元、石敬亭、曹浩森商量辦法。馮命宋等設法「勸韓速回」，於是劉郁芬、宋哲元、孫良誠等馮軍將領聯名致電韓復榘、石友三，謂，「本軍非兩兄固無以成今日之盛；抑兩兄苟非憑藉團體共同奮鬥，則亦何以有今日？」指出蔣介石好用權術，「非可共事之人」，「本軍朝被消滅，則兩兄夕被解決」，並稱，「今日之事，團體之存亡、國家之存亡，皆懸於兩兄之手」，望「毅然決然迅速率部西開」，或「集合兵力，擇險固守，俟機馳騁長江上下游。」（中國社會科學院近代史研究所等：《中華民國史料叢稿・大事記》，一九二九年五月下旬，中華書局，一九七八年）

自綏遠歸隊之後兩年中所遭遇到的風風雨雨，已使韓復榘真正領教到什麼是「人言可畏」，什麼叫「口是心非」。韓覆電眾袍澤稱，馮玉祥之去留「關於國家存亡及數千萬之生靈塗炭，能不能放下屠刀，皆懸於兄等之手，千載一時，萬勿蹉跎。」（中國社會科學院近代史研究所等：《中華民國史料叢稿・大事記》，一九二九年五月下旬，中華書局，一九七八年）

馮玉祥試圖通過韓復榘、石友三當年的部屬及好友，向韓、石表明心跡，可謂用心良苦。馮對曾在韓、石兩部擔任師長的丁漢民說，「韓之叛變，實不明長官之意也」；對曾在韓、石兩部擔任師長的張凌雲及韓的摯友聞承烈說：「韓、石之事，予事前實不聞知，故未得設法勸阻防備，昏聵糊塗，一至於此！」（《馮玉祥日記》，一九二九年五月三十日）

六月十日，馮玉祥派王瑚赴鄭，與韓復榘秘密接洽。王無功而返。

馮玉祥認定，此次事變為首者必是韓復榘，故而又對韓、石、馬進行分化瓦解，「電令馬鴻逵速西來，如不能，可對韓虛與委蛇。又電石友三，如勸韓不聽，亦可取同一態度，此次事變，咎在韓氏一人，餘皆無罪。」（《馮玉祥日記》，一九二九年六月五日）

「養電」發表次日（二十三日），馬鴻逵率暫編第七師西撤到達洛陽。韓復榘派參謀長李樹春微服訪馬，邀其共同發動。馬雖早有脫離馮軍之意，並曾向韓透露過，但事到臨頭，仍躊躇良久，畢竟是一件風

圖063　暫編第七師師長馬鴻逵

險極大的事，而且其父馬福祥尚在馮玉祥處。馬再三追問，「養電」發佈後，馮有何反應？這次行動有多大把握？最後終於痛下決心，說：「我現在就去見韓主席！」馬見到韓，大哭一場，發誓要與韓一致行動。韓請他先東開，待自己集合好部隊即隨後跟進，會師鄭州。

馬鴻逵，字少雲，甘肅省臨夏縣人，回族，豪門出身，為西北名宦馬福祥之子，畢業於蘭州陸軍武備學堂，因得其父提攜，少年得志，二十二歲即任袁世凱之大總統侍從武官，三十歲任北洋陸軍第五混成旅旅長，是時韓復榘還在馮軍任團長。馮玉祥發動「北京政變」後，馬福祥將其子引薦給馮，馬從此加入馮軍集團，歷任旅長、師長、軍長。北伐後，全國軍隊編遣，馬部未進入國軍正式編制，被馮縮編為暫編第七師。

馬鴻逵在北伐時期歸孫良誠節制，豫東大戰時，馬攻山東曹縣，與孫發生齟齬，馬以己非馮嫡系，備受排擠，而漸生離意。北伐結束後，馮玉祥又派嫡系將領過之綱到馬部任監軍，馬去意愈堅。此次馮軍西撤，馬率部自魯西行至鄭州，曾去拜訪韓復榘。韓過去對這位來自西北的回族將領一向很照顧，馬亦視韓為馮軍嫡系將領中唯一知己。二人交談中，韓向馬透露自己反對西撤的意見。馬脫口說出：「我也不願參加！」旋又後悔失言，唯恐彼系奉命試探其心跡。韓查覺到他的惶恐，乃撫慰之：「我說的是真心話，請勿見疑。」（《馬少雲回憶錄》，香港文藝書屋，一九八四年，頁一三六）自是，韓、馬之間至少在反對西撤問題上達成共識。

截止到一九二九年五月二十三日，自陝州東開的第二十師的兩個旅已陸續到達洛陽，一路上與西撤的孫良誠軍梁冠英師的兩個旅擦肩而過，並未發生任何衝突，究其原因，若以孫部全不知情，誤認為韓部是奉命東開，另有任務而未加阻攔，恐難以令人信服。按二十師五十九旅第四團團長史慶棠的解釋，一是馮軍將領普遍反對馮玉祥的西撤計畫，同情韓復榘的立場；二是同為西北軍老人，不忍自相殘殺；三是不排除有人希望通過韓部異動，迫馮改變西撤初衷。（史慶棠：〈甘棠東進，親歷記〉，《一代梟雄韓復榘》，中國文史出版社，一九八八年，頁二六）

五月二十四日，二十師所屬三個步兵旅、一個炮兵團、一個騎兵營和一個新兵團，除少數部隊（五十九旅史慶棠團和炮兵團尚在途中）外，均已集中洛陽，因東進行動業已公開，為防馮軍圍追堵截，部隊必須立即東開鄭州。

是日晨，韓復榘在洛陽西工兵營集合二十師官兵講話，大意略謂：豫、陝兩省，連年災旱，百姓全都沒有吃的。這次大軍西撤，人馬眾多，又將如何維持？我們打了幾年的仗，官兵傷的傷、死的死，受的罪不小，我看不能再打了。我主張和平，才由陝州回來。你們想一想，願意跟我走的，蹲著別動（當時官兵全體席地而坐，所謂「蹲著」即是「待著」之意），不願意跟我的，可以站起來走，我絕不勉強云云。韓等待片刻，見無人站起來，便大聲說：「好！全願跟我走，那我們就一起走！」

方在西撤途中的龐炳勳師已行至鞏縣，正堵在韓部東進的鐵路線上。韓復榘自陝州回到洛陽後，曾屢次給龐打電話聯絡都接不通，派參謀李桐溪去見龐，也沒消息（後來才知道李已被龐扣留）。韓正在困惑中，突然接到馬鴻逵自偃師發來的加急電報，報告龐在黑石關構築工事，攔截東進部隊。刻下所部已與龐部交火，部分部隊已衝過黑石關，正向鄭州挺進。

韓復榘聞訊先是愕然，繼而言出激憤：「龐瘸子真不是東西！我在西來的時候，路過鄭州，與他和馬少雲（鴻逵）會面，探問過他（對西撤計畫的態度），他痛哭流涕地說總司令排外，他的部隊打過多少次硬仗，損失很大，不給一點補充。總司令待人不公，他們有如『孤哀子』，沒人管等等。那時我很同情他，百般安慰他。誰知這小子反覆無常，盡是假的，非揍他不可！」（孫桐萱：〈韓復榘叛馮投蔣紀略〉，《文史資料選輯》，第五十二輯，頁一四八）

蓋馬鴻逵師乘火車東開，行抵孝義車站時，龐炳勳派人登車，邀馬及其參謀長羅震下車吃飯。馬是個細心人，對龐素不信任，待來人走後，對左右說：「宴無好宴、會無好會，謝絕來往！」隨即下令開車。龐又派人強行登上機車，企圖阻止火車啟動。馬立即採取緊急措施，使火車衝出車站。月臺上龐部士兵慌亂中向火車開槍。馬部官兵乘坐的火車開族馬力，衝過黑石關，但仍有一旅之眾被擋在黑石關以西，後隨韓部協攻黑石關未果，遂繞道趨赴鄭州。

圖064　暫編第十四師師長龐炳勳

其實龐炳勳早已有意脫離馮軍，一九二七年「牧馬集之役」時即與蔣介石暗中聯絡，後因故未果。北伐結束後，他見馮玉祥與韓復榘日漸疏遠，曾多次向韓表示欽慕之意，甘願追隨驥尾。此次韓突然宣佈脫離馮集團，實出龐之意料，五月二十四日，馮玉祥又密電龐攔截韓軍於黑石關。在龐看來，韓之東進太過冒險，設若與之一致行動，自己多年苦心經營的這點家當很可能會付諸東流，不如在黑石關據險設伏，攔截韓軍，無論成功與否，皆可表明效忠團體的一片赤誠，或許還能改變自己在馮軍中的「孤哀子」地位。此外，龐部團長李克信是馮玉祥派來的「監軍」，龐一舉一動皆在馮掌控之中，豈敢造次。五月二十六日，從洛陽西工逃跑出來的馮之親信徐惟烈又來到龐軍督戰，這時龐已無任何選擇餘地。

由於龐炳勳節外生枝，孫良誠又跟蹤而來，韓復榘決定不管第二十師是否全部會合，集結在洛陽的部隊務必於二十七日晚東開鄭州。

鑑於東進行動業已公開，再限制李興中等人的自由已無意義，韓復榘於五月二十五日下午來到「廣寒宮」向眾袍澤話別。韓一進門就連聲問：「李師長呢？」李興中等出來見過。韓告訴他們，「現在我要走了。聽說少雲（孫良誠）的隊伍追下來了，龐瘸子也在東邊截著，我不能在此久停。你們各位若願跟我走，我是很歡迎的，否則我也不勉強。」眾人忙不迭道：「那我們留在這裡好了！」

韓復榘離開後，守衛「廣寒宮」的士兵亦隨之撤走。獲得自由的李興中等人立刻轉移到一座空營房裡，初以為韓部已上路，便找來筆墨紙硯，準備寫安民告示，收拾洛陽局面。不料李的副官打探消息回來說，韓尚未走！眾人嚇得又將文房四寶藏了起來。次日晨，一位軍法官滿頭大汗跑來說：「你們大家快快躲開此地，韓主席已派兵來抓你們，並說要把你們全殺掉！」眾人聞言色變，忙隨吳錫祺跑到洛河北岸的一個小土梗下藏起來。（吳錫祺：〈廣寒十友〉，《文史資料選輯》，第十六輯，頁一七三）

原來韓在點驗部隊時，發現有一兩個營不知去向，據報是有人在西工兵營策反部隊。韓即令手槍營長楊樹森帶兵去西工搜查，如發現有人敢截留部隊，立即正法。方才那位軍法官聽說這事，誤以為韓要派兵去殺李興中等人，結果造成虛驚一場。嗣後查明，在西工策反部隊的確有其人，原來就是前兩天與孫桐萱一起洗澡後潛逃的徐惟烈。待楊營長趕到西工時，乖巧的徐早跑到孝義，監督龐炳勳去了。

一九六〇年代，曾有人寫回憶文章說：韓復榘發動「甘棠東進」時，曾裹挾閻承烈，並欲加害於他。此文因出自親歷者之手，被很多人引為信史，反覆引用，樂此不疲。後來有人就此事當面問及閻承烈，韓復榘當時果真曾派人去殺你們？聞笑道：「韓向方什麼時候殺過西北軍的弟兄？那完全是一場誤會。再說了，韓向方和我是什麼關係，他要殺我？笑話！」

五月二十六日傍晚，儘管還有一個步兵團和炮兵團尚未到達洛陽，部隊還是按預定計劃在洛陽車站集合，整裝待發。出發前，韓復榘又召集總指揮部各處人員開會，就發動東進之初衷做進一步的陳述，最後，他斬釘截鐵地說：「我就這麼幹了！你們大家有什麼意見？不願意跟我的，可以隨便。」稍等片刻，韓見沒人提出異議，便點名問參議田文忠：「田先生，你怎麼樣？」田應聲道：「一定跟著總指揮走！」韓連聲說：「好，好。」

田文忠是保定軍校第九期畢業生，原係西北軍鋼甲車團團長，初入韓幕不久，暫時給了個「參議」的名義，因此韓對他很客氣。

會後，韓復榘下令全體官兵登車，一律不准帶行李，部隊皆輕裝出發。另留下新兵一團由孫桐萱指揮，向西佈置警戒。

一九二九年五月二十六日夜，第三路軍總指揮部的專車因車輛擁塞而停在偃師車站，據報二十師第六十旅被龐炳勳師阻於黑石關。韓復榘下車，親赴前線指揮作戰。參謀長李樹春率騎兵團留守偃師，擔任預備隊。

黑石關位於鞏縣西南二十五里的上司鎮，北臨黃河及隴海鐵路，南倚嵩山，東濱洛水，為洛水津渡處，故亦名「黑石渡」。洛水東有黑石山，與邙嶺夾岸，相對如門，為驛路咽喉，關以山為名，扼鞏、洛之中，為歷代兵家必爭之地。龐炳勳師在黑石關附近幾個山頭構築工事，據險以守。

韓部二十師擔任攻堅任務的是第六十旅，另有馬鴻逵部一旅協攻，向黑石關頻頻發起進攻，遭到龐軍頑強抵抗，部隊在強渡洛水時傷亡很大。戰鬥持續至翌日上午十時，六十旅付出慘重代價，一團團長趙心德負傷，藏匿在老百姓家中；二團團長黃芳俊化妝穿便衣赴鄭州；三團團長李益智受傷被俘後，潛逃洛陽，旋赴開封歸隊；旅長萬國楨率殘部繞道黃河北岸去開封；所部唯一保存比較完整的張青秀第四團進了山，出鄂嶺口，奔禹縣。

就在韓部黑石關受挫之日，即一九二九年五月二十六日，蔣介石當晚在南京寫日記，全文如下：

一九二九年五月二十六日　星期日　晴　七五

雪恥三六七，人定勝天，立志養氣，立品修行。

上午批閱，接韓復榘電稍慰。但未得其續電，而猶在洛陽，恐被馮逆所陷也。韓誠國家之寶也，其可愛，尤甚於余本人之生命也。看《法國革命史》既完，擬復看一遍，外出巡查馬路。下午假眠後回寓，批閱，晚宿於陵園，甚靜也。

留在洛陽殿後的孫桐萱一直沒有接到來自黑石關方面的消息，只聽說孫良誠之梁冠英師一部已接近洛陽，為避免兩軍接觸，傷了和氣，乃於五月二十七日中午率部乘火車離開洛陽東開。

孫桐萱在偃師車站見到李樹春及總部人員，才知道黑石關戰事很不順利。李對孫說，「主席走時曾研究過，如黑石關通不過，我們可以繞道鄂嶺口、登封向開封轉進，你看怎麼辦？」孫也同意不能在此久留，免遭東西兩面夾擊之虞，遂下令總部各處人員一律下車，只帶重要文件、器材，笨重物資及行李一概拋棄，在騎兵團掩護下，徒步進山，出鄂嶺口，向登封前進。臨行前每人向軍需處領銀元五十元為路費，分途出發。

從偃師到登封計三十一公里，山道坎坷崎嶇，全是砂石路，號稱「十八盤」，行走艱難。當日傍晚，李樹春、孫桐萱等總部人員方走出鄂嶺口，來到中岳廟，這裡距聞名華夏的少林寺已經很近了。

少頃，聽說韓主席馬上就到，李樹春、孫桐萱等立即前往鄂嶺口外迎接，只見韓復榘帶著一名隨從風塵僕僕而來。李、孫等趨前詢問黑石關戰事。韓說：「六十旅全打光了。黑石關形勢很險，前面有條大河，部隊在敵前渡河強攻，傷亡很大，攻了幾次不成，我聽說你們已在偃師下車進山，遂令各部隊相機繞道東進，各走各的。我身邊還有幾十名手槍隊，現在後邊。」

韓復榘等來到中岳廟，休息幾十分鐘，正準備吃晚飯，忽聞槍聲，據報是龐炳勳部騎兵跟蹤而至。韓命新兵團擔任掩護，其餘人員徒步向禹縣轉進，次日下午才到達目的地。

龐炳勳部騎兵只是奉命驅趕，並未繼續追擊。

韓復榘等在禹縣休息兩天，一面與各方聯絡，同石友三、馬鴻逵約定在鄭州會面。五月三十日，韓帶參謀長李樹春及總部必要人員在石友三派來的部隊護送下前往許昌，次日在許昌與自南陽趕來的石友三匆匆晤面後，當晚即乘火車赴鄭州。孫桐萱率總部其他人員及新兵團徒步經許昌赴開封。孫一行到達開封時，韓復榘也趕到了。

二十師第五十八、五十九兩旅取道鄂嶺口、登封、禹縣會師開封；未跟上大隊的五十八旅陳友賢團、五十九旅史慶棠團和六十旅張青秀團約三千人經禹縣、許昌，沿平漢路徒步走到和尚橋車站，登上總部派來的火車，到達鄭州時，韓復榘親自到車站迎接，見面後韓連聲說：「大家來了就好，大家來了就好！」

二十師炮兵團（團長李宣德）自陝州東進洛陽途中，因走漏消息，在峽石鎮被梁冠英師繳械，李團長被放歸韓部。

韓復榘發動「甘棠東進」至此告一段落。

馮玉祥經韓、石之變後，受到來自團體內、外兩方面的巨大壓力。韓復榘在洛陽發表「養電」之後第五天（五月二十七日），馮即通電下野，聲明要「入山讀書」。翌日，馮在華陰又對宋哲元、石敬亭、曹浩森等說，他「對韓復榘事傷心已極，決意通電下野，即日出洋。各師均著宋哲元、石敬亭統轄管理，徐圖恢復。」（《馮玉祥日記》，一九二九年五月二十八日）閻錫山亦自太原電促馮即日蒞晉，及早偕行出洋。馮因反蔣這口氣未出，根本無意出洋，後因好友李書城勸說，始同意赴晉，目的當然不是出洋，而是要親自去策劃聯閻倒蔣大計。

一九二九年六月二十一日，馮玉祥同妻女自華陰到山西運城。

韓復榘發動的「甘棠東進」是民國史上的一件大事。曾擔任西北軍總參謀長，也是韓復榘的「死對頭」石敬亭晚年在臺灣曾對人講：「韓先生在馮先生眼裡是一個寶，一員愛將，但如果沒有韓向方後來的『甘棠東進』，中國的歷史也許就要改寫了。」（傅瑞瑗：〈韓復榘舊事〉，《縱橫》，第四十四期，中國文史出版社，頁三三）

一次偶然的衝突，造成了多年積怨的總爆發，韓復榘發動的「甘棠東進」是西北軍的一場大悲劇，它改變了幾十萬西北軍人的人生軌跡——其中也包括馮玉祥和韓復榘。

按現在的主流說法是：「討桂之役」期間，韓復榘在漢口被蔣介石「收買」，因此才有後來的「甘棠東進」。這種說法值得推敲：

設若韓復榘果真被「收買」，蓄謀脫馮入蔣，那麼——

韓復榘既然準備「投蔣」，為什麼還要犯顏直諫，竭力阻止馮玉祥的西撤計畫？馮軍西撤不西撤跟他「投蔣」有什麼關係？在勸阻無效之後，韓進而向馮請纓，願率十萬健兒直取武漢？如果馮准其所請，韓還「投蔣」不「投蔣」了？

韓復榘在自武勝關北撤途中，為什麼還要破壞平漢線之隧道、橋樑，自毀與蔣軍聯絡之交通線？

韓復榘既然要「投蔣」，為什麼不在距蔣軍較近之豫南或鄭州舉事，非要撤至豫陝交界之陝州，再甘冒前堵後追之巨大風險東進？

韓復榘為什麼不在「計畫內」的最佳時間，冷靜、從容發動，而非要在華陰會議上受到「計畫外」的羞辱之後，於衝動中倉促舉事？

既然要「投蔣」，事先就應嚴守秘密，韓復榘為什麼在舉事之前兩天先對馮玉祥的副參謀長陳琢如說：「我不能幹了」，第二天又跟劉汝明打招呼：「我要開小差不幹了！」莫非是怕馮責他不辭而別，沒有風度？

答案其實只有一個，「甘棠東進」是西北軍內部積蓄已久的矛盾，被突發事件激化的結果，與外人無涉。

如果說韓復榘發動「甘棠東進」是蔣介石「收買」的結果，那麼兩年前（一九二七年五月），韓在潼關離隊出走又是誰「收買」的？

其實「收買」一說，最早還是源自西北軍內部。韓復榘為什麼要脫離為之服務多年的團體，舉凡西北軍人皆心知肚明，軍中某些人之所以極力散佈「收買」論，無非是要掩飾矛盾，把西北軍最終解體的悲劇歸罪於「魏延再世」，把自己的責任推得一乾二淨罷了。

有人說，韓復榘不願西撤是怕丟了河南省主席的烏紗帽。當年韓在潼關隻身離隊出走，連重兵在握的軍長都不想幹了，還會把那個兩頭受氣的「空頭主席」當回事？

又有人說，韓復榘發動東進是怕到西北吃苦。西北再苦，苦的也只是當兵的和老百姓。以韓在西北軍中的地位，即使到了西北又能苦到哪裡去？

位居馮軍文官第一把交椅的薛篤弼認為：「韓、石叛變並非反馮，實因與石敬亭有隙，才逼上梁山。」而曾任馮軍副師長，後又擔任馮玉祥隨從多年的王贊亭則認為：「馮與韓的矛盾不是政治主張的不同，而是韓不滿意馮的家長式統治。」

二人看法不盡相同，但都認為是西北軍內部的人事摩擦，自己「鬧家務」。

曾在馮軍總政治部擔任組織處長，同時也是一位歷史學家的簡又文關於韓復榘脫離馮軍之原因，曾有這樣一段記述：「余過濟南訪韓時，敘及舊事，他親口對我斤斤申說的，並毫不自諱地承認當年的行動，殊非受了南京方面運動而背叛馮氏，只因為環境所迫，無路可走，為自求生路計，不得不歸順中央而已。」（簡又文：《馮玉祥傳》，臺北傳記文學出版社，一九八二年，頁三三〇）

在當時的大環境下，韓復榘要脫離馮集團，並能繼續生存下來，只有加入蔣集團，別無選擇。應該說，韓是因為要脫離馮集團才加入蔣集團的，並非是要加入蔣集團才脫離馮集團。這一因果關係且勿顛倒了。

二度主豫

韓復榘自華陰回到陝州後即決定脫離馮軍，同時打電話與坐鎮南陽的石友三聯絡。石毫不猶豫地表示願與韓一致行動。

一九二九年五月二十二日，石友三與韓復榘等聯名通電：「主張和平，擁護中央」，正式宣佈脫離馮軍。

五月二十三日，蔣介石覆電嘉獎韓、石，任命石友三為第十三路總指揮。二十五日，石電蔣介石，再次表示服從中央，「宣勞黨國，以報殊恩」。

五月二十七日，石友三在南陽召集二十四師旅、團長開會，決定與韓復榘部一致行動，全師集中南陽，向許昌前進，接應韓軍，並發表通電：「遵將所部集中南陽，與韓總指揮一致行動，主張和平，擁護中央。」是日，韓軍在黑石關受阻，分道向鄭州、開封進發，報人稱之為「石整韓零」。

石友三師在南陽集合完畢後，五月二十九日開拔，六月一日到達許昌。石通電在許昌防次就第十三路總指揮職。

石師開拔前，石友三先派參謀處長柳建夫率兵一部直趨禹縣迎韓復榘至許昌。五月三十一日，石趕到許昌，與韓復榘晤談，當晚韓即乘火車赴鄭州。

石師到達許昌不幾天，錢大鈞即奉蔣介石之命自漯河來到許昌勞軍並檢閱石部。

掩護馮軍西撤，尚滯留在開封的馮軍騎兵第二師師長兼開封警備司令席液池於五月三十一日親赴鄭州，向韓復榘報到。六月八日，席電請所部歸韓節制，旋即就任韓部第三路軍騎兵師師長兼開封戒嚴司令。因之各報皆謂此次舉事者為「韓、石、馬、席」；馮玉祥在他的日記裡亦稱之為「韓石馬席事件」。

馬鴻逵於五月二十九日率部到達鄭州，並於當日發表通電，聲明擁護中央，與韓復榘一致行動。國民政府將馬鴻逵師及甘肅馬廷驤師合併為第十五路軍，馬鴻逵任副總指揮（翌年三月升任總指揮）。為安全計，馬率部向南移至平漢線上的薛店，與進至許昌的石友三師靠攏，互為依託。

韓復榘五月三十一日到達鄭州時，分途而進的第二十師各部亦陸續到達鄭州。韓在鄭州立住腳跟，即派五十九旅開往汜水，向西保持警戒。

馮軍有三列鋼甲車滯留在鄭州車站及鄭州以西，鋼甲車司令韓占元棄車潛逃。韓將三列綱甲車組成綱甲車部隊，任命戴鴻賓為鋼甲車部隊司令。

六月一日，韓復榘召集鄭州商民代表開會，並佈告安民。

六月七日，南京政府代表賀耀祖及第六路軍總指揮方振武抵鄭州，韓復榘假中國銀行招待所設宴為賀、方接風，以盡地主之誼。是晚及次晨，賀、方與韓復榘、石友三、馬鴻逵在鄭州韓之司令部會晤，討論河南善後及佈防問題。

六月八日下午，韓復榘之代表馬鴻逵、石友三之代表關樹人偕同賀耀祖、方振武離鄭赴南京。九日，蔣又單獨召見韓之代表馬鴻逵談西北軍事。馬代表韓向蔣明確表示不願與馮軍兵戎相見。儘管如此，南京方面仍於十三日對韓提出三項方案供其選擇：（一）韓赴南京任軍政部長（即年前馮玉祥在南京所任職務），所部另由其部將代為指揮討逆；（二）所部調赴山東，任討逆後方事宜；（三）率部積極西進，肅清馮軍。同日，馬派人回鄭州，向韓報告在南京接洽情形。韓毫不猶豫地選擇了第二項方案。十日晚，蔣介石在南京私宅宴韓、石代表，賀、方及魯滌平作陪，席間對解決馮玉祥辦法有所討論。

錢大鈞代表南京政府帶兩列綱甲車赴豫，慰勞並檢閱韓復榘軍及石友三軍。交韓軍五十萬元軍費、軍衣二萬套、步槍三千支、各種炮彈若干。

編譴會議後，劉汝明的第二軍與韓復榘的第十四師縮編為第二十九師，以劉為師長，原第十四師師長曹福林為副師長（劉與曹後結為親家）。由於原第十四師是馮軍最精銳的部隊之一，雖然新成立的第二十九師三位旅長（李曾志、閻尚元、馬玉田）及部分團長（陳新起、李金田等）是二軍的人，但團以下中、下級軍官及士兵大都是原十四師的人。曹福林是西北軍宿將，韓復榘的老部下，雖為副師長，卻是二十九師的核心人物。

由於一度新貴向老將爭權，繼韓復榘之後，劉汝明也丟掉了兵權，二十九師師長由程希賢擔任。程也是老將，只是個過度，很快就換成了「新派」人物張允榮。

張允榮出身軍需，一直在馮玉祥的左右，是馮親信中的親信。「五原誓師」後，馮仿效蘇聯的「肅反委員會」，在軍中成立權力很大的「內防處」，張為第一任處長，足見馮對張之信任。張非軍校出身，亦不年輕，恆「以新派自命」（劉汝明語），好出大言。西北軍人戲稱他「文不文，武不武」。

張允榮調任二十九師師長後，為掌控兵權，對團以上軍官「大換血」，將劉汝明手下的三位旅長統統撤職，換上李漢章、喬立志、榮光興，團長也換了一大批。巧的是，新上來的旅、團長，大都是韓復榘的舊部，而這些人並不買張的帳。軍需出身的張既不會帶兵，也沒打過仗，在軍中成為官兵笑罵的對象，毫無威望可言。

韓復榘在洛陽舉事後，副師長曹福林在駐馬店召集幾位旅長、團長一商量，便甩掉張允榮，拉上隊伍北上開往漯河，向鄭州靠攏，與韓部會合。其間只有二十九師原劉汝明舊部六千人在陳新起、李金田率領下西開，取道南陽，找劉汝明去了。

六月十二日，曹福林率二十九師到達漯河，奉令擔任第三路軍（韓復榘）第二十九師師長。是日，曹電謝國府獎勵。

「河南人民自衛團」（民團）總團（相當旅）團長韓多峰在開封宣佈接受韓復榘的節制，後來他自己解釋說是被韓復榘「裹挾」進去的。

韓復榘到達鄭州不到兩週時間，所部第三路軍經整頓、兼併與補充已初具規模，下轄二步兵師、一騎兵師、一炮兵團、一迫擊炮團、一手槍團及一鋼甲車隊，約五萬餘人。

二十師是韓復榘最嫡系的部隊，一九二九年八月，第三路軍呈報南京軍政部：第二十師有中將二員、少將四員、校官一七六員、尉官一一八〇員、目兵二三三五三員，共計二四七一五員。由孫桐萱任師長；二十九師是第三路軍的主力部隊，計有官佐一一六四員、士兵一六五四五員，共計一七七一〇員，由曹福林擔任師長；原二十師騎兵營並入席液池騎兵師，改稱第三路騎兵師，由席擔任師長；「河南人民自衛團總團」編成一個民團旅，由韓多峰任旅長；原二十師炮兵團在東進途中被梁冠英師繳械，新建炮兵團的火炮是由二十九師炮兵團（團長王毓章）調配的，仍由李宣德任團長；原二十師手槍營擴編為手槍團，由雷太平任團長；新建的鋼甲車隊由戴鴻賓擔任司令。

國民革命軍第三路軍

總指揮　韓復榘
參謀長　李樹春
秘書長　張紹堂
副官長　陳友賢
參謀處長　李宗弼
軍需處長　王向榮
軍務處長　賀粹之

軍法處長　李無塵

軍械處長　劉克俊

軍醫處長　王如錫

第二十師　師長　孫桐萱

參謀長　王愷如

第五十八旅　旅長　展書堂

第五十九旅　旅長　徐桂林

第六　十旅　旅長　萬國楨

工兵營　營長　江保元

第二十九師　師長　曹福林

參謀長　王士琦

第八十五旅　旅長　李漢章

第八十六旅　旅長　喬立志

第八十七旅　旅長　榮光興

獨立團　團長　寧純孝

工兵營　營長　楊豈明

騎兵師　師長　席液池

第一旅　旅長　張德順

第二旅　　旅長　（不詳）
步兵團　　團長　史慶棠
民團旅　　旅長　韓多峰
手槍團　　團長　雷太平
炮兵團　　團長　王毓璋
迫擊炮團　團長　張樹林
鋼甲車部隊　司令　戴鴻賓
「北平」號鋼甲車隊　隊長　孟憲德
「泰山」號鋼甲車隊　隊長　張廷憲
「和平」號鋼甲車隊　隊長　（不詳）

六月三日，孫良誠率所部自洛陽返回陝州。未幾，龐炳勳部亦於十日撤出洛陽，退往陝州。韓復榘第三路軍前鋒十一日進駐洛陽。

是時，韓（復榘）、石（友三）、馬（鴻逵）三軍互為依託，實際控制著豫省北至黃河，南至漯河，西至洛陽，東至開封的一大片地域。

六月二十日晨，韓復榘乘鋼甲車離鄭赴汴，石友三、馬鴻逵亦隨車同行。鋼甲車只掛五節車廂，韓復榘等一行乘坐第三節車廂，最後一節是敞篷車，上面載著他落滿征塵的汽車。

上午九時，鋼甲車緩緩駛進開封車站，到站迎接的有河南省代主席張鈁、騎兵師師長兼開封警備司令席液池、河南人民自衛團總團團長韓多峰等眾多軍政官員及各界代表。

鋼甲車進站時，滿面滄桑、神色凝重的韓復榘佇立在車門口，向迎接的人群致軍禮。車停穩後，韓下車與眾人一一握手，連聲說：「大家辛苦了！大家辛苦了！」旋即趨車直往省府。

翌日上午，韓復榘在省府禮堂召集軍政人員講話。他首先說明此次東進行動的宗旨與起因，接著又講述自己在省府當一名「空頭主席」的尷尬與無奈。他說：「儘管馮先生是這樣待我，我心裡並沒有什麼。這次去華陰本來想把心裡話說一說，讓馮先生有所瞭解也就算了，多年的長官部下有什麼呢？誰知一見面，馮先生就把我罵個狗血噴頭，叫你不能開腔。我想這樣下去是沒有好結果的。我這次回來是迫不得已。」他最後說：「今後只要於國、於民、於團體有利，赴湯蹈火，我都不辭。大家都是多年老弟兄，請放心，我姓韓的一定對得起大家！」（陳紹岳：〈開封訴苦〉，《一代梟雄韓復榘》，中國文史出版社，一九八八年，頁三九）

韓復榘回到開封後，首先取消「河南人民自衛總團」的名義，另成立「民團局」，以其摯友、西北軍宿將谷良民任局長，不久又以谷從山東曹州帶過來的魯西民團旅與韓多峰的河南民團旅為基礎組建一支正規軍，即「第一混成旅」，以谷為旅長。如此，韓之第三路軍就成為擁有三師（二步兵師、一騎兵師）、一旅、二團的一支武力。

谷良民是韓復榘在民初「老二營」時期就結識的老朋友，行伍出身，歷任手槍隊隊長、連長、營長、團長、旅長，暫編第二師師長。北伐結束後，全國軍隊編遣，谷任山東曹州鎮守使兼魯西民團旅旅長。馮軍西撤，谷率部至豫東，回應韓復榘東進行動，接受韓節制。

鑑於韓復榘明確表示「除不與（馮軍）作戰外，其餘絕對服從中央，願將所部及石部調至魯、皖交界處剿匪」。南京方面同意韓軍東調，與西北軍脫離接觸。

韓復榘發動「甘棠東進」旨在脫離西北軍，並非與馮玉祥為仇，更不會對西北軍用兵，正如劉汝明所

圖065　河南省政府主席韓復榘

說：「韓向方倒也沒有做的太過分，他到了鄭州打了個電報，沒敢指責馮什麼，僅只把馮周圍的幾個人大加責斥了一番。」有人講，韓不敢與西北軍作戰，是因為怕自己帶出來的隊伍再跑回去。如果韓連這點自信都沒有，當初他就不敢發動東進了。

一九二九年六月中旬，南京方面決定韓復榘第三路軍與唐生智第五路軍換防；石友三第十三路軍與方振武第六路軍換防。二十一日，石軍調至皖北亳州；方軍開往偃城、許昌。馬鴻逵第十五路軍調往徐州。二十三日，韓軍調往豫東，漸次向開封、歸德移動。二十四日，唐軍開往鄭州接韓軍防，擔任隴海線正面。如此，韓、石、馬在地域上被分割、拆開，這與韓復榘當初擬將三部聯在一起，互為依託，以免被人支解，各個擊破的設想成為泡影。自是，韓開始對南京方面的用心良苦有所警覺。

七月二日，國民政府任命韓復榘、石友三、馬鴻逵、李樹春、張鈁、張鴻烈、王向榮、李靜齋、何其慎、楊炯、袁華選為河南省政府委員，韓復榘為河南省政府主席。

河南省政府機構如下：

河南省政府主席　韓復榘（一九二九、七、二任—一九三〇、六張鈁代理）
民政廳長　李樹春（一九二九、七、二任—一九三〇、十、二十免）
財政廳長　楊　炯（一九二九、七、二任—一九三〇、二、十七免）

建設廳長　王向榮（一九三〇、二、十七任—一九三〇、十、一免）
教育廳長　張　鈁（一九二八、十、六任—一九三〇、十、二十免）
　　　　　李敬齋（一九二九、七、一任—一九三〇、二、十免）
　　　　　張鴻烈（一九三〇、二、十任—一九三〇、十、二十免）
秘書長　張紹堂（一九二九、七、二任—一九三〇、十一、二十五免）
警務處長　王尊五（？任—一九二九、十一、四免）
　　　　　王愷如（一九二九、十一、四任）
高等法院院長　吳貞纘（一九二八、十二、五署—一九三〇、十、二十九免）
高等法院檢察官　胡　績

建設廳長張鈁，早在韓復榘被馮玉祥舉薦為河南省政府主席時，即已是省府建設廳長；一九二九年七月二日，韓再次出任河南省政府主席，張仍留任建設廳長；一九三〇年六月七日，韓因參加中原大戰，推薦張代理河南省政府主席。韓與張私交甚好，韓幼子韓嗣煌認張鈁為義父。

在韓復榘的七名新「內閣」成員中，有四名來自第三路軍，頗有點「軍政府」的味道。筆者曾見過他們在就職儀式上的合影，七人站成一排，一律是布軍裝、武裝帶、打綁腿，雙臂叉在胸前，表情嚴峻，完全是背水一戰的姿態。就連教育廳長、留美博士李敬齋也不例外。

韓復榘二度主豫期間，河南旱魃為虐，復以兵燹之禍，民不堪命。韓擔任新一屆河南省政府主席雖然只有九個月，因無人掣肘，很想在河南有一番作為。

澄清吏治，振作朝氣，是韓復榘施政的重中之重。他以「不圖苟安，不入歧途，不希非分，不思委謝」激勵軍政兩界人員（呂偉俊：《韓復榘傳》，山東人民出版社，一九九七年，頁五八）；他以「任勞任怨，朝氣在先，拚命為民，我不愛錢」為一切軍政人員座右銘。（呂偉俊：《韓復榘傳》，山東人民出版社，一九九七年，頁五九）

韓復榘在開封設立各種訓練班、訓練所，將全省各地方公務員分期分批調來省城集訓。他規定省府及各廳派往地方去的出差人員，由省府按章發給出差費，不准向地方索要費用。韓崇尚節儉，反對鋪張，嚴格要求公務員一律身著中國產布制服。他經常以各種方式考察公務員，獎優罰劣。韓為解決河南財政困難，設立專門機構，整頓河南最大的煤礦公司——中原公司，提高煤炭產量，加強運銷，不到兩月為省財政增洋二十萬元。（呂偉俊：《韓復榘傳》，山東人民出版社，一九九七年，頁六〇）

在建設方面，韓復榘重點辦了幾件事：一，興修水利。督飭民眾開渠、穿井、鑿泉、築溏、挖河、掘溝；疏浚為害較大的惠濟、賈魯等河。二，推廣農業機械。飭令民眾採用先進生產技術和機械，推廣省建設廳自製的鑿井機、抽水機、舊鐵輪織布機等。三，鼓勵民營產業。鼓勵、保護歸國華僑興辦的實業；保護、扶持河南獨特產業（如桑蠶等）。四，修築公路，成立汽車公司，發展公路交通。五，架設電話線，由鐵路沿線普及到偏僻各縣。六，提倡植樹造林，綠化荒山野嶺、田邊河灘，這是西北軍的傳統。（呂偉俊：《韓復榘傳》，山東人民出版社，一九九七年，頁六一）

改良民俗，這也是西北軍的傳統。嚴厲禁菸、禁賭；反對蓄婢納妾及女子纏足束胸。

清鄉剿匪。韓復榘主豫之初，由於連年戰亂，土匪蜂起，流兵四竄，匪患十分嚴重。六月十一日，土匪圍攻洛陽。七月十六日，河南省府委員張鈁電告：「豫西二十餘縣被匪焚劫，無一完土。」（《中華民國史事日誌》一九二九年七月十六日，中華書局）七月十九日，豫匪陷伊陽。韓為維持治安，綏靖地方，在全省範圍內全力清鄉剿匪。

韓復榘在全省設立民團，區有後備民團隊，縣有民團隊，均設隊長；豫東、豫北、豫西、豫南等各大區域，成立民團指揮部，設民團總指揮；全省設民團總團部，韓復榘任總指揮。剿匪之後，隨即進行清鄉。各級行政均設立清鄉局，全省設立清鄉總局，韓復榘任局長，李樹春任副局長。一九二九年十一月十三日，韓復榘頒發了《河南各縣防匪剿匪辦法》，各縣都要認真清查戶口，清查為匪、通匪及窩匪之人；五百人以上的大股土匪呈請軍隊進剿，一般零星土匪由縣長督率剿辦。（呂偉俊：《韓復榘傳》，山東人民出版社，一九九七年，頁六〇）

韓復榘平生最痛恨土匪，抓住土匪，一律嚴懲不貸。韓夫人高藝珍每見被擒獲的土匪戴著鐐銬受審，哭天喊地，輒生惻隱之心，懇請韓寬恕若輩。韓喟然曰：「你看他們現在可憐，就沒見他們欺負老百姓的時候，老百姓有多可憐！」

韓復榘雖然制定和實施了一些有利於社會穩定和經濟發展的法規及舉措，但由於他二度主豫為時甚短，加之豫省駐軍龐雜，軍政不分（河南一一〇餘縣，省府所能全權管轄者僅七縣而已，其餘百餘縣之縣長、厘稅局長均為當地駐軍所委派，混亂至極），省府政令貫徹執行困難重重，韓曾因此於七月十日致電蔣介石，請辭河南省政府主席。不久，豫西突發「蔣馮戰爭」，未幾，豫南又驟起「討唐之役」，直至「中原大戰」全面爆發，韓重建豫省的初衷，也隨著所部撤離河南而人去政息。

豫西之戰與討唐之役

一九二九年六月二十一日，馮玉祥應閻錫山之邀經潼關風陵渡入晉，被閻軟禁在五台建安村，成為與蔣介石討價還價的砝碼。

馮玉祥被軟禁山西後，馮軍經濟極度困難，又恢復了與南京方面的往來，引起閻錫山的高度警覺，一旦出現蔣、馮聯合伐晉的局面，對閻來說，將是一場滅頂之災。九月十七日，中秋之夜，閻錫山突至建安村會晤馮玉祥，明確表示願與馮合作倒蔣，建議馮軍首先發動，晉軍隨後回應。馮欣然允諾。

十月十日，西北軍將領宋哲元、孫良誠等二十七人，在閻錫山、馮玉祥策動下自西安發出反蔣通電，推戴閻錫山、馮玉祥為國民軍總、副司令，馮軍分三路出擊。

十月十一日，國民政府下令討伐國民軍，任命「討逆軍」五路總指揮，韓復榘任第三路軍總指揮。馮軍三路出動，初戰得手。但當馮軍攻佔洛陽後，晉軍並沒有如約發動。正當馮軍準備攻取鄭州時，南京方面特任閻錫山為中華民國陸海空軍副總司令，並每月撥款六百八十萬元作為晉軍「協餉」。十一月一日，閻致電宋哲元，詭稱：「前二、三集團合作之說並非事實。」

閻錫山出爾反爾，令馮軍士氣大落而後撤。蔣軍乘機切斷馮軍後路，使正向洛陽撤退的馮軍秩序大亂，一敗塗地，兵員損失三分之二，軍用物資盡數拋棄，為馮軍前所未有之慘敗。十一月下旬，馮軍全部退回潼關以西，蔣馮豫西之戰以馮軍失敗而告終，歷時不到兩月。

韓復榘之第三路軍在蔣馮豫西之戰中雖被列入蔣軍戰鬥序列，但始終堅持「絕不打馮先生」的原則。為避免被捲入戰爭，更為使蔣丟掉幻想，韓將部隊全部撤到黃河以北，甚至通電要「解甲歸田」。

蔣馮豫西之戰結束後，在「改組派」策動下，北方各實力派再度掀起倒蔣浪潮。在豫西之戰中力挫馮軍的唐生智，自北伐以來始終是汪精衛的忠實追隨者，一貫反蔣，戰後便開始全力策劃倒蔣。

唐生智的倒蔣活動得到閻錫山的幕後支持，條件是唐擁閻反蔣，閻接濟唐軍餉和彈藥。於是唐便派代表與宋哲元、韓復榘、石友三、楊虎城、徐源泉、何鍵等約定，擁閻為領袖，共同倒蔣。

韓復榘自從脫離西北軍後便決心不再做任何人的僕從，政局雲譎波詭，敵友之間蒼皇反覆，韓堅守一個原則：絕不輕言用兵。

韓復榘派孫桐萱赴徐州與石友三、馬鴻逵共商對策。韓認為閻錫山首尾兩端、態度曖昧，唐生智剛愎自用、好大喜功，難以成事；主張先對唐虛與委蛇，靜觀待變，再相機行事。石、馬皆無異議。

一九二九年十二月一日，唐生智、宋哲元、徐源泉等七十五人聯名通電，擁汪（精衛）反蔣，韓復榘、石友三、馬鴻逵因有共識在先，未列名。

十二月十日，宋哲元、孫良誠等通電宣佈即日東進，揚言倘有阻止前進者，定以敵人對待。

唐生智發動後，立即任命徐源泉等二十一人為軍長，復以湖北地盤餌徐源泉。唐以盟主身份對各路將領大肆封官許願，絕口不提擁戴閻錫山為領袖。閻以唐背約而憤然，拒不助唐。各雜軍將領也不服唐為盟主，在蔣介石一一逼問之下，紛紛否認曾與唐結盟。

閻錫山見唐生智完全陷於孤立，成為孤家寡人，遂落井下石，變「聯唐」為「討唐」，於一九二九年十二月二十日，與張學良、陳調元、劉鎮華、劉茂恩、萬選才、王金鈺、魏益三、劉春榮及馬鴻逵等十人通電，聲明擁護中央，消滅改組派，反對唐生智。次日，閻續發通電，稱韓復榘、王均、孫殿英、楊勝治等四人要求追加列名昨日之聯合通電。

做為回報，蔣介石電令北方各路討唐將領何成浚、韓復榘、石友三、劉鎮華、楊傑、王均、徐源泉等統歸閻錫山指揮。閻搖身一變，成為中國北方討唐的旗手。

韓復榘致電蔣介石，願接受閻錫山指揮。石友三於十二月二十一日單獨發表通電，表示反對改組派，並派代表前往南京向蔣介石請罪。

閻錫山十二月二十日通電使馮軍陷入絕境。馮軍為配合唐、石反蔣，已於十二月十日全面出動，閻通電發表之後，為保存實力，進入豫西的馮軍於二十八日開始向潼關撤退。馮軍將領再次受到閻的愚弄。

閻錫山通電討唐後，親率晉綏軍七個軍向河南開動。閻如此大動干戈，顯然是要借討唐之名，行逐鹿中原之實。晉軍前鋒第三十三師孫楚部沿平漢路南下，直指鄭州。韓復榘之第三路軍奉命沿隴海路西進，目標也是鄭州。唐生智的主要敵人是蔣介石，不願與閻錫山、韓復榘交鋒，自動放棄鄭州，向南引退至許昌，如此唐軍主力全部集結於豫南平漢路上駐馬店至許昌一線。十二月二十四日，晉軍進駐鄭州。

蔣介石的「討逆軍」分南、北兩路。南路軍是以劉峙為首的嫡系第二路軍；北路軍是以閻錫山、韓復榘為首的駐豫各路雜軍。

一九三〇年元旦，閻錫山在太原就任國民政府委任之「陸海空軍副總司令」職，同時宣佈「戡亂」。

一月二日，蔣軍南路軍在駐馬店終於大敗唐軍，唐軍向北潰退。

閻錫山於一月三日到達鄭州，次日，主持北方各路討唐將領軍事會議。會上，閻就任「討逆軍」北路軍總司令，同時任命韓復榘為北路軍前敵總指揮。

蔣介石認為閻錫山的這一委任另有含義：委韓復榘為總指揮，恐是（閻）驅韓之舉，於我軍無害，勿念。（臺灣國史館保存檔案，編號為002-110200-00001-055）

一月五日，韓復榘在鄭州正式就任北路軍前敵總指揮，並致電唐生智，大意是：奉陸海空軍副總司令命令，消滅叛逆，以安大局，師行在即，義無反顧，請先生三思，如解甲出洋，當可免遭屠戮云云。自即日起，韓復榘督率北路軍各部，沿平漢路南下，緩緩迫近許昌。晉軍則在鄭州按兵不動。

唐軍殘部在南北夾攻之下，進退失據，只得認輸。唐生智分電劉峙與韓復榘，表示願將部隊交與所部第八軍軍長劉興，本人即日出洋，但需保證安全，並酬川資云云。劉、韓分別將唐電轉呈蔣介石和閻錫山。閻電蔣，請予之川資五萬元。

一月八日，劉興電蔣介石，表示一切服從中央安排。九日，閻錫山電蔣，謂唐生智引退，當停止攻擊。十三日，劉興、龔浩部在郾城、漯河被蔣、閻兩軍繳械改編。唐生智通電下野，離軍經開封，轉天津赴香港。

扣閻未遂之內幕

「討唐之役」甫歇，又在鄭州上演了韓復榘「扣閻（錫山）未遂」的驚險一幕。

一九二九年底，鹿鍾麟奉馮玉祥命令，自天津取道大同潛赴山西建安村，秘密晤馮。馮命鹿立即回陝統率西北軍，同時辦好四件事：一，重整西北軍，準備再次東進；二，召撫韓復榘、石友三；三，派人與蔣介石聯絡，製造「聯蔣打閻」空氣；四，公開致電晉閻，強烈要求釋馮歸陝。

鹿鍾麟回到西安，接替宋哲元擔任西北軍代總司令。馮玉祥不放心，又在一本《三國演義》上親筆用米湯密寫了致鹿、宋等人的信，謂：「你們一定要設法對付閻，能夠聯合韓復榘、石友三更好，千萬勿以我為念，而且只有你們這樣做，我才能夠有辦法。」（鄧哲熙：〈韓、石叛馮和閻、馮聯合反蔣的經過〉，《文史資料選輯》，第一輯，頁五五）

鹿鍾麟依計行事，一面派人赴南京疏通，一面立即派與韓復榘私交甚厚的李炘、聞承烈赴汴晤韓，討論西北軍與韓、石聯合討閻事宜。韓問明來意後高興地說：「好極了，我們正計畫著捉『老西兒』（閻錫山）呢！」

韓復榘對閻錫山素無好感，還在西北軍時就堅決反對馮玉祥的「聯閻打蔣」戰略。豫西之戰及豫南之戰中，閻錫山對馮玉祥、唐生智出爾反爾，落井下石的表演更令韓齒冷。

韓復榘致電鹿鍾麟：「榘等認為不打倒閻錫山，國家就永遠不會太平。」鹿覆電謂：「我弟如果出兵打閻，我願聽老弟指揮！」並與韓進一步制定攻閻計畫。（孫桐萱、谷良民等：〈中原大戰中的韓復榘〉，《文史資料選輯》第十六輯，頁七六）

圖066　陸海空軍副總司令閻錫山

一九三〇年一月三日，閻錫山身著陸海空軍副總司令軍禮服，乘坐當年慈禧太后的「龍車」，沿平漢路抵達鄭州，下榻車站附近的「隴海花園」。當晚，韓復榘設宴招待閻一行，以盡地主之誼。宴席上何成浚代表蔣介石向閻致詞。

一月十五日晨，隴海路督辦張連甲匆忙向韓復榘報告：閻總司令昨晚十二點悄悄離鄭而去。時隔不久，韓復榘與何成浚都收到閻錫山途經新鄉時發來的電報，大意是：弟接太原來電，潼關關福安師不穩，太原人心浮動，弟須速返太原坐鎮。承蒙兄等款待，不辭而別，尚企見諒云云。

原來晉軍將領孔繁蔚與王金鈺莫逆，一月十四日晚在王處打牌，外出小解，偶聞王與韓復榘電話及此，忙去報告閻錫山。閻來鄭州時乘坐的「龍車」已在韓軍嚴密監視下停在站內，閻步出車站揚旗（板道房），晉軍大將孫楚麾下之馬延寧部在那裡迎候。閻在眾人簇擁下匆匆登上孫楚專列，沿京漢路北返。以上情節是晉軍核心人物徐永昌在其回憶錄中提供的，應該比較接近事實。

韓復榘回到開封後，對其幕屬說起此事：「我要扣閻老西兒的事大概都聽說了，因為馮先生在山西受盡了委屈，這次我本想把閻老西兒扣住，要求他放出馮先生，否則我也不會放他，以此報答馮對我舊日的恩情，不料事機不密，一下子跑掉了，全怪我說話不留神，真是可惜得很！」（孫桐萱、谷良民等：〈中原大戰中的韓復榘〉，《文史資料選輯》，第十六輯，頁七六）

閻錫山逃離鄭州的次日，一直在豫替馮玉祥做秘密工作的尹心田回到山西建安村，及時向馮報告韓復榘扣閻未遂之事。馮乃於三月二十一日，命鄭繼成（鄭金聲之侄，後替叔報仇，刺殺張宗昌）轉告韓：伊等去歲，欲挾閻為質，攔余回陝之企圖，余已深感。（《馮玉祥日記》，一九三〇年三月三十一日）

閻錫山在韓復榘的眼皮底下竟然輕易跑掉了，於是便有人提出這樣的疑問：韓當初扣閻究竟是認真的，還是欲擒故縱？

據王金鈺之子講，其父與韓復榘是至交，當時又受韓節制，二人同在鄭州，洞悉「扣閻」事件全過程。王金鈺曾說過，韓之所謂「扣閻」，只是虛張聲勢，促閻儘快釋馮，並非真要扣其人。如此說來，打牌那天晚上，王金鈺與韓復榘通電話，是故意說給孔繁蔚聽的，孔成了周瑜營中的蔣幹！

現在看來，王的說法不無道理：其一，「扣閻」計畫本應是絕密之事，韓居然口無遮攔，隨便亂說，於情於理均講不通；其二，晉閻不是紙老虎，騎虎容易下虎難，韓的計畫一旦實現，將何以善其後？不要說韓，就是蔣介石欲扣閻，恐怕也要三思而後行。

關於韓復榘扣閻功敗垂成，還有另外一種說法。

唐生智通電下野、唐軍被繳械之次日，韓復榘與王金鈺、劉春榮等「討唐」將領一起去「隴海花園」見閻錫山。劉春榮暗中以密函一封交與閻的隨從，將韓計畫扣閻的事向閻告發。閻大驚，立刻命令駐河南新鄉的晉軍第九軍軍長馮鵬翥調一個火車頭，掛一節車廂，火速馳來鄭州。午夜時分，一列僅有一個車頭，一節車廂的火車緩緩駛進鄭州車站，但見一位商賈打扮的人，頭戴禮帽，一條大圍巾遮住面孔，在兩個夥計模樣的人，一左一右扶持下上了車。火車迅速駛離車站，沿平漢路北上，轉正太路直驅太原。

以上說法與徐永昌的說法並無太大出入，只不過告密者由孔繁蔚換成劉春榮。

閻錫山堅信：韓復榘鄭州「扣閻」預謀是受蔣介石的指使。「編遣」期間，中國內歷次「編遣」期間，國內歷次反蔣活動都有閻錫山的背景，這已是公開的秘密，蔣焉能不知？「討唐之役」後，閻眼見蔣的「削藩」計畫一步步得手，李宗仁、馮玉祥、唐生智先後失勢，下一個目標肯定要輪到自己頭上，與其被引頸就戮，不如先發制人！加之獲悉西北軍與韓、石聯合討閻之事正在緊鑼密鼓進行中，閻終於痛下決心，與蔣介石在戰場上兵戎相見，請馮玉祥回陝指揮西北軍，請汪精衛北上主持擴大會議。

一九三〇年二月二十七日，閻錫山親自來到建安村會馮玉祥，共商武力討蔣大計。馮迎至大門，二人又抱頭痛哭一場，於是「過去誤會隨歡笑聲渙然冰釋」（馮玉祥語）。

同日，第三路軍總指揮兼河南省政府主席韓復榘，聯合第十三路軍總指揮石友三，致電蔣介石和閻錫山，主張以和平手段，由黨部解決糾紛，反對以武力來促進和平。

一九三〇年三月九日，馮玉祥離開山西，回到潼關。

馮玉祥回到潼關第二天一早便與鹿鍾麟共進早餐，並告之聯閻打蔣計畫。鹿不同意他的意見，說此事關係重大，須和大家商量。原來鹿所策劃的聯合韓復榘、石友三攻打山西的方案已臻成熟，不再是當初的虛張聲勢，而是即將全面實施。

下午，馮玉祥召集所部主要將領開會，宣佈聯閻打蔣計畫。會上除師長葛運隆發言贊成這一計畫外，大家都默不作聲。眾將不僅普遍存在厭戰心理，而且從長期經驗中深知馮、閻的性格與能力：馮只會打仗，對政治完全外行；閻如同錢鋪老闆，只會算小帳，成不了大事。加之西北軍屢次受閻的欺騙，眾將皆主張聯蔣打閻，但又不敢當面反對總司令的意見，只能保持沉默。但馮意已決，沒有任何商量的餘地，他慷慨激昂地說：「你們不願幹，我和鹿鍾麟兩人，一人一支槍，也要和蔣介石打到底！」

會後，孫良誠發牢騷說：「我看先生一點覺悟也沒有，我們這些年來一直受閻老西的害，為什麼還要和他一起幹！」

石友三因追隨唐生智，得罪蔣介石，丟了安徽的地盤，被迫率部就食於河南，全靠韓復榘接濟，如此非長久之計。閻錫山深知石軍的戰鬥力，當然希望能為其所用，便派人赴彰德與石聯繫，石也希望找到一個管飯的地方，雙方一拍即合。

有人說，石友三投閻是與韓復榘密謀之後決定的，意在「腳踩兩艘船」。其實韓並不同意石投閻，早在一九三〇年一月十四日即致電石：「閻錫山圓滑，如無徹底辦法當照弟法，擇一妥當立足地。」（臺灣國史館檔案，編號為116-010107-0026-032）

隨著大戰即將爆發，地處中原是非之地的韓復榘，面對來自各方面越來越大的壓力，無法再保持對蔣、馮、閻的「等距離外交」。韓復榘「認為（汪、閻）非永久領導時局之人」（臺灣國史館保存檔案，編號為116-010104-0001-032），最終還是決定留在蔣集團一邊。

中原大戰

一九三〇年三月中旬，西北軍開始動員。十八日，第十二軍劉汝明部佔領洛陽。

大戰在即，韓復榘向蔣介石重申，他的軍隊絕不會打馮玉祥，請求調往魯西。蔣准其請，並委韓為冀魯豫剿匪總指揮。部隊開拔前，韓致電坐鎮陝州的中華民國陸軍第二方面軍總司令鹿鍾麟，略謂：弟部擬即撤離豫省，望吾兄通知前方各部，切勿相逼太急云云。

馮玉祥於三月二十三日特別致電韓復榘：我弟如能一致倒蔣中正，則閻錫山決無為難處。（臺灣國史館保存檔案，編號為116-010102-0034-063）

曾被閻錫山私下許以河南省政府主席的萬選才，聞知韓復榘軍擬撤離省府開封，便迫不及待地率部沿隴海路呼嘯而來，進窺開封。韓復榘無意與綠林出身的萬糾纏，只派曹福林部一旅前往中牟禦敵，虛晃一槍，掩護大軍東開。二十八日韓率第三路軍撤離開封，全部開進魯西南。

四月一日，閻錫山在太原通電就任中華民國陸海空軍總司令；馮玉祥、李宗仁分別在潼關、桂平通電就任中華民國陸海空軍副總司令。鹿鍾麟在鄭州通電就任中華民國第二方面軍總司令。

閻、馮兩軍的兵力部署是：平漢線及平漢線以馮軍為主，由馮玉祥指揮；津浦線以晉軍為主，由閻錫山指揮；隴海線以馮軍和晉軍共同擔任，由鹿鍾麟與徐永昌指揮。

蔣軍的兵力部署是：韓復榘任第一軍團總指揮，在濟南對晉軍作戰；劉峙為第二軍團總指揮，統率蔣軍主力，在隴海線對閻、馮兩軍作戰；何成濬任第三軍團總指揮，指揮徐源泉、王金鈺、楊虎城等雜軍，佈防於駐馬店至漯河一線；何應欽為武漢行營主任，指揮何鍵、朱紹良、陳濟棠、魯滌平等四路軍堵截桂

圖067　中央軍三軍團總指揮

軍入湘。

當時反蔣聯軍共計七十餘萬人，蔣介石方面只有三十餘萬人。

山東省主席、第一路軍總指揮陳調元只有一個軍（第二十六軍，軍長范熙績），下轄三個師，戰鬥力很弱。陳自知不是晉軍的對手，希望韓復榘能承擔魯北防務；韓堅持不與西北軍作戰的承諾，也願去魯北對付晉軍，雙方一拍即合。蔣介石認為韓軍是一支勁旅，當畀以重任，乃責成韓、陳兩軍儘快達成換防協定。

四月九日，蔣介石親自到徐州主持軍事會議，委任韓復榘為第一軍團總指揮，擔任整個山東防務，范熙績第二十六軍（陳調元軍）、馬鴻逵第十五路軍及劉珍年第十七軍統歸其指揮。韓雖擔任第一軍團總指揮，但能由他直接指揮的隊伍只有所部第三路軍。

蔣介石對韓復榘說：「今後關於山東方面的軍政事務，即請向方兄全權處理。」（孫桐萱等：〈中原大戰中的韓復榘〉，《文史資料選輯》，第十六輯，頁七七）韓在津浦線上將面對的是擁有十六個師的晉軍，而且武器精良，又聽說劉珍年與閻錫山往來密切，不禁面露難色。蔣對韓慰勉有加，並保證劉那裡不會出問題，同時又指定蔣伯誠為軍事聯絡員（實際上是監軍），長期派駐韓軍，協助工作。

蔣伯誠，浙江諸暨人，蘇州武備學堂畢業。蔣機警幹練，是一位傑出的情報專家。蔣尤善與人交，同張學良、韓復榘等均結為金蘭之好。蔣以軍事聯絡員身份長駐韓部，雖然是一名惹人嫌的「監軍」，但他

圖068　蔣伯誠

做得很巧妙，並不招韓討嫌，甚至在某些事情上，還替韓在蔣介石那裡據理力爭。當然，蔣介石佈置的特殊任務，他也完成得很出色。韓性格粗放大略，說話口無遮攔，為蔣的「工作」，提供了方便。不過有時韓也是故意在蔣面前「表演」一番，再通過他的特殊管道，傳遞到蔣介石那裡去，往往也會收到意想不到的效果。

第三路軍開進山東前的編制是三師（二步兵師、一騎兵師）一旅（一混成旅）二團（一炮兵團、一手槍團），進入山東後，因發生張德順叛逃事件，損失兩個騎兵旅，蔣介石允許谷良民的第一混成旅擴編為第二十二師，由谷任師長；雷太平手槍團擴編為手槍旅；炮兵團取消建制，分撥到二十師和二十九師；新成立一個騎兵旅，由李軒德任旅長，如此，第三路軍的編制改為三師（三步兵師）二旅（一騎兵旅、一手槍旅）。

一九三〇年四月二十三日，閻、馮聯軍下達總攻擊令。

四月二十五日，大戰即將爆發，蔣介石方確認「對向方兄個人，可一深信，切勿懷疑」。（臺灣國史館保存檔案《蔣中正電囑陳調元賀耀組：勿公開對石友三作戰計畫，但可信任韓復榘》，編號為002-010200-00027-017）

五月十日，蔣、馮、閻軍在隴海路馬牧集、魯西及皖北全面交戰。蔣介石命二十六軍范熙績部於魯西迎擊石友三軍。蔣深知范軍根本不是石軍的對手，因此同時電韓：「魯西大戰開始，盼抽調三旅兵力，協助二十六軍和十五路軍掃蕩魯西，至於魯北，可暫守黃河南岸。」（孫桐萱等：〈中原大戰中的韓復

渠〉，《文史資料選輯》，第十六輯，頁七八）

韓復榘不願與石友三兵戎相見，便以濟南防務吃緊為由，非但拒絕抽調三旅兵力支援魯西，反而請求將二十六軍調回濟南，歸還第一軍團建制，蔣不允所請，雙方演成僵局。

五月十日，蔣介石偕陸軍署長曹浩森（前馮軍參謀長）從徐州來到濟南，檢閱韓復榘部。蔣電宋美齡：今晨抵濟南檢閱韓復榘部，精神甚佳，當晚在省府召集軍政會議。蔣在會上說明大局及隴海路形勢，

圖069　陸軍署長曹浩森

同時正式把韓介紹給大家，鄭重聲明以後山東軍政事務統由韓處理，暗示韓將出任山東省政府主席。蔣還在會上對韓倍加鼓勵，為打破僵局，不再堅持抽調韓部三旅，更許諾：俟范熙績軍及馬鴻逵軍攻佔考城後，即調回津浦線，歸還第一軍團建制。

韓復榘趁勢下臺階，誠懇表示一切服從中央命令。會後，曹浩森對韓復榘說：「蔣總司令對於向方兄確實很倚重。這次閻、馮的聯合，內中矛盾很深，我想你是知道的，我看他們絕不會成事。至於晉軍的作戰能力，你更清楚。希望向方兄好好地幹一下，將來山東還不是你的麼？比河南好多了。少雲兄（馬鴻逵）也不願和西北軍作戰，將來北調，我看也不成問題。還有一點，就是中央擬借重蔭軒（李樹春）兄到軍政部任次長，此後對第三路也有很多方便，不知你有什麼意見？如果還有其他的困難，也可以對我說，我去請示總司令。」韓對原西北軍老參謀長曹浩森一向很尊重，當即保證說：「沒有什麼意見，浩森兄是我們的老參謀長（指在西北軍），今後諸事請幫忙，並盼不客氣地指教，我無不遵從。至於蔭軒的問

題，他如果願意去，我也很贊成，請報告總司令，一切都沒有問題。」（孫桐萱等：〈中原大戰中的韓復榘〉，《文史資料選輯》，第十六輯，頁七八）蔣對韓的表態很滿意，當晚返回徐州，次日即下達全線總攻擊令。

李樹春得知蔣介石欲調他去南京就職，態度非常明確：堅絕不去，而且沒有任何商量的餘地！但在如何不得罪蔣的前提下，妥善處理好這件事，卻頗費周折。李最終決定「隱退」，即辭去第三路軍參謀長職務，以示「淡出軍界」的決心。韓復榘考慮再三，最終採納了李的意見，但對他要離開參謀長的位置，仍十分惋惜，終於還是在第三路軍中給他保留一個「總參議」的名義。在以後的中原大戰中，李雖不再擔任參謀長，但仍在韓幕中參贊戎機。

一九三〇年五月中旬，晉軍以傅作義第十軍、張會詔第八軍、馮鵬翥第九軍、李生達第四軍、周士濂第三保安縱隊、楊澄源第二保安縱隊及三個炮兵團組成第四路軍，計十二個師、二個保安縱隊（每個保安縱隊轄三個保安旅，相當一個師）又三個炮兵團，在總指揮傅作義率領下，沿津浦路大舉南下。

鑑於晉軍總司令徐永昌與韓復榘私交甚篤，鹿鍾麟曾商請徐寫信致韓，勸其脫離蔣部，倒戈相向。徐謝以不能，並告之：「如必令我作書者，當勸其好好作戰！」鹿苦笑而去。

圖070　晉軍第二路軍總指揮傅作義

面對沿津浦線南下的晉軍十二個師又二個保安縱隊，韓復榘能夠指揮只有第三路軍的三個師又一個騎兵旅，晉軍的兵力幾乎是韓軍兵力的五倍，這是一場在勝負問題上毫無懸念的戰爭。難怪傅作義曾對閻錫山發出豪言壯語：「我的部隊就是豆腐渣，也要撐破韓復榘的肚皮！」

五月二十三日，津浦路正面之晉軍霍原壁師進攻禹城，包圍韓軍一個團。晉軍第十二師陳長捷部在青河口渡過黃河，直逼青城。晉軍東、西兩翼及魯西之張會詔第八軍亦同時進攻濟陽、東阿和肥城。

韓復榘一邊分兵禦敵，一邊向蔣介石告急。蔣覆電准予撤守黃河南岸，將鐵橋拆毀，俟肅清南岸再行北進，並准遣十五路軍馬鴻逵部北上。

閻錫山五月二十七日密赴德州督師，決定把進攻的重點放在津浦線上，於是又建立了以北平警備司令張蔭梧為首的第二路軍，下轄王靖國第三軍、李服膺第五軍、豐玉璽第一保安縱隊、秦紹觀第四保安縱隊及兩團炮兵，加入津浦線戰場。如是，晉軍集結在津浦線上的總兵力已達六個軍、四個保安縱隊及五個炮兵團，進一步強化在總兵力上對韓復榘軍的絕對優勢。

六月二十一日，晉軍在山東全境發動總攻擊。鑑於援軍遲遲不到。韓復榘決意退往膠東。二十四日，第三路軍主動撤出濟南，沿膠濟線東去，暫集結於臨淄、博山一線。

「自六月廿五日韓復榘放棄濟南，向周村、濰縣退卻，同時十五路軍馬鴻逵亦放棄肥城、泰安，向兗州退卻，情勢危殆。」（《劉峙回憶錄》，文海出版社，一九八二年，頁一〇一）

蔣介石一九三〇年六月二十五日日記：「濟南失守，逆軍梟張，但余早置濟南於度外，韓能維持至今，亦不失為名將也，惟馬鴻逵不能作戰，可歎。」六月二十七日，蔣電宋子文謂，韓復榘有恢復濟南能力，請勿念。

濟南失守後，在第三路軍究竟沿津浦路南撤，抑或沿膠濟路東退問題上，韓復榘與蔣介石有很大分歧。蔣要求韓軍沿津浦路南撤，目的是收縮兵力，確保徐州北大門。韓拒絕南撤，一是不願與西北軍和石友三軍交手，二是不肯受制於蔣。韓軍退往膠東，可以進退自由，不受挾制。

六月二十五日，晉軍馮鵬翥部首先進入濟南。二十六日，閻錫山在傅作義陪同下蒞臨濟南，全市奉命

圖071　晉軍第四路軍總指揮張蔭梧

張燈結綵以示慶祝。閻恩准攻城部隊放假三天，每人賞洋十元。

晉軍在濟南成立二、四路聯合軍，以張蔭梧為總指揮，傅作義為副總指揮。不承想一向用心周匝細密的閻錫山竟發生了重大疏漏。原來張蔭梧與傅作義素來水火，張曾向閻密告，稱傅曾欲往瀋陽參加張學良生日慶典，引起閻的疑心。閻安排張任聯軍總指揮，傅副之，意在對傅監視，因此張、傅二人大鬧意見，張告傅「不聽指揮」；傅告張「不發給養彈藥」，津浦戰事頗受影響。最後，閻還是聽了周玳的意見，把張、傅二人分開，令張率所部東進，對韓復榘軍作戰；命傅領本部南下，與馬鴻逵、夏鬥寅等蔣軍對陣。

張蔭梧與傅作義學歷相同，資歷相當，（二人同畢業於保定軍校第五期，一為北平市長，一為天津警備司令）指揮許可權又不清，不鬧意見才怪！

晉軍兵分兩路，雖然暫時解決了內部紛爭，卻分散了兵力，貽誤了戰機。是時，津浦路上僅有馬鴻逵一個師在兗州，雖陳誠支援了一個旅，兵力仍十分單薄，如晉軍傾力南下，可望直搗戰略要地徐州。但閻錫山計不此出，將三個軍又兩個保安縱隊，共計十一個師的兵力放在膠濟路上對付韓復榘，釀成戰略上的錯誤。

對此，徐永昌認為閻錫山之誤在於「膠濟兵不能活用於津浦是也」。「用傅（作義）不要用張（蔭梧）；或是用張不要用傅，如若皆用之，其上用商啟予（商震）統之。」「對韓向方要亦拉住，毋使倒向中央。」（徐永昌：《徐永昌回憶錄》，團結出版社，二〇一四年，頁二一六）

韓復榘第三路軍自濟南東撤後，且戰且退，各部次第轉移至淄河東岸佈防，以三個師與晉軍九個師隔河對峙。

一九三〇年七月六日至九日，晉軍首先發起進攻；韓軍奮起反擊。七月十一日，韓軍發起反攻，雙方互有進退。這是一場兵力對比異常懸殊的較量，韓軍以一對三，打的十分頑強。韓軍反攻結束後，與晉軍一直相峙到七月底。

張蔭梧為儘快結束膠濟線戰事，又將豐玉璽、秦紹觀兩個保安縱隊，計六個保安旅調到淄河前線。當年韓復榘指揮國民軍在晉北與晉軍鏖戰時，張蔭梧還是團長，豐玉璽已是旅長。孤山一役，張受重傷，豐被韓軍俘虜。

韓復榘眼見晉軍陸續向膠濟線增兵，乃向蔣介石飛電告急，請速派援軍自津浦線反攻濟南，以分敵勢。但當時蔣調往山東的援軍還在路上，蔣覆電空言反攻，除鼓勵敷衍之詞，無任何實質內容，令韓大失所望。

當時南京方面不少官員出於派系偏見，認定韓復榘在山東戰場上蓄意保存實力。軍人出身的蔣伯誠雖然是蔣介石派來的監軍，但這次卻與韓復榘站在同一立場上，他認為韓軍與四至五倍之晉軍周旋於魯境，已竭盡全力。蔣伯誠致電蔣介石：「向方兄非灰心與不鎮靜，亦非怕三路犧牲，誠以淄河陣線於津浦總攻前，萬一有失，則劉（珍年）、高（桂滋）等部及孟昭月的別動隊，必立即發動，如此即為晉軍增兵二萬，於我全域影響甚大。現戰略既定，向方兄決固守原陣地。如津浦總攻，不問李（韞珩）師到否，可立即出擊。」（孫桐萱等：〈中原大戰中的韓復榘〉，《文史資料選輯》，第十六輯，頁八二）

韓復榘以其三個師的「實力」將晉軍十一個師牽制在膠濟線上，對正在河南戰場艱難作戰的蔣軍當是極大的支援。從這個意義說，即使韓有「保存實力」的想法，那麼韓軍的這點「實力」不但應該「保存」，而且必須「保存」！

張蔭梧依仗優勢兵力，一邊加緊正面攻擊，一邊親督輕裝部隊從北側繞攻韓部後方。韓復榘回天無力，乃下令向昌樂以西撤退，並命參謀處擬就「以腹背受敵，不得不向後退」的報告，由飛機隊張隊長帶致劉峙，請其轉陳於蔣介石。

韓軍由淄河東撤，退守濰河東岸。韓復榘此時此刻頗有山窮水盡之感，終於六月二十八日發出下野通電。蔣伯誠遂邀集孫桐萱、曹福林、谷良民三師長共同計議，一致認為韓之去留於軍心影響甚大，當下津浦路反攻在即，援兵指日可待，此刻惟有振奮士氣，固守待援，不容絲毫動搖。於是三師長聯名通電挽留韓，並同去見韓，面陳眾意，保證在援兵到達之前死守現有陣地。韓無可奈何說：「大家的意見我也同意，好吧，咱們就撐撐看。」（孫桐萱等：〈中原大戰中的韓復榘〉，《文史資料選輯》，第十六輯，頁八三）

七月二十二日，蔣伯誠致電蔣介石說：如津浦線不於七月二十六日進攻，韓復榘將請病假，退出戰場指揮。

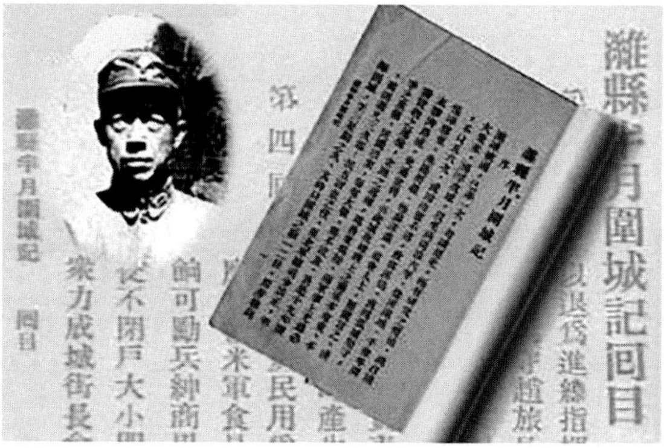

圖072　韓部趙心德旅死守濰縣半月《濰縣半月圍城記》）

就在韓復榘猶豫不決之時，隴海線上的戰局終於出現轉機。先是，在隴海前線先後發生兩次大戰：一是蔣、馮開封之戰。蔣軍突襲開封，馮軍以「口袋戰」包圍，重創蔣軍，蔣介石自顧不暇，根本無力支援津浦線；二是蔣、馮亳州之戰。孫殿英軍被蔣軍包圍近兩月，馮玉祥派孫連仲、孫良誠率部馳援，孫殿英軍雖然突圍成功，但蔣介石解除了後顧之憂，陸續從隴海前線及後方向津浦前線集中十五萬兵力，另有李韞珩一師由海運輸送至青島登陸，支援膠濟線戰事。

韓復榘七月三十一日晚得到津浦全線反攻確切消息，並被蔣介石任命為膠濟線總指揮，李韞珩、劉珍年兩師悉歸其調遣，一俟李師到達，即配合津浦線方面向濟南反攻。次日，馬鴻逵奉蔣介石命令來到高密見韓復榘，代蔣面陳懇切慰留之意。韓始釋然，願繼續留在軍中效力。

八月三日，李韞珩第十六軍在青島登陸，韓復榘派參謀余右堯往迎。在上海領到大批軍需物資的韓部參議劉熙眾亦隨李軍到達，韓軍士氣大振。七日晨，韓軍開始總攻，韓復榘親臨前線督戰。自八日起，兩軍展開激戰，韓軍兩翼進展甚速，濰縣趙旅適時出擊。十日，晉軍不支，全線潰退；韓軍當日進據濰縣，各部乘勝追擊。

為了感謝中央軍的增援，韓復榘特別致電蔣介石表示感謝，並謙辭要他出任山東省主席的動議。而蔣批覆：

「惟魯省府事，中央早已決定，亦非中正個人之意，尚望吾兄勉為其難。」（臺灣國史館保存檔案《韓復榘電蔣中正：申謝厚遇並謙辭山東省政府主席》，編號為002-020200-00009-064）

八月十三日，津浦線上的第十九路軍蔣光鼐、蔡廷鍇部已進至距濟南五〇華里之中宮鎮。當韓復榘獲悉膠濟線上晉軍李服膺、馮鵬翥兩軍已回援濟南，其餘晉軍已由青城開始渡河北撤，乃令二十九師向西北猛追，務求殲敵於大河南岸，自率二十師晝夜兼程前進，企圖趕在十九路軍及李韞珩第十六軍之前先入濟南，但為時已晚，十五日晨，第十九路軍蔣光鼐、蔡廷鍇部率先進入濟南。

隴海線上馮、閻聯軍「八月攻勢」受阻及津浦線上濟南的失而復得是中原大戰的轉捩點，此後蔣軍在全域上處於主動地位。

晉軍放棄濟南後，紛紛退往黃河北岸，已是七零八落，只沿河構築工事，不時隔岸炮擊。正當韓軍等

圖073　韓復榘（右）與蔣光鼐（左）、蔡廷鍇（中）在濟南會晤

部準備渡河北上之際，蔣介石於八月二十一日飛抵濟南，召集各部將領會議，決定韓復榘第一軍團暫不渡河，所有第十九路軍、第十六軍及第二軍團各部仍回隴海、平漢前線參加鄭州會戰。韓復榘第一軍團與晉軍隔河對峙。

一九三〇年九月五日，國民政府議決改組山東省政府，任命韓復榘、李樹春、何思源、王向榮、張鴻烈、馬鴻逵、劉珍年、張鉞、王芳亭為省政府委員，韓復榘兼省政府主席。調陳調元為安徽省政府主席。

擁兵關外的張學良見閻、馮敗局已定，乃於九月十八日發出「和平息爭」之擁蔣「巧」電，並出兵入關，進據平津。

張學良通電一發表，馮、閻兩軍頓時鬥志全無。

九月二十二日，津浦線晉軍總退卻，黃河北岸晉軍撤退至德州。韓復榘派孫桐萱部自濼口渡過黃河追擊，二十六日進至德州。晉軍全部撤出山東省境。

石友三通電擁戴張學良，率部自魯西開往豫北，撤出戰鬥。九月底，孫良誠麾下兩員悍將吉鴻昌及長梁冠英先後投蔣，放棄陣地，讓開大路，使顧祝同率蔣軍直插鄭州以南，將張維璽之南路軍、及接應張軍之馮治安師、任應岐軍計七、八萬人在新鄭一帶全部包圍繳械。葛運隆師在洛陽向徐源泉獻城投降，斷絕了馮軍西退之路。

十月八日，閻錫山、馮玉祥在石家莊會晤，鑑於大局已無可挽回，只得雙雙通電下野。至此，中原大戰以閻、馮慘敗宣告結束。

鹿鍾麟在豫北彰德總結馮軍失敗原因有三：一，馮玉祥戰前未採納其「聯蔣打閻」方略；二，解亳州之圍後，二孫（孫連仲、孫殿英）未能直取蚌埠；三，吉鴻昌在危急時刻臨陣倒。

一九三〇年十月十三日，孫連仲致電韓復榘，希望給予殘存的西北軍軍隊指出一個出路。並派自己的參謀李漢輝處長親自來濟南面見韓。韓與孫私交甚篤，十月十六日，正式給蔣介石發密電：

今日孫連仲派其參謀處長李漢輝來濟，面稱馮、鹿均已遠走，西北軍在河北部隊約五六萬人，統歸孫指揮，現欲擁護中央，意頗誠懇，且孫為人甚忠實，職對孫一切事，決敢負全責擔承，較石漢章更為堅決。祈速予名義及駐防地點，俾有所遵循。職擬請伯誠兄偕同李漢輝於巧日晉京面稟。如何？盼覆。（〈韓復榘電蔣中正：言孫連仲派李漢耀欲擁護中央祈速予名義及駐防地點〉，《國史館學術集刊》，第十一集，頁八三）

十月十八日，南京方面委孫擔任第二十六路軍總指揮，所部編為二個步兵師，一個騎兵師，移駐魯西，總部設在濟寧。二十九日，孫在新鄉通電就任第二十六路軍總指揮職。

《申報》一九三〇年十月十九日報導：孫連仲之代表李漢輝抵達濟南，面謁韓復榘、蔣伯誠，請其代向中央接洽投誠事宜。中央覆電應允。本日，中華民國陸海空軍總司令蔣中正令其總參議蔣伯誠偕李到京商洽辦法。

第四章

主魯八年

改組後的山東省政府

圖074　山東省政府主席韓復榘

一九三〇年九月五日，國民政府議決改組山東省政府，由韓復榘、李樹春、何思源、王向榮、張鴻烈、馬鴻逵、劉珍年、張鉞、王芳亭為省政府委員，韓復榘兼省政府主席。

省政府委員中，李樹春、馬鴻逵、張鉞和王向榮都是老西北軍人；何思源、張鴻烈是留美學者；劉珍年是張宗昌舊部；王芳亭是前北洋政府陸軍部官員。

一九三〇年九月十二日，國民政府明令任命山東省政府組成人員。山東省政府下設參議廳、秘書處和五個廳：

山東省政府主席　韓復榘
民政廳廳長　李樹春
財政廳廳長　王向榮
教育廳廳長　何思源

圖075　山東省政府廳長及秘書長

建設廳廳長　　張鴻烈
參議廳廳長　　張　鉞
農礦廳廳長　　王芳亭
秘書長　　張紹堂
山東高等法院院長　　吳貞纘
濟南地方法院院長　　吳　績

九月九日，韓復榘接任視事，十一日下午三時，在濟南珍珠泉省政府禮堂宣誓就職，國民政府財政部長宋子文監誓。

韓復榘就任山東省政府主席後，先後擔任或當選如下職務：

山東全省民團總司令（一九三〇年十一月五日任）
國民會議軍隊特黨部代表（一九三一年五月五日選）
國民政府委員（一九三一年六月選）
魯豫清鄉督辦（一九三一年六月二十日任）
國民政府財政委員會委員（一九三一年十一月十二日任）
東北政務委員會委員（一九三一年十二月二十五日任）
北平政務委員會常務委員（一九三三年一月任）
北平軍事整理委員會理事（一九三三年一月任）

圖076　山東省府要員及家屬登千佛山，一九三一年。前中：民政廳長李樹春；後右起：教育廳長何思源、建設廳長張鴻烈、何思源夫人何宜文、省府秘書長張紹堂

山東省清鄉總局局長（一九三二年三月十四日任）
軍事委員會北平分會委員（一九三二年八月十九日任）
行政院駐北平分會委員（一九三三年五月任）
國民黨山東省黨部常務委員（一九三三年十二月任）
二級陸軍上將（一九三五年四月三日授）
國民黨第五屆中央執行委員（一九三五年十一月選）
國防會議會員（一九三六年任）
山東全省聯莊會員訓練處處長（一九三六年任）
山東省保安司令（一九三六年三月十八日任）
第五戰區副司令長官、第三集團軍總司令（一九三七年十月任）

圖077　民政廳長李樹春與第二十師師長孫桐萱

第三路軍

韓復榘的第三路軍是前西北軍第一師的班底，而第一師又是從第四十三團起家的。

一九二九年三月下旬，「討桂」戰爭起，二十八日，由馮玉祥推薦，蔣介石任命韓復榘擔任「討逆軍」第三路軍總指揮，下轄第二十三師（魏鳳樓）、第二十四師（石友三）、第二十五師（張自忠）、第二十六師（田金凱）、第二十七師（張維璽）、第二十九師（張允榮）等六個師。

五月二十日，韓復榘率領其嫡系第二十師在河南陝州發動「甘棠東進」，脫離西北軍。曹福林第二十九師、席液池騎兵師及韓多峰「河南人民自衛團總團」先後加入韓部。六月八日，韓復榘在鄭州重建第三路軍，下轄二個步兵師、一個騎兵師、一個民團旅、一個炮兵團、一個手槍團和一個鋼甲車部隊（三列鋼甲車）。

一九三〇年三月，第三路軍建制調整，下轄三個步兵師、一騎兵旅、一手槍旅和一個鋼甲車部隊。四月九日，中原大戰爆發，蔣介石委任韓復榘為第一軍團總指揮，擔任整個山東防務，所部第三路軍、范熙績第二十六軍（陳調元部）、馬鴻逵第十五路軍及劉珍年第十七軍統歸其指揮。

中原大戰後，第三路軍增加一個步兵師（七十四師），計擁有四步兵師、一手槍旅、一騎兵旅（後裁撤）、六個炮兵團、一個交通營、一個軍事教導團、一鋼甲車部隊、一個航空隊和二個偵探隊。

一九三一年九月，「討石」之役後，第三路軍收容石友三部分殘軍，又增加一個步兵師（八十一師），計擁有五個步兵師及一個手槍旅。

第三路軍二個甲種師、一個乙種師、二個丙種師及一個手槍旅，五師一旅的基本編制在韓復榘主魯期

圖078　第三路軍五位師長—韓復榘之「五虎將」

圖079　第三路軍手槍旅旅長吳化文

間無重大變動。有一次省教育廳長何思源同韓復榘談起兵力問題，問他為何不擴充軍隊。韓說：「軍隊擴充多少是好呢？你有多少軍隊，就有多少軍隊來對付你。馮先生有三十萬，不是也垮臺了嗎？」（何理路：〈韓復榘在山東〉，《縱橫》，第四十九期，頁四二）所以韓復榘在山東八年並沒有擴軍。

第三路軍裝備不好，槍支陳舊，曾有人建議買德國、日本的槍，都有人來接洽過，韓復榘都拒絕了。他說：「我不能拿山東人民的血汗來擴充軍隊當軍閥。」一九三七年十二月間，韓復榘在濟陽過黃河與日本作戰，吃了大虧，險些被俘，就是因武器太差，又沒有大炮的緣故。第三路軍有一個修械所，造步槍和輕機槍，但每月經費只有三萬元，也造不了許多。

一九三〇年二月二十三日，劉熙眾致電韓復榘：日本大倉洋行來，

圖080　第二十二師師長谷良民（中）、第二十師師長孫桐萱（右）謁見蔣介石

並與二三集團接洽售械事，有意即電示。（臺灣國史館保存檔案，編號為116-010107-0035-037）

上個世紀二、三十年代，盡人皆知日商和德商是中國軍火的主要供給商。而且，各個軍閥的武器彈藥來源主要是日商提供，其次才是德商。面對這一軍火商的主動示好，中國軍人韓復榘在當年二月二十五日，立刻回電劉熙衆：

我人民血汗，可惜均送於日本。我軍不敢補充槍械！（臺灣國史館保存檔案，編號為116-010107-0035-043）

有一次幾個法國商人經人介紹來濟南，向韓復榘推銷飛機，任憑法國人說得天花亂墜，韓就是不買。何思源負責招待這些法國人，所以知道得很清楚。（何理路：〈韓復榘在山東〉，《縱橫》，第四十九期，頁四二）

民團軍與聯莊會

韓復榘組建五路民團軍，目的是協助正規軍，維持地方治安與防務，平時主要任務是剿匪，戰時可以轉為正規軍。山東省民團總指揮部就設在第三路軍總指揮部內，韓復榘自兼山東省民團總指揮足見二者關係之密切。

各路民團軍的兵力在一千至三千人之間，總兵力在一萬二千人左右，相當於一個甲種師。

民團軍是一支有薪餉的常備軍隊，所有官兵餉糈、軍裝、槍械、彈藥等費用，南京方面自然不予開支，全由山東省財政負擔。

民團軍在追剿劉桂堂及驅逐劉珍年的作戰中發揮了一定作用，而在剿滅中、小股匪方面則是當之無愧的中堅力量。如順天輪被劫案，趙明遠的魯東民團軍在收伏海匪的軍事行動中起了關鍵作用。

民團軍官佐多為久經陣戰的職業軍人。各路民團軍指揮有前西北軍高級將領，如谷良友、王冠軍、趙仁泉；有前北洋軍高級將領，如趙明遠、張驤伍；也有現役之第三路軍軍官，如王萬青、謝書賢。

圖081　韓復榘為民團軍示範戰鬥動作

一九三四年九月二十日，韓復榘成立「山東全省聯莊會員訓練會」，這是一種民間的準軍事組織，由韓多峰任會長，以李樹春等為副會長，馬千里為常務副會長兼教育長。

一九三六年，韓多峰去職，「山東全省聯莊會員訓練會」易名「山東省聯莊會員訓練處」，處長由韓復榘兼任；常務副處長為李樹春；副處長為王紹堂、王向榮、張鴻烈、何思源及劉書香。

各縣設訓練處，調訓會員時編成一隊，每期訓練三個月，調訓隊員全系壯丁。壯丁來隊受訓須自攜槍支，受訓壯丁無薪餉，僅提供伙食及一套藍制服。會員受訓期間，接受學科、術科訓練，結業時舉行一次打靶。會員結業回鄉，仍操舊業，但須編入所屬鄉（鎮）後備隊，維持地方治安。會員每隔三個月由隊長召集會操一次，每年由總會派員會同縣長召集會操一次。韓復榘兩年內在四十四個縣訓練聯莊會員三萬多人。

聯莊會與民團軍的區別在於：民團軍是有固定薪餉的常備武裝，而聯莊會是無薪餉的後備隊。

韓復榘為什麼要建立「聯莊會」？一九三三年，蔣百里曾赴鄒平考察梁漱溟的鄉村建設運動，對由鄉農學校舉辦「民眾自衛訓練班」非常讚賞。未幾，蔣在青島遇梁，問：「君知我前至鄒平之故乎？」梁

圖082　韓復榘指導聯莊會員射擊訓練

曰：「不知。」蔣乃曰：「我知中日之戰是不能免。勝敗之分，一在械，二在人。論械則我不如敵，論人則我多於敵七八倍。然今日軍事在民眾總動員，而將士不過什之三。中國係農業社會，凡農民予以民族主義勸之不易明瞭，惟欲破壞其所居之鄉村，則彼以生命相搏。故欲君於教育中注重於鄉村，我所以專訪鄒平，欲告君之理由也。」（楊濬：《北洋將軍軼事》，山東畫報出版社，二〇一一年）韓受蔣、梁之啟發，於次年在全省建立民眾自衛武裝「聯莊會」。

濟南山東省政府大院

（一）珍珠泉與西花廳

濟南泉多，號稱「泉城」。珍珠泉是濟南四大名泉之一，位於老城中心，是濟南的標誌和象徵，從明朝德王府、清朝巡撫衙門、民國督軍衙署、督辦公署，直到山東省政府都選擇這塊風水寶地。

山東省政府設在前清巡撫衙門舊址，經歷代巡撫整修，格局已相當可觀。民國以後，又經張宗昌大加修建，韓復榘主政時，那裡已是一座花園式的大建築群，既壯觀、又優美。

珍珠泉因平地湧泉，水如串珠而得名。有古詩贊曰：「風回池面破滄煙，湧出珍珠萬顆圓。」乾隆皇帝賜封珍珠泉為「天下第三泉」。池圍以鐵欄，池內有數百條大魚遊弋，日光之下，若懸在空中。韓復榘曾陪同蔣介石和蔣夫人憑欄觀魚，將旁邊準備的整個饅頭投入池內，魚群蜂擁而來，只聽「潑剌」一聲，浪花起處，饅頭竟被整個吞掉，人們一陣驚歎聲，這已成為一項傳統的娛賓節目。（韓子華口述歷史：《我的父親韓復榘》，中華書局，二〇一三年，頁二二一）

圖083　山東省人大常委會大門（前國民黨山東省政府大門）

緊靠泉的北面是西花廳，是當時省主席招待貴賓的大客廳。西花廳連著一間會議室。會議室佈置很簡單，中間一條很長的桌子，罩以白桌布，四周擺有幾十把木椅，周圍牆上掛著許多軍政要員親筆題贈的照

圖084　珍珠泉

圖085　巨蠍照片

片。有趣的是，側面牆上還掛有一張巨蠍照片，那巨蠍從頭到尾長六十八公分。下面附有說明：「五三慘案」時，日寇佔領濟南，到處燒殺，舊省府也遭到洗劫。一群日兵到後花園池內捉魚，忽從假山洞內爬出兩隻巨蠍，當場螫死一人，日兵開槍，一隻被打死，一隻逃走，此即死蠍的原照。（韓子華口述歷史：《我的父親韓復榘》，中華書局，二〇一三年，頁二二三）

連接珍珠泉有水渠在省府環繞一圈，流經西北角和北面的後花園時，還形成兩個小湖，水面都和珍珠泉差不多大小，也是清澈見底，也有許多大魚，貴賓們很少前往，那裡就成為小孩子的天下。

韓復榘對省府大院沒有什麼增建，但也偶爾有點小改進。一次，他在河道裡放養了一批小金魚，不久便被大魚鯨吞一光；又一次，想在水裡種些荷花，費了很大勁，仍不見生長開花，可能是泉水過於陰冷所致。兩次實驗均以失敗告終。

省府大院的房子很多，除去省府秘書處、機要處、第三路軍總指揮部及其「八大處」，還駐有一營手槍隊、一個汽車隊和一間大馬號，可也並不顯擁擠。

韓復榘喜歡騎馬，省府內設有一間大馬號，養有幾十匹駿馬。馬號是小孩常去玩的地方，因為那裡有一個小白俄伊凡卡和一隻大馬猴。

當年張宗昌有一支白俄雇傭軍，武器精良，驍勇善戰，被張宗昌視為

圖086　韓復榘之子在水邊嬉戲

手中的王牌。北伐時，韓復榘的部隊曾與他們多次交鋒，並予以重創，還俘虜了許多俄兵。據說小白俄伊凡卡就是在戰場上被活捉的，韓軍士兵將他從背後攔腰抱起，他兩腿還在空中作奔跑狀。韓見他只有十五六歲，瘦小可憐，就把他留在身邊養馬。伊凡卡頭髮焦黃，滿臉雀斑，總皺著眉頭，性格孤僻，可是工作非常認真，專門飼養韓的兩匹愛馬。韓的孩子們每次去馬號，都見他滿頭大汗，忙個不停。平時誰要是敢碰一碰韓的馬，他就瞪起眼睛，大叫：「聶特！」（俄語，「不」的意思）因此他便有了一個「小聶特」的外號。伊凡卡與孩子們很友好，孩子們每次去馬號，他都高興得手舞足蹈。韓妻說小聶特很可憐，經常讓孩子們帶些好吃的東西給他。

小孩都喜歡看猴子，那麼馬號裡為什麼要養一隻大馬猴呢？據說是猴尿很臊，這種難聞氣味兒可以保護馬匹不患瘟疫。此說古已有之，《西遊記》裡玉皇大帝封孫悟空為「弼馬溫」的官職，就是取「避馬瘟」的諧音，等於罵他是個臊猴子。

（二）主席辦公室——五鳳樓

韓復榘的辦公室設在省府大院五鳳樓的一層。韓次子韓子華在其回憶錄裡說：「我父親的辦公室設在舊巡撫大堂的後邊，原名『五鳳樓』，共兩層，樓上空無人居，傳說有狐仙出沒。我曾上去『探險』，空蕩蕩的，滿地塵土，有許多蝙蝠飛來飛去，確有點滲人。」

圖087　韓復榘辦公室外景

早年，袁世凱的母親曾居住五鳳樓，袁次子袁克文在其遺作〈洹上私乘〉中曾述及此樓：「山東撫署有樓七楹，諺曰『五鳳』，居內院之中。先祖母寢息其下，日扃樓門不使人登，惟逐晨命一媼捧酒果數事啟而獻之，及夕復入，持空器下。予怪而詰之，媼輒笑不答。一日，予躡其後，從之登樓，比其覺而回顧，予已入室矣。游目四顧，幽靜無塵，軒然一室，惟置榻幾數事而已。榻上衾枕咸備，若有人居，幾陳樽箸，余瀝尚溫。媼以酒果置幾上，亟牽予下，至梯半，聞上有步履聲。予尤心詫，後詰媼其上為誰，媼亟揮手禁予勿言。比下及地，群責予不應從登，且戒後勿再往，予時幼小，終不解其故也。先祖母喜聽鼓詞，日招二瞽者彈歌於窗下，予自塾歸，亦往聽之。一日，亭中侍先祖母餐罷，退至外室，坐案上聽瞽人歌。案對前戶，戶外即中堂，堂後偏左門通後院，右門接層梯。忽見一媼自左門入，轉入右門，陟級而上，履之有聲，其人衣月白色布衣，審之，似吾家王媼，遙呼不應，乃矚而待之，時予左右無一人在。俄爾王媼自外至，予詫問曰：『頃見汝登樓，未見汝下，胡又來自外耶？』王媼曰：『予甫自外間返，蹬樓者非我也。』予曰：『確見蹬樓者為汝，誠奇也！』王媼亦曰奇，乃就梯上窺，扉扃如故，且加鍵焉，梯下更無他戶，人竟杳然，豈不翼而飛耶？疾奔告先祖母。先祖母笑曰：『此仙也，日進酒果者，即供養之也。酒果朝獻，夕則空矣。幾榻衾枕不需人拂拭，自無纖塵；或有疾禱之，無不瘳。雖居我室上，從不我擾，故我亦奉之惟謹，汝勿妄言而招尤也。』予聞之，疑始釋。」（袁克文：〈洹上私乘〉，《辛丙秘苑》，上海書店出版社，二〇〇〇年，頁五二）袁二公子在這裡給我們講了一段聊齋故事。

韓復榘的辦公室在樓下，中間是過堂屋，有後門通往後花園，西面兩間是機要室和警衛人員值班室；東面兩間是是韓的辦公室和臥室。

辦公室內順南牆擺一套沙發；屋中間有一張圓桌，圍著四把椅子；靠東牆有一張中式硬木書桌，即是韓復榘的辦公桌，韓每天就坐在桌後一把圈手轉椅上辦公。轉椅背後靠牆有一排書架，上面散放著一些線裝書、西裝書和文牘。韓喜歡用毛筆，書桌上只擺著四樣東西：一個大硯臺、一個大銅墨水匣、一個大筆筒和一對銅鎮尺。筆筒內插著十幾管毛筆、幾枝鉛筆和鋼筆。其中有一枝鋼筆比較大，樣子也有點怪，原來是一枝鋼筆手槍，裡邊只能裝一粒子彈，殺傷力很有限，韓留在身邊只是為了好玩。辦公室牆上掛著一幅中堂和一幅畫。中堂上書于謙頌石灰詩：「千錘萬鑿出深山，烈火焚燒若等閒，粉身碎骨渾不怕，要留清白在人間」，字體古樸遒勁，不知何人所書。韓極欣賞此詩，並以此自勉。那幅畫很大，是岳飛全身像，端坐瓷礅，儒生打扮。當時的中國軍人無不希望成為一名儒將。

辦公室的裡間是韓復榘的臥室，裡邊有一張掛蚊帳的單人木床，一個中式衣櫃和一套沙發，除此再沒有其他傢俱。牆上懸掛一幅畫，畫的是「關羽夜讀春秋圖」，仍是一派儒將風度。景仰關岳是中國舊時軍人的傳統。另面牆上掛著一支捷克造雙筒獵槍，是張學良送他的禮物。蚊帳架上掛著一柄裝飾古雅的寶劍。韓並非用這些東西防身，只是賞玩而已。韓平時身上從不帶任何武器。（韓子華：〈記先父韓復榘先生〉，《傳記文學》，第六十一卷，第三期，臺北市：傳記文學雜誌社，頁六一）

韓復榘其人其事

（一）衣食住行

韓復榘是位標準的職業軍人，身高一米八〇左右，略瘦，卻很健壯；或坐或立，永遠是挺胸收腹，軍姿挺拔；剃光頭，幾十年如一日；兩眼細長，又總是眯縫著，往往在不經意中流露出一絲輕蔑的目光；鼻樑高且直，下邊是一道烏黑的短鬚，簡約而醒目；嘴唇總是閉得緊緊的，嘴角微微下垂，更顯高傲、冷峻。

圖088　韓復榘訓話

韓復榘皮膚白皙，當年在湖南沅江中游泳，袍澤戲稱之「浪裡白條」（《水滸傳》中梁山水軍頭領張順的綽號）。李宗仁對韓的第一眼印象不是預料中的赳赳武夫，而是「白面書生」。

韓復榘從來就不是戲說中的那種喳喳呼呼，張牙舞爪的鹵莽軍人，相反，他表情刻板，不苟言笑，幾乎沒有任何肢體語言。他說話一急，便有些口吃，因此，他說話很慢，很簡短，但語氣卻很堅定，斬釘截鐵，不容置疑。他與人談話，從不誇誇其談，大多時間是在默默地聽，很少插嘴，兩眼逼視對方，臉上毫無表情，令人莫測。他出身書香門第，自幼受過良好教育，說話從不帶粗口，即使發脾氣罵人，也是如此。

韓復榘擔任省主席後，依然保持老西北軍的簡樸傳統。他平時穿一身灰布軍裝，白布襪，黑布鞋，與士兵的區別僅在於不打綁腿，只有在閱兵或謁見蔣介石、馮玉祥時才認真打上綁腿，這時再看上去簡直就是一個大兵。韓若是去南京或北平開會，會正式一點，換上黃呢軍裝或一襲長袍。韓當過騎兵團長，平時又酷愛騎馬，但他從不穿長筒皮靴。韓晉升二級上將後，南京方面發給他一套金碧輝煌的軍禮服，裝在一個很考究的箱子裡，他一次也沒穿過，連著裝照也沒有。他之所以如此，並非出於簡樸，而是覺得穿上這樣一套行頭像舞臺上的戲子，很滑稽。韓從來不戴任何勳章、獎章，也並非出於謙虛，倒是因為自負：他自度既往戰功彪炳，盡人皆知，無須戴那些小零碎兒來炫耀。

韓復榘吃飯很隨便，平時在辦公室單獨用飯，每餐兩菜一湯，都很平常。韓是北方人，愛吃麵食，如餃子、烙餅之類。

韓復榘的夫人、子女及家庭教師在東大樓吃飯，每餐四菜一湯，基本上都是豬肉、牛羊肉及時令菜蔬，很少有山珍海味。一次，韓帶次子去青島，青島市長沈鴻烈設宴招待，席上有一道著名的魯菜「紅燒魚翅」，韓次子時年十歲，沒見過，更沒吃過魚翅，忍不住問父親：「那一根根細細的是什麼東西？」滿座哄堂大笑，韓的臉都紅了。（韓子華：〈記先父韓復榘先生〉，《傳記文學》，第六十一卷，第三期，臺北市：傳記文學雜誌社，頁六二）

韓復榘家住在省府東北角的東大樓，名曰「大樓」，其實也不見得多大，不過是上海人所謂的「假三層」。最上一層不能住人，只堆放東西。一、二層共有大小二十間住房，還有個大陽臺。二樓的大客廳甚為宏敞，滿鋪地毯，東、西兩邊靠牆是沙發，中間有個巨大的書桌。二樓與一樓都有走廊與一座大戲樓相通。

戲樓很高大，也很考究，一律是人字形地板。南頭是個大舞臺，其後臺向南連著五間大玻璃廳；戲樓的池座不設長椅，是舉行盛大宴會的所在，其東、西、北三面是二層樓，正面是包廂，東、西上下兩層有許多房間，傳說當年張宗昌的眾多姨太太聚居於此，其實未必，因為房間都過於簡陋，不像是高級臥室。這個大戲樓平時總空著，韓復榘很少大宴賓客，只是每週為連隊士兵放一次電影。一九三五年夏，黃河在山東鄄城決口，淹沒魯西七、八個縣，韓曾安排一千多難民住在這裡，樓上樓下到處住滿了人，韓夫人每天去慰問，歷時兩個月之久。

韓復榘出行一般是乘汽車，如果不出濟南市範圍，更喜歡騎自行車。有一陣他迷上了摩托車，經常帶幾個衛士騎摩托車去離濟南遠一點的地方。韓從來不乘人力車和轎子，爬泰山也是自己一步步蹬上去。他認為世界上最不平等的事莫過於人拉人、人抬人。

韓復榘打牌，但不上癮，有時為消遣，有時是應酬，一般打完四圈「衛生麻將」，故意輸點錢，就找藉口匆匆離開牌桌。

韓復榘愛喝酒，尤其愛喝家鄉釀造的「老白乾」。韓平時住在辦公室，有時來東大樓過夜。只要聽到樓下門口站崗的衛兵雷鳴般吼聲：「立正，敬禮！」韓夫人就將韓迎到二樓大客廳，二人隔著書桌對坐吸紙菸，談家常。少傾，有僕役端上酒菜，韓慢慢自酌自飲，下酒菜永遠是兩小碟，一是香椿炒雞蛋，一是小蔥拌豆腐。韓酒量極大，每次飲半斤白酒毫無醉意，但也僅以此為度，從不酗酒，醉酒。酒宴時如有人起哄、鬧酒，他就佯醉以脫身。

圖089　軟裝大號「哈德門」牌紙菸

韓復榘的菸癮很大，而且只吸軟裝大號「哈德門」牌紙菸，當時這是一很大眾化的菸，有錢人一般都吸罐裝綠「炮臺」。韓吸這種菸也未必是出於節約，可能是他在長期艱苦的軍旅生活中養成的習慣。他持菸的手勢很有特點：用右手拇指和食指捏住紙菸，並使菸頭向上翹著，如此看上去似乎有些笨拙、土氣，其實是為不使菸熏了手指。原來在西北軍是嚴禁吸菸的，馮玉祥經常檢查官兵手指，若發現有菸熏黃的痕跡，輕則罰跪，重則打軍棍。韓日久成習，難以改掉了。

韓復榘出身「草根」，也許是曾經遇到過太多的不公平，他堅持一種樸素的平等觀念。他除了拒絕乘坐人力車和轎子外，還嚴禁家中僕役稱呼主人為「老爺」、「少爺」。於是，韓的三個兒子分別被稱作「大學生」、「二學生」、「三學生」。一次，韓偶然聽到一位僕役管韓的二哥叫「二爺」，立即尖刻地訓斥他：「你就那麼愛當孫子？」從此「二爺」變成「二先生」。

韓復榘主魯時期，公務員星期日都休息。一天，韓突然想起，家中的廚子星期日不能休息，這太不公平！於是宣佈廚子星期日也要休息，是日由家人自己動手做飯。開始，韓認真實行，還親自下廚，興致勃勃地給夫人幫忙。後來，韓事情一多，忙不過來，做飯的事也就不了了之。

韓復榘不嗜賭，私生活也是嚴肅的。民國大總統黎元洪之子、山東棗莊中興煤礦任駐礦辦事委員會主席委員黎重光曾撰文憶及韓一事：「韓復榘自命不擾民，他屢次到棗莊，我請他住到礦場，他總是不肯，到礦場參觀後，仍住在車上。一九三六年他又到棗莊，我因有事，沒有立刻去迎接。駐礦辦事委員申殿元先往見他，說，『請主席住到礦內東樓，那裡很方便，叫條子和打牌都可以。』韓大怒。我隨後趕到，他對我說：『申殿元是什麼東西！侮辱我。把我當什麼人？』我說：『從前許多大官都來過，叫條子和打牌是常事。主席怎麼能和他們比，申殿元無知，請息怒。』他仍憤憤不平。中興總公司認為此事開罪於韓，對礦場不利，叫申自動辭職了。」（黎重光：〈中興煤礦與山東省府的周旋應酬〉，《一代梟雄韓復榘》，中國文史出版社，一九八八年，頁一〇一）

韓復榘與青島市長、海軍第三艦隊司令沈鴻烈私交甚篤，韓每次去青島，沈必盛情招待。韓歿後，沈接任山東省政府主席。一次，沈向何思源談起韓當年去青島的往事，說，「韓先生這個人真奇怪。你說他好賭麼，他只打打麻將，而且打上四圈就讓給別人；你說他好嫖麼，他常常睡乾鋪。」自以為對韓的脾氣秉性相當熟悉的沈，仍百思不得其解。（何理路：〈韓復榘在山東〉，《縱橫》，第四十九期，中國文史出版社，頁四三）

（二）「不怕死，不愛錢」

韓復榘的座右銘是「不怕死，不愛錢」，應該說基本上做到了。韓的個人收入究竟有多少呢？這是一個令人感興趣的問題。據何思源說，他對韓在軍費方面的收入不瞭解，但韓多次說過，「我不喝兵血！」就其行事看，是可信的。在省款方面，何是知道的：韓每月薪俸六七五元，特別辦公費一千元，特別開支費二萬元，這些都是在預算以內。特別開支費包括支付顧問、參議的薪水、車馬費以及饋贈、應酬等項開支。另外如馮玉祥帶一營衛兵在泰山居住兩、三年，亦由此款供給。何在韓去世後，曾追問財政廳長王向榮，韓是否還有其它收入。王說，財政廳有一項牌照稅收入，每年十二、三萬元，全部給韓主席。這樣，韓個人每月可自由動用的錢不過三萬元。（何理路：〈韓復榘在山東〉，《縱橫》，第四十九期，中國文史出版社，頁四三）

何思源是山東省政府委員、教育廳廳長，後來還擔任過山東省政府主席，一直位居山東省最高權力中心；何不是前西北軍人，更不是韓復榘的親信，而是蔣介石派到山東的人，何的話應該是可信的。

有政治面貌不明之景世仁者，一九三八年初，在剛剛淪陷的濟南、在日本人的眼皮底下，匆匆出版了一本名曰《韓復榘禍魯七年罪惡錄》的應景讀物，對屍骨未寒的韓復榘大加撻伐，爆料韓七年間貪污一億元！《韓復榘傳》作者、山東大學呂偉俊教授認為：「此說可信程度值得懷疑」。景在自序中豪情滿懷地揚言，接下去還要寫蔣介石、張學良、沈鴻烈等當時中國抗戰軍人的「罪惡錄」呢。

韓復榘不置房產、地產，這在當時的軍政官員中也算是另類。那個時代人有了錢，首先想到的是買房子置地。韓在河南、山東當省主席，一直住公房，夫人高藝珍勸韓買房，韓豁達地說：「有我在，不買房也有房住。我不在了，買了房也是人家的。」韓生前曾有三處房產；一處在北平，是張學良送的；一處在青島，是沈鴻烈送的；一處在南京，人稱「韓公館」，只有這處房產是韓出於政治上的原因，自己花錢建造的。當時各省疆吏，為表示服從中央，紛紛在南京購置房產，韓當然也不能例外。「韓公館」建成後，馮玉祥一家搬進去住，直到南京淪陷，房屋毀於日軍炮火，韓及其家人一天也沒住過。（韓子華：《我的父親韓復榘》，中華書局，二〇一三年，頁一一二）

韓復榘一生不斂財，也不理財，究其原委，主要是沒興趣。在西北軍時期，軍中就流傳「大大咧咧韓向方」之說。無論是在西北軍，還是山東，韓即使算不得「窮人」，也絕不是什麼有錢人。韓歿後，蔣介石念其「身後蕭條」，發給其家眷十萬元撫恤金。

西北軍解體後，前西北軍人紛紛投資銀號、銀行、公司、貨棧等，即使是副官、參謀也動輒入股幾萬、十幾萬，而韓復榘僅在東亞毛呢公司有股折合人民幣三萬餘元，純屬為公司董事長宋裴卿捧場，並非為牟利。（吳景南等：〈馮玉祥部及其本人的經濟情況〉，《西北軍集團軍政檔案》，中國文史出版社，二〇〇九年，頁一七一）

韓復榘有沒有貪污受賄，山東的民營企業家最有發言權。還是那位黎重光回憶當年在山東捐款賑災的事：「一九三一年山東境內黃河氾濫，韓復榘發起募捐，賑濟災民。我適在天津，中興總公司給我一電，叫我到濟南見韓，面交捐款兩萬元。總公司又給我一信說，韓復榘好名，要投其所好，錢花在刀刃上。我發一電致韓，告以中興公司捐款數字。他覆我一電，歡迎我去。我到濟南，先在交通銀行辦好兩萬元支票，親自送交韓復榘。他大為高興，在珍珠泉北面一廳中設宴款待我。」「韓復榘自命清廉，對於他的拉攏不能用金錢，而要用別的辦法，如前面已講過，響應他的號召，捐款賑濟山東水災。」「此外，如他在濟南郊區建立第三路軍陣亡將士祠，落成時我去參加典禮，他非常高興，指定一輛汽車供我專用。我向陣亡將士塑像一一行禮，並參加聚餐。餐很簡單，僅有大鍋紅燒肉和大饅頭，官兵一律無別。一個饅頭足有二兩，我平常飯量不大，為博得韓的歡心，努力吃了三個饅頭。」（黎重光：〈中興煤礦與山東省府的周旋應酬〉，《一代梟雄韓復榘》，中國文史出版社，一九八八年，頁一〇〇）

韓復榘個人生活很節儉，但該花錢的地方，則出手大方，從不吝惜。老長官馮玉祥及其衛隊住在泰山，每月六千元的開銷全部由韓個人可自由支配的三萬元中支付；一些前西北軍袍澤、北洋政府時代的失意軍人、下野政客，找到濟南來，韓都冠之以顧問、參議的名義，按月送錢。這些錢也同樣來自韓個人的「特別開支」。韓個人還資助過不少家境貧寒的青年學子和軍官到國外留學，每年按期匯款到國外，直至韓離世為止。

反之，韓復榘對某些南京政府大員的「敲竹槓」卻一毛不拔。賀耀祖曾任蔣介石的參軍長、徐州行營主任、軍委會參謀本部第二廳廳長。一次，賀致信韓復榘，說南京同事薪水皆不夠開銷，擬向韓「借」十八萬元，以便償還債務。地方官主動向京官「進貢」，本是官場約定俗成之潛規則。韓不識時務，等人家京官都放下身段張嘴「借錢」了，韓居然還不答應！孫桐萱勸韓，「不能多借，可以少借，需要應付一下，敷衍敷衍面子。」韓頑冥不化，仍是不「借」。後來據孫說，「此事不但得罪了賀本人，當然也得罪了南京方面另外一些人。」（孫桐萱：〈韓復榘被扣前後〉，《文史資料選輯》，第五十五輯，頁九九）

賽金花，又名彩雲，晚清名妓，早年淪落青樓，復又嫁入豪門，其一生經歷頗為傳奇。賽氏被狀元洪鈞娶為侍妾。洪旋以外交官身份出使歐洲四國，賽氏亦隨行。八國聯軍侵佔北京，賽金花因略諳德語，與德軍統帥瓦德西有過一段交往，因此有了「彩雲一點菩提心，操縱夷獠在纖手」之句。時至二十世紀三十年代，有記者發現賽氏尚在人間，困居陋室，一時間，賽氏又成為新聞人物。接著，劉半農、商鴻逵走訪賽氏，欲為其書寫傳記；張競生則提議為賽氏募金濟貧。

一九三六年秋，韓復榘從報上得知賽金花的消息，以其垂老之年，貧病交加，晚景堪憐，乃資助她國幣一百元，由國文學校轉交。大約在賽氏病故前一個多月，有兩位穿中山服的人來到北平前門外天橋居仁里十六號賽氏家裡，送上一百元國幣，說是山東韓主席送的。賽氏感慨萬千，說，「唉，回首可憐歌舞地，如今不似洛陽時！」當即手書謝詩一首：「含情不忍訴琵琶，幾度垂頭掠鬢鴉。多謝山東韓主席，肯持重金賞殘花。」其後還有賽氏的一行小注：「彩雲老矣，誰復見憐！昨蒙韓主席賞洋百元，不勝銘感。僅呈七律一章，用申謝忱。」（韓宗喆：《韓復榘與西北軍》，團結出版社，二〇一二年，頁五四四）此事公諸報端，一時傳為佳話。是年十二月四日，賽氏病逝，葬於北京南城陶然亭畔，享年七十三歲。

（三）膽大包天　厭惡矯情

西北軍人都知道：韓復榘膽大包天。有人說，在韓的字典裡，沒有「怕」字。韓當年發動「甘棠東進」，率領兩萬子弟兵，膽敢與十幾萬西撤的大軍背道而馳，擦肩而過，令世人瞠目。當馮玉祥雄踞北國，如日中天時，韓敢於離他而去；馮走投無路時，也只有韓不怕得罪南京，一次又一次把馮接上泰山。石友三被中華民國陸海空軍正、副總司令聯手打垮、通緝，只有韓不怕結怨蔣、張，把落魄的石藏進山東省政府。「七七」事變後，當時備受官方與民間誤解的張自忠逃離日本人控制的北平，首先想到的是去濟南，而不是別的地方，因為他最瞭解韓的性格。

韓復榘桀驁不馴，率性自由，從不輕易服從，對絕大多數國人早已認為是天經地義的人身依附關係，有一種本能的抗拒。難怪西北軍人都說：韓復榘有「犯上」的毛病。

「五原誓師」之後，在馮軍上層出現一個由「權臣寵吏」組成的強勢利益集團，他們一亮相便炙手可熱，權傾朝野，急不可待地奪取豔羨已久的兵符。軍中老將紛紛落馬，敢怒而不敢言。韓復榘偏不信邪，一味嬉笑怒罵，全不把彼輩放在眼裡，結果是引火焚身，成了眾矢之的，傷痕累累。

曾經在北伐時期擔任過韓復榘的作戰參謀，後來在臺灣出任防空炮兵司令的空軍中將傅瑞瑗，於一九八〇年代說過這樣的話：「韓先生這個人什麼都好，就是不能受一點氣，不能忍，太容易衝動，『小不忍，則亂大謀』最終落一個悲劇性的結局。」

韓復榘是個驕傲的人，他自尊、自信、自負。一九二六年馮玉祥從蘇俄回中國，舉行「五原誓師」。已接受晉軍收編的石友三主動跑去見馮，跪地大哭。同樣是受晉軍收編的韓復榘，雖然也歸心似箭，卻不動聲色。馮對韓的秉性瞭若指掌，不顧周圍人勸阻，親自來到包頭，一個電話就把韓叫回來了。多年之後，馮仍為此很是得意。

韓復榘秉性高傲，但顧大局，識大體。北伐期間，蘭封大戰前夕，馮玉祥為確定前敵總指揮人選而舉棋不定。他意屬孫良誠，又怕韓復榘不服氣，於是把韓叫到面前，試探著問：「你到前方去，是願意聽孫良誠指揮，還是叫孫良誠聽你的？」韓不假思索，脫口而出：「我聽孫少雲的！」馮大喜過望。

韓復榘一貫「犯上」，但對士兵很是體貼。一位當年韓的衛兵，晚年撰寫一篇文章，其中記述韓生活中的一個細節；冬季主席辦公室的大棉門簾十分厚重，每當韓進出辦公室時，站門崗的衛兵為其掀門簾，韓必快走幾步。類似這樣生動的情節，若非親身經歷是編造不出來的。

韓復榘崇尚本色，厭惡矯情。韓始終堅持在第三路軍中繼承老西北軍優良傳統，但也不是全盤照搬。當年橫七豎八縫在西北軍軍裝上的那些寫著各式標語口號（如，「我們為取消一切不平等條約誓死拚命」、「一彈當作全軍團體性命看」、「軍隊須是民眾武力」等）的小布條兒，統統被韓廢棄。

一九三三年十月，蔣介石對江西紅軍發動第五次圍剿。韓復榘奉蔣命派李漢章師前往江西。半年後，李班師回魯。韓在省府當著許多人的面，詢問李在南方軍隊（蔣軍）中有何見聞。李回稟，現在南方軍隊，只要提到蔣委員長，在場官兵都要立正。韓回過頭來，問參謀處的人：「這在《步兵操典》上有嗎？在《勤務令》上有嗎？要是當兵的一聽到長官就立正，那『老總』們一天到晚光立正就沒完了，還幹正事不幹？」（傅瑞瑗：〈韓復榘舊事〉，《縱橫》，一九九一年，第二期，頁三八）

一九三六年，韓復榘巡視泰安縣，召集學生講話，講話前要向孫中山像敬禮，唱黨歌等如儀。當時司儀為縣長周百鍠，唱歌時為表現積極，便站在大家面前打起拍子來。韓當即說了一聲，「停！」毫不客氣地指出，此時無需打拍子，命周縣長也入列肅立唱歌，眾皆竊笑。（徐北文：〈「韓青天」與山東文教界〉，《山左鴻爪》，上海書店出版社，一九九四年，頁八四）

圖090　韓復榘便裝照

（四）傳統軍人　書生本色

有人以為行伍出身的韓復榘只是一介武夫，略通文墨而已，其實這是一種很大的誤解。韓出身耕讀之家，其父韓靜源是一位秀才，以教私塾為業。韓自幼隨父在塾刻苦讀書多年，對儒家的典籍有很扎實的根基，參軍後南征北戰，戎馬倥傯，但仍保持良好的讀書習慣。韓主魯期間，山東省政府諮議、著名學者沙明遠經常為韓講經書、史書，如《易經》、《左傳》等。

在山東多年從事文史研究的紀慧亭老人斷言：「韓復榘並非老粗，當屬於舊知識分子範疇。」

當代山東著名學者、教育家徐北文撰文稱：「韓復榘在西北軍以能詩文，擅書法發跡。他在山東主政後，把一些術士、僧道統統趕出衙門，並重用何思源、梁漱溟、趙太侔等新派文人。韓與張宗昌的不同，是由於文野之分。至於韓復榘在民間傳說中已成為粗魯無知的軍閥典型，其實不確。筆者幼年時，曾瞻望其風采，頗有老儒風範，其詩亦合平仄，通順可讀。」（徐北文：〈李景林之死及其他〉，《濟南日報》，一九九三年十月九日）

梁漱溟對韓復榘的評價是：「韓復榘作戰勇敢，又比較有文化，方深得馮玉祥的的重用和信任，一步步提拔，而成為馮手下的一員大將。」「他對儒家哲學極為讚賞，且讀過一些孔孟理學之作，並非完全一介武夫。」（汪東林：〈梁漱溟問答錄〉，《人物》雜誌，一九八六年，第六期，頁五〇）

飽經歷史滄桑的百歲老人、時任國民政府軍委會官員陸立之於一九九四年在其著作中，回憶他與韓復榘會面時的情景：「筆者於一九三六年夏季，奉南京『國民政府軍委會國民軍事教育處』派遣，到濟南主辦『山東高中以上學生暑期集訓班』，因此與韓復榘有多次接觸，憑我個人觀察，根據其待人接物的各種姿態，其談吐表白，其心態流露，我認為韓是一個不平凡的人。」「有一天，韓忽邀我赴宴，這是一次奇特的酒宴，不僅形式上特殊，而且是韓復榘著意安排的一次宣講會，不重酒食，倒有些類似西方人的餐間會談。飲宴中韓復榘不再木訥，而是侃侃談笑，表露了他淵博的知識，使我當時就感到世人是誤解了他。這次宴會的奇特處是：兩桌酒席，一桌設在韓的起居室內，只有韓復榘、孔祥榕（黃河水利委員會委員長）、方覺慧（中央監察院派駐山東監察使、元史學家）、陸夢衣（作者）四人入席。另一席設在房門外的廳口，有省政府的秘書長、民、財、建、教四位廳長及一位機要秘書入座。當時張秘書長與教育廳長何思源等舉杯祝酒時，只停在門檻外，不再入室，這是我未曾見過的奇特方式。再一令人驚奇的不是美酒珍饈，而是聆聽韓復榘的娓娓高論，這有些像新聞發佈會或是什麼雄辯會。韓復榘的放言豪飲，談鋒犀利，似在表白其心胸坦蕩，是個知書達理的人。他面對方覺慧談論元代史，不僅評說了成吉思汗的黷武主義功罪，竟也背誦了元好問的絕句，似又意有所指。絕句是：『漢謠魏什久紛紜，正體無人與細論。誰是詩中疏鑿手？暫教涇渭各清渾。』韓復榘借酒論詩是宣洩著什麼？恰又是面對正在撰寫《新元史》的監察使，這可說是妙語雙關，在當時的國民黨所謂『儒將』中，很難覓到第二人。其次，韓復榘與孔祥榕評論《水經》，詼諧幽默。孔體胖善飲，揮汗不止。韓風趣地說，『您在治黃之前，先得治您這一身水。《水經》一書，連隋唐漢晉誰人所撰都搞不清，就不足為本。』這番話出語不俗，又顯露韓復榘博古通今，並非一莽莽武夫。」「我從濟南回南京前，韓復榘表示惜別，親自題上下款，臨時贈送了一張照片給我。當時他懸腕振筆，恭正地寫了兩行遒勁的楷字，我又看到了韓復榘的書法也有功底。」（陸立之：《誰主沉浮》，中國文史出版社，二〇〇六年，頁二六〇—二六一）

陸立之對韓復榘總的印象是：「韓復榘胸有韜略，機智過人，遠非一般傳說韓僅是『略通文墨』之輩。」（陸立之：《誰主沉浮》，中國文史出版社，二〇〇六年，頁二六〇—二六一）

于植元（大連大學師範學院名譽院長、教授、遼寧省文史館員、著名學者、教育家、書法家）在一次學術報告會上講：「有一年，我和侯寶林先生在一起半個多月，我說，你那個相聲《關公戰秦瓊》得改，為什麼？因為韓復榘雖是軍閥，但他是一位學者。他的古文字學、音韻學的修養很深，詩寫得好，字也不錯。記得黃侃先生有一次在北京講學，回來很激動地說，『我發現了一個人才——韓復榘，那麼多人聽我講學，只有韓復榘全懂。他對古音韻學超出一般人的理解。他是大家，詩寫得好，字寫得好。』瀋陽故宮裡有他的字。寫文藝作品的人誤會了他，他們是把山東督軍張宗昌的事給韓復榘安上了，相聲上這麼一講，韓復榘就是魯莽之人了，這個東西很可怕。所以我們現在不學歷史，只看文藝作品，看電影，聽

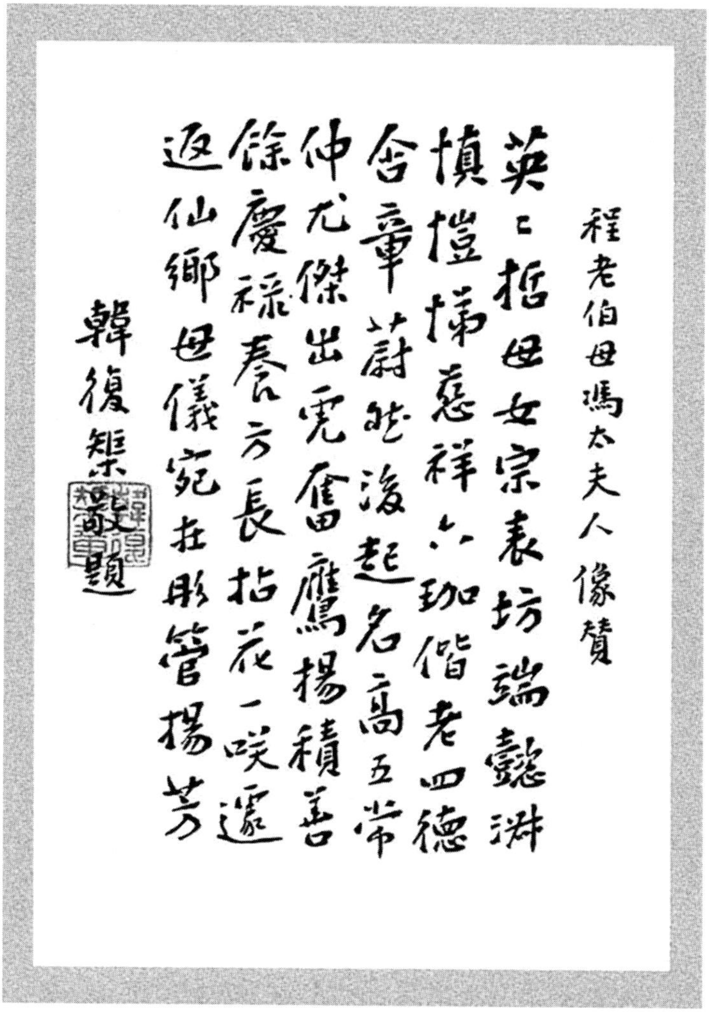
程老伯母馮太夫人像贊
英英哲母女宗表坊端懿淑
慎愷悌慈祥六珈偕老四德
含章蔚能後起名高五常
仲尤傑出亮奮鷹揚積善
餘慶祿養方長拈花一笑還
返仙鄉母儀宛在彤管揚芳
韓復榘敬題

圖091　韓復榘書法（一）

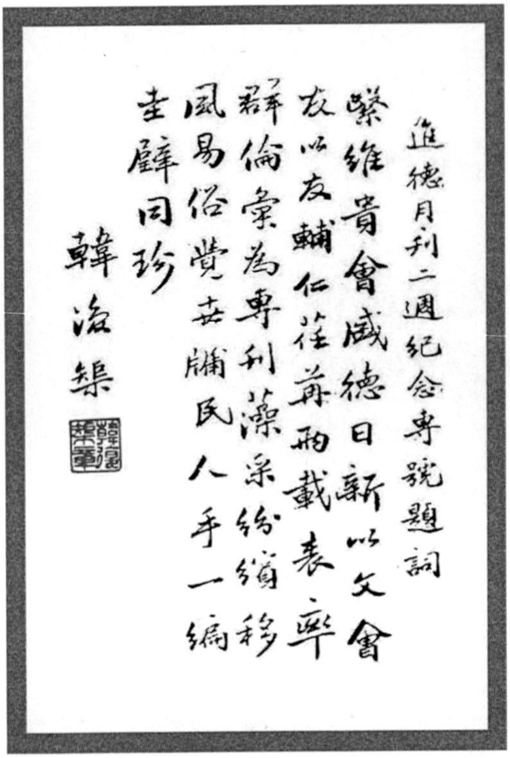

圖093　韓復榘書法（三）

圖092　韓復榘書法（二）

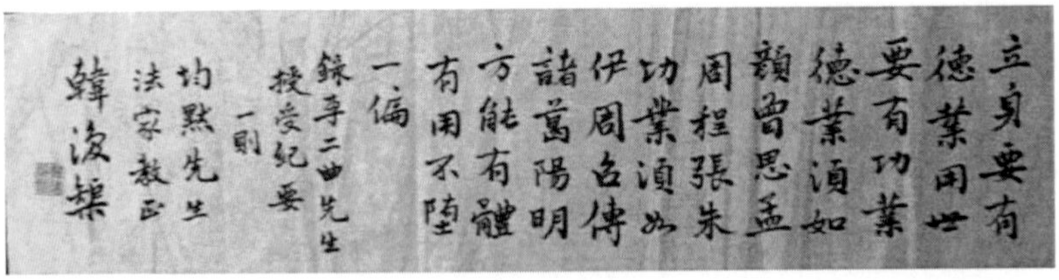

圖094　韓復榘手書，一九三四年十二月

相聲，以後還不一定把人都教成什麼樣子了。」（于植元講，于丹等整理：〈傳統文化芻議〉，《白雲論壇》，第一卷，北京圖書館出版社，二〇〇四年九月）

有人把《效坤詩鈔》中的幾首詩說是韓復榘所作，大加嘲笑，顯然是把韓復榘與張宗昌（字效坤）當成一人了。那幾首詩雖選自《效坤詩鈔》，其實也並非張宗昌所作，而是由張的老師、前清末代狀元王壽彭代筆，乃文人的遊戲之作。在那個時代，文人武人寫「打油詩」是一種時尚，追捧者大有人在。「打油詩」係詩之異數，不受格律限制，有感而發，生動活潑，詼諧幽默，不能以平常的標準品評其高下。《效坤詩鈔》之一首〈天上閃電〉（忽見天上一火鏈，好像玉皇要抽菸。如果玉皇不抽菸，為何又是一火鏈？），就得到某位現代詩人的好評。更有人對「靠窗擺下酒，對海唱高歌。」（〈蓬萊閣〉）之句拍案叫絕。

（五）從打籃球說起

韓復榘酷愛多種運動，騎馬、游泳、武術、單桿、踢足球和打籃球等都是他的最愛。

坊間流傳一則笑話，講的是韓復榘看見一群人在打籃球，便說，搶什麼搶？每人發一個球玩去！意思是笑話韓復榘沒見過打籃球的。這讓人想起另一個笑話，說是一個老農民進城，不會開電燈，就用火柴去點電燈泡。這類笑話其實很無聊，也很淺薄。

其實，韓復榘不僅見過打籃球的，而且會打籃球；不僅會打籃球，而且還打得很好。

記得前些年有人在《讀者文摘》（現易名《讀者》）上轉載一篇小文，講的就是韓復榘與打籃球的笑話，下一期就有一位老者撰文批駁說，他親眼見過韓復榘打籃球，而且「技藝頗佳」。

說來話長，籃球運動起源於美國的麻塞諸塞州普林菲爾德基督教青年會訓練學校，一八九〇年傳入中國。早在一九一六年，第十六混成旅駐軍廊坊，馮玉祥率韓復榘、孫良誠、張維璽、過之綱、劉汝明、程希賢等連級軍官赴北京基督教「美以美會」學習打籃球，由基督教青年會總幹事、美國傳教士格林擔任教練。一行人學習了籃球規則及基本動作，幾天後返回部隊，從此每星期日都到北京去學習，回營後再傳授給其他官兵。韓復榘本來就是個「體育迷」，籃球竟成了他的終生愛好，以後在他的部隊裡，籃球是開展最普及的一項運動。老者回憶說，每逢部隊舉行籃球比賽，韓必親臨現場觀戰，一時技癢，還要上場小試身手，直到他擔任山東省政府主席，這個習慣依然保持不變。

韓復榘不僅喜歡打籃球，還愛踢足球。一九一七年，第十六混成旅駐軍浦口期間，由韓復榘、孫良誠、石友三、程希賢等青年軍官組成的足球隊常到江對面的南京，與李純的第六師及南京各院校的足球隊比賽。一次，第十六混成旅足球隊與某校足球隊比賽，馮玉祥也前往觀戰。賽後，馮玉祥請雙方隊員去一家西餐館吃飯。馮軍隊員都是北方彪形大漢，吃飯狼吞虎嚥。他們嫌上菜太慢，先大嚼麵包、黃油和果醬，待主菜陸續上桌時，「老總」們早已吃飽。馮玉祥哭笑不得，回營後編寫一本名曰《宴會須知》的小冊子，發給軍官們學習，此事一時傳為笑談。韓復榘到山東後，已屆不惑之年，仍不忘情球場，一次比賽足球，崴了腳，很長時間走路還一瘸

圖095　西北軍足球隊與保定同仁中學足球隊，左一韓復榘、右一孫良誠，一九二八年，保定

一拐的，從此不再踢球，改當小孩的足球教練，教他們頂球、壓球、射門等技巧。

韓復榘的家鄉雖在北方，但距白洋澱很近，河流縱橫，他出生的台山村就四面環水，猶如孤島，出門就要乘船。韓自幼生活在這樣的環境裡，游泳自然不在話下。一九一八年，第十六混成旅駐軍湖南常德，韓常去沅江游泳，由於他皮膚白皙，又水性好，遊得快，眾袍澤戲稱他是「浪裡白條」。一九一九年，部隊駐軍湖北諶家磯，距漢口很近。韓閒暇常約三五知己去長江邊游泳，興起之時，索性橫渡長江。到山東後，為提倡游泳運動，於濟南「進德會」修建公共室內游泳池，寬二〇米，長五〇米，還有跳水區，這在當時華北還是首屈一指的。

韓復榘早年當過騎兵團長，騎馬成為他終生的愛好。他每週至少「壓馬」一次。所謂「壓馬」就是騎馬，據說馬要是長期不「壓」就廢了。有幾次他帶孩子們去壓馬，小孩騎的都是極老實的馬，還有人牽著。一出城，韓就帶著十幾名副官和參謀縱馬絕塵而去，一個多鐘頭再回來時，人與馬都已是大汗淋漓。在回城的路上，他不再像先前那樣端坐在馬背上，而是一腿橫跨馬鞍，身體略向一側傾斜，這是騎兵在馬背上休息的習慣姿勢。

西北軍練兵特別注意體操鍛鍊，馮玉祥要求官兵必須學會「鐵桿」（即單桿）的「三大套」動作，即「屈身上」、「搖動轉回」和「倒立」。韓復榘十幾年後身為省主席，仍能在單桿上做動作。一次，他漫步到省府五連駐地看士兵練單桿，一時興起，冷不防躍上桿子，來了個「屈身上」和「搖動轉回」（「倒立」是肯定沒戲了），士兵們齊聲喝彩，連長怕出事擔待不起，忙不迭把他從桿子請下來。

韓復榘十分推崇國術（武術），每天早上練太極拳、行意拳半小時，雷打不動。他不僅自己練，還規定公務員和部隊官兵都要練。韓建立「山東省國術館」，自兼館長，誠邀李書文、于化行、竇來庚等國術大師任教。

一九三六年六月的某一天，韓復榘在濟南辛莊兵營對參加軍訓的全省高中一年級學生訓話。他鼓勵少年習武，不做「東亞病夫」，為言傳身教計，他脫去軍裝上衣，在臺上打了一套「少林小洪拳」，同學們見省主席當眾秀拳術，都吃驚不小。

（六）兒女教育別具一格

韓復榘對兒女之教育有其獨特的方式。韓不讓兒女上小學，而是由他聘請家庭教師在家裡教兒女讀書，等兒女到了上中學的年齡，才允許去上中學。

圖096　韓復榘之子

韓復榘為兒女聘請四位家庭教師。一位是從北京請來的前清舉人，姓桂名保，字燕生，人稱桂老夫子，是位旗人。老夫子教四書五經，全是舊式私塾的教法，略事串講之後，就責令學生熟背，一本《上論語》要一口氣背出。老夫子還教學生作詩，先是對對子，然後就是熟背《千家詩》及《唐詩三百首》，他不教作詩的方法，認為詩背多了，自然就會作詩。

韓復榘對《左傳》很感興趣，有時請桂老夫子帶著學生到其辦公室去講《左傳》，他在一邊吸著紙菸當「旁聽」。這時老夫子就特別賣力，按照「朱注」講得很細緻。韓一向特立獨行，常對「朱注」提出異議，與老夫子探討。老夫子必唯唯稱是，但從眼神中可以看出他內心並不苟同，認為都是異端邪說。

桂老夫子完全繼承了旗人多才多藝的生活情趣，唱崑曲、下圍棋、鬥蛐蛐、養蟈蟈，無一不精。他還經常為學生講《聊齋》、《閱微草堂筆記》裡的故事，繪聲繪色，引人入勝，講到興奮之處，鬚髮皆張，忘乎所以。

現代語文教師由秘書王一箴擔任。王畢業於師範學堂，卻很迷信「戒尺」，學習不好就打學生手心。王還教學生習字及圖畫。縣衙「帖寫」及軍隊「司書生」出身的韓復榘，對兒女寫字抓得很緊，親自佈置作業，規定每天必須寫多少篇大楷和若干小楷，雖公務繁忙，仍不忘檢查。首先查數量，完不成就罰跪，三子貪玩，罰跪次數最多。一日，次子寫「遠」字，上下都寫成捺形，受到韓的痛斥：「你們老師怎麼教的！一個字不能寫兩個捺，都沒給你們說過嗎？」

英語教師由韓復榘的英文秘書兼翻譯陸鼎吉擔任。陸父乃山東赫赫有名的「陸探花」，家學淵源頗深，本人又留學美國多年，學貫中西，難免持才傲物。山東省府秘書處有位曹秘書，學識好，資歷深，又是位長者，韓復榘對老先生十分尊重，破例准他可以不參加朝會，還允許乘人力車進省府上班。陸每有詩作常向曹請教；曹也老實不客氣，拿過詩來，信手加減，往往將陸作改得面目皆非，陸漸不悅。一日，陸又當眾奉上一詩，請曹斧正。曹又依例徹底修理一番。良久，陸方緩緩道來：「曹老，不瞞您說，這可是杜工部的詩！」滿堂哄然大笑。從此兩人再不說話，視同路人。曹嗣後在天津師範學院擔任史學教授。

韓復榘的私人武術教練于化行擔任武術教師。于教學生太極拳、行意拳及八卦拳，也教授刀、劍、槍、棍等兵器。於擅長教「打散劍」，即令兩名學生各執一把木劍，相互隨意擊打，但只准觸及對方手部，儘管事先戴上厚手套防護，手還是常被打得紅腫。

于化行，直隸望都人，清末民初武術大家、孫氏太極拳傳世創始人孫祿堂的第子，孫氏太極拳第二代傳人。在山東省國術館（館長韓復榘、副館長竇來庚）任教務員。一九三五年撰寫並出版《武當真傳太極拳全書》，韓為該書題寫書名並作序。

遇有貴賓來訪，韓復榘常叫兒子去表演武術。一天，蔣介石偕夫人來到珍珠泉，韓命副官傳其次子前來表演拳術。韓見兒子來了，遂命他打一套太極拳。兒子精神過於緊張，本應是節奏舒緩的太極拳被他打得飛快，兩分鐘就完事了。蔣點頭微笑，韓卻瞪了兒子一眼，罰他再練一套大刀，那可是關雲長用的那種「青龍偃月刀」，很有點分量。這次兒子不敢再偷懶，認真練下來，累得渾身大汗，沒等韓擺手，便逃之夭夭了。（韓子華：《我的父親韓復榘》，中華書局，二〇一三年，頁三〇）

韓復榘的兒女都在濟南齊魯中學上學，那是一所私立教會學校。韓的長子學習成績很好，全省初中會考名列第二，上高中時想考省立一中，因為該校是全省最好的學校。但韓堅絕不准，說那是國立學校，主席的孩子去那裡念書，別人會說閒話。韓長子為此大哭一場，最後還是在齊魯中學上高中。

韓復榘在生活上對兒女管得很嚴：衣服是黑布制服，黑布馬褲，膝蓋部位還要先打好補丁，以防以後磨破；鞋是黑布鞋，為了結實，前邊還有皮包頭；新襪子必須先補上襪底才能穿。韓吸菸時，不許兒女為他劃火柴；喝酒時不准兒女為他斟酒；打牌時非但不允許兒女在旁邊觀看，即使路過牌桌，也要目不斜視，快步通過，否則必遭呵斥。韓認為這些都是「壞毛病」，孩子們不但不能學，連看都不應該看。

韓復榘從不打罵兒女，但平時過於嚴肅，兒女都有點怕他。但偶爾碰上他高興，再喝點酒，便以檢查功課為名，把孩子們叫去閒聊，這時他往往很和藹，也很「民主」。一次，韓的長子問他世界上最欽佩誰？韓想了想，說：「英國的愛德華八世就很了不起。」兒女們沒想到，那位不愛江山愛美人的異國君主，竟是父親心目中的英雄！又一次，韓與兒女們討論中國名人誰的名字起得最好。兒女們七嘴八舌，說了一大堆名字，韓都不以為然。兒女們請他說一個好名字。韓說：「我看『徐向前』這個名字就起得不錯。走得慢，卻不停向前走，這個世界上還有什麼事辦不成呢？」（韓子華：《我的父親韓復榘》，中華書局，二〇一三年，頁三二）

（七）關於韓復榘的「笑話」

社會上流傳有關韓復榘的種種軼聞趣事，均出自酒欄茶肆及「地攤文學」，意在迎合低級趣味或賺錢牟利。民間關於他的笑話至今仍廣為流傳，某些文章、著作也以訛傳訛，樂此不疲，甚至胡編亂造到不可理喻，以至其人本來面目和真實性格卻被蒙上一層厚厚的塵埃和迷霧。

韓復榘主魯七年有餘，得罪了一些人，而若輩偏偏又是掌握了話語權的人，於是由他們炮製、散佈的關於韓的種種笑話便不脛而走，滿天飛。其實辨別這些「笑話」的真偽僅憑常識即可，凡有識之士皆嗤之以鼻，不屑與聞。

梁漱溟說：「對於民間流傳的關於韓復榘的種種笑話，不止是我，如韓的老友張鈁（原國民黨政府軍事參議院副院長）、聞承烈（馮玉祥軍隊的兵站總監）等，都認為許多不合事實。」（汪東林：〈訪梁漱溟問答錄（五）〉，《人物》雜誌，一九八六年，第六期，頁五〇）

除了「打籃球」的笑話外，又有人編故事，對所謂「韓復榘講話」大加嘲諷，諸如「沒來的請舉手」、「懂七八個國家的英文」、「行人都靠右走，那左邊留給誰呢？」云云。

那麼韓復榘講話到底怎麼樣呢？

一九三五年四月，韓復榘在第三路軍「軍官訓練班」上就戰術問題講話：「書面上的知識拿到社會上去應用，是很難恰當的」，必須「實事求是的埋頭去做，才會有相當效果。不然彷彿閉門造車，最後是要失敗的」。「戰術學裡說，全線作戰是什樣，正面攻擊是什樣，側面作戰又是什樣，雖然講得很詳細，可是實際應用起來，哪有這樣恰當的時候？敵情什樣，是守是攻，是不是混成隊伍，敵人的器械是什麼，敵人有沒有相當的訓練，以及作戰的地形，是山河是村莊，都是指揮官根據實際情況隨機應變，詳為籌畫，

決不是書本上找得到的。」（呂偉俊：《韓復榘傳》，山東人民出版社，一九九七年，頁一三九）

一九三七年三月二十一日，韓復榘在省府「朝會」上就資本主義經濟問題講話：「資本愈發達，貧富的差別愈大，結果苦樂不均，社會的痛苦就一天比一天加深了。即以美國而論，美國是世界上第一個富國，其實也就是幾個資本家富，如同煤油大王、汽車大王、鋼鐵大王等等，其國內每年仍有幾百萬失業的，幾百萬沒有飯吃的。」（《山東省政府公報》，第四二九期，一九三七年三月二十一日。山東省政府的檔案彙編，山東省圖書館保存）

一九三一年，濟南學生鬧學潮，韓復榘認為學校內一定有共產黨，便召集濟南中等以上學校校長舉行座談會，與會者都捏了一把汗，但韓的態度很好，只說明要嚴防共產黨，各校長要引導學生，加強教育。教育廳長何思源說：「他的講話簡明扼要，又照顧各方面，對各校長的顧慮和意見也作了解釋和答覆，而且說得有分寸，很得體，沒有帶一點威脅口吻。會後聚餐，韓復榘殷勤招待，大家都很滿意。事後大家評論那次座談會的發言，都說：『主席的發言講得最好。』」

對這種現象，北京大學教授孔慶東有其獨特的解釋：「民間有很多韓復榘不學無術的笑話，孔老師也會講七八個。但實際上，韓復榘的文化水準很高，熟讀四書五經，在縣衙和部隊裡都當過『司書』，是以文武雙全的本事當上一員大將的。傳說中他那些愚蠢的搞笑之舉，孔老師認為一部分是民間文學的『集合』作用，將發生在多人身上的事集中到一個人身上，造成『典型』效果；另一部分則可能是韓復榘裝傻充愣，其中又可分為幽默調侃和憤世嫉俗兩種。比如，蔣介石推行『新生活運動』，強令國民上街一律『右側通行』。韓復榘說在：『蔣委員長腦袋瓜子進水啦?讓人走道都靠右邊走，那他的左邊讓誰走哪?那馬路不浪費一半了嗎?』一個省主席是斷不會弱智到這種地步的。韓復榘假如確實說過此話，那就是故意裝傻充愣，來反對蔣介石不得人心的『新生活運動』，而梁漱溟搞的教育實驗，韓復榘就不但支持，而且親自考察。韓復榘個性倔強，又佯狂傲物，所以馮玉祥、蔣介石都很討厭他。馮玉祥打過他一個耳光；老蔣則終於尋了個『不戰而逃』的罪名把韓復榘給誘殺了。」一（孔慶東：〈向梁漱溟先生學習〉，《評醒論客》，第三十一期，二〇〇九年三月四日）

吏治

（一）以帶兵的手段管理公務員

韓復榘主魯之先，山東兵連禍結，滿目瘡痍，政治黑暗，官場腐敗。韓蒞政伊始，急於求治，一九三〇年九月五日就職，十五日即佈告全省，公佈其治魯之四項「行政計畫」，為首一條即「澄清吏治」。韓稱：「查為政之道，首重察吏。得人而治，自古為昭。」為此，韓痛下決心，躊躇滿志，揚言要使其治下的山東「政治日新，與年俱增，地方有豐產之象，人民興樂利之歌。」「變魯變齊」，「為我山東開一新紀元」。（《山東文告彙編》，頁二一七）

為了振興齊魯，同時也是為了鞏固團體，韓復榘堅持要實行改革。何思源對此評論說，「韓復榘常常說要改革，不然就會垮臺。他請梁漱溟來山東辦鄉村建設時說，『我不會改革，請梁先生來替我們改革吧！』韓請青年黨來山東，最後又想和共產黨合作，都是從他那舊的的一套需要改革的心出發的。」（何思源：〈我與韓復榘共事八年的經歷〉，《文史資料選輯》，第三十七輯，頁二〇八）

中國社會科學院近代史研究所研究員馬勇認為：「我們現在很公平地說，韓復榘這一代軍人都是有理想的，都是孫中山三民主義訓練出來的，不是舊時代的官僚，不是讓我幹什麼，我就幹什麼。他們都是在想著做出一個示範來。」（馬勇評論，電視系列片「白面軍閥書生氣」，《我的中國心》，鳳凰衛視製作）

軍人出身的韓復榘用治軍的辦法執政，以帶兵的手段管理公務員。

圖097　民政廳長李樹春身著黑色制服，打黑色綁腿

韓復榘整肅吏治，首先從改變公務員形象開始，要求山東公務員的服裝必須像軍人一樣簡約樸素，整齊劃一。韓規定，公務員必須身著中國布（中國產布）制服，夏季穿白布制服，白布襪（不准穿線襪），黑布鞋（不准穿皮鞋），戴白色平頂草帽；春秋季穿黑布夾制服，黑布襪，黑布鞋，戴黑色禮帽；冬季穿黑布綿制服，黑布襪，黑布鞋，戴「三塊瓦」式黑棉帽。制服樣式與第三路軍軍裝一致，只是顏色不同。有公務員對如此規定很不以為然，他們自嘲說：「我們這些人，夏天是一群白羊，冬天是一群黑豬。」

高密縣縣長穿線襪子，韓復榘擬予撤職。建設廳廳長張鴻烈說，當初只規定公務員要穿布襪子，沒說穿線襪子撤職。韓乃給縣長記過一次。（杜天錫：〈韓復榘言行瑣記〉，《一代梟雄韓復榘》，中國文史出版社，一九八八年，頁一八四）

韓復榘規定：男公務員不准留長髮，必須同軍人一樣剃光頭（推平頭也不行）。有不少從學校畢業的學生應聘到山東當公務員，對強迫他們剃掉時尚的「大中分」，頗為鬱悶。

韓復榘為公務員制定了類似軍營的嚴格的作息時間表。韓規定：省府機關公務員早五點半起床（夏季更早），晚九點熄燈；早晨上班之前要參加朝會。朝會是西北軍的老傳統。省府機關每週舉行三次朝會：星期一在進德會舉行「總理紀念周」；星期二在省府舉行「勉勵會」；星期三在民眾體育場進行軍事訓練。

朝會前，全體公務員要做早操，唱《早起歌》、《為政箴言歌》。《早起歌》歌詞是：「黑夜過去天破曉，朝日上升人起早。革命旗，高飛揚，看青天白日，滿地紅照耀。」《為政箴言歌》歌詞是：「革命成功光明顯，革新政治不容緩。『清、慎、勤』莫違反，把從前陋習，一律盡除鏟。」

韓復榘規定：全體公務員必須參加朝會，不准遲到，否則嚴懲不貸，絕不姑寬。有人說，「韓復榘是一位堅絕的睡眠反對論者」，常以「早起」作為擢拔官吏的條件之一。

一次，韓復榘主持「總理紀念周」，教育廳長何思源及省公安局長王愷如因先一晚觀劇，遲到二十分鐘。韓飭馬弁責王五十軍棍。何疑將罹同樣之罰，誠惶誠恐。韓以教育廳長係文職人員，軍棍非所宜施，因令何持箕埽打掃禮堂清潔。有一小職員在人叢中悄聲說：「今可謂斯文掃地矣。」韓聞言忍俊不禁，何倒十分坦然。（《現代中國名人外史》，實報社，一九三五年，頁一二九）

韓復榘規定：公務員辦公時間不得遲到，早退，不准擅離職守。在長期的軍旅生涯中，韓養成了「點名」的習慣。每逢包括朝會在的各種場合，韓都要點名，有時還「突然襲擊」，親自到各機關去點名，到各縣巡視檢查，點名也是必不可少的節目。點名不到，輕者受罰，重者除名。因此，各級公務員只要聽說韓復榘要來點名，無不誠惶誠恐，戰戰兢兢。有公務員發牢騷：「韓復榘的政治，就是點名政治。」

一九三一年一月六日上午八時整，韓復榘突然騎自行車來到濟南市政府點名。由於韓主魯時間不長，市府公務員舊習未改，懶散如故，應點者寥寥。韓一怒之下，用筆將點名冊上的人名全部抹掉，又批了「解散市政府」幾個字，摔下名冊，拂袖而去。當日，市長陳維新被免職。（韓子華：《我的父親韓復榘》，中華書局，二〇一三年，頁四）

（二）用治軍的辦法執政

韓復榘為嚴肅公務員風紀，防腐倡廉，制定嚴格的紀律，如縣長以下公務員出入不准乘坐汽車或人力車；同僚之間不准稱「老爺」、「大人」，要稱官職或「先生」；不准「浮華」、「侈麗」，要崇尚節儉；不准年關節間饋送禮品；不准機關舉行娛樂宴會；不准冶遊飲宴；不准挾妓觀戲或挾妓侑酒；不准在大街上邊走路，邊吸菸；不准公務員家屬佩戴貴重飾品等等，都有明文規定。

韓復榘主豫時即以「我不愛錢」自勉，主魯之後更是以「不貪錢」戒人。韓最痛恨官員貪污受賄，在山東，公務員貪污五百元以上即槍斃。

韓最欣賞于謙〈詠石灰〉一詩，命省府的書法家代自己將詩中「粉身碎骨渾不怕，要留清白在人間」兩句寫成對聯，贈給即將上任的縣長，以示關心和勉勵。

韓復榘要求全體公務員，特別是縣長，不僅要廉政，還要勤政。韓警告縣長要「事必親躬」，不得「大權旁落」。韓規定縣長要親自繪製所管縣的地圖，以便對轄區的地理「瞭若指掌」。韓規定縣長每月至少要下鄉兩次，進行施政演講，並將演講情況上報省府。

一九三四年七月，韓視察黃河險工，電令沿河二十二縣縣長一律移駐大堤，督工搶險，時至八月。河水低落，始令彼離開大堤。（呂偉俊：《韓復榘傳》，山東人民出版社，一九九七年，頁一八二）

一九三一年，韓復榘視察膠縣，縣府房屋年久失修，屋頂雜草叢生。韓罰縣長帶領全體職員上房拔草，不拔乾淨，誰也不准下來。

韓復榘辦事雷厲風行，最反對積壓公事。他說：「官廳惡習，莫如積壓公事。」

一九三四年，韓復榘視察臨沂縣，有婦人告狀說，他的狀子遞到縣府已有數月，一直沒見下文。韓叫來縣長李鳳五詢問。李在地方上作威作福，不理其政，凡事皆交付一位范姓科長代辦。韓問及此案，李瞠目，無言以對。韓拍案喝道：「混蛋！叫你在這裡只管吃閒飯的嗎？滾到一邊去，叫你的科長來。」范科長跑來回稟，此案歸法院受理，縣長確實不知。韓又將法院院長叫來質詢，法院院長亦張口結舌。韓命衛士將其拖到一邊。事後，韓給公務員及民眾訓話，將縣長痛加訓斥，並予撤職。

韓復榘每年都要巡迴視察。社會上流傳關於韓復榘視察的故事也不少，但多屬訛傳。前甘肅省作家協會主席、山東籍人高平寫過一篇隨筆〈《北方有佳人》與韓復榘〉，講了兒時親見親歷事：

「我親眼見過韓復榘的。那是一九三七年『七七事變』以前的一天。我父親由北平朝陽大學法律系畢業後回了老家，在高苑縣擔任看守所所長。韓復榘作為省主席前來高苑視察。他不是坐在辦公室召開會議，而且在縣政府門前的操場上放了一把椅子，往那裡一坐，讓縣上的各級官員到面前來站著彙報工作，接受詢問，群眾可以在場觀聽，剛滿八歲的我就站在其中。我記得父親也和別的小官一樣，腋下夾著公文夾，跑步到他面前，立正報告了什麼。」（引自「高平的博客」）

韓復榘對當時山東各地監獄普遍人滿為患的現象十分反感，因其中多有監管人員索賄受賄的黑暗隱情。為此，韓常有「清監」之舉，即經親自複審，對關押的人犯「該殺的殺，該放的放」。一九三三年元旦，韓復榘實行大赦，將關在省會公安局、歷城公安局及軍法處的二百多名人犯，親自提審，除個別判刑二十年以上者繼續關押外，餘皆明令釋放。

韓復榘主政之初，山東各地監獄均為舊式監獄，監房陰暗潮濕，污穢不堪，猶如人間地獄；監獄管理弊病百出、黑暗異常，韓對此深惡痛絕。韓同馮玉祥的習慣一樣，走到哪裡，一定要去看看當地的監獄。一次，韓視察章丘監獄，發現監中設有虐囚用的小木籠，很是氣憤，遂將章丘法院院長關在小木籠裡待了一會兒，說：「你也嘗嘗這個滋味！」

韓復榘主魯期間，在濟南設了第一、第五模範監獄和一個拘留所，另在煙臺、濟寧、益都、威海、荷澤等地也設了新監，山東省因此受到南京司法當局的嘉獎。（呂偉俊：《韓復榘傳》，山東人民出版社，一九九七年，頁一六一）

（三）反對任人唯親　嚴禁任用私人

在「人治」時代，政治如何，決定於「吏治」：「吏治」如何，取決於「得人」，「得人」方能「治事」。韓復榘深諳此理，因此，他在用人上既不拘一格，又十分慎重，此即曾國藩所謂「廣收」、「慎用」。

韓復榘反對「任人唯親」及「任用私人」。韓面試新人，第一句話就要問：你是怎麼來的？韓在人事任免過程中，最厭惡投機取巧或託人情，拉關係，一旦發現，永不敘用。

韓復榘對省府各機關錄用新人，一律嚴格審查，親自點名考問，凡面試不合格者，無論手續齊備與否，皆在名冊上用筆把名字一抹，不予錄用。

一次，韓復榘面試軍隊新進一位司藥，依慣例，首先問他是怎麼來的，那人說是考進來的。韓說：「司藥得懂英文，你把英文字母寫下來我看。」那人到講臺上把字母寫在黑板上。韓仔細地把字母數了一遍，說：「不對啊，你怎麼只寫了二十五個呢？」那人說，他把其中兩個字母寫得太近了，看著像是一個。韓又命他用英文寫出一些西藥藥名，如阿斯匹林之類，那人很快都完成了，韓才放過他，那人嚇得滿頭大汗。韓笑道：「其實我也不認識英文。」（張希由：〈治魯政聞〉，《一代梟雄韓復榘》，中國文史出版社，一九八八年，頁八七）

有王某，北京大學畢業，陳調元主魯時，考取山東候補縣長，但尚未發表，及韓主魯，王運動國民黨要人給韓寫信，請予優先發表。韓接信大怒，在原信批了「驅逐出境」四字，並說：「這樣鑽營奔走的人，做官怎能不貪污呢？」（呂偉俊：《韓復榘傳》，山東人民出版社，一九九七年，頁一一一）

為杜絕在縣長選用上安插私人，韓復榘於一九三三年，面向全省乃至全國公開招考縣長，報名資格是政法大專學校畢業，工作一年以上。考試內容除有關政法專業知識外，韓還親自擬了一個作文題：「孔子法先王，荀子法後王說」。這次考試錄取三十名候補縣長，成立一個「縣長訓練班」，按考試成績名次先後，陸續委派出去。有位北平朝陽大學法科畢業生王元，在山東當了一年典獄員，參加這次考試，以第一名錄取，很快被任命為恆台縣縣長。（姜維翰：〈韓復榘之死〉，《青島市文史資料》，第二輯，頁三一）

韓復榘用人，求才若渴，不拘一格。一位名叫王青雲的山西青年是師範學校高材生，畢業後長期找不到工作。一九三二年四月，王以毛遂自薦的方式上書韓復榘，表達了他的抱負與訴求，很快被委以山東省政府秘書兼視導員。（姜克夫：〈王青雲烈士傳〉，《山東文史資料選輯》，第十一輯，頁一五九）

（四）鐵腕反貪　掀起廉政風暴

韓復榘對縣長的考察非常嚴格，除縣長外，管束最嚴的就是公安局長和稅務局長，因為這些人掌握著特殊的權力，最易貪贓枉法，監守自盜。

韓復榘成立「高級偵探隊」，派出密查員重點對縣長、公安局長進行暗探。密查員由韓復榘直接控制，他們的報告由隊長直接送到韓手中。韓還昭告全省，民眾可隨時寫信控告貪官污吏。當時山東流傳一句話：「別看你在位上，五分郵票可以摘掉你的官帽子！」

韓復榘對縣長和公安局長中貪贓枉法，作奸犯科者，一經查獲或舉報，必嚴懲不貸。

一九三七年，招遠縣縣長楊玉驤因貪贓枉法被判死刑；濟南西南公安分局局長張守仁因「罰不循章」、「強派菸土」被槍決；高苑縣公安局長苗玉田因「濫罰敲詐」事被處死；東阿縣縣長安茂龍因貪污被撤職，責罰；高唐縣縣長胡延昭因造假帳，多報銷，被撤職；一九三三年一月，朝城縣縣長路爾宏因受賄被撤職；一九三四年二月，惠民縣縣長高道天因受賄被判十年監禁……

據統計，從一九三〇年九月至一九三一年七月，不到一年時間，因貪污受賄等情事被撤職的縣長就有五十五人，佔全省縣長總數的一半；被撤職的其它公務員有一五八人。（韓宗喆：《韓復榘與西北軍》，團結出版社，二〇一二年，頁五五七）

由於韓復榘嚴於吏治，革除弊政，賞罰分明，令行禁止，凡事皆雷厲風行，各級公務員懾於韓之鐵腕，無不謹慎小心，盡職盡責，貪官污吏也不得不有所收斂，從而形成了山東特有的政治風氣，在中國也是獨樹一幟。

由於韓復榘嚴於吏治，一上臺就掀起廉政風暴，觸動了不少大小官吏的利益，斷了不少人的財路，此輩心存怨謗，耿耿於懷，韓一旦失勢，立刻牆倒眾人推，群起而攻之，或杜纂「親聞親歷」偽造歷史，或編造「趣聞軼事」搞笑媚俗，無所不用其極。

韓復榘為其「澄清吏治」付出了高昂的代價。

經濟建設

韓復榘主魯之前，山東戰爭頻仍，民不聊生，農村破產，百業凋敝，經濟瀕於崩潰邊緣。

韓復榘主魯七年有餘，勵精圖治，大力發展經濟，加之時局穩定，山東經濟，尤其是工商業很快得到復甦，並取得長足發展。

韓復榘認為，中國之所以「在世界上落伍了」，事事不如人，就是緣於「科學落後」。韓主張向美國、德國、義大利、日本、蘇俄等在短時間富強起來的國家學習，他說：「我們如不勇往直前，為人民去找出路，國家非亡不可，……人家進步，你不進步，便會被淘汰的。」（《山東民國日報》，一九三五年九月十日，一九三四年十二月二日）

韓復榘主張發展民族資本，同時也贊同「限制資本」，更不贊成壟斷資本「左右一國的政治」。他說：「資本愈發達，貧富的差別愈大，結果苦樂不均，社會的痛苦就一天比一天加深了。」

韓復榘為穩定、發展地方金融，確保對山東農村及民營企業施行貸款，扶助工商業發展，於一九三二年七月在濟南正式設立官辦的「山東民生銀行」，另在濟南、煙臺設立分行，在青、平、津、滬、漢設有辦事處。該行對山東民營企業及農村

圖098　山東省政府一九三四年接管濟南電氣股份有限公司

圖099　建成供水的濟南市第一家水廠——趵突泉

圖100　仁豐紡織股份有限公司成立於一九三二年，此後逐漸發展壯大，紗錠數量和工人人數不斷增加，至抗日戰爭爆發前，已經成為集紡、織、染於一體，員工近千人的聯合企業

圖101　山東省民生銀行

圖102　山東省民生銀行紙幣

發放各種貸款，在輔助工商業發展上起了很大作用。

韓復榘為與日人爭利，以救濟民生為宗旨，投資三十萬元，於一九三二年在濟南按察司街設立官辦的「裕魯當」，韓任當鋪監督，辛鑄九任董事。他說：當店「過去公的私的都沒辦，一任外國人去辦，那就不好了，所以必須自己去做，暫時做不好也要去做。我個人自十九年（一九三〇年）來到這裡，曾竭力與地方實業家協商，許多人覺著危險不肯辦；有人要公家出本他去做，斷無此理，故決定官辦。」（《山東民國日報》，一九三四年十二月三日）韓於一九三四年十二月二日在濟南成立裕魯分當，同時鼓勵私人開辦民營當店。裕魯當開業後，濟南日商當鋪受到很大衝擊。

韓復榘為救濟民生，振興實業，在山東設立了許多官辦或官商合辦的企業、事業，如新城兵工廠、修械所、山東工業試驗所、交通水利機械製造廠、銅元局、汽車修理廠、自來水公司、「致敬」洋灰廠、模範窯業廠等。

圖103　韓復榘為官辦當店書寫匾額

圖104　一九三二年裕魯當店內景

圖105　韓復榘主魯時期山東聊城汽車站

山東礦產豐富，韓復榘為與外資爭利，大力提倡民族礦業，反對那些自身無力開採而將礦權外讓者。他發通告說：「查本省礦產豐富，近年來以地方秩序良好，呈請領礦者驟然增多。但各呈請礦商有無經營資力？是否個人自辦？往往無業遊民一經依法取得礦權，並不自己營辦，隨意居奇轉讓，坐取資財；間或勾串外資，使利權外溢；甚或私售礦地與外人，釀成交涉，偷運禁品出國，貽害國防，若不設法防維，則蔓草難圖，必成巨患。」（《山東省政府公報》，第四二七期，一九三七年三月七日）

一九二九年，山東礦業僅有二十六處；一九三四年，全省礦產領照者已達七六〇處。

韓復榘主魯期間，交通運輸業發展尤為突出。山東公路建設發展迅速，截止一九三五年九月，公路里程達六六四〇公里，總長度居全中國第二位（廣東第一），與一九三〇年相比增加一四一八公里。

據一位名叫李開五的戰前山東省福特汽車代理商說：「韓主席在職七年多，山東最大的建設就是公路。真的，公路乃是無遠弗屆，無僻鄉不通。長途車採用的是美國『雪弗來』六汽缸車，跑長途省油；福特車V型八汽缸車跑短途和山地最穩。」云云。

韓復榘曾說：「常聽一外國朋友講，可惜我是生在英國，沒有事情做，中國應做的事太多。我們聽了很慚愧。現在世界各國都有交通網，大都有三層交通，中國連一層也不完全。鐵路一項，僅就山東來說，假如濟南到大名、石家莊有鐵路；隴海修到道口；濰縣修到徐州；濟寧修到開封，多便利。」（《山東民國日報》，一九三四年九月十日）

圖106　一九三四年濟南電話局轉換台

圖107　濟南國貨陳列館

韓復榘計畫在山東新修三條鐵路。一是濟（南）聊（城）路，此路計畫伸至彰德（安陽），並由聊城修兩條支線，北至臨清，南抵道口，膠聊段路基已經築成。二是泰（安）石（臼所）路，此路已派員勘探路線。三是滋（陽）連（雲港）路，此路僅批准，尚未動工。以上幾路，由於抗戰爆發，均未修成。（呂偉俊：《韓復榘傳》，山東人民出版社，一九九七年，頁

四五七）

韓復榘主魯後，加緊架設電話，到一九三二年，全省一〇八縣已完全通話。

韓復榘重視發展商業。「九一八」事變後，韓大力提倡國貨，一九三二年十月，在濟南設立山東省勸業商場（一九三四年易名國貨商場），場內一律出售國貨。一九三四年十二月一日，國貨商場、國貨展覽會開幕，韓復榘夫婦到會，韓發表講話，他說：「如今世界潮流，科學進步，工商業競爭，中國事事落後，因為工商業不如人，每年才有幾萬萬的入超。流出去的錢是哪裡來的？都是中國人的……以後，無論個人、家庭或是所在的機關，凡本國有的東西，不管是好點壞點，錢貴點賤點，還是用中國的好，因為少買一點外貨，錢少流出一點，中國就多一點生機。望大家覺悟，猛省，努力實行。」（《山東民國日報》，一九三四年十二月二日）

韓復榘提倡民眾購買國貨，對公務員及機關則規定必須使用國貨，通令公務員一律身著國布制服；各機關購買物品，單據上必須有商號加蓋的「國貨」戳記，否則不予報銷。

教育

（一）山東教育長足發展

韓復榘主魯時期，在教育廳長何思源的襄助下，山東省的教育事業有了很大發展。韓莅任之日，就將「普及教育」列為其四項「行政計畫」之一。

韓復榘說：「近來中國社會愈趨愈下，最大原因為教育落後而不普及，凡事皆不知所以然。」

韓復榘主魯之初，在省府內部要求減少教育經費的呼聲甚囂塵上之際，韓不為所動，向教育廳長何思源明確表示，在其主魯期間決不減少教育經費，而且以後每年還要增加。事實證明，韓是說到做到了。據教育廳報告，一九三二年之前，省教育經費每年二百多萬元；一九三三年後每年增至三百多萬元。縣教育經費一九三〇年是三百多萬元；一九三一年後每年增至四百多萬元；一九三五年後更增至五百多萬元。（《山東民國日報》，一九三六年一月十三日）

同時，山東省教師的薪水也比較高。韓主魯前，教師薪水一般每月十五元左右，韓主魯後公立小學教員每月十八至二十五元；高小教員每月三十至四十元；中學教員薪水更高，並且沒有拖欠現象。

圖108　山東省立第一中學

山東省立中小學原來很少，只有初級中學十三所（沒有高中）及後期師範六所。韓復榘主魯後，增設一所高級中學、七個高中班、一個省立實驗劇院（相當於兩所後期師範）、八所鄉村師範學校、一所女子中學、四所職業學校、一所民眾職業學校、一所醫學專科學校、一所省立鄉村建設專科學校、二所小學。除增設學校外，每年還增加班數，僅一九三一年一年就增加二十個班。此外，韓還鼓勵各縣、區辦縣立、區立學校；鼓勵私人興學、辦學。（呂偉俊：《韓復榘傳》，頁二六五）

韓復榘、何思源積極推行義務教育，在全省一〇八縣開辦二千多所短期小學，每年為此撥教育經費二、三百萬元。韓、何還制定《山東省各縣強迫學齡兒童入學辦法》，勒令學齡兒童一律入學，經勸告不聽，家長將受處罰。初小學生由一九二九年的五十五萬人增加到一九三三年的一一四・九萬人。（《山東民國日報》，一九三四年十一月十四日）

韓復榘、何思源還推行「社會教育」及「鄉村教育」。

「社會教育」即「民眾教育」，主要通過「民眾教育館」實行。民眾教育館一般由動植物標本陳列室、閱覽室、民眾影劇院、演講廳、體育場、實驗場等部門組成。「鄉村教育」除開辦八所鄉村師範學校外，還成立「山東省鄉村教育輔導委員會」，建立鄉教實驗區。

一九三八年，韓復榘在開封被蔣介石誘捕後，蔣介石為搜羅他的罪名，曾召見何思源，開口先問：「韓復榘欠你多少教育經費？」「韓復榘是怎樣賣鴉片的？」何思源不肯落井下石，直言道：「韓復榘從未欠過教育經費，也並不出賣鴉片。」（何思源：〈我與韓復榘共事八年的經歷和見聞〉，《文史資料選輯》，第三十七輯，頁二二七）

一九九三年夏，多年從事編輯工作的吳空（國務院參事室副主任兼中央文史研究館副館長）去看望谷牧（原國務委員，國務院副總理，全國政協副主席），並贈他送一套《全國文史筆記叢書》。谷看了很高興，他說，我們這些人讀過四書五經，看過二十四史，到老來看看這些東西也有趣。吳說，這套叢書史料豐富，文章簡短易讀。還說編書過程中也糾正了一些謬誤流傳，例如韓復榘就不是傳說中的草包。谷牧是山東人，知道這些事，便說：韓復榘不簡單啊，他治理山東，興辦教育，確實做了些好事。（吳空：〈谷牧同志二三事〉，《天津老年時報》，二〇〇九年十一月）

（二）山東大學

韓復榘與何思源為中國山東大學的創建和發展作出很大貢獻。

山東大學始建於一九〇一年九月，原名「官立山東大學堂」，第一任校長為唐紹儀，一九一四年停辦。一九二六年張宗昌督魯期間，又恢復該校，易名「省立山東大學」。張主持下的「山大」不聽中國中央政府的領導，自行其是，北京教育界戲稱「山大」為「亞歷山大」，即「亞洲歷城（濟南府舊治歷城縣）之山東大學」也，揶揄其不屬中華民國管轄之意。

一九二八年北伐完成後，教育部指定何思源、楊振聲、趙太侔等籌建「國立山東大學」，因「五三」慘案，日軍佔領濟南不撤，一九三〇年遷往青島，易名「國立青島大學」，以楊振聲為校長，聞一多任文學院院長兼中文系主任、黃際遇任理學院院長兼數學系主任，梁實秋任外文系主任兼圖書館館長，洪深、舒同是首屆畢業生。

圖109　山東大學，一九三六年

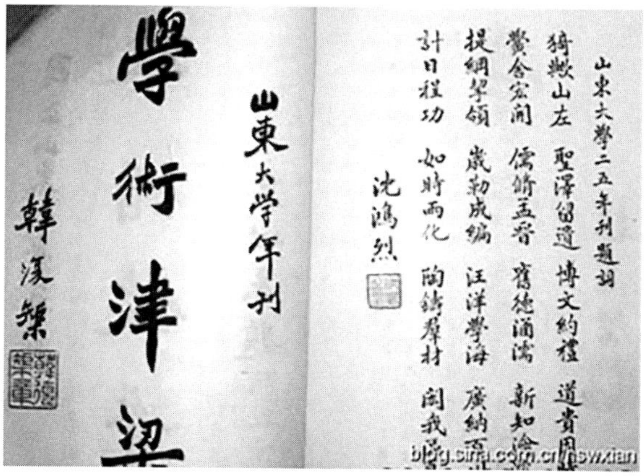

圖110　韓復榘為山東大學題詞

一日，韓復榘視察青島大學，由青島市長沈鴻烈陪同。沈介紹說：「主席，這是我們自己的學校，你不必客氣，有什麼指示，儘管吩咐。」出乎意料的是，韓沒有什麼指示，只是「嘿嘿」笑了兩聲，才慢條斯理地說：「我沒有什麼說的，各位老師教得很好，很好，很好。」（魚遇玉：〈中華民國時期各色人物臉譜〉，《愛歷史》網，二〇一三年）那天，在青島大學任教的梁實秋也在場，他日後寫了一篇散文〈記黃際遇先生〉，他說，韓看上去「很謙和」，完全不是傳說中的那樣跋扈。

山東大學遷往青島期間，韓復榘、何思源在濟南開辦山大工學院和山大農學院，一九三二年九月又恢復原校名「國立山東大學」，遷回濟南，並創立「國學研究所」，聘請剛從英倫回國的老舍執教。

「山大」名為中國「國立」，其實經費大半由山東省支付。一九三二年「山大」改為「國立」時，每年經費為六十萬元，其中南京撥款僅二十四萬元，山東撥款達三十六萬元，以後每年如此。（呂偉俊：《韓復榘傳》，山東人民出版社，一九九七年，頁二六三）

（三）不贊成學潮，但不使用暴力

韓復榘認為學生的天職就是讀書，不贊成學生鬧學潮，但不使用暴力，而是採取化解或安撫的手段。

有人撰寫一篇文章，回憶當年在濟南上高中時聽韓復榘講話的事，很有意思：「我在濟南求學時，適值韓復榘主魯。一九三六年四月至六月，我參加在濟南西郊辛莊兵營舉行的全省高中一年級學生集中軍訓，韓任總隊長，曾去兵營為我們講話。他穿著一身普通的布料舊軍裝，武裝帶也很舊，打著綁腿，布履。他講的原話我記不十分準確，大體是，近來我因身體不太好，已報告南京軍事委員會請假休息，藉此機會來看看你們，檢閱一下你們的受訓成績。宋副總隊長（宋邦榮）非要我和大家講講話，我是當兵的出身，大老粗，不會講話，既要我講，我就簡單講講我當兵前後的事吧。我是河北霸縣人，幼年時讀過幾年私塾，那時村裡能讀書的人很少。後來我還曾在一個村子裡教過書。……正逢有招兵的，便去當了兵。那時當兵的能識字的很少，即便是有讀過書的，識字也不多。當官的有時要考試，士兵多識一個字賞銀子×兩。我得的賞銀比較多。由於我識字多，寫得也不錯，不久就當了司書生，以後升得也快。……我就是沾了讀書的光，才有今天。希望你們大家好好念書，不要鬧事，念好了書，就有前途。我就講這些，現在我要檢閱你們的刺槍和打拳，成績好的隊犒賞一頭豬。在檢閱你們之前，我自己先打一趟『小洪拳』給你們看看。說罷便脫了軍裝上衣，摘下軍帽，在臺上做了示範表演，當時我們感覺好像不是一位省主席和第三路軍總指揮。」（王雨林：〈憶韓復榘二三事〉，《青島市文史資料》，第二輯，頁六九）

一九三一年十二月五日，省立高中等校二千餘名學生提出「武力收回東三省」、「反對一切秘密外交」的主張，組成南下情願團，在濟南車站候車入京。蔣介石嚴令山東省政府不准放行。學生堅守車站不退，臥軌截車，同時派代表與省府交涉。十二月八日，韓復榘同意備車送學生南下。

圖111　蔣介石接見濟南請願學生代表

一九三五年冬，濟南省立高中學生回應北京學生「一二九運動」，首先發起罷課，全市其他學校聞風而動。韓為避免重蹈北平當局暴力鎮壓學潮的覆轍，乃飭教育廳令各校提前放寒假，以制止學運進一步蔓延。韓派手槍隊士兵到省立高中，將住在宿舍裡的外地學生全部送上火車或汽車，拉回原籍。

（四）「何廳長是好人，直爽人。」

何思源，字仙槎，山東菏澤人，早年畢業於山東省立六中及北京大學，後留學美國哥倫比亞大學三年，又赴德國學習三年，法國學習二年，回中國後在中山大學任教二年，旋即參加北伐軍，任政治部副主任。一九二七年，何隨北伐軍達到山東。當時馮軍將領孫良誠剛被國民政府任命為第一屆山東省政府主席。由於當時蔣馮矛盾業已凸現，蔣介石對何面授機宜，「華北情況複雜，我留你在山東任教育廳長。」韓是何迎來的第四任省主席，何戲稱自己是山東省府的「四朝元老」。若干年後，何本人又成為山東省政府第七任省主席。

圖112　教育廳長何思源

韓復榘由河南省主席平調山東省主席，新省府班子基本上都是他由河南帶來的原班人馬，僅何思源與南京方面關係密切，又是蔣介石點名安插在省府內的，起初韓對何懷有相當戒心，態度也十分冷淡。何當然有所察覺，加之對官場生涯的厭倦，曾向蔣介石提出辭職。蔣不允，謂山東方面將來還有許多事要做，需要何留在山東。

不久，省府秘書長張紹堂及財政廳長王向榮在予算審查會議上提出要縮減教育經費，何思源從幾萬教員及百餘萬學生的利益出發，堅絕反對縮減教育經費，以致會議陷入僵局。會後，何憤而面見韓復榘，言辭激烈地表示，非但本年度教育經費不能減少，今後每年還要增加。講到激昂處，竟攤牌說：「這不是我個人的事，事關後代青年，主席要我幹，就得這樣；不叫我幹，我就走路！」何以為「秀才見了兵，有理說不清」，本意是要以此激怒這位行武出身的省主席，就此辭職走人。不料，韓竟站起身來，懇切地說：「絕不欠你的教育經費，你放心吧！」幾十年後，何撰文證實：「山東省庫從來沒有欠過教育經費，韓復榘履行了他的諾言。」（何思源：〈我與韓復榘共事八年的經歷和見聞〉，《文史資料選輯》，第三十七輯，頁一九八）

「不打不成交」，韓復榘與何思源通過以上這件事，彼此之間都有了相當好感。韓對他在西北軍的老友、濟南市長聞承烈說：「何是好人，直爽人。」（何思源：〈我與韓復榘共事八年的經歷和見聞〉，《文史資料選輯》，第三十七輯，頁二〇〇）何則謂：「向韓直攻是有效的，對他要爽快些，說話不要轉彎抹角。韓復榘雖然好明殺人，暗殺人，但他不是陰險的人。」（何思源：〈我與韓復榘共事八年的經歷和見聞〉，《文史資料選輯》，第三十七輯，頁二〇八）正基於此，何終於有一天向韓鄭重坦承心跡：「我是山東人，在山東只是辦教育，他事不問。主席知道，我在中央裡沒有根，不是CC，不是藍衣社，不屬侍從室，不在黃埔，不在黨校。在中央沒有親戚，也沒有同鄉。蔣委員長雖然認識我，但我絕不能為討好中央出賣朋友。我在本省做事，主席待我很好，我絕不能吃鍋裡的飯又向鍋裡拉屎。」（何思源：〈我與韓復榘共事八年的經歷和見聞〉，《文史資料選輯》，第三十七輯，頁二〇七）

但事情並沒有到此結束，省府一干人認定何思源是南京方面派來的「線人」，出於團體的利益，堅持要將何轟走。某日，張紹堂、王向榮等人連袂面謁韓復榘，強烈請求撤掉何的教育廳長，換上自己人張鉞。韓正色道：「省政府只有何某一個人是山東人，又是讀書人，我們還不能容他，不要越做越小，那樣非垮臺不可！」事後，為人豁達，心胸開闊的民政廳長李樹春對何說：「他們說話都沒用，這兩年主席對你有相當認識。」（何思源：〈我與韓復榘共事八年的經歷和見聞〉，《文史資料選輯》，第三十七輯，頁二〇〇）以後韓重用著名學者、「鄉建派」領袖梁漱溟，再沒人敢說三道四。

文化

(一)弘揚中國傳統文化

韓復榘出身書香門第，父親韓靜源是一位秀才出身的塾師。韓自幼隨父在私塾習讀孔孟經書，長期受儒家思想薰陶，堅守中國傳統文化與道德。

韓復榘極力提倡中國傳統文化，即他所謂「中國固有的文化精神」。他說：「一個國家獨立在世界上，必須有其獨立精神，不外乎文化是第一層表現，也可以說文化須是立國精神。」(《山東民國日報》，一九三四年九月二日)

韓復榘一九三二年去南京，經宋美齡介紹，參觀並加入了由黃仁霖主持的「勵志社」，此為蔣介石聯絡其部屬感情的一個組織。韓返魯後指定省府秘書長參照「勵志社」的組織形式，結合「新生活運動」，以提倡中國傳統文化，開展正當、健康的娛樂為主旨，籌建「山東省進德會」。

一九三二年八月十八日，「進德會」正式成立，凡山東省軍政人員、工商業者及學校教職員皆可入會為會員。「進德會」在各縣設有分會。

「進德會」的文化娛樂設施有大會場、宴會廳、圖書博物館、金石書畫玉器展覽室、國劇研究社、各種名目的業餘研究班、魯聲話劇社、《進德月刊》社、雜藝場、進德小學、室內游泳池、滑冰場、籃球場、網球場、台球場、地球場、袖珍高爾夫球場、兒童遊戲場、中餐館、美江大菜館(西餐館)、花圃和動物園等。

圖113　進德會劇場內景，一九三〇年

「進德會」大會場除星期一例行「總理紀念週」外，經常延聘中國知名人士舉行各種報告會、演講會，如儒學家、「鄉建派」領袖梁漱溟講鄉村建設理論；山東省政府參議、國學家沙月波講《左傳》、《書經》、《易經》；前西北軍將領、南京中央國術館館長張之江講《論新舊道德》；前北洋政府總理靳雲鵬講佛學；國民黨CC派頭領陳立夫講《唯生論》；北京師範大學教授、社會黨黨魁江亢虎講「中國傳統道德」；齊魯大學校長劉書銘講《意亞戰爭》、《法西斯蒂之命運》《門羅主義》等。

大會場還經常演出京劇，梅蘭芳、金少山、馬連良、譚富英、李萬春、李多奎、馬富祿、尚小雲、程硯秋、荀慧生等名伶也曾在此演出過。

「進德會」的魯聲話劇社編演了話劇《阿Q正傳》、《天晴了》、《放下你的鞭子》、《民族魂》，唱《流亡三部曲》等，進行中國反封建及抗日宣傳。

「進德會」的雜藝場除放映電影外，經常演出魔術、滑稽劇、曲藝等，如張敬扶的魔術；白雲鵬、張筱宣的京韻大鼓；鹿巧玲的山東大鼓；「山藥蛋」的滑稽大鼓；喬秀清的河南墜子；盲人王殿玉的單弦拉戲；王少堂的評詞，以及中國飛車表演團的演出。

「進德會」的室內游泳池有一長五〇米、寬二〇米、深五米的游泳池及高、低跳板，四季皆能游泳，在當時華北還是首屈一指。

（二）修建「奎虛書藏」　搶救圖書典籍

濟南大明湖畔有一座歐美風格的紅磚二層樓房，此即當年山東省圖書館的藏書主樓「奎虛書藏」。建於清宣統元年（一九〇九年）的山東省圖書館原有一座仿寧波「天一閣」格局的「海岳樓」，進入民國後，書樓疏於修繕，滲漏剝脫，又經一九二八年「五三」慘案及一九三〇年城北火藥庫爆炸兩次破壞、震動，書樓已成危房，書莫能載。在教育廳長何思源及山東省圖書館館長王獻唐建議下，韓復榘撥款九萬元，一九三五年三月動工，當年十月建成，定名為「奎虛書藏」，取義「奎星主魯，虛星主齊」，即以二星之分野，括齊魯之疆域。新書樓為大書庫，藏書二十六萬冊；樓下有閱書室、閱報室、金石文物展室、齊魯藝文展室、書畫展室、研究室、慎藏室、善本閱覽室、善本書庫等。這座建築在一九四五年還作為第十一戰區副司令長官司令部大禮堂使用，並在此舉行了侵華日軍山東戰區簽降儀式。這裡正式揭牌成為「中國人民抗日戰爭勝利山東戰區受降舊址」。

韓復榘很注意搶救、收集、保存散落在民間的圖書典籍。

山東聊城楊氏「海源閣」是清代全國四大藏書樓之一，內藏善本書籍至富，其中宋版四經四史最為珍貴，專以錫匣儲藏，不輕示人。一九二九年七月，土匪王金發陷聊城，將指揮部設在楊家，劫掠倒賣宋元秘笈、金石書畫不少，有匪用藏書燒火作飯，令人扼腕；有匪以宋本《袁中郎集》拭抹鴉片菸籤，滿紙污垢，不忍卒睹。戰亂與匪禍之破壞令楊氏族人驚恐萬狀。一九三〇年秋，「海源閣」主人楊敬夫

圖114　奎虛書藏（山東省圖書館）

暗將部分珍藏運往天津，抵押於天津鹽業銀行，漢奸潘毓桂及日本浪人皆插手此事，藏書有可能流入日人之手。韓復榘聞訊後，與教育廳長何思源及山東省圖書館館長王獻唐商議，決定從速搶購藏書，以保存古籍。韓派員赴聊城與楊氏族人協商收購辦法，經多次洽談，楊氏族人最終同意半捐半賣。一九三一年九月，經韓批准，山東省政府出半價三十萬元收購全部藏書，存入山東省圖書館「奎虛書藏」中。

山東掖縣福慶禪院藏全部明版《大藏經》，彌足珍貴，但該院一度被劉珍年部佔據，任意損毀藏書，後果不堪設想。一九三一年四月，山東省教育廳派省圖書館館長王獻唐赴掖，將該書運至濟南，交省圖書館保存。（呂偉俊：《韓復榘傳》，山東人民出版社，一九九七年，頁二五一）

韓復榘及教育廳注意保護文物古蹟。韓在其訓令中說：「古物金石，關係歷史文化，亟為重要，……嗣後各處，關於古碑金石及各項經典，應設法搜集，交各處進德會妥為保存，以免散佚。」（《山東省政府公報》，第四四一期，一九三一年六月十三日）

（三）修葺保護文物古蹟

一九三一年，韓復榘赴曲阜督剿土匪，發現孔廟破廢，首倡修復孔廟，在濟南設立「修復孔廟籌備會」，韓任會長。一九三四年，由南京政府組建「修復孔廟委員會」，以戴季陶為委員長，韓復榘為副委員長，孔廟修復自此正式啟動。

韓復榘曾下令維修岱廟、靈岩寺、少昊氏曲阜塋廟等名勝古蹟，對縣屬名勝，也通令各縣妥善保護。

一九三一年六月，韓復榘下令全面整修泰山，預算為九．九萬餘元，分別由省財政撥款，省賑委會及地方自籌。是為晚清以來前最大規模的一次全面整修。

前任省政府駐泰安時，將岱廟前半改稱中山市場，後半改為中山公園。一九三一年七月二十四日，

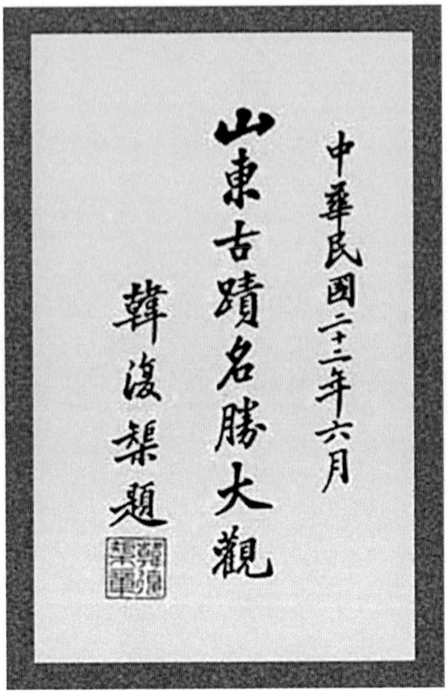

圖115　韓復榘為《山東名勝古蹟大觀》題寫書封

韓復榘就泰安發出七四四八號訓令，批准將岱廟內的中山市場及旅館，澡堂，商業鋪面等遷出，「遵照原案，恢復原狀，以資保存，任何機關不得佔用及處分。」

一九三一年十月，韓復榘還批准保護天貺殿壁畫。據趙新儒《岱廟天貺殿啟事》稱：「『起壁回鑾圖』為宋代遺物，後人有添補處，其偉大精彩，為古代壁畫絕無僅有者……今同縣長周百鍠請准省政府韓向方主席，修理保存，護以鐵欄，中將古代銅鐵造像，及其他古物陳列其中，以備好古者遊覽焉。」與此同時，還修繕了岱廟的城牆，四門和角樓。

韓復榘主魯前，多有達官貴人在泰山亂刻亂畫亂建者，以附庸風雅，而對泰山的汙損，從一九二八年至一九二九年可謂登峰造極。是時，孫良誠的山東省政府駐泰山，山東省國民黨黨部把泰山上下從岱廟、岱宗坊、中天門、南天門一直到極頂，塗滿了「革命口號」（三民主義及總理遺囑之類）。山頂的無字碑「今正面有尺餘長『黨權高於一切』六字，為（民國）十七年省府在泰時，山東省黨部所制，無字碑已變為有字碑矣，殆非黨權高於一切，無此威力歟。」（趙新儒語）

韓復榘上任不久，即以省府主席的名義，電令泰安縣縣長周百鍠，對此斷然制止。電稱：「覽查泰山各處均為古蹟，自應格外尊重。嗣後除奉令准刊外，無論何人不准題字、題詩，以免汙損。」韓本人出身書香門第，可自撰文稿，尤以書法見長，但未見他在泰山留下刻石。

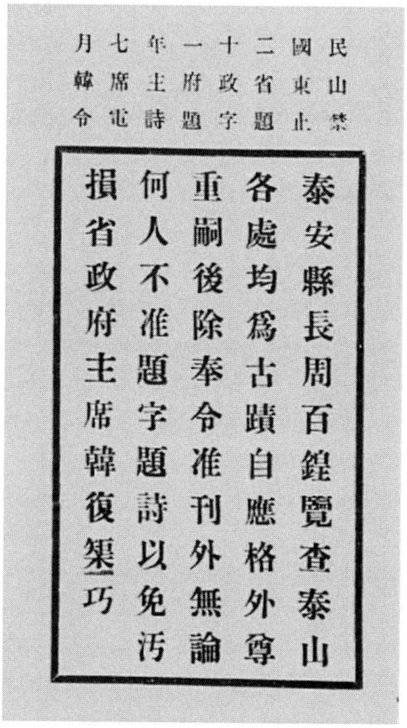
民國二十一年七月
山東省政府主席韓
禁止題字題詩電令

泰安縣長周百鍠覽查泰山
各處均爲古蹟自應格外尊
重嗣後除奉令准刊外無論
何人不准題字題詩以免污
損省政府主席韓復榘巧

圖116　韓復榘電令禁止在泰山刻石題字題詩

一九九二年，現代作家汪曾祺在遊覽泰山後撰寫的一篇散文〈泰山片石〉中，就泰山刻石發表了一番感慨：「各山之中石刻最多，也最好的，似為泰山。……看大字碑刻題名很多都是山東巡撫，大概到山東來當巡撫，先得練好大字。有些摩崖石刻是當代人手筆，較之前人，不逮也。有的字甚至明顯看得出是用鉛筆、圓珠筆寫在紙上放大的，是烏可哉。很奇怪，泰山上竟沒有一塊韓復榘寫的碑，這位老兄在山東待了那麼久，為什麼不想到泰山來留下一點字跡？看來他有點自知之明。韓復榘在他任內大修過泰山一次，竣工後，電令泰山各處，無論任何人不准題字、題詩。我準備投他一票。隨便刻字，實在是糟蹋了泰山。」（汪曾祺：〈泰山片石〉。這是汪曾祺先生一九九二年參加「泰山散文筆會」，登泰山後寫的一篇遊記。）

無論從哪個角度來講，保護泰山，總是一件功在當代，利在千秋的善舉。

一九三〇年十月，韓復榘與南京中央研究院聯合組建「山東古蹟研究會」。一九三〇年及一九三六年，該會兩次對山東龍山城子崖古譚國遺址進行考古發掘，獲陶片、獸骨一部，送南京中央研究院保存。

韓復榘對散落在民間的文物也下令收集，收買，妥善保護。一九三一年八月，在歷城窯頭村發現北齊造像兩尊，一作房屋基石，一置牆角下，韓令運至省圖書館保存。（呂偉俊：《韓復榘傳》，山東人民出版社，一九九七年，頁二五二）一九三一年五月，濰縣高氏將所藏秦磚漢瓦之精品運至青島，擬裝箱外運，私售日本。韓復榘得報後，一面致電青島當局扣禁，一面飭教育廳派員赴青島，將文物沒收，運回濟南，交省圖書館保存。

（四）宣導體育運動　傳承武術技藝

韓復榘是位「體育迷」，尤其喜愛各種球類運動。他不僅在中國政府機關及軍隊中廣泛開展體育活動，也大力提倡民眾參加體育鍛鍊。

濟南原有一個體育場，名為「山東省立第一公共體育場」，後因中原大戰而停頓。一九三一年一月，韓復榘命令重新恢復體育場，並添置設備，擴充場地，佔地達一百多畝，每天入場活動者在六百人左右。體育場每年春秋兩季舉辦兩次全省運動會，開始時有五六百運動員，後來漸增至一千人。每次運動會，韓必親臨現場觀看並講話，語多鼓勵。（呂偉俊：《韓復榘傳》，山東人民出版社，一九九七年，頁二五二）

韓復榘十分推崇國術（武術）。「山東省國術館」於一九二九年四月建立，中原大戰時期一度停頓。一九三〇年秋，經韓復榘批准復館，前奉軍高級將領、著名武術家李景林任館長，趙寶箴任副館長，李書泰任教務長，于化行等任教員。

李景林光頭、短髭，面龐清癯，一襲長袍，全然儒者風範，毫無赳赳武夫氣象，卻是聞名中國的武林宗師，號稱「劍仙」、

圖117　一九三一年，在濟南舉行的華北運動會入場式

圖118　山東省府參議、第三路軍高等顧問、山東省國術館館長李景林

「劍俠」、「天下第一劍」。李原為奉系名將，曾任直隸軍務督辦。一九二五年底，馮玉祥發動天津戰役，驅逐李景林，國民一軍第一旅旅長韓復榘因首佔天津而升任第一師師長。李敗走山東，與張宗昌聯合組建「直魯聯軍」，李任副總司令兼前敵總指揮，又率兵捲土重來，再次韓復榘過招。

一九二六年六月，李景林下野，亡命日本，回中國後，以武會友，攜劍雲遊江南。一九二八年，出任南京中央國術館副館長，館長為前國民軍將領張之江，也是一位武術大師。兩年前在天津打得死去活來的兩軍統帥，如今又在南京成為一對武壇搭檔，白雲蒼狗，令人感慨世事之無常。

一九二九年十二月，李率徒北上山東濟南，創建山東國術館並自任館長。「中原大戰」伊始，韓與李在濟南狹路相逢，抱拳一笑，互道渴慕，相見恨晚，前嫌盡釋，二人遂成莫逆。韓在膠濟線上對晉軍作戰，李以朋友身份入韓幕襄贊軍機。韓主魯後，誠邀李為山東省府參議、第三路軍高等顧問。李欣然受命，並舉家遷居濟南。韓每逢飲宴，恆邀李為座上賓。酒微酣，李必於席前拔劍起舞，長袍也不脫，飄飄然更顯瀟灑。李云：「配琴舞之，更有古雅之趣，不同凡俗，他劍焉能道此」。

一九三一年十二月，李景林去世，館務由副館長趙寶箴與教務長李書泰共同負責。一九三二年，趙、李相繼離去，八月，韓自兼山東省國術館館長，竇來庚（太乙門拳師）任副館長。韓還通令有武術基礎的各縣成立分館，經費由省府補貼。到一九三四年，中國全省國術機構（私立者不計）在濟南有分館二十三處，縣立分館有三十六處。（《山東民國日報》，一九三四年八月六日）據一九三五年官方不完全統計，中國全省國術館、社，所共有二三六處。國術館曾於一九三二年辦過三期專業訓練班，也稱武術師範班，並利用早晨在中山公園裡辦民眾班，每天早晨由國術館派人授課。

為增進武術發展與提高，從一九三三至一九三六年，每年春季四月十五日前後都舉行全省武術比賽（省考）。每次比賽，韓必撥款資助，到場參觀，親自對優勝者頒獎並訓話，以資鼓勵，選拔人才。一九三六年四月十五日，韓在第四次國術省考開幕式上說：「幾十年前新式的槍炮初到中國，一般人認為武術一定要被淘汰，因你的刀棒拳腳使的再好，也抵不住槍炮子彈，這樣一來，許多人都不肯去練習武術了。其實這種見解完全是錯誤的。因為練武術的目的不是專在搏擊，它最大的好處是鍛鍊身體，增加健康。試問一個人在社會上服務，如果身體不健壯，恐怕什麼事他也做不來，若叫他持槍禦侮，那更是做不到的了，所以說這種觀念是錯誤的。希望現在有這種觀念的人，迅速改正過來，提倡武術，以洗去『東亞病夫』的恥辱。」（《山東民國日報》，一九三六年四月二十六日）

一九三七年十一月，日寇佔領魯北，韓復榘將國術館人員編成「武士隊」，旋改編為「國民軍義勇隊」，一九三八年改編為山東省保安第十七旅，竇來庚任少將旅長。一九四二年，竇在對日作戰中英勇犧牲。

圖119　山東省國術館副館長竇來庚

（五）創立「山東省立劇院」　提倡抗敵救亡新劇

韓復榘對京劇情有獨衷。一九三四年十一月，韓復榘恢復並擴建了「山東省立劇院」，委王泊生為院長，以趙太侔、陳田鶴（鋼琴家）為教師。韓在開學典禮上發表致詞，說：「設此院的意義，絕不是供少數人的娛樂，重要的意義是改變現在的不良社會。……中國現在及以往的戲劇，大都偏於娛樂，錯誤的地方也不少。……花很多的錢，如果只供一般人娛樂，政府絕不花很多錢來辦。政府既辦，就是有重大的意義，是幫助教育，指導社會人民趨向。中國有幾千年的文明歷史，舉凡一切英雄豪傑，奸佞淫惡所做的事及歷代國家的興亡，都是以增長後人經驗，但是惟受教育有知識的人才能看到。……個人數年前即想到此，聞本省以前曾有實驗劇院之設立，適逢王先生來熱心辦理，遂決意恢復。」（《山東民國日報》，一九三四年十一月十九日）

圖120　山東省立劇院王泊生、趙太侔、趙榮琛

山東省立劇院是一所高水準的藝術學校，設表演系、音樂系等專業，師資力量雄厚，梅蘭芳、馬連良、齊如山、葉淺予都曾應邀到校講課或演講，該校培養出一大批優秀的表演及音樂藝術家，如趙榮琛、高玉倩、崔嵬、梁斌、魏鶴齡、趙華岩（音樂系）、任桂林、李元清（音樂系）等。該院一切經費由省政府提供，師生衣食無憂。

山東省立劇院的前身是山東實驗劇院。一九二九年，山東省府教育廳長何思源主持建立山東實驗劇院，聘請北京大學同學、美國哥倫比亞大學戲劇專業的趙太侔任院長；趙的學生、畢業於北平藝專戲劇系的王泊生任教導主任。當年李雲鶴（江青）即為該院學員。一九三一年一月，山東實驗劇院因經費短缺而停辦，王與部分學員返回北平，組織劇團。時值「九一八」事變，趙為該劇團取名「晦鳴社」，取《詩經》之「風雨如晦、雞鳴不已」之意，勉勵劇團在國難當頭之際，喚起民眾抗敵救國。王以愛國歷史人物為主角，改編京劇新本，到中國各地巡迴演出。一九三四年，韓復榘出於民族大義，邀請「晦鳴社」回濟南演出宣揚愛國主義的新編歷史劇《文天祥》。韓看戲後深受感動，上臺發表即興演講，他說：「王先生編的戲很不一般，兄弟認為大有深意，列位要好生想想，這才叫移風移俗哩。」（徐北文：〈韓青天與山東文教界〉，《山左鴻爪》，上海書店出版社，一九九四年，頁八一）「晦鳴社」由此聲名大噪。何思源與與趙太侔是北大同學，受趙之託，趁機向韓建言成立山東省立劇院，宣傳抗日。韓慨然允之。

時值日本侵略華北之行動正在緊鑼密鼓中，山東省立劇院上演的都是宏揚民族主義、愛國主義的劇碼。一九三四年十二月二日，該院在進德會公演了由王泊生編導的歷史劇《鴉片戰爭》。一九三五年六月，又公演了由王泊生編劇的《岳飛》、洪深編的《趙閻王》。一九三七年，由王泊生編導，陳田鶴作曲的新歌劇《荊柯》在濟南進德會上演。「七七」事變後，濟南淪陷，王帶領部分師生南下，輾轉千里，邊流亡，邊演出，一年多到達重慶。

畢業於山東省立劇院的當代京劇「程派」表演藝術家趙榮琛，曾在香港《大成》雜誌上發表長篇回憶文章〈我見過韓復榘〉，他說：「韓復榘是山東省立劇院的支持者。」「我倒是見過韓復榘。他很喜歡京劇，常來省立劇院視察。他中等身材，很魁梧，總是由王泊生陪著到處看，也到我們的小劇場看戲，主要是看京劇，也看劇院的話劇，而他是不大喜歡看話劇的。」（趙榮琛：〈粉墨生涯六十年•我見過韓復榘〉，《大成》，一九九四年，第二四三期）

（六）資助「北平國劇學會」　協建「國劇陳列館」

提起京劇，還有個人也值得一說，那就是著名的戲曲理論家齊如山。齊是河北省高陽縣人，出身書香世家，自幼熟讀經書，十九歲就讀於「北京同文館」學習德文和法文，畢業後遊學西歐各國，考察戲劇，學貫中西。齊畢生致力於戲劇改革和京劇創作，曾為梅蘭芳編劇，幫助他創立「梅派」，並把中國的京劇藝術推介到歐美各國。

一九三一年，齊如山與梅蘭芳、余叔岩、張伯駒、陳半丁等在北平創立「北平國劇學會」，後因經費問題而一度停辦。韓復榘在濟南聞訊後，鼓勵齊「務必把『國劇學會』再恢復起來」，並贊助他四千元的開辦費及每月四百元的經常費。「北平國劇院」很快又重新開展工作，直到抗戰爆發。

不久，齊又擬籌辦「國劇陳列館」，但苦於沒有合適的館址，韓復榘又將他在北京東絨線胡同的一座三進深的大宅院無償提供給他使用。齊非常興奮，立即帶領家人與朋友將宅院打掃洗刷一新，把多年搜集的三百多件京劇樂器、各種年代的戲箱、名伶照片及抄錄的許多梨園名人之碑文墓誌一併展覽出來，直到「七七」事變爆發，北平淪陷，日寇以「敵產」名義將韓宅「沒收」，「國劇陳列館」才告關閉。（《齊如山回憶

圖121　齊如山（右）與梅蘭芳（左）

錄》，寶文堂書店出版，一九八九年，頁二二七）

（七）嚴厲禁菸禁毒

禁菸、禁毒、禁賭、禁娼是韓復榘移風易俗的主要內容，而禁毒又是重中之重。

韓復榘最痛恨菸毒，因此山東的禁菸禁毒搞得大張旗鼓，雷厲風行，在中國也是首屈一指。

韓復榘主魯之初，山東吸食鴉片及吸毒現象十分普遍。山東全省四千萬人，即有八十萬人吸毒。販毒以膠東最為嚴重，青島則是最大的毒品集散地，日、韓浪人在青售毒處所就有二百多家。

韓復榘上任伊始，即頒佈了嚴厲的禁菸禁毒法令，規定：凡販賣、私帶、藏匿鴉片菸的，輕者罰款，重者槍決；凡吸食鴉片的，首次被抓獲，在左臂上刺字，令其戒斷，倘若再犯，即行槍決；凡販賣毒品的，無論初犯、再犯，一律槍決。有人說，韓在山東殺人過多，其實殺的多是土匪及毒犯。

韓復榘在山東成立了很多「戒菸所」，收容吸食菸毒者，強迫其戒斷，並延醫調治。僅「山東省戒菸所」一處，從一九三〇年十月至一九三六年四月，計收五五五六〇人。

韓復榘仿效林則徐虎門銷菸，也於一九三一年元旦在濟南政府門前坪場上，將收繳的毒品付之一炬，不料毒品中混有一桶炸藥，引起意外爆炸，死一人，傷十餘人，成為禁毒風暴中的一件憾事。

（八）移風易俗　禁賭禁娼

當年，但凡西北軍所到之處，無一例外都要大搞「移風易俗」，這一傳統不但被韓復榘繼承下來，而且還發揚光大。

韓復榘嚴禁軍人及公務員賭博，因聚賭而被申斥、處罰、撤職的公務員不知凡幾。

一日深夜，韓復榘親自查賭。他悄悄走進濟南市政府財政局長家，主人正與公安局長及另外兩名公務員玩牌聚賭。韓突然闖進屋，笑道：「玩兒哪？」四人大驚，方欲起身行禮，韓按住財政局長肩膀，只淡淡說了句：「你們繼續玩兒。」就走了。幾位還玩兒什麼？趕緊收拾攤子。第二天一早，局長等四人誠惶誠恐來到省府向韓請罪。韓沉下臉，問：「你們是認打，還是認罰？」局長等認罰。韓說：「你們四個拿錢，把正覺寺街修成石板路，省得淨摔人。」正覺寺街是濟南濼源大街的前身，是一條著名的老街，上世紀二三十年代原為碎石土路，「晴天一地土，下雨滿街泥」，很是難走，從此變成石板路。

韓復榘嚴禁軍人及公務員嫖娼。對妓女自願改業者，政府予以保護和救濟，設立「女子習藝廠」，令妓女先學習一技之長，再自由擇配，且不准為人妾或義女。

韓復榘三令五申禁止女子纏足，規定二十歲以下女子不准纏足；已纏者應即放足；違者家長處兩月拘役或二百元罰款。

韓復榘為屏除社會陋俗，提倡文明時尚，還有不少其他的規定，如，取締奇裝異服；行人上街要衣冠整齊，禁止穿睡衣拖鞋上街；禁止赤膊上街；禁止在大街邊走路，邊吸菸；不准隨地吐痰；茶園飯館雇傭女招待必須經市政府批准，不得雇傭十八歲以下女子為女招待；顧客不得對女招待有不正當行為；女招待須於晚十時前回家等等。

由於韓復榘規定要取締奇裝異服，禁止赤膊（指禁止「光上身」，並非「露胳臂」）上街，於是後來就有人造謠：「韓復榘還不許男人熱天穿褲頭，不許女的穿短袖褂子，說赤膊露腿有傷風化。如果有人犯了，要抓去坐禁閉，甚至看到女的穿短袖褂子，他能在大街上把人家的衣服撕破。」（張希由：〈治魯政聞〉，《一代梟雄韓復榘》，中國文史出版社，一九八八年，頁九〇）

一九三〇年代在濟南生活過的人目前仍大有人在。有位名叫徐北文的讀書人，於一九九〇年代著文，記述他當年在濟南親眼目睹的人與事：「傳說韓主魯時，曾下令女子不得穿短袖、短裙，並在濟南西門設崗，見有短袖女子，即以油漆塗抹所露之臂，此係貶韓『逸話』之一，當是謠傳。抗戰前我住在濟南，目睹親友中年輕婦女夏日短裝高跟，出入無礙，並未見有過此事。但韓復榘下令行人在街道及公共場所不得赤膊，則是真的。」「五十年代後期，我到濟南郊區勞動，遇上北園的隗君，他原是舊日大明湖的撐船工人。他說當年某日在大明湖碼頭，船工們赤膊乘涼，遠遠看到一穿紗褂，戴巴拿馬草帽及墨鏡之人。有人說，『老韓來了！』大家慌忙躲避，惟恐按章課以罰款。只聽韓大聲喊，『老鄉們住下！』眾人誠惶誠恐，有的趕快取褂欲穿。韓笑道，『你們不要怕，幹活的人脫了褂子乘涼，是應該的。我罰的是那些經商、辦公的，你們放心赤膊。』然後韓蹬上隗君父子的船，欣然遊湖，酬以大頭十元。」（徐北文：〈韓青天與山東文教界〉，《山左鴻爪》，上海書店出版社，一九九四年，頁八二）

司法

韓復榘主魯期間，因熱衷於審案而博得一個「韓青天」的雅號，同時也招來種種非議。

在中國封建帝制時代，從來都是地方行政長官升堂問案，雖然也出現過像傳說中包拯那樣公正廉明的清官，但「衙門口，朝南開，有理沒錢莫進來」這句民間俚語千百年來仍廣泛流傳。自民國以後，雖然有了名義上的法律和法院，但中國始終沒有進入一個真正意義的法制社會。

韓復榘當年在西北軍南征北戰，每過一縣府，都要去監獄看看。他所見過的監獄，十有八九都是人間地獄，人犯蓬頭垢面，衣不蔽體，遇有官吏出入，便一個個攀扶在鐵柵前，哭泣哀號：「大老爺，冤枉啊！大老爺，救命啊！」場面觸目驚心。平民出身的韓根據以往的經驗，堅信其中必有冤獄，堅信眼前的人犯多數都是無錢無勢的老百姓。

疾惡如仇的韓復榘，對貪官酷吏殘害百姓恨之入骨，發誓將來若有出頭之日，非將那些狗官斬盡殺絕不可！韓主魯後，將許多貪贓枉法的縣長、公安局長送進監獄，甚至槍決，皆發軔於此。

韓復榘自幼受中國傳統文化的薰陶，缺乏現代人的法治觀念，同當時大多數中國人一樣，完全寄希望於「清官政治」，盼望能有一位像包拯那樣的清官橫空出世，替天行道，除暴安良。韓十分仰慕前朝清官明察秋毫，殺伐決斷的睿智與魄力，渴望成為一名像「包青天」那樣為民做主的清官。

一九三一年五月，韓復榘批准動用一九三〇年戰役傷亡撫恤金的結餘款，以工代賑修復泰安包公祠。該祠修復後，一九三四年十一月二十一日，韓在泰安視察完畢，曾專程赴西門外瞻拜，在包公像前鞠躬施禮，並贈錢給看祠人，囑其好好看守。

民國著名報人陶菊隱謂：「韓復榘，有清代循吏風，恆微服出巡，勤求民隱，馴至升堂訊案，察察為明，不以為苦。」（陶菊隱：《政海軼聞》，上海書店出版社，一九九八年，頁六八）

一九三〇年代的中國無疑還是一個「人治」社會，地方軍政長官受理司法案件是非常普遍的現象，不但被社會廣泛接受，甚至被認為是一種「親民」的表現。「斷案公允」，亦被普遍認為是對行政長官執政能力的一種肯定。不過，別人斷案只是玩玩票，過把癮就算了，韓復榘卻不肯浪得虛名，認真當回事做起來，二十世紀三十年代的人還想當為民作主的清官，於是便成了中國的唐吉訶德。

林語堂在《吾土吾民》（*My Country and My People*）一書中是如此評價韓復榘的「開明專制政治」：「我們的變革愈多，而愈留滯原來的地位。政府制度雖變革，它的骨子仍不變革，那本質上的腐敗、懦弱、無能，永久存留著，根本上是絕望了的。……慢慢地艱苦地人們將體認我們至今仍被統治於封建酋長的下面，那個得見韓復榘的開明專制政治的省份該是大大運氣。他同時行使省長、縣長、推事、陪審官和律師的職權，他隨意鞭撻一個人，而餽贈另一人以數百元大洋鈿，根據他的直觀的觀相術，給予人民以某程度草率的公道與保護。」

韓復榘干涉司法，判案主觀武斷，感情用事，三言兩語，粗枝大葉，從法制的角度來看，是非常荒唐的，錯判、誤判的事肯定也不會少。但韓辦案也並非一無是處。山東大學教授、歷史學家呂偉俊說：「他（韓復榘）審案乾脆痛快，從不壓案、積案，也反對地方上壓案、積案，這是他的長處，也頗得人心。他審案也不會全錯，否則，誰人還敢冒風險請『韓主席』受理自己的案子？」「正由於韓復榘能夠及時處理案件，並也能判對，所以山東人們才樂意請韓審案，而不告狀到法院。有時人這樣說，如告狀到法院，三兩月不給處理，外地來的老百姓光在濟南住旅館（候審）就住不起。」（呂偉俊：《韓復榘傳》，山東人民出版社，一九九七年，頁一七六、一七七）

圖122　山東省府內前巡撫院署大堂，韓復榘曾在堂前大院內公開審案

韓復榘親自審案是從一九三一年開始，至一九三六年春季為止，以後的案件全部交軍法處審問。

韓復榘規定審案的日期是每星期三、星期六。時間是上午九點開始，如有事不能問案，就改為下午或晚上。地點上午在省府大堂前，下午或晚上則在五鳳樓主席辦公室。

省府大堂正中原有四扇屏風，屏風前有有一個兩層木台，韓復榘總是站在第二層木臺上問案。

韓復榘問案時，兩旁散站著手槍隊及執法隊的士兵，地上放著一大堆繩子和七八條軍棍，已經過預審的人犯蹲在大堂前右邊場地上。省府工作人員可以自由圍觀，記者也可以到場採訪。

韓復榘走到臺上，軍法官喊一聲「立正」，韓點頭示意，審問就開始了。先將人犯押到堂前，屬於濟南市內的案件，由山東省公安總局司法科科長宣讀預審案情；屬於全省的案件，由第三路軍軍法處軍法官宣讀預審案情。韓聽完案由，沉吟片刻，即宣佈判決，該放的放，該罰的罰，該打的打，士兵將人犯拉到左邊站立，等候開釋；如認為人犯該殺，便說一聲「斃」，執法隊衝上來，兩名士兵架一名人犯，拖下去綁定，立在右邊，準備押上八號卡車拉赴刑場，此即當時流傳所謂的「左立者開釋，右立者槍斃」。

韓復榘每次審問屬於司法科的案子在三十至五十件，屬於軍法處的案子在五十至八十件，每次都是問完為止，從不壓案、積案。

韓復榘辦案公開透明，速審速決，或生或死，或打或罰，一言而定。不過，偶然遇到較特殊的案件，也有不作結的。這裡應說明一點的是，凡是經韓審理的案件，都是經司法科或軍法處預審過的，他主要的工作是「判」，而不是「審」。

韓復榘喜歡騎自行車上街，身邊只帶幾名騎自行車的衛士。由於民眾都知道韓樂於過問民刑案件，因此韓一出省府大門，經常有很多人圍攏過來，喊冤告狀。韓每每下車，親自去接狀紙，有時一次能接十幾張。這些訴狀，有用正式狀紙的，有用一般信紙的，還有用各種粗紙的，內容無奇不有。

韓復榘聽說律師嫻習法理，能為罪大惡極者避重就輕，且多索取巨額寫狀費，乃規定凡在省府門前遞狀者，不得用律師代書。韓招考中學生數人，在院東設代書處，免費為告狀者寫狀紙，且要求告狀人說一句，寫狀人寫一句，原汁原味，力避曲筆修飾。但如此狀紙呈上來，滿目皆是俚語方言、語無倫次之文字，韓看了也不知所云，一頭霧水。又因告狀人多，寫狀人少，且寫得又慢，等一星期仍排不上號者大有人在。韓深感無奈，不久便取消代書處，告狀人是否請律師代書，聽其自便。

韓復榘到外縣巡視，每遇攔路喊冤或上門告狀者，無論何時何地皆隨時隨地審理。

韓復榘判案有很大隨意性，其個人的喜怒好惡往往影響對案犯的判決。韓最痛恨土匪，凡土匪頭目皆難逃一死。韓最痛恨菸毒，對吸食菸毒者，一律送戒菸所戒斷；凡販賣大菸者，一律科罰；凡販賣毒品者，一律槍決。韓最痛恨貪污，主魯七年殺掉不少貪官污吏；韓對「車」、「行」、「店」、「腳」、「牙」等一干人素無好感，每逢案涉此等人物，先打後問。遇有涉及妓院的案件，先命公安局查封該妓院，再將妓女送「女子習藝所」改造或擇配。韓崇尚傳統道德，對涉案的「孝子」、「節婦」，優容有加，網開一面；對「不肖」之子及「失節」之婦，則嚴加懲處。韓同情弱勢群體，有錢有勢的人打官司佔不上便宜。

關於韓復榘審案的荒誕故事屢屢見於書端報尾，應該說，這些故事全部是胡編亂造的，雖然這些故事明顯不合情理，辨別其真偽也並不難，僅憑起碼的常識即可。

為證明韓復榘審案草菅人命，有人編了這樣一個著名的故事：一次，山東省政府參議沙月波派一個叫小道的聽差去省府送信，正值韓在審問土匪，出於好奇，便站在一邊看熱鬧。審判結束後，執法隊誤將小道及被判處死刑的土匪一併拖到八號汽車上，準備拉去槍斃。小道連聲喊叫：「我是送信的！」韓說：「送信的也不是好東西，也該槍斃。」原來韓誤認為他是給土匪送信的。事後，沙月波帶著小道的母親去見韓，問及小道被殺之事。韓笑謂：「現在他是小盜（道），將來就是大盜。」

這則笑話編得很巧妙，故事中的人物都有名有姓，又有趣味性，自然流傳甚廣。一九三六年某日，在第三路軍軍法處任職的王慰農與沙月波同車由北平前往保定，王向沙問及此事真偽，沙斷然予以否認。（張玉強：〈韓復榘訛傳故事三則〉，《聯合日報》，二〇〇一年一月十二日）

剿匪

（一）抱犢崮剿匪

韓復榘主魯前，山東連年兵燹，戰爭頻仍，經濟凋敝，民不聊生，各地土匪蜂起，多如牛毛。當年被北伐軍擊潰的張宗昌幾十萬大軍，有相當部分落草為寇，使匪勢更張。當時山東匪患為中國之冠。韓復榘主魯之初，全省各地匪警頻傳，告急電報紛至遝來，令人觸目驚心。韓嫉惡如仇，平生最痛恨土匪與毒犯，恨不能斬盡殺絕。韓上任伊始，首先將肅清匪患作為治魯第一要務。為此他動員全省駐軍及民團軍，大動干戈，積年累月與土匪周旋，簡直達到廢寢忘食，走火入魔的地步。

魯南山區鄒、滕、嶧三縣多年來一直是土匪橫行之地，早年張勳、張敬堯等失敗後，其散兵游勇大部流落魯南山區為匪，雖迭經官軍清剿，匪患益甚。一九三一年初，魯南地區土匪計有三大股：孫美崧一股，約三千人，盤踞抱犢崮；尹士貴一股，約三千人，嘯聚蒙山；王百川一股，約數百人，出沒聚糧崮，此外還有張黑臉、尹士喜、郭馬蜂、郭馬藩等股匪。

韓復榘全力剿匪歷時四年，山東各地諸如「劉黑七」、「張黑臉」、「郭馬蜂」、「黑老五」、「小老八」、「王二麻子」、「杜二麻子」、「小白龍」、「草上飛」、「雲中風」、「八千歲」、「海砂子」、王子明、衣來好、徐榮章、劉永荃、郝明珠、杜宗良、劉式南、常學進、李進運等大大小小的股匪也都被一一解決，至一九三五年，山東匪患基本肅清。有時人評論，「韓來山東後，陸續將全省的股匪殲滅或收編，大的一些匪首，如張黑臉等均先後被槍決。現在除了蘇魯交界的地方有散匪活動外，餘均大部肅清，如濟南數年來幾無發生過匪案，故一切建設始可進行。」（章予：〈韓復榘與山東〉，《申報每週增刊》，第一卷，第四十三期，一九三六年十一月一日）

抱犢崮地處魯南山地，位於嶧縣、臨沂、費縣、滕縣等四縣插花地上，大部在嶧縣境內，為山中諸峰之冠。但見群山之中，一峰突兀，四周皆懸崖絕壁，峰頂平坦如刀削，可以種田，山形宛如茶杯倒復，當地俗語謂之「崮」。傳說昔日山民為耕種崮頂之田地，因路奇險，牛牽不上去，只得抱頭小牛犢上崮頂，養大了再耕田，故名「抱犢」。抱犢崮只有北面一線鳥道曲徑可通崮頂，山道間最險處，有石匠開鑿的攀石，供人攀援而上。崮頂有三個蓄水池和眾多大小不等之水缸，用來蓄積雨水，以供飲用，崮下萬山環繞，林木茂盛。

圖123　土匪盤踞魯南山地之抱犢崮

製造震驚中國內外的一九二三年臨城劫車案之匪梟孫美瑤就曾以抱犢崮為巢穴。因被劫持的人質中有外國旅客，引起國際爭端，而官軍又束手無策，時任北洋政府內閣總理之張紹曾擬派馮玉祥率部前往清剿，後因外交使團擔心尚在土匪手中的「洋票」安全而強烈反對，張議始作罷。

韓復榘就任魯省主席後，首次重大剿匪行動即掃蕩以抱犢崮、蒙山為重點之魯南山區土匪。

一九三一年三月二十二日，韓復榘下令以所部第三路軍為剿匪主力，以第十五路軍馬鴻逵部、第七師王均部及第二十六師陳耀漢部協剿，本「勢必掃淨匪穴」之決心，分路進剿，先解決蒙山土匪，再掃蕩抱犢崮老巢。

韓復榘親赴泗水督師，三月十六日，由棗莊抵嶧縣，下令各軍十八日發動總攻，次日赴滕縣親自指揮；二十二日，電告各路剿匪部隊：凡捕獲匪首者賞洋五千元。二十三日，電令各軍：「獲匪一律槍斃，通匪者殺無赦。」

四月十八日，各路剿匪部隊向孫美崧盤踞的抱犢崮發動總攻，前方軍事由谷良民統一指揮。二十四日，剿匪部隊攻佔抱犢崮，同時縱火燒山，以去土匪隱蔽之屏障，所有山洞及險要路徑亦全部破壞，以防土匪捲土重來。五月初，盤踞在蒙山及抱犢崮土匪全部被殲，至此，第三路軍與匪接戰數十次，斬獲千餘人。

我外交當局
重視順天輪刼案
分電各軍營救被架人員

英輿論認不至影響邦交

被刼詳情

圖124　報載「順天輪劫案」

（二）「順天輪」大劫案

一九三四年六月十八日，由天津開往上海之英國商船順天輪號被海匪劫持到山東利津沿海，船上除貨物被劫掠外，尚有人質二十六名，其中包括英、日外商六人及前北洋政府內政總長孫丹林等二十九名中國人。海匪將貨物及人質轉移到小船，在利津黃河入海口登陸，藏匿於蘆葦蕩中。

事件發生後，舉國震動，英國政府向南京國民政府提出嚴重抗議。國民政府電令山東省政府主席韓復榘及青島市市長沈鴻烈立即出動陸、海軍緝拿匪盜，營救中外人質。

駐青島的海軍第三艦隊派出四艘艦艇，前往出事地點查緝。駐威海衛的英國海軍驅逐艦兩艘、航母一艘也開往出事地點。不久查明，此案係山東沾化一帶海匪所為，匪首為王加臣（黑老五）、小老八、李學文（金牙老六）等。

英國航母出動六架飛機，在利津黃河入海口三角洲低空盤旋，擲彈威懾。匪懼，釋放外籍人員及孫丹林，但仍扣留十九名中國人為「肉票」。韓復榘收到英方報告後，決定實施海陸夾攻，進一步對匪施壓。海上由第三艦隊封鎖出海口，陸上派民團軍進剿。

韓復榘限令魯東民團軍指揮趙明遠在半月內破案。趙在劉耀庭偵探隊配合下，親率民團軍一營赴沾化、利津沿海搜捕。趙的副官劉景良在夏窪抓獲小老八之妻李氏，並發現海匪蹤跡。趙率隊往剿，六月二十六日，趙部在利津將匪包圍。

匪不支，又釋放兩名人質，並致函韓復榘，以當局正式收編匪部為釋放全部人質之條件。韓當即電覆趙明遠：「匪如不先將肉票全部釋放，任何條件一概不准，並將予以痛殲。」

由於時值盛夏，酷暑難當，陰雨連綿，更兼河岔縱橫，蘆深草密，導致剿匪行動進展緩慢。趙明遠為人質安全計，派副官劉景良化裝土匪，獨闖蘆蕩，深入虎穴，直接與匪首面洽和平解決辦法。很快，海匪再次致函韓復榘，願將肉票全部開釋，並乞當局收編匪眾百餘人。韓照准，於是人質全部獲釋。省府收編海匪，成立「海防聯隊」，以匪首王加臣（黑老五）為隊長、小老八為隊副，統歸魯東民團軍轄制，劉景良因立功晉升少校，至此，順天輪事件宣告和平解決。

海匪被收編之前，匪首曾向韓復榘承諾，將所劫持順天輪之貨物全部歸還，並將逃亡天津之逸匪拿獲歸案，但收編之後，卻不肯踐約照辦。趙明遠鑑於匪首桀驁不馴，恐日後有變，乃請准韓復榘，於八月二十二日以「點驗」為名，將匪眾誘至無棣西上後莊，設伏圍捕，旋將匪首及慣匪槍決，新入股者交保釋放。

韓復榘處置土匪一向嚴酷無情，究其根源，也是西北軍的老傳統。宋哲元陝西剿匪，石友三包頭剿匪，吉鴻昌豫北剿匪，一概是殺無赦，因此，凡是西北軍所到之處，土匪強梁皆聞風喪膽，抱頭鼠竄。

何思源幾十年後曾說過：「韓復榘也並非以殺人為快事。他痛恨土匪。痛恨菸毒，但想不出其他肅清土匪，禁絕菸毒的辦法，所以只能是『殺一個，少一個』了」（何理路：〈韓復榘在山東〉，《縱橫》，第四十九期，頁三八）

（三）痛剿「劉黑七」

劉桂堂，字興田，山東省費縣人，因其曾與另外七名匪徒結拜異姓兄弟，排行第七，加之膚色黝黑，故而得了個諢號「劉黑七」。劉匪五短身材，頭大體胖，家鄉人說他是烏龜托生，叫他「烏龜精」。劉為匪二十九年，橫行蒙山方圓數百里，至一九二八年，股匪已發展到一萬五千人，擾掠十六個省，作惡多端，殺人無數，是山東最大的匪梟。

圖125　劉黑七

一九二八年，北伐期間，劉匪在魯南被何應欽招安為國民革命軍第一集團軍新編第四師，劉任師長，奈何匪性不改，仍侵擾百姓。一九三〇年中原大戰前夕，劉匪被閻錫山重金收買，倒蔣投閻，被委以第二十六軍軍長，官越作越大。中原大戰後，張學良擁兵入關，劉匪又棄閻投張，被委以第六混成旅旅長，駐紮河北大名。一九三一年，石友三出師討張，劉匪起而回應。蔣命劉峙督三師一旅之眾圍攻劉匪於大名。劉匪敗，率殘部二千人突圍，於八月下旬逃至魯西。山東省主席韓復榘派兵一路圍追堵截，劉匪狼狽竄回魯南山區。

劉匪撤回巢穴，很快又發展到八千多人，並與匪梟「張黑臉」、「郭馬蜂」等合股，匪徒達萬餘眾。一九三一年九月二十二日，劉匪一部千餘人攻入日照縣城，商民被殺者數百人，城內房屋多處被焚毀。

一九三一年九月，韓復榘派員與劉匪接洽，談判收編事宜。幾經周折後，十二月六日，山東省政府正式宣佈收編劉黑七、郭馬蜂等股匪，改編「山東新編警備軍」，下轄四個旅，韓復榘任總指揮，劉任副總指揮。

三月初，流竄於蒙陰一帶的張黑臉股匪二千餘人亦向政府投誠，至此，魯南匪患暫告平息。

但劉黑七匪性不改，駐紮高唐期間，不聽調遣，惹是生非，要槍要糧，動輒鬧事。韓復榘忍無可忍，乃下令停發劉部軍餉，密擬將劉部繳械。劉偵知，於一九三二年六月率部突圍北上，遁入河北省，再度淪為流寇。

劉黑七經河北流竄熱河，察哈爾、河南，一路橫行無阻，燒殺搶掠，無惡不作，匪股擴充至一萬多人，於一九三四年三月十七日又竄回山東。

劉黑七原擬重返魯南山區，重整旗鼓。韓復榘早一月份即派飛機，偵察劉匪回竄魯境之動向，預先調兵遣將，在魯西嚴陣以待。韓親率手槍旅兩營赴泰山督剿。

自三月二十一日起，韓軍連續三次重創並包圍劉匪於萬德。劉部中堅皆為騎匪，行動迅捷，飄忽不定，韓軍雖嚴密圍堵，仍難免疏漏，致使劉匪殘部逃出重圍，分股竄入泰安山中。

四月三日，劉匪倉皇南逃江蘇，陷贛榆縣城，為洩憤，極盡燒殺搶掠之能事，旋復撤出。江蘇省政府主席陳果夫電韓：請勿分畛域，飭軍繼續進剿。韓乃令谷良民率隊越境追剿。谷趕到蘇北，贛榆縣城已遭塗炭。韓震怒，嚴飭各軍與蘇軍聯合作戰，務殲劉匪於蘇北。劉匪在蘇、魯兩軍夾擊下難以立足，四月六日，又折回山東呂縣大店鎮附近。

韓復榘命令各路剿匪部隊向大店鎮疾馳。四月八日，劉匪北竄諸誠，意再東奔海口，轉去青島，接應彈藥。韓恐劉到青島後引起國際爭端，除令所部全力堵截外，再電青島市長兼第三艦隊司令沈鴻烈派兵協剿。沈出動軍艦封鎖海域，中央空軍也派飛機入魯協剿。劉匪無法靠近海口，只得沿濰河北竄，此後在高密、諸城、安丘等地處處遭截擊，小股被地方民團軍消滅，大股向東南竄去。

韓復榘在濟南獲悉劉匪又從安丘逃遁，怒不可遏，擬親赴前線督剿。韓趕到火車站，一隻腳踩在一列即將開動的火車車廂踏板上，大聲疾呼：「這麼幾個土匪都打不了，我們還有什麼臉再幹！」眾隨從拉住他，說：「如主席真要去，可備專車，這班才車就要開了。」韓連呼：「備車！備車！」終於被左右拉回出車站。

韓復榘回到省府，隨即召開緊急會議，聲淚俱下：「究竟我們還想幹不幹？」部屬皆為之動容，當即紛紛表示：「請主席放心，我們決心在短期內將劉匪消滅！」韓通令全軍：不滅劉匪，不發軍餉！（呂偉俊：《韓復榘傳》，山東人民出版社，一九九七年，頁一五二）

會後，韓復榘將親眷送回冀省原籍，他本人也搬出省府，下榻商埠一間旅館，聲稱若不能肅清沂蒙山區土匪，就通電下野。事實上，韓也並非故作姿態，他確於四月十五日致電林森、汪精衛、蔣介石，請求辭職。林、汪、蔣分別覆電挽留，同時對韓極表嘉獎。四月十九日，韓再回電堅辭，有「體力不支，不敢誤國」、「組山東省府已三載，不但才力不足，近又觸發舊疾，惟有暫求去職」等語。及二十二日，蔣再覆電挽留，韓方打消辭意。（《山東民國日報》，一九三四年四月二十三日）

其間，韓軍分三路對劉匪窮追猛打，劉匪拚命南北流竄，如過街老鼠，一路挨打，最後只剩不足百人。眾匪徒終日疲於奔命，十幾天不得寢食，在馬上睡眼惺忪，搖搖欲墜，髮長遮臉，面無人色，身上所攜從江蘇搶來的成捆鈔票，早被汗水浸透，黏在一起，揭不開也看不清了。劉黑七見大勢已去，遂將殘匪交其「師長」劉懷志帶領，自己則化裝潛逃，乘漁船從海上亡命天津。

劉黑七逃亡後，劉懷志率殘匪藏進莒縣香爐山、狼窩山。四月二十四日，谷良民師長率部在望海樓將殘匪全殲。劉匪此次竄魯，從一九三四年三月十七日至四月二十四日，歷時三十九天。

劉黑七逃至天津，潛居日租界。韓復榘以二萬元和中校副官的軍職買通劉舊部連長徐一龍，命其偕特別偵探隊第一大隊大隊長劉耀庭同往天津刺殺劉匪。五月二日，劉、徐二人潛入天津日租界，乘劉匪賭博之機，劉耀庭舉槍向其射擊，瞬間打光一梭子彈。劉匪中彈倒地，經醫院搶救，保住一條命。

抗戰爆發後，劉黑七在天津投靠日寇，認賊作父，被委以「皇協軍前進總司令」，隨日軍開進山東，是時，韓復榘已被蔣介石所殺。

不久，日本人企圖通過「整編」吃掉劉的隊伍。劉與日方決裂，一九三八年底，以「反正抗日」名義，進入魯中地區。蔣介石將劉部收編為第三十六師，劉為師長，歸蘇魯戰區總司令于學忠節制，駐軍費南、費北兩縣。一九三九年春，劉回竄其魯南老巢大平邑。

一九四三年，山東省主席何思源從山東赴大後方，途經費縣，在劉的防區住過兩天。劉向何講述當年被韓復榘窮追猛打的情形，極口稱讚韓的認真負責精神。他說：「那時如果其它各省負責人有一位像韓先生那樣盡力，我們早就在外省被消滅了，至少也要被打散，也不至於在家鄉丟醜了。」（何理路：〈韓復榘在山東〉，《縱橫》，第四十九期，頁三九）原來，劉一九三四年竄回山東後，曾計畫要創建一個類似冀東漢奸政權那樣的局面，以「成家立業」。不料遇到韓復榘這個大剋星，以至一切夢想都付諸東流。可以說，韓不僅不僅除了一股悍匪，還使日本人的一個大陰謀成為泡影。

此後劉黑七明裡是中央軍第三十六師師長，暗地裡是「皇協軍」司令。他的軍隊打著「白日」、「紅日」兩種旗號，有「灰色」、「黃色」兩套軍裝，吃著中央軍和偽軍的雙餉，詭譎變幻，一至於是，老百姓都叫他「雙保險」。

一九四三年十一月十五日，八路軍魯南軍區秘密調集兩個主力團和地方武裝，長途奔襲，包圍劉黑七師部所在費縣西南東杜子莊及其周圍據點。在激烈巷戰中，劉化裝成農民，企圖混出包圍圈，被八路軍五團四連士兵郝榮貴當場擊斃。

（四）活捉「張黑臉」

張家棟、山東省嶧縣人，因面色黑而有渾名「張黑臉」。一九一八年落草，追隨巨匪王玉棠，王死後，升為頭目，後與匪梟孫美瑤「對碼子」（合股），曾參與一九二三年震驚中國的「臨城劫車案」。孫伏法後，張夥同另一匪首「劉黑七」遁入蒙山，另起爐灶。後張、劉分股，各立山頭，張以大、小珠山為巢穴，劉則盤踞抱犢崮。一九二七年，張黑臉一度攻佔莒縣、沂水縣城，匪首郭馬蜂、尹士貴、尹士喜皆追隨驥尾。

一九三一年春，山東省主席韓復榘嚴厲清鄉，張黑臉在魯南無立錐之地，流竄蘇北；劉黑七被逐往熱河。是年秋，張、劉二匪又分別從河南、江蘇竄回魯南山區，再度合股，匪眾達萬餘人。韓復榘於一九三一年九月十一日，在濟南召集所部師、旅長舉行剿匪會議，嚴令各部務必將轄區匪患肅清。九月二十日，韓發佈剿匪令，圍剿魯南山區股匪。

韓復榘對土匪剿、撫並施，在揮舞大棒的同時，也小心翼翼地伸出胡蘿蔔。歲末，劉黑七首先被招撫。一九三二年二月，張匪亦同意接受招撫，條件是將所部編為一個混成團，張任沂蒙山區剿匪總指揮兼混成團團長，軍餉由省政府調撥。

六月初，據當初的協議，張黑臉股匪二千餘人應六月八日於騰縣上火車赴大汶口，再轉高清更換軍裝和武器，訓練三個月後駐防棗莊。韓復榘汲取招撫劉黑七的教訓，密令二十二師谷良民部兗州東南的大橋西側設伏，全殲匪部。張黑臉十分狡猾，為防不測，早在距兩下店不遠的地方下車，向東南逃竄。

韓復榘聞知張黑臉匪幫嘩變，即令展書堂師與魯南民團軍合力追剿，張匪逃至江蘇贛榆。一九三二年九月，張匪乘韓軍調動之際，重返魯省，搶掠沂水等縣。韓再令展師運其昌旅進剿，將張匪趕走。此後，張匪一直在蘇魯交界處流竄作案。一九三四年秋，張黑臉匪幫終被全殲，但張黑臉本人下落不明。

張黑臉逃離山東，潛入蘇北，易名張建勝，秘密往來於懷遠縣之煤窯、靈壁縣之辛集、蚌埠之新馬橋及浦口，值可謂狡兔「四」窟。

一九三五年四月，韓復榘限特別偵探隊第一大隊大隊長劉耀庭在一月之內將張黑臉捉拿歸案。五月三日，劉帶幾名探員化裝南下，在蚌埠市郊新馬橋村張將劉匪捕獲，一面電韓報捷，一面將張匪於五月五日押回濟南。

是日晚，韓復榘在省府親自審訊張黑臉。

韓：「你就是張黑臉嗎？」

張：「是。以前的事（指嘩變）太對不起主席了。」

韓：「你為匪多少年？」

張：「自民國七年起。」

韓：「已將近二十年了。」

張：「不過十數年。」

韓：「聞你已做買賣？」

張：「賣豆餅。」

韓：「你為匪多年，應有好多錢，還做這等買賣？」

張：「回主席，幾年來雖曾見過五七萬銀錢，但南來北往的朋友多，全應酬了。幹這種事非如此不可，不然能有許多人跟著幹嗎？」

韓笑了笑：「好，你也是好漢一條！」

張低頭：「不敢，不敢……」（呂偉俊：《韓復榘傳》，山東人民出版社，一九九七年，頁一五五）

五月六日，韓復榘下令將張黑臉三匪押往侯家大院操場南磚瓦窯後槍決。

賑災

山東是天災頻仍的省分，天災中，尤以「黃災」危害最甚，幾乎是一年一度洪水來，其中三次黃河決口最為嚴重：第一次發生於一九三三年八月十一日，地點在河南蘭封蔡家樓；第二次發生於一九三四年八月十二日，地點在河北長垣縣；第三次發生於一九三五年七月一日，地點在山東鄄城、董莊。三次決口，山東都是重災區，尤以第三次災情最重，魯西十餘縣盡成澤國，黃水直沖徐州、波及蘇北，災民達五六百萬人。

為了摸清災情，韓復榘派何思源乘坐孫桐崗（孫桐萱之弟）駕駛的雙座教練機，連續三天飛往災區上空視察，但見黃水漫溢，一片汪洋，荷澤、巨野、成武、曹縣、東平、魚台等縣城均被大水圍困。災區各縣因電桿被大水沖倒，電話、電報均不通，與省會失去聯繫，只能靠飛機空投命令和傳單。

韓復榘聽到災情彙報後，非常焦急，立即成立「黃河水災救濟委員會」，以民政廳長李樹春為主任委員，

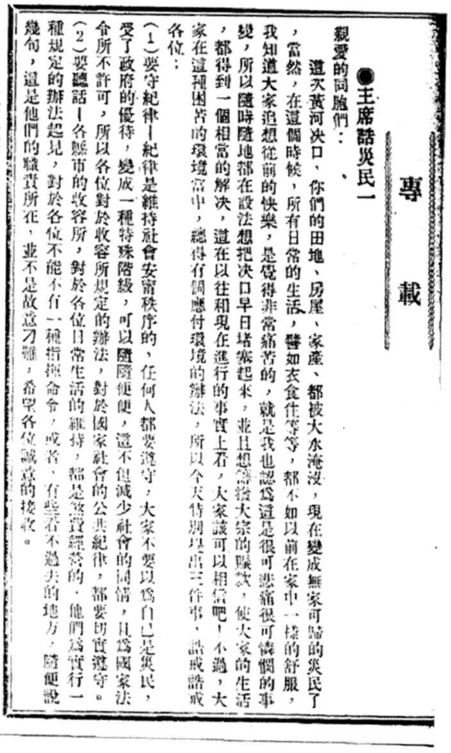
專載

●主席話災民一

親愛的同胞們：

這次黃河決口，你們的田地、房屋、家產，都被大水淹沒，現在變成無家可歸的災民了，當然，在這個時候，所有日常的生活，譬如衣食住等等，都不如以前在家中一樣的舒服，我知道大家追想從前的快樂，是覺得非常痛苦的，就是我也認為這是很可悲痛很可憐憫的事變，所以隨時隨地都在設法想把決口早日堵塞起來，並且想籌措大宗的賑款，使大家的生活，都得到一個相當的解決，這在以往和現在進行的事實上看，大家該可以相信吧！不過，大家在這種困苦的環境當中，總得有調應付環境的辦法，所以今天特別提出三件事，請戒請各位：

（1）要守紀律—紀律是維持社會安寧秩序的，任何人都要遵守，大家不要以為自己是災民，受了政府的優待，變成一種特殊階級，可以隨隨便便，這不但減少社會的同情，且為國家法令所不許可，所以各位對於收容所規定的辦法，對於國家社會的公共紀律，都要切實遵守。

（2）要聽話—各縣市的收容所，對於各位日常生活的維持，都是煞費經營的，他們為實行一種規定的辦法起見，對於各位不能不有一種指揮命令，或者，有些看不過去的地方，隨便說幾句，這是他們的職責所在，並不是故意刁難，希望各位誠意的接收。

山東省政府公報　專載　八十三

圖126　韓復榘告災民書

負責救災事宜。為救災，韓首先個人捐款二萬元，同時鼓勵各縣縣長也帶頭捐款；規定山東省全體公務員減薪二成救災；下令各縣開倉賑災；派船赴災區搶救災民。

這次水災造成三十餘萬無家可歸的災民，這些災民如何安置成了一個大問題。為此，韓復榘想了不少辦法。

首先，韓復榘要求把災民全部疏散到濟南及未受災的各縣「代養」一個冬季，因此命令在濟南及各縣成立「災民收容所」。韓將自家在省府內的寓所「東大樓」騰出兩層供災民居住。馮玉祥在其日記中寫到：「山東水災，把難民移往各縣就食，各辦法極有道理。至於把省府大樓讓給災民住之事，尤為難得。」（《馮玉祥日記》，一九三五年八月二十八日）

一日，韓復榘蒞所訓話：「第一，大家要遵守紀律，不要以為自己是災民，受了政府的優待，變成一種特殊階級，可以隨隨便便。第二，要聽收容所工作人員的訓話。第三，要早起，不要以為現在受災，一切有官府照應，就可以敷衍，以至於養成懶惰習慣。」

起初，不少省府官員都懷疑，僅憑當時山東的運力，如何能在短時間內將如此眾多的災民轉移完畢？但是，韓復榘卻很有信心，他親自指揮調度。韓過去曾為其軍用鋼甲車保留了一部分機車，這次救災又扣留幾輛機車，於是手中有了二十餘列

圖127　臨沂地區水災，圖為轉運災民之船隻及汽車

火車，再徵用全省的長途汽車，派李樹春長住濟寧督導。災民隨來隨上車，日夜不停運輸，列車上還有軍隊護送。在津浦、膠濟兩路，災民列車優先通行，所有客、貨列車必須讓路。如此一來，在短短的十幾天，竟將三十萬災民全部運送到指定地點。

眾多的災民給濟南市及各縣帶來不少麻煩。韓復榘告戒各縣縣長說：「災民是我請來的客人，你們要好好招待！」（何理路：〈韓復榘在山東〉，《縱橫》，第四十九期，頁三八）韓把安置災民列入考核各縣政府政績的主要內容，還派省府委員、各廳廳長分赴各地檢查指導。因此，各縣縣長均不敢怠慢。

韓復榘規定：保證災民每日兩餐；保持災民居住環境衛生；災民有病要及時延醫治療；安排青壯年災民打零工，以工代賑；中秋節為每位災民發五分錢。韓還為收容所災民規定了作息時間表，組織他們掃盲識字，教唱《剪髮歌》、《放足歌》。（呂偉俊：《韓復榘傳》，山東人民出版社，一九九七年，頁二七一）

韓復榘經常到濟南及各縣收容所巡視。八月，韓視察滕縣收容所，巨野災民張永成說他的小男孩在兗州上火車時失散，請代為查找。韓為此特地於八月三十日發一訓令，命各地收容所「詳為查找」。（呂偉俊：《韓復榘傳》，山東人民出版社，一九九七年，頁二七二）

由於韓復榘採取以上種種措施，災民都得以溫飽，沒有發生流離失所的情況。

為爭取中央對山東的援助，韓復榘連電南京告急。南京方面雖連續幾次派員到山東視察災情，但遲遲未見行動，而是年早些時候，長江也鬧水災，南京方面卻很重視，成立專門的救災委員會，通令全國公務員一律扣薪救災。韓對南京厚此薄彼，很是氣憤。

未幾，南京又派衛生部部長劉瑞恆來魯調查災情。韓復榘對何思源說：「中央來視察災情的人已有幾批，我們連招待費都花不起了。劉瑞恆不拿救災現款，就不要來見我！」何老實不客氣地將韓的原話轉告劉，並詳述親眼目睹災區之嚴重情況。劉很感難為情，立即與行政院長汪精衛及財政部部長孔祥熙通電話，要來十萬元賑災款。韓終於與劉見了一面，但態度仍十分冷淡，說話也不好聽。（何理路：〈韓復榘在山東〉，《縱橫》，第四十九期，頁三六）

劉瑞恆走了，孔祥熙又來山東，直接去了濟寧災區。韓乘專車到兗州車站晤孔，二人就在車上會談。韓向孔要賑糧，並以長江水災中國扣薪為例，要求鐵路徵收附捐。二人話不投機，孔走後，韓怒氣沖沖回到濟南，命令駐濟寧的第一專區專員王紹常（王冠軍，前西北軍將領）組織災民攔截火車，不許通過，並派兵保護災民。誰敢動災民一下，就向誰開槍！王見韓正在氣頭上，只得唯唯，私下卻以為如此意氣用事似有不妥，乃敦請李樹春、何思源出面圓場。李、何二人研究出一個加稅籌款辦法，由何向韓進言：「救災全靠中央不行。我們回去開會，自己想想辦法，是否可在本省地丁加收一次救災附捐，每兩丁銀加收一元，除災區免增外，大約能收四百萬元。主席來山東五六年，沒有增加過人民負擔，為救災抽一次捐也不為過。此外還可想別的辦法，截火車影響太大，不大合適。」韓當時也是一時氣話，正需有人轉圜，遂收回成命。後經省府會議通過，全省地丁銀每兩加收救災附捐一元，除免徵者外，當年收入四百五十萬元。（何理路：〈韓復榘在山東〉，《縱橫》，第四十九期，頁三七）

孔祥熙在南京政府諸大員中，算是與馮玉祥及其西北軍關係較密切者。孔還在馮的西北邊防督辦公署擔任過參議，月支薪二百元。因此，孔與馮有較好的私人關係。孔通過這一關係，及其北方籍貫，又與西北軍的某些幕僚，如何其鞏、丁春膏、蕭振瀛等來往密切。就連韓復榘的部將孫桐萱、李漢章等也自稱是孔的「門生」。韓與孔的關係也不錯，西安事變時，韓的幾個電報得罪了蔣介石，孔猶為韓開脫。

一九三五年的洪水一直流入江蘇，江蘇省官方在徐州以北九〇里處築堤堵水，又在運河入境處堵截，如此便將大水全部堵在山東境內，數十縣盡成澤國。江蘇省政府主席陳果夫自度理虧，先匯寄十萬元，作為幫助山東堵口之協款。實際上，是時七、八月間正當雨季，黃河水量最大，尚談不上堵口。韓復榘忍無可忍，即調兵一團，協助當地災民強行扒開截堤，方使部分黃河水順運河注入長江。據說在災民扒堤時，軍隊還開了槍。

韓復榘救災救了不少山東百姓，卻得罪了許多南京的權貴。

由於三年連續大災，水退後仍有一部分魯西災民無法重返家園，韓復榘就在黃河下游的濱縣、蒲台、利津、沾化、無棣、廣饒等地建立墾區，移民開墾荒淤地，次年移民墾區的就有一萬多戶（沾化縣至今仍有「鄆城村」、「梁山村」）。省府借給移民遷徙、定居、開墾、購買農具、耕畜等各項費用；發放口糧、籽種，甚至婦女放足，每人還發八尺布。移民安居後不到一年，抗日戰爭爆發，此項借款再未收回。抗戰時期，何思源兼魯北行署主任，在魯北打游擊，以該墾區為根據地，那裡的魯西同鄉見面非常熱情，他們說起韓復榘來，都說他的好話，儘管那時韓早已被蔣介石殺了。（何理路：〈韓復榘在山東〉，《縱橫》，第四十九期，頁三九）

由於韓復榘救災卓有成效，還是受到了南京政府的肯定，嘉獎電稱：「該主席籌集賑款，並捐廉為倡，分區救濟，畫周詳，用能綏輯流亡，安定地方，厥功甚著。」有災民說：「人說韓主席是青天，今日一見，果然名不虛傳。」（呂偉俊：《韓復榘傳》，頁二七三）韓當年的老長官馮玉祥也表揚韓三點：「一，對內之治安；二，對外之不屈；三，辦災之新法。我與有榮焉。」（《馮玉祥日記》，一九三六年十一月二十三日）

治軍

（一）「不怕死，不愛錢，保國家，衛閭閻」

韓復榘對軍隊的精神教育主要內容是：愛國家，愛百姓，不怕死，不愛錢；知恥矢勇，不怕犧牲；忠於職守，任勞任怨；崇尚軍人榮譽。

韓復榘對第三路軍的訓詞是：「不怕死，不愛錢，保國家，衛閭閻」。

「愛國家，愛百姓」是韓復榘精神教育的核心。韓在第三路軍「軍事教育團」第四期開學典禮上的訓詞是：「國家縱不能由我而治，亦不使由我而亂；國恥縱不能由我而雪，亦不使由我而增」。（《山東民國日報》，一九三二年八月三十一日）

第三路軍官兵在開飯前要唱《吃飯歌》，歌詞是：「這些飯食，人民供給，我們應該，為民努力；帝國主義，國民之敵，救國救民，吾輩天職。」第三路軍的其他軍歌，如《滿江紅》、《蘇武牧羊》、《救亡進行曲》等都充滿愛國愛民，反帝救亡精神。

一九三六年六月六日，韓復榘在省省府會議廳講話說：「孟子說，『敬人者恆敬之，愛人者恆愛之』，這是至理名言。要知我們軍隊，若是真的敬愛民眾，也必能得到民眾的敬愛。平素軍民之間既然有了很好的感情，一旦

圖128　韓復榘贈章：不怕死，不愛錢，衛疆土，保閭閻

需要民眾幫忙的時候，民眾必肯自動的實力相助。」（《山東民國日報》，一九三六年六月七日）韓嚴禁部隊駐防佔用民房；嚴禁部隊向地方索要軍餉、軍資。

（二）生活緊張　紀律嚴明

韓復榘治軍帶兵，講求精神與身體高度緊張，不准許有絲毫怠懈。第三路軍官兵每天除了吃飯、睡覺外，各項訓練、學習安排得滿滿的，沒有片刻閒暇。早晨起床唱《早起歌》，歌詞是：「朝日上升天破曉，鍛鍊身體人起早……」，晚上就寢唱《睡覺歌》，歌詞是：「卿云爛兮，糾縵墁兮，日月光華，旦復旦兮，日月光華，旦復旦兮。」（古歌謠）

第三路軍駐濟南軍事機關工作人員每天五點半起床，六點參加「朝會」（星期一在「進德會」參加「總理紀念週」；星期二、三在省府集合參加「勉勵會」）。「勉勵會」前還要由韓復榘帶領跑步半小時，圍省府跑三圈，再練太極拳、太極劍半小時，然後赴機關辦公；軍官在上班時間不准外出；下午七至八點，集合在大禮堂，聽韓講《曾胡治兵語錄》及兵法陣戰。（呂偉俊：《韓復榘傳》，頁一四一）

一日晨，省府舉行「勉勵會」，第三路軍總部參謀長李宗弼遲到。韓復榘當眾說：「大家都跑過了，李參謀長，你來晚了，自己跑上三圈吧！」李只得認罰。（劉青

圖129　韓復榘陪同蔣介石在濟南檢閱第三路軍某部

浦：《我對軍閥韓復榘瞭解的片斷資料》，全國政協文史資料稿件第80-0378號，頁二八）

韓復榘為部隊規定了嚴厲的軍風紀，軍官出行不准乘人力車，只准步行、騎車或騎馬；旅長及以下軍官不准乘汽車；下級軍官及士兵平日不准離營半步，如因公外出，士兵也要在官佐帶領下列隊出行，按步伐的節拍高唱軍歌，如：「軍人首要服從，命令何等尊嚴。紂有兵丁億萬，何抵周臣三千。一心同德，勝敗昭然……」或「三國戰將勇，首推趙子龍，長板坡前逞英雄。還有張翼德，當陽橋上等，喊喊啰嚓響連聲，橋斷兩三孔，嚇退百萬兵……」。等等，旨在加強軍風紀，宣揚英雄主義。

時值第二十二師輪駐濟南辛莊兵營訓練，一日清晨，師部官佐集合準備跑步，韓復榘突然出現在大操場，抄起官佐花名冊便開始點名，凡不到者即用筆劃掉，開除軍職。師長谷良民在一邊也不敢講情。韓離開操場，又去廚房、廁所及馬廄檢查衛生，很不滿意，對師部副官長李德山嚴加申斥，並令其罰跪。韓每次來營檢查衛生，李都要罰跪，師部人員戲稱之「大褂先生」（罰跪時軍裝上衣著地，如穿大褂）（郭健等：〈管束部下〉，《一代梟雄韓

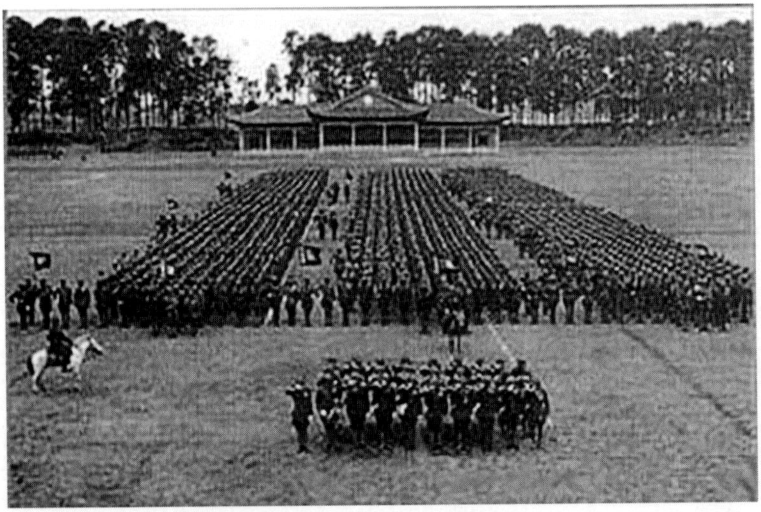

圖130　第二十師師長孫桐萱在兗州閱兵

復榘》，中國文史出版社，一九八八年，頁一七二）

一九三四年八月二十一日，韓復榘赴陽谷縣視察駐軍第二二〇旅江保元團，在大操場點驗部隊，忽遇傾盆大雨，官兵鵠立不動，直至點驗完畢已成落湯雞矣。事後，韓下令每人獎鞋一雙，病號每人獎洋六元。（呂偉俊：《韓復榘傳》，中國文史出版社，一九八八年，頁一八三）

（三）凝聚軍心　鞏固團體

韓復榘為防止軍隊腐化，要求官兵繼續保持西北軍艱苦奮鬥，勤儉節約的傳統，並規定了嚴格的軍紀。與此同時，韓為凝聚軍心鞏固團體，又屏棄了過去馮玉祥那種清教徒式的管理模式，比如，紙菸和酒不再被視為絕對的違禁品。

第三路軍軍官的薪餉比中央軍還高出二成（韓軍是八成薪，蔣軍是六成薪）。原石友三軍參謀長兼師長唐邦植到了韓部降職當旅長，薪餉非但沒減，反而提高了很多。第三路軍士兵每月除伙食外還有六七元的津貼，比前西北軍時期的三元維持費增加了一倍。

韓復榘要求軍官與士兵同甘共苦。營長以上軍官吃飯方可以開小灶，連級軍官必需與士兵同吃同住；除旅長以上高級將領外，所有軍官早上一律要與士兵一起出操、跑步；在服裝方面，從士兵到總指揮韓復榘都穿同樣的國布軍裝，沒有任何區別。

一年冬季，韓復榘的二夫人紀甘青穿皮大衣外出。韓追到二堂口，把她拖回來，罵道：「我的兵還沒穿上棉衣，你敢穿皮的出去！」（何理路：〈韓復榘在山東〉，《縱橫》，第四十九期，頁四三）

韓復榘要求各級軍官必須關心士兵疾苦。一九三一年河南大饑荒，豫東災情最重。第三路軍官兵多系豫東及豫南籍人。韓命軍需處將第三路軍全體河南籍官兵統計造冊，分別匯款至原籍家中，並函及所在河南地方政府予以照顧。有家屬逃難到軍營者，韓規定軍營必須妥善接待，不但要管飯，臨走還給幾十元帶上回家。為方便家屬乘車，韓命副官處同濟南火車站聯繫，專門抽調一列火車，每月初一、十五由濟南出發，途經徐州、商丘、鄭州、許昌、漯河，到信陽再返回，每月兩趟車，凡持有第三路軍官兵家書者皆可免費搭車。（郭宗正：《記韓復榘三五事》，手稿，頁二）

第三路軍每團、營都有娛樂費和體育費。每逢假日，以團、營為單位請人說評書，講《三國演義》、《水滸》等。韓復榘喜歡球類運動，第三路軍各師、旅有足球隊，各團、營有籃球隊，手槍旅即有「精誠」、「博愛」兩個籃球隊，通訊營有「智勇」隊。韓經常組織各部隊球隊進行比賽。每逢有球賽，韓必親臨現場觀摩，有時興之所至，也要上場一試身手。

韓復榘與蔣介石

（一）南京濟南「蜜月期」

韓復榘與蔣介石之間毫無歷史淵源，又素有成見。韓當年脫離馮玉祥，為生存下去，只有投蔣一條路，別無他途。蔣也是利用馮、韓分離打擊西北軍。因此蔣與韓的結合，對雙方來說都是權宜之計，沒有任何長期合作的基礎。

韓復榘自從脫離馮玉祥集團，加入蔣介石陣營那天起，便開始「走鋼絲」，扮演了一個極其危險的角色。韓因為不堪忍受人格屈辱，而與馮玉祥分道揚鑣，卻又與馮故情深厚，藕斷絲連；韓由於對蔣介石極端不信任，而摩擦不斷，卻又不得不在他手下作事，受制於人，因此韓最終的失敗，不在於脫離馮集團，也不在於加入蔣陣營，而是自身性格上的弱點造成的。

軍人出身的韓復榘以往戎馬倥傯，很少接觸政治，特別是高層的政治核心。嗣後韓主魯七年，躋身於政治舞臺的中心，周旋於各方面、各階層人士之間，耳濡目染，環境薰陶，或有所借鑑，或有所懲戒，應該說在政治層面上有很大提高，在政治謀

圖131　一九三四年韓復榘與蔣介石在濟南山東省政府合影

略上也有不少可圈可點之處。韓尊重知識，尊重人才，在他身邊聚集一大批出類拔萃的知識分子，成為韓不可或缺的智庫，也為韓憑添了不少政治智慧。但基於思想陳舊，性格偏執，以及從內心深處對政治的厭惡與輕慢，韓非但沒有成為一名成功的或有遠見卓識的政治家，最終淪為政治鬥爭的犧牲品。

北伐之前，在北京窮極潦倒的楊永泰於北伐後來到南京，以求仕途。他揣摩上意，獻上「削藩論」為進身之階。蔣介石對楊的「削藩論」十分欣賞，也正合己意，乃貫徹始終。

戴雨田在〈張學良側寫的側寫〉一文中說：「我悼齊文述蔣（介石）的日記一節，僅是數節中的其一而已，余則永藏內心，從未外洩。今即時久勢移，可作警告之鑑，擇其中最足駭異者：所記非嫡系即『藩』，例如，凡寫劉湘，即『劉藩』；寫韓復榘，即『韓藩』；寫宋哲元，即『宋藩』；寫傅作義，即『傅藩』，以此類推。足見政學系楊永泰獻『削藩論』，正合孤意。如獲至寶。唯此心態與漢王朝大殺功臣、唐王朝『撤藩』何異？其殺傷力和造成內亂，循環不已，古已有之，於今尤烈。」（戴雨田：〈張學良側寫的側寫〉，《傳記文學》，臺北市：傳記文學雜誌社，一九九二年十月）可見楊氏「削藩論」對蔣氏影響之深。

韓復榘主魯之初，由於在中原大戰中，曾與蔣並肩作戰，「蜜月期」剛過，二人關係尚稱融洽。韓某日在朝會上演講：「今日中國之人物，惟蔣總司令與馮先生可劃一等號。至於閻某（閻錫山），則不過如鞋跟之塵土，不足掛齒也。」（《馮玉祥日記》，一九三一年一月一日）一九三〇年底，韓在濟南白馬山召集駐辛莊部隊各級軍官訓話，指斥閻錫山「奸猾多疑」，稱讚「蔣先生比較公正，可以統一中國，領導中國。咱們要跟他走，聽他指揮。」韓出任山東省政府主席後，蔣介石偕夫人宋美齡到濟南，在省政府珍珠泉院內住了三天。蔣騎馬檢閱部隊，韓以右手執蔣氏坐騎之轡繩，侍立一旁，以示效忠。（劉青浦：〈我對軍閥韓復榘瞭解的片斷資料〉，《全國文史研究會存檔資料》編號80-0378，頁四）宋美齡與韓的二

圖132　韓復榘如夫人紀甘青（左）陪同宋美齡在濟南山東省政府觀魚

夫人紀甘青結拜為乾姊妹。

此時韓復榘的心態，正如何思源所說：「他（指韓）是希望能保存實力，在華北存在下去，並沒有太大的野心，能維持實力，固守山東地盤，不受蔣介石的暗算，就心滿意足了。韓感到保存山東地盤也就很不容易，既怕蔣介石釜底抽薪，拉攏韓的部下，從內部瓦解他，又怕蔣介石布下圈套，使韓落入陷阱。」（何思源：〈我與韓復榘共事八年的經歷〉，《文史資料選輯》，第三十七輯，頁二〇八）

一九三一年七月，「討石之役」中，韓復榘雖然沒有出兵助蔣討石，但也未與石聯手發難，濟南與南京的關係仍波瀾不驚。

一九三二年九月，韓復榘在事先沒有向南京打招呼的情況下，突然發動「驅劉（珍年）之役」，令蔣介石怒不可遏。蔣調兵遣將，進逼魯境，蔣韓之戰，一觸即發。但由於張學良的軍事介入，蔣不打算將事態擴大，乃改為和平調解。韓通過此役最終達到了目的，但與南京方面的關係卻變得格外緊張起來。

一九三五年華北事變後，日本為促成所謂「華北五省自治」，拚命對韓復榘施壓，逼其脫離中央，但遭到韓的堅決抵制。一九三七年三月，蔣請韓赴杭州晤面，韓欣然前往，受到隆重歡迎，濟南與南京的關係又進入「蜜月期」。

司徒雷登曾因赴山東募集中國教會大學捐助而與韓復榘結識，作為一個外國人他是如此講述蔣、韓關係的：

「另一個獨立的地方高官是韓復榘，他能夠在國民政府之下保留自己的勢力。從很多方面來說，他都是一個進步的統治者。比如，他清剿了全山東的土匪。不過他這個人十分獨裁。日本人幾次三番地要拉攏他，他本人雖然也想站在一個堅定的立場上，但又擔心蔣介石不支持他。

一九三五年，我去見蔣委員長，韓主席託傅涇波和我同去，以確定他的態度。一上來，蔣介石就勃然大怒：『國策這種事，這些地方官無權過問。國家大事自然有人處理，你們只需要做好自己的工作。』

我向他解釋：『理是這個理，可數百年來，中國不是法治，而是人治。在中國文化中，最高尚的品德是忠心。想讓他們成為你真正的朋友，就需要和他們搞好關係。』

蔣介石被我這番話氣得夠嗆，最後他冷靜下來後說『好吧，你跟他說，他只要堅守陣地，我就會不離不棄。』」（〔美〕司徒雷登：《原來他鄉是故鄉：司徒雷登回憶錄》，江蘇人民出版社，二〇一四年）

（二）克扣軍費與截留國稅

圖133　蔣介石與司徒雷登（右）

韓復榘主魯期間。山東與南京方面發生了幾次交鋒。

韓復榘第三路軍每月軍費約一百萬元，由中央撥款六十萬元，其餘由山東省財政協餉發給。由於手槍旅不在中軍國軍統一編制內，其軍費由山東自籌，因此山東每月協餉也在六十萬元左右。

開始，第三路軍的軍費還能按時發。韓復榘對部隊也是點名發餉，以防吃空缺。此後每況愈下，南京方面為限制韓軍發展，原答應每月六十萬元的軍費也不能按時發放，時而一月只給一、二十萬，時而一連數月分文不予。韓迭次向軍政部軍需署交涉均無結果。

南京總部的軍需機關對非嫡系部隊發餉的辦法是：多賄多發，少賄少發，不賄不發。第三路軍駐京辦事處處長唐襄給韓復榘來信說：南京發餉有困難，各地方軍隊都要應酬軍需機關。我們是否也拿出些錢來招待招待，以後好辦事。韓就把這封信在省府少校以上軍官會上宣讀，並說：「咱們不能學陳主席（陳調元）那一套，把部隊三分之一餉錢拿來應酬上面。命令參謀長劉書香告訴唐處長：一概不應酬，看他們發不發！（劉青浦：〈我對軍閥韓復榘瞭解的片斷資料〉，《全國文史研究會存檔資料》，編號80-0378，頁一七）

南京總部的軍需機關非常腐敗，公開貪污，例向領餉單位索取回扣，有所謂「大八折」、「小八折」之說。軍需機關扣「大二成」，即每一萬元軍費，扣二千元；副官處又要扣「小二成」，即每一萬元軍費，扣二百元。對非嫡系部隊克扣尤甚。

唐襄沒辦法，親自回到濟南向韓復榘報告一切。韓性格剛強倔強，嫉惡如仇，凡他認為該作的事，一定要作，甚至不計後果；凡他認為不該作的事，絕不遷就。他對省府委員們說：「軍餉不要了，我們不能接受這樣苛刻的條件！」韓還跟大家講了個笑話：四川劉湘經蔣介石批准給一百萬元軍費，派人去江西總部領取，三扣兩扣，只剩下二十萬。領款人不敢領，打電報向劉請示。劉回電說：「二十萬也領，聊勝於

無。」（何理路：〈韓復榘在山東〉，《縱橫》，一九九二年，第七期，頁四二）

韓復榘主魯不到一年，軍政部積欠第三路軍軍費高達一百萬。最後軍需署表示：可一次付給八十萬，但要算作付清。韓仍不答應，說：「要給都給，要不給都不給。寧可都不要，也不能馬虎！」（孫桐萱：〈韓復榘被扣前後〉，《文史資料選輯》，第五十四輯，頁九九）於是造成僵局。

一九三一年十月二十八日，韓復榘下令接管中央魯稅機關。第三路軍手槍旅的一個排到中央銀行濟南分行站崗（只是站崗威脅，並沒有「劫收」銀行資金）。南京坐不住了，第二天，蔣伯誠奉命來到濟南，向韓說明蔣總司令已有積極態度，各地軍餉統由財政部長宋子文負責籌發。韓一直對宋印象較好，又見南京有讓步表示，見好就收，於三十日收回成命，各稅收機關一律恢復正常工作。蔣介石釋然：「韓復榘似已悔改矣。」（蔣介石日記　一九三一年十月二十八日）但兩個月過去，軍餉仍然不能按時足額發放。一九三二年一月十日，韓再次將中央在魯乃至在青稅收機關幾乎全部接收。蔣伯誠再次來濟，與韓會商解決辦法。最後商定：山東國稅收入按月交存中央銀行濟南分行，再由該行就近撥付韓部軍餉，不足部分由財政部匯補，如此就不再經過南京總部軍需處剝一層皮了。問題解決後，韓收回成命。時任第三路軍旅參謀長的劉青浦後來撰文說：「於是部隊官兵都稱讚韓對上敢抗，對下關懷，殊不知韓又被南京方面記上一筆帳！」（劉青浦：〈我對軍閥韓復榘瞭解的片斷資料〉，《全國文史研究會存檔資料》，編號80-0378，頁一七）

韓復榘出身西北軍，而西北軍自建軍之日起在歷屆中央政府眼中都是桀驁不馴的異己勢力，屢受「經濟制裁」之苦，西北軍人對此感觸頗深，回應也大體一致：你不仁，我也不義！

一九二一年，第十六混成旅駐紮豫南信陽，北京政府機欠該部餉項已達半年以上，三月二十八日，時任旅長的馮玉祥得悉有一列火車要途經信陽，其上載有武漢鐵路局向北京政府上交的鐵路稅款二十萬元，遂率部分官兵前往信陽車站，強行攔住火車，截留其中十萬元，以充欠發的軍餉，引起軒然大波，《大公報》驚呼：「馮玉祥劫皇綱」！

一九二九年孫良誠主魯期間，因軍費問題與時任國民政府財政部長的宋子文鬧翻臉，彼此斷絕公文往來很長時間。

一九三六年，宋哲元也因南京方面克扣二十九軍軍餉而下令截留南京政府在華北收入項下的關稅、鹽稅、統稅、鐵路及郵電等收入，因此與時任財長的孔祥熙發生劇烈衝突。

（三）逮捕劉漣漪　查封縣黨部

韓復榘主魯之初，國民黨省黨部委員有劉漣漪、韓復榘、蔣伯誠、王建今、何思源、李文齋、趙偉民等，由劉漣漪負責。

劉漣漪是國民黨山東省黨部負責人，「CC」分子，二陳（陳立夫、陳果夫）的親信。劉以二陳為後臺，以「黨權高於一切」為殺手鐧，在山東橫行霸道，全不把省主席放在眼裡。韓復榘罵他是「不作事，專害人的黨棍子」。

一九三〇年九月，山東準備組建民團軍。劉漣漪拿著一份關於山東籌建民團軍的情報，當面責問韓復榘。韓冷笑反問：「劉主任，省黨部的權轄是什麼？軍情是高度機密，劉主任送這單子是什麼意思？」劉怒氣沖沖說：「韓主席，南京方面如果知道了這情況，怕是不會贊成吧。我是山東黨務負責人，有權過問山東軍政大事。這地盤歸中央，不是封

圖134　山東省國民黨黨部（原山東省諮議局）

落！」張走後，韓拍桌子罵道：「這黨棍子太不是東西了！」（陳建繩：〈發生在進德會的張韋村與遇刺案〉，《齊魯晚報》，二〇〇八年六月十九日）

一九三一年一月某日，劉漣漪當面指責韓：「中央命令你們把五個師縮編為兩個甲種師，一個乙種師；手槍旅縮編為團，劃為地方部隊，你為何不遵照縮編，漠視命令？」當時韓正在與南京方面協商保留一個丙種師的問題，覺得沒必要跟黨部的人談軍隊建制的事，遂拂袖而去，忿忿地說：「我跟黨棍子說不通！」（王一民：〈韓復榘與南京中央鬥法述要〉，《一代梟雄韓復榘》，中國文史出版社，一九八八年，頁一九九）

一九三一年三月二十日，韓復榘去沾化縣視察，有民眾跪地攔車控告沾化縣黨部常委馬丹廷，橫行鄉里，無惡不作。韓最厭惡國民黨中的那些以黨自重的「黨棍」，命手槍隊將馬秘密處決，對外只稱馬「畏罪潛逃」。劉漣漪不相信，派人去調查，並向國民黨中央黨部報告。國民黨中央黨部電韓督促查詢馬失蹤之事。韓遂以「散佈流言，攻擊省府」罪名將劉逮捕繫獄。後經國民黨中央黨部保釋，劉才被釋放，回到南京。

一九三五年十月，韓復榘一度下令停止除歷城外國民黨山東省各縣縣黨部活動，並停發經費。以後各縣黨部雖然恢復活動，但受到諸多限制。

（四）張葦村被刺案

劉漣漪去職後，國民黨中央黨部委派張葦村為國民黨山東省黨務整理委員會主任委員，負責國民黨山東省黨部工作，還派來一名叫諶峻岑的人擔任省黨部「調查統計室」主任，專門負責情報工作。

張葦村，名航海，字葦村，山東省蒼山縣人，在學生時代接受革命思想，曾任山東省學聯會長。

圖135　國民黨山東省黨務整理委員會主任委員張葦村

一九二四年一月，張以山東代表的身份在廣州出席國民黨「一大」，被選舉為候補中央執行委員。一九二四年，孫中山在北京病重，孫夫人指定張負責與醫生聯繫。張還與其他國民黨要員輪流在孫中山床邊守護。一九二五年六月，張畢業後赴廣州從事革命活動，曾參加廣東革命政府討伐陳炯明的戰役，旋又返回山東，組建國民革命軍山東游擊隊。北伐結束後，經胡漢民推薦，擔任山東省政府（省主席陳調元）參議，國民黨山東省黨部委員。一九三一年，在國民黨「四大」被選舉為中央候補委員。

諶峻岑，湖南人，資深「中統」特務，專門從事情報工作。他不僅刺探「異黨」（主要指共產黨）及「藩王」（韓復榘）的情報，還負有監視張葦村的任務，因為張在國民黨中屬於「西山會議派」，是胡漢民系的人。諶是個經驗豐富的老牌特務，在山東活動十分猖獗，肆無忌憚。後來有朋友警告他：韓復榘可不是好惹的，讓他小心點。諶心存畏懼，一度跑回中統局要求辭職。中統局長徐恩曾對他拍胸脯說：「出了事情，中央一定負責！」

張葦村初以「中央大員」自命，在韓復榘面前十分驕橫。一次，在紀念周會上，張說：「黨政軍必須團結一致，才能對得起中央託付的重任。我是山東黨務負責人，也有權過問山東的軍政大事。」韓聽了，當時沒說什麼，下來對左右說：「張葦村當面說的是團結的話，背後卻捏造情報，挑撥離間。」

韓復榘一直很奇怪，為什麼南京方面對發生在山東的事瞭若指掌，在一次談話過程中，部屬告訴他：「省黨部張葦村在向南京送情報。」韓十分氣憤。在一次，韓在與張爭論時，當面質問他送情報的事。張說送情報的不是他，而是諶峻岑。張揭了省黨部的底，韓很滿意，從此對張刮目相看。中統局則認為張此舉是一種「洩密」性的「告密」。（諶小岑：〈一樁公案〉，《一代梟雄韓復榘》，中國文史出版社，一九八八年，頁二一七）

張葦村之所以把諶峻岑供出來，原因如下：一，諶不但向南京送韓的情報，也送他的情報。二，張屬於「西山會議派」，是胡漢民系的人，而在省黨部工作的黨部委員李文齋、趙偉民是「CC」分子，他們之間的派系鬥爭愈演愈烈，一九三四年二月九日，張提出辭職，被中統會傳至南京訓斥。張希望同韓改善關係，免得背腹受敵。三，張與韓接觸一段時間後，發現韓講義氣，重然諾，有實力，可以進一步合作，共同對付「CC」和「中統」在山東的勢力。

一九三二年九月，韓復榘發動「驅劉（珍年）之役」，徹底激怒了蔣介石，幾與韓兵戎相見。張葦村發動山東各界及地方團體致電中央，列舉劉珍年割據膠東，壓迫百姓等種種罪行，請求驅劉。張還以省黨部名義，敦請中央順從民意，立即調劉離魯，以息戰火。作為報答，劉珍年離魯後所遺省府委員一職，韓力薦張繼任。

事後，陳果夫把張葦村召到南京，嚴詞訓斥，恫嚇說：「這是叛變，中央有權隨時處置你！」張回到山東省黨部後又被告知，原為他部下的諶峻岑現在成了他的上級，他必須要向諶報告工作。張忍無可忍，將陳果夫威嚇他的話全盤轉告韓復榘，並表示自己性命堪憂，因為「中統」特務什

中報 號外

中委兼魯省委
張葦村遇刺殞命

圖136　張葦村被刺見報

麼事情都幹得出來。韓安慰他說：「我會保護你，不要怕他們。」

一九三五年一月二日晚，張葦村在濟南進德會被刺身亡。六日，蔣介石電令韓務必於三個月內將兇犯緝拿歸案。韓復榘認為省黨部委員李文齋與省黨部「調查統計室」主任諶峻岑有謀殺嫌疑，於七日將李、諶扣押。經審訊，李無可疑跡象予以釋放。在諶的辦公桌抽屜內搜出精裝書一冊，書內挖有空洞，內藏手槍一支，槍內有子彈一粒，槍口、彈道均有新放煙跡，子彈規格亦與刺張子彈適相吻合；諶原有從南京帶來保鏢二人，於刺張當晚由濟南北關車站搭東去特別快車繞道青島回南京；搜查省黨部檔案，發現在諶上報南京的大量機密情報底稿中，除少數指控張葦村外，大部都是報告韓復榘言行的。韓遂將諶正式收押在監。

蔣介石、「中統局」先後電韓，過問諶案，要求韓將諶交南京當局處置。韓不予理睬，親自審訊諶。諶對刺張指控死不承認。一九三六年一月十四日，韓命令特別偵探隊隊長劉耀庭將諶在獄中秘密處決，卻向南京報告：「諶在獄中畏罪自縊身死」。諶遺體運到南京後，「CC」領袖陳立夫、中統局長徐恩曾特為諶舉行追悼會，封諶為「烈士」。

一九三五年五月十二日，韓在濟南中山公園厚葬張葦村，敬送「功在黨國」的挽聯；將原張任董事長兼校長的「建國中學」易名「葦村中學」。

時駐山東泰山的馮玉祥對此案的判斷與韓復榘一致。馮在日記中作如是說：「報紙上詳說張葦村死的各種情形。我以為南京之任意殺人，到處可以證明。」（《馮玉祥日記》，一九三五年一月四日）「中國今日的情形，已完全成了白色恐怖的國家，誰愛國，先殺誰；誰抗日，先刺誰；誰為人民，先害誰。革命的結局是這樣的黑暗，真使人得教不少也。」（《馮玉祥日記》，一九三五年一月三日）

抗戰初期，蔣介石誘殺韓復榘，自始至終都是由「軍統」執行的。諶峻岑的胞兄諶小岑嗣後撰文稱：

「一九四〇年，我在重慶遇到一個軍統特務徐某，他說他是參加韓案工作的一人，『替峻岑報了仇』云云。」（諶小岑：〈關於張葦村案〉，《文史資料選輯》，第五十二輯，頁二五九）

（五）南京不願與山東徹底決裂

一九三五年四月，因省府無力提供濟南新城兵工廠經費，韓復榘下令「借用」鹽稅附加款。南京方面認為借用稅款不合正軌，指韓無權擅自撥付，私下以韓把持軍政財政相責。韓一怒之下電蔣介石；決定停辦兵工廠，請軍政部迅予派人接管，絕無絲毫成見。四月十六日，韓更以未能即滅劉桂堂匪而請辭。孔祥熙電蔣：「韓已電辭山東省主席職，此事當與扣鹽稅附加案有關。」何應欽電蔣：「擬收回新城兵工廠歸軍部辦，將鹽稅附加一併交回該廠，以促韓復榘傾向中央。」蔣伯誠、沈鴻烈亦電蔣：「請軍政部妥為接洽，藉了此案，務期韓復榘打消辭意。」蔣派當年西北軍參謀長曹浩森赴濟南，按何應欽意見處理此案。韓諾，遂電蔣：「謹遵五月一日將山東新城兵工廠和附加鹽稅分別移交軍政財政兩部。」韓打消辭意。

五月十日，蔣介石電熊斌，「請赴魯對韓復榘務誠切懇談。」熊電蔣：「軍政部於十五日接收濟南兵工廠，韓擬俟孫桐萱受訓歸來即親到贛謁見。」黃郛電蔣：「據韓復榘電稱二日赴京轉贛，若能使其安心，則將裨益於大局。」張葦村電蔣：「望對韓復榘獎勉指導，俾益奮勵，則魯民受賜更多。」

蔣介石對韓復榘南下極為重視，電賀耀組到浦口迎接。

韓復榘於六月二日乘專車離開濟南，熊斌、葛光庭陪行，隨行有過之翰、省府委員張鉞、顧問韓多峰、張聯陞、葛金章、師長展書堂，三路軍總部四處長等四十八人及手槍旅一個排。三日上午九時到浦口，賀耀組來站迎接，中午抵達南京站。四日，韓謁林森、汪精衛，報告魯政。林、汪對韓慰勉有加。晚間設宴為韓洗塵。林特在安樂酒店定制一品鍋贈送以資獎勉。六日，韓一行乘江天輪由京西行赴九江，過皖，安徽省代主席馬凌甫等乘輪迎至江心。七日下午二時抵九江，乘專車赴南昌，行轅楊（永泰）、賀（耀組）兩廳長、蔣總務處長、王交際科長、省府熊（式輝）主席、孫（連仲）總指揮各要人陸續渡江至車站迎接。八時至德外蔣公館謁蔣介石，報告魯軍政情形。是晚蔣設宴為韓洗塵，各要人均作陪，午夜方散。

六月八日，蔣介石與韓復榘談話。蔣介石日記：「注意：一、聞閻逝去未知確否。二，對韓談話：甲、勖勉其為軍人模範；乙、待已立人均須從嚴。丙、公私分明。丁、贈書。……宴向方，與之談話。」（蔣介石日記，一九三四年六月八日）六月九日，蔣繼續與韓談話。蔣介石日記：「本日上午與韓談話」「一時登艦，五時到星子，十時到牯嶺，宿也。」（蔣介石日記，一九三四年六月九日）蔣電告張學良：「韓復榘明日來漢請招待」；電告張鈁：「韓復榘明日來漢，請代為招待。」六月十日，韓一行離南昌，抵九江，下榻廬山牯嶺。蔣再次與韓談話。

六月十二日，韓復榘一行由牯嶺乘長安輪抵漢口，何成濬、張群均在輪埠熱烈歡迎。張學良由武昌渡漢訪晤，談甚久，設晚宴洗塵。六月十四日韓復榘電蔣介石：已抵漢並感謝在贛招待。六月十五日韓一行乘鐵甲車赴鄭，張學良、何成濬、張群均派代表赴車站送行。六月十六日，韓一行抵汴，劉峙等到站歡迎，六月十七日韓一行過徐北返，途徑泰安，登山訪馮玉祥，馮留飯後蹬車返濟，陳立夫等各要人到濟南車站迎接。六月十八日，行營嘉勉韓復榘。

圖137　韓復榘與蔣介石（南京）

一九三五年爆發華北事變。七月六日，何應欽與日本簽訂《何梅協定》。十二月七日，在北平成立以宋哲元為首的「冀察政務委員會」。日本對華北的侵略步步緊逼，企圖誘使韓復榘脫離中央，參加「華北五省自治」。韓為保住山東地盤，對日虛與委蛇，採取敷衍態度，但在國家主權問題上絕不讓步。此刻，韓的向背對南京來說是至關重要的：韓向北倒就會擴大華北「特殊化」；韓向南倒向中央，就可以阻止華北局勢的進一步惡化。因此，南京方面開始希望與韓改善關係。

一九三五年十一月，在國民黨五全大會期間，何思源向陳果夫建言：「中央要爭取韓復榘，要瞭解韓的為人。韓是容易對付的，他無大野心，只不過是恐怕被淘汰，想保全自己的實力和地盤而已。要爭取韓並不難，但是爭取韓不要耍手段，不要佈置一些人或收買他的部下，叫韓復榘感到中央在拆他的台，韓老是懷疑這點。蔣伯誠每次到濟南，就使大家疑慮。」陳說，就他所知，中央並沒有這樣做，他也不贊成這樣做。何思源見到何應欽也談到談到這一點。何應欽說：「中央不願直接和韓復榘的部下接洽，就是怕韓懷疑。至於他人（孔祥熙、宋子文等）的活動，那都是為了自己的利益。」（何思源：〈我與韓復榘共事八年的經歷〉，《文史資料選輯》，第三十七輯，頁二一二）

不管陳、何的話是真是假，總歸表明南京方面對要搞垮韓的活動開始有所收斂。會後，何思源回到濟南，蔣介石派人送給他一封密信，要何影響韓，使其完全倒向中央。

韓復榘與蔣介石貌合神離，但對南京方面的高級軍政人員也並非一概排斥。韓與宋子文、孔祥熙私交都很好。山東與南京方面因克扣軍費與截留國稅一案演成僵局，宋去了一趟濟南，問題就解決了。宋每去青島，照例住在韓在青島山海關路的別墅裡。宋從歐洲回中國，特地繞道瑞士，買一塊造型別致的高檔鉑金懷表送給韓。

早在西北軍時期，韓復榘即與孔祥熙結識。孔的私人秘書李毓萬稱：「宋（哲元）、韓與孔先生的私人關係本來很好」，在「西安事變」中，韓、宋「漾電」及在「兩廣事件」中，韓、宋「馬電」都引起南京方面不滿。孔猶為韓開脫：「韓復榘本武人，對於文字不知輕重，遂為播弄。」（李毓萬：《孔祥熙與我——李毓萬先生談孔祥熙》，一九六五年）

韓復榘與黃埔一期的黃傑關係也很好。一九三五年，為準備抗日，時任第二師中將師長的黃傑赴山東組織高中生軍訓，韓自始至終予以大力支持，黃非常感激。黃臨走時，韓送他一頭著名的「德州驢」。此驢體格高大，力壯健行，黃在廬山軍官訓練團任隊長時，常騎驢遊逛，逢人便炫耀：「這是山東韓主席送我的！」

一九三六年十月十四日，蔣介石電蔣伯誠：請陪同韓復榘來杭州，已囑滬派員、備車。

十月十七日，蔣介石在杭州接見韓復榘，慰語並面授機宜。十九日，蔣在杭州莫干山召集韓復榘、徐永昌等華北將領「授與對倭方略。」「韓復榘到京杭會晤後，其對中央之精神必有進一步，此實統一之階段也。」（蔣介石十月二十四日日記）十月二十一日，蔣電沈鴻烈、葉楚傖：「已與韓復榘懇切面談，彼此歡洽。」

（六）杭州之行受到特殊禮遇

一九三七年初，日本急於要實現「華北五省自治」，拚命拉攏韓復榘，準備蠻幹。二月，國民黨在南京召開五屆三中全會，蔣介石對何思源說：「你即刻回山東，代表我告訴韓復榘，他只要跟著我走，到哪裡我都把哪裡的軍政權交給他。」並說已打電報通知韓了。何說：「韓復榘決無問題，他也是愛國的。委座放心，我就去講。」何回到濟南見韓，一見面韓就說：「我已經知道了，我絕不能跟日本人搞在一塊。」並又著重地說：「這是你知道的，你總放心。」（何思源：〈我與韓復榘共事八年的經歷〉，《文

史資料選輯》，第三十七輯，頁二二〇）

未幾，日本華北駐屯軍師團長板垣偕參謀花谷來濟南，力促韓復榘擔任「華北五省三市自治」頭領，遭到韓斷然拒絕，逼得花谷惱羞成怒，非要當韓面剖腹自殺不可。何思源心中暗喜，事實證明了他向蔣介石的承諾沒有錯。

三月，蔣介石電邀韓復榘赴杭州晤面。二十九日，韓偕姚以價、葛光庭、張鉞、聞承烈、葛金章、宋若愚等同行，出發前對何思源說：「這次南去，日本方面一定不高興，但事到如今，不能不得罪他們了。」（何思源：〈我與韓復榘共事八年的經歷〉，《文史資料選輯》，第三十七輯，頁二二一）

三月三十日，韓一行抵京，在車站受到軍政部長何應欽、交通部長俞飛鵬等軍政要員歡迎。當晚，何在私邸設宴為韓洗塵，在京軍政要員作陪。三十一日晨八時五十分，韓一行乘蘇嘉路專車到達杭州，浙江省政府主席朱家驊率領全城文武官員到站歡迎，另有宋子文、錢大鈞、吳鐵

圖138　一九三七年三月三十日何應欽在南京火車站迎接韓復榘

城、蔣伯誠等中央要員。據說，那天除蔣介石外，所有在杭高官都去了車站。蔣還擔心韓在途中或在杭州被日本人暗算，特別動員大批軍警沿途保護，並從上海調來二百多名密探來杭保證韓的安全。三十一日上午十時，韓赴蔣行轅謁蔣，報告魯省軍務，旋共進午餐。餐後，蔣與宋子文、錢大鈞、吳鐵城、蔣伯誠等即離杭赴滬。

三十一日上午，韓復榘一行也離杭抵滬，宋子文等到站迎接。韓與蔣伯誠連袂拜訪孔祥熙，談約半小時，旋於午後一時赴宋子文私邸，與宋共進午餐。午後四時，蔣介石在賈爾業愛私邸舉行宴會，歡送參加英皇加冕典禮特使孔祥熙出國，韓復榘、楊虎城等應邀赴宴。晚七時。蔣伯誠在東亞酒樓宴請韓一行。

圖139　韓復榘（右一）與徐永昌（右二）、蔣伯誠（右三）、黃紹竑（右四）等在杭州

四月三日上午九時，蔣介石在私邸再次召見韓復榘，面授機宜。午後，蔣離滬赴溪口。韓謁蔣後，與劉峙、于學忠在蔣伯誠私邸會談，討論華北時局。晚七時，宋子文在國際飯店宴請韓復榘、劉峙、于學忠等將領。

四月四日上午十一時，韓復榘一行離滬乘船赴青島。韓回到山東後對何思源說：「委員長怕有危險，不叫我去上海，所以未曾在上海玩。」（何思源：〈我與韓復榘共事八年的經歷〉，《文史資料選輯》第三十七輯，頁二二一）抗日使韓復榘與蔣介石又走到一起來了。

韓復榘與馮玉祥

（一）馮玉祥一上泰山

「九一八」事變後，南方寧粵之爭日趨激烈，一直蟄居山西省汾陽縣峪道河村的馮玉祥，與粵方信使來往頻繁，南北呼應，力逼蔣介石下野。一九三一年十一月，蔣終於被迫辭職。馮精神為之一振，對「精衛先生」推崇備至。胡漢民、孫科屢屢來電邀馮玉祥與閻錫山南下出席在南京召開的國民黨四屆一中全會，共商國是。閻促馮先行一步，自己隨後就來，實際上是哄馮儘快離開山西。

一九三一年十二月二十六日，馮玉祥與沖沖乘火車離開山西，結束了一年多的「隱居」生活，取道石家莊，沿平漢路向北，經北平豐台轉道津浦路南下。

十二月二十七日晚，馮玉祥所乘坐的火車到達濟南。韓復榘等前往車站迎候，並邀馮驅車往山東省府下榻，留住一宿，重敘舊誼，捐棄前嫌。這是韓自脫離西北軍後第一次與馮晤面，為馮日後遷居山東泰山埋下伏筆。次日上午十一點，馮離濟南下。

馮玉祥到了上海，立即前往拜會汪精衛，汪託病不見；次日又欲去奉化晉謁蔣介石，但蔣反應冷淡。正馮所謂「赴滬見汪，而汪病莫能興；見蔣，而蔣莫知所止。」馮深受刺激。

一九三二年一月，汪、蔣合作，蔣介石再度出山。

馮玉祥到了南京，擔任國民政府軍委會常委、內政部長，三個多月時間發表不少議論和主張，但無人理睬。馮意頗怏怏，十分鬱悶，他在日記中寫到：「我應當走開，然走向哪裡去呢？」山西肯定是回不去

圖140　泰山普照寺

了，想來想去，最終想到去山東泰山。馮堅信在當時的中國，有力量而又有膽量為其提供庇護所的只有韓復榘了。

韓復榘知道馮玉祥的心思後，立即表示歡迎。

一九三二年三月二十三日，韓復榘派一列鋼甲車專程至徐州迎接馮玉祥（馮時稱病住進徐州醫院）赴魯。馮臨行前發出三電：一致蔣，一致汪、一致韓。二十四日，馮一行到達泰安車站，韓復榘代表、泰安縣長及當地軍民到站迎接。馮隱居泰山普照寺。馮的手槍團和部分幕僚也從山西來到泰山。二十六日，韓復榘、石友三、程希賢、聞承烈、張聯升、劉熙眾、李長清等前西北軍袍澤從濟南來泰山謁馮，彼此相見甚歡，大家談了許多見聞，感慨良多。

馮玉祥第一次隱居泰山，歷時半年左右，其間，山東發生兩件事。

一九三二年九月四日，張宗昌在濟南火車站被鄭金聲繼子鄭繼成刺殺。馮玉祥認為：「此為父報仇之事也。父仇不共戴天者，此也。我以為政府既不說是非，只有自己起來說是非。此為說是非也。」（《馮玉祥日記》，一九三二年九月四日）「鄭繼成殺張宗昌事，鄭還算是好漢子。」（《馮玉祥日記》，一九三二年九月八日）「鄭繼成之有俠骨，張宗昌之害民賊，不怪有被鄭殺之事，此為極有價值之事也。」馮還在一九三二年十月三十一日的日記中記下六條備忘錄：「汾陽至泰山；鄭繼成之殺張宗昌；孫中山之前史稿；反調查團報告書；『九一八』大作一本革命史。此六條必須努力辦成之，以期有以查考已往之事也。」（《馮玉祥日記》，一九三二年十月三十一日）

一九三二年九月十四日，韓復榘發動「驅劉之役」。馮玉祥首先在道義上堅決支持韓復榘驅逐劉珍年。馮認為蔣介石把劉珍年軍安置在膠東，目的就是要牽制韓，「以藩制藩」。他在日記中寫到：「蔣之計畫在彼此牽制，他好從中取利。如山西之宋、孫駐軍以制閻。如江蘇，如河南，如山東，均用此法，亂國即在於此矣。」（《馮玉祥日記》，一九三二年九月十九日）

馮還在日記中質問南京：「一，誰使魯省軍事、政治不統一？二，陸軍高一級的有不有指揮低一級的許可權？而低一級的有不有服從高一級的責任與義務？三，為什麼高的不能指揮低的，其原因何在？四，山東政治不統一是誰使的？五，軍隊不服從高一級的命令，其餉項何來？六，江蘇顧不能指揮陳調元；河南劉不能指揮劉、張。七，湖北何不能指揮夏，而夏不能指揮徐源泉。八，江西熊不能指揮朱，而朱不能指揮孫。九，閻不能指揮宋、劉。以上種種，諸如此類尚多，究何人所使？其心何居？古今中外無有此種可笑之辦法也。」（《馮玉祥日記》，一九三二年九月二十二日）

圖141　馮玉祥一家居住泰山

韓復榘在發動「驅劉之役」前，曾親到泰安向息隱泰山的馮玉祥討教攻劉之策。馮先詢問韓的第三路軍兵力和裝備，又問及山東省的財政情況。韓說：山東就數膠東比較富裕，但被劉珍年霸佔，使用稅收由他把持，非除掉他不可！馮表示：要消滅劉也不太容易，他雖只有一個師，但武器精良，物資供應充足，要想消滅他，必須採取迅雷不及掩耳的手段，速戰速決。時間長了，蔣介石就會出面干預，反而不好收場。如果沒有相當的把握，以不打為好。韓聽了，未置可否，因為無論如何，他已決心發動「驅劉之役」。（王贊亭：《跟隨馮玉祥二十餘年》，山東人民出版社，一九八三年，頁一〇四）戰爭爆發後，馮

為魯東戰事甚不放心，又請鄧哲熙到濟南去看情況。（《馮玉祥日記》，一九三二年九月二十四日）

（二）馮玉祥二上泰山

一九三二年秋，馮玉祥靜極思動，他要利用張學良辭職，宋哲元主察的機會，親赴張家口，邀集舊部，重整旗鼓，組建一支抗日武裝隊伍。

十月六日，韓復榘派一列鋼甲車到泰安，送馮玉祥一行赴察哈爾。七日上午八時，馮專車到達濟南，韓在車站迎候。韓向馮報告「驅劉之役」進展情況及蔣介石要派兵攻魯之事，同時表示他已有所準備，請馮放心。九日，馮到達張家口，與宋哲元等晤面。

馮玉祥希望宋哲元支持他的組軍抗日計畫，宋卻表示不能同意馮在南京軍政系統中外另起爐灶。一九三三年二月，日軍進犯山海關，熱河告急，平津震動，宋哲元奉命率第二十九軍離開察省，開赴平東轉長城抗戰。馮玉祥乘機在察省集合方振武、吉鴻昌、佟麟閣、孫良誠、張凌雲、席液池等舊部及張人傑、鄧文、劉桂堂等雜軍，於五月二十六日組建「綏察抗日同盟軍」，一度收復被偽軍盤踞的多倫。

南京方面不承認馮玉祥的這支軍隊。宋哲元向南京方面說明：他不同意馮在察舉動，亦不會協助馮，但也不會對馮用兵。（《劉汝明回憶錄》，傳記文學出版社，一九七九年三月，頁二七一）

六月十二日，宋哲元派代表張吉墉赴察謁馮，傳達南京意旨，勸馮取消同盟軍名義，離察入京，察局善後由宋負責。馮原則上同意，但所提條件與南京立場相去甚遠，

圖142　馮玉祥與綏察抗日同盟軍

又成僵局。宋見調解不易，遂表示消極，致函馮氏，告以：「察事前途，棘叢堪虞，希先生善自處理。」（《國聞週報》，第十卷，第二十六期，一九三三年七月三日）

北平軍委會以察省主席為餌，命曾為馮舊部的龐炳勳率隊前往討伐。龐摩拳擦掌，躍躍欲試。時已移防河北的宋哲元第二十九軍將領揚言：「龐瘸子膽敢打馮先生，我們就打斷他那條好腿！」龐懼，未敢發動。

蔣介石調集中央軍十六個師對馮部實施強大軍事壓力，同盟軍內部又嚴重分裂，互相殘殺。馮玉祥見大勢已去，遂於八月四日通電下野，表示願將察省一切軍政事務交還宋哲元負責管理。

當馮玉祥再度陷入困境之際，韓復榘及時致電馮，歡迎他重返泰山。韓此舉如雪中送炭，使馮得以體面離開察省。八月十四日凌晨，馮玉祥乘火車離開張垣。午後四時，馮在北平南之黃村車站換乘韓復榘從濟南派來的鋼甲車，過天津，轉津浦路南下。

八月十五日午後二時，馮專車抵濟南站，以韓復榘為首的山東省軍政高官均在車站恭候多時。韓走進車廂，把馮請下車來。馮在韓陪同下與迎候者一一握手，連聲說：「驚動大家了。」前西北軍袍澤單列一排，馮與他們握手時，全都熱淚盈眶。前不久刺殺張宗昌的鄭繼成也在其中，馮見到他時，特別以手拍其肩，以示激賞。馮出站後，與韓同車赴省府休息。馮在日記中自述：「余與復榘別相十月，今復得重聚會，百感交集。雖胸滿言語，實亦難以敘述。」（《馮玉祥日記》，一九三三年八月十五日）晚餐前，韓向馮展示山東製造的仿俄國協和式輕機關槍。當晚，馮下榻省政府。十六日，馮在韓陪同下遊覽千佛山、黑虎泉，其間，馮與韓談察北抗戰事。十七日，馮在韓陪同下遊覽大明湖，在鄭金聲墓前祭禮。有一鄉婦因田禾事向韓訴苦。韓慰以數語，允為調查。午後三時，馮離濟，返回泰山普照寺。老僧慶山迎於雲門。

馮玉祥蟄居泰山，除身邊有不少幕僚及隨從外，還有一個近五百人的手槍團，其經濟來源主要靠韓復榘和宋哲元供給：韓每月提供九千元及五百袋麵粉，逢年過節再送些其他禮品，如山東綢和一些土產；宋每月提供九千元。另外，孫連仲三五個月送一次錢，每次一千元；鹿鍾麟、孫良誠每逢年節，各送五百元。國民黨中央每月發給馮薪金八百元。韓還為馮提供專車，供其外出巡遊。

韓復榘每月給馮玉祥送錢，都是聞承烈這位當年西北軍的老軍需代辦。據聞說：每到月底，他即去找韓要錢，兩位老哥倆兒一見面總要開開玩笑。聞瞪著眼對韓說：「這筆錢可不能記我的帳。」韓總是「嘿嘿」笑著，支取現款，當面點清。韓每月薪俸六七五元，特別辦公費一千元，特別開支費二萬元，這些都是在預算以內。特別開支費包括支付顧問、參議的薪水、車馬費以及饋贈、應酬等項開支。馮玉祥每月九千元亦由此款供給。

一次，馮玉祥在濟南有一所房子，派人托韓代他去賣。韓知道他手頭又緊了，當然不好意思替他賣房子，就給他每月加些錢，只說房子一時還賣不出去。

馮玉祥居處附近，除馮的衛隊營外，還有韓復榘派遣一個手槍營，為馮擔任警衛，因為常有南京的「藍衣社」特務扮作朝山進香的善男信女或遊客混進泰山。

（三）馮玉祥與韓復榘禮尚往來

馮玉祥在泰山居留期間，韓復榘時而專程前往探望，時而外出巡查，路過泰山，也要順便去拜訪。韓在馮面前，總是雙手扶膝，端坐如儀，猶如當年在西北軍中聆聽總司令教誨。韓菸癮很大，但從不在馮面前吸菸。有時坐久了，馮便笑道：「向方，你想抽菸就抽一根吧，沒關係。」韓必說：「報告先生，我已經戒菸了。」未幾，韓照例要推說出去方便一下，剛一出二門，副官必忙不迭地為他送上紙菸。

馮玉祥一九三三年十一月四日之日記：「早起因韓（復榘）來未讀書。至八時半，韓、程（希賢）、葛（金章）、韓（多峰）、張（鉞）、沙（月波）、雷（太平）及新聞界何，又鄭繼成同來。先同韓、梁談大局及年歲之不好，氣候之不良，人民之痛苦。後大家用飯於大殿之前，立食白菜豆腐、大饃。飯後同韓談。韓言：『國家不了，人民不了，皆因經濟沒辦法。蔣、宋之爭，為爭錢耳。西南若幹，他一定幹。CP是為世界革命的，可敬佩者，在愛世界；其他帝國主義者、愛國家者，雖落後，亦可佩服。惟中國人只愛身家而不問其他。故國家不能好，社會不能安，實業不能興，一切不能好也。』云云。我說：極是，極是。」

馮玉祥偶到濟南，韓復榘必迎之於省政府內下榻，款待極懇摯，優渥有加，每晨親至為其盛水盥漱，悉如舊時在其麾下敬侍長官之崇禮焉，感恩圖報之情溢於言表。

一九三四年三月下旬，韓復榘軍在泰安以西的安駕莊追剿劉黑七股匪時，馮玉祥亦派其衛隊彭國楨團下山，往南方三五十里外協剿。

圖143　一九三六年馮玉祥與韓復榘在泰山紀念灤州起義殉難烈士

一九三四年三月二十三日，韓復榘到泰山，建議馮玉祥到膠東一遊。馮欣然同意。五月十五日，韓為馮玉祥、李烈鈞等一行備專車巡遊濰縣、龍口、威海、煙臺、黃縣、蓬萊等地。馮為此還寫了一本《膠東遊記》的小冊子。

一九三四年春，濟南某校十餘名學生因共產黨嫌疑被捕。馮玉祥的老師范明樞向馮求援。馮致信韓復榘，說明學生系出於愛國，並非共產黨。韓立即將學生釋放。

馮玉祥對韓復榘治魯政績頗為讚賞。他說「我又獎向方三點：一，對內之治安；二，對外之不屈；三，辦災之新法。我與有榮焉。」（《馮玉祥日記》，一九三六年十月二十三日）

一九三五年，馮玉祥為方便行人，在泰山西腳下投書澗上修一座石橋，取名「大眾橋」，又在橋東、西兩端道路之南、北兩側各建一亭，四座亭子又各以一位軍人的名字命名，位於橋東北方的亭子名曰「向方（韓復榘）亭」，另有「明軒（宋哲元）亭」、「協和（李烈鈞）亭」和「右任（于右任）亭」。一九三八年，「向方亭」「協和亭」和「明軒亭」均毀於侵佔泰安的日軍之手。「右任亭」倖免於難，據說是因為「日軍推崇這位創立『標準草書』」的書法大家。

馮玉祥蟄居泰山期間，與韓復榘的關係很微妙。馮需要韓的實力支援，韓亦希冀得到馮的道義援助，二人之間雖說不上相濡以沫，尚稱是和諧融洽。但馮與韓都是崇尚獨立人格，而又極具個性的軍人，加之既往的恩恩怨怨，現時的利害取捨，他們之間的袍澤之誼也不可能波瀾無驚。

一九三二年七月，石友三發動「討張反蔣」之役，韓復榘不顧馮玉祥的再三督促，拒絕出兵助石，一九三三年十一月，李濟深、陳銘樞等在福建發動政變反蔣，成立「中華共和國革命政府」。身在泰山的馮玉祥力促舊部韓復榘、宋哲元、孫連仲、梁冠英等在北方出兵回應，形成南北呼應之勢。但韓、宋、孫、梁等在審時度勢，權衡利弊之後皆按兵不動。馮大失所望。類似這樣的矛盾其實很難解決，除非韓復榘主動把軍隊交出來。遺憾的是，韓還沒有這種雅量。

韓復榘最擔心的是馮玉祥打他軍隊的主意。韓的擔心也並非杞人憂天，中原大戰前夕，發生在韓軍的張德順叛逃事件及雷太平事件都與馮不無關係。「閩變」失敗後，馮對韓十分不滿。李烈鈞曾勸馮鼓動韓的部下倒戈。馮對此卻很冷靜，他認為在當時的情況下，不要說此舉在韓治下的第三路軍根本行不通，即便僥倖成功，也會因此寒了其他舊部的心，因此斷然否決了李的建議。（高興亞：《馮玉祥將軍》，北京人民出版社，一九八二年，頁一六九）

儘管如此，馮玉祥還是在韓復榘的周圍安排了一些「眼線」，這些人均為西北軍舊部，他們陽奉陰違，吃裡爬外，隨時將韓及山東高級軍政人員的言行報告給馮。這些人當中的笨伯，很快便被韓識破而倉皇離去；而那些隱蔽得很深的人，韓至死也未能察覺。

馮玉祥與韓復榘之所以能再度走到一起，在很大程度上是基於共同的反蔣立場，儘管當年韓復榘發動「甘棠東進」，始終是馮心中揮之不去的陰影，但馮畢竟是做大事的人，孰輕孰重，心裡還是有數的。

一九三五年，日本帝國主義加緊侵略步伐，華北形勢愈趨危機。蔣介石於十月十九日、三十日，接連密電馮玉祥，邀其速赴南京，「共商一切」。馮接電心有所動，但鑑於以往李濟深、胡漢民被囚湯山及鄧演達被殺害之教訓，亦心存疑慮。馮在泰山曾與韓復榘討論是否應邀去南京。馮在十月二十三日的日記中寫到：「今天一天未讀書，只同向方談去南京與否的事，因為蔣對胡（漢民）、李（濟深）、方（振武）均無故扣押過，所以誰也不敢說蔣對誰有誠意。」韓贊成馮去南京並願擔保馮的安全，還告知自己在南京新蓋了一座樓房，即將竣工，屆時馮全家及隨從人員可以搬進去住。（馮紀法：《在馮玉祥將軍身邊十五年》，陝西人民出版社，一九八九年，頁七三）

馮玉祥去意乃決，即於十一月一日到達南京。馮第二次居住山東泰山約兩年另兩個月。

（四）馮玉祥在南京與韓復榘信使不斷

馮玉祥了到南京，受到隆重的禮遇。蔣介石在四方城官邸內設私宴為馮接風洗塵，談話間，唯唯連聲，十分謙恭。按蔣的安排，馮初到南京就住在四方城蔣的官邸內。馮在十一月二十六日的日記中寫到：「介石所答之話為最謙下，為最和平，更為最誠懇，實為我最滿意也。此次可謂之不白來了。」

馮玉祥在四方城住了些時日，終覺不便，恰好第三路軍駐京辦事處處長唐驤來見，報告說：「韓主席在陵園新建的公館已竣工了，主席想請先生選個好日子遷過去。」馮欣然允諾，沒過幾天就闔家搬到中山門外環陵路一〇五號韓公館內。

十二月十八日，馮玉祥被任命為國民政府軍事委員會副委員長，翌年元旦就職，副委員長辦公廳設在西華門頭條巷二十四號。

馮玉祥到南京後，與韓復榘信使不斷。

「西安事變」當日，馮玉祥深感事關重大，立即派鄧鑑三北上，「告韓、宋小心說話為主。」（《馮玉祥日記》，一九三六年十二月十二日）韓復榘、宋哲元聯名發表「漾電」，主張和平解決「西安事變」，倡議「由中央召集在職人員、在野名流，妥商辦法，合謀萬全無遺之策。」被南京高層視為「節外生枝」「別有用心」。馮玉祥在林森、孔祥熙、戴季陶、程潛面前竭力為韓、宋開脫說：韓、宋「不是仔細看稿之人，難免受人之愚。」「韓、宋在北伐時，皆勇敢善戰，但讀書太少，心思太粗。發電前未必一句一字有所研討，可以不必顧慮。不過去人看看，把中央意旨詳告，確有必要。」（《馮玉祥日記》，一九三六年十二月三十一日）

馮玉祥與何應欽在如何解決「西安事變」問題上，發生激烈衝突，據傳，何擬密謀在陵園附近刺殺馮，或以兵變形式對馮實行人身消滅。馮聞訊大驚，為安全計，不敢再去僻靜的陵園路韓公館，而搬到位於鬧市區的頭條巷二十四號副委員長辦公廳，並於一九三七年元旦立下遺囑。此後馮一切平安無事，一般認為可能與韓復榘、宋哲元頻頻來電或派人「問安」，使何有所顧忌，未敢下手。

但是，馮玉祥仍不放心，乃策劃秘密逃離南京，回到山東韓復榘處。馮計畫佯稱騎馬郊遊，潛至長江渡口，再由駐青江浦的梁冠英部派兵到長江北岸接應。馮為此還幾次親臨渡口考察，但由於梁遲遲不動，而使該計畫擱淺。（高興亞：《馮玉祥將軍》，北京人民出版社，一九八二年，頁一七四）

一九三七年七月七日。日軍進攻蘆溝橋，全面抗戰爆發。十一日，馮玉祥致韓復榘電：「情勢如此，非拚命抗敵，無法圖存。」（《馮玉祥選集》，下卷，頁八一一）

一九三八年一月十一日，韓復榘在開封被蔣介石扣留。四天後，即十五日，國民政府軍事委員會改組，取消副委員長制，馮玉祥被免去副委員長職，改任委員（亦不在九名常委之內）。二個月後，宋哲元之第一集團軍番號被撤銷，宋離開部隊，赴鄭州擔任第一戰區副司令長官，旋請假南下湖南衡山休養。

事實證明，馮、韓、宋之間是唇亡齒寒、榮辱與共的關係，而他們本人對此也始終非常清醒。

韓復榘與張學良

（一）張學良與韓復榘互換蘭譜

圖144　軍事委員會北平分會副委員長張學良

張學良在中原大戰中最終支援了蔣介石，從而加速了閻錫山、馮玉祥的失敗，作為酬答，蔣委之以中國陸海空軍副總司令。張於一九三一年四月十七日離開瀋陽赴北平，主持陸海空軍副總司令行營，同時兼東北邊防軍司令長官。十二月二十五日，陸海空軍副總司令部改編為北平綏靖公署，張任主任。一九三二年八月十九日，北平綏靖公署改編為軍事委員會北平分會，蔣介石任委員長，張任副委員長。此時，張已實際控制東北四省、華北五省（冀、察、晉、察、綏）及平、津、青（島）三市。至此，張氏已達到一生事業的頂峰。

山東順理成章地進入張學良的視野。

奉軍與西北軍原為宿敵，兩軍不止一次在戰場上兵戎相見。一九二八年，張學良與韓復榘曾在彰德大戰中經歷過一場生死搏鬥，彼此並不陌生。

一九三一年六月，張學良奉蔣命調東北軍一部由東北開赴河北，填補王金鈺部原防區（王部已入贛），兵臨魯境。韓復榘針鋒相對，急調所部第三路軍至魯北佈防，並派馬鴻逵第十五路軍赴魯西構築工事。韓、馬兩部調至魯北、魯西的兵力達三、四萬人。張、韓兩軍進入「冷戰」狀態。

為緩和關係，張學良派代表范浦江造訪韓復榘，旨在「求見以誠，杜造謠者之口」。七月，駐河北順德之第十三路軍總指揮石友三受兩廣軍人策動，對張學良用兵。韓復榘在權衡利害之後，拒絕與石一致行動，並於二十五日致張「有電」云：「復榘等以私誼曾迭電石敦勸，以大局為重，勿信人鼓惑惑利用，乃石不容納，且無覆電。今石行動已明顯，復榘等絕不因私廢公，自當追隨鈞座，一致進行。」（《北平晨報》，一九三一年七月二十六日）韓的態度出乎張的意料之外，張很是滿意。

韓復榘派心腹劉熙眾赴北平與張學良聯絡。劉到北平，先去見老朋友、張的愛將王以哲。劉的弟弟劉惠蒼與王同為保定軍校第九期同學。當時劉家在保定，王常去家裡玩，從此二人相識。劉向王透露，韓願以副總司令馬首是瞻的意願。一兩天後，由王引薦，張熱情接見劉。張說：「我很同情向方兄的處境，希望彼此幫助和支援，為北方、為中國，做一番事業。他有什麼困難，只要我能幫得到的，一定幫忙。望他抽暇來北平聚聚。」

八月二十二日，韓復榘由濟南抵達北平，會見張學良，並參加北方將領會議。韓對記者說：「此次來平謁張，目的在使國內外人看到，華北各將領團結一致，擁護中央。」二十七日，張在北平協和醫院召韓復榘、徐永昌、傅作義及東北軍將領，討論閻錫山、馮玉祥出洋問題。會後，張與韓互換蘭譜，結拜兄弟。韓長張十歲為兄，張為弟。

張學良問韓復榘來北平開會下榻何處。韓回答住在親戚家。張感到很驚訝，沒想到韓在北京駐軍多年，竟然沒有一處房子！於是，執意將一處房產，北平東絨線胡同四十七號送給韓。這所房子很大，也很氣派，但韓一直沒住過，日寇佔領北平後，以「敵產」名義沒收。

一九三一年九月十八日，「九一八」事變爆發，東北淪陷，原設於瀋陽的東北政務委員會遷至北平，

圖145　張學良贈送韓復榘之北京絨線胡同宅第

十二月二十五日，東北政務委員會改組，國民政府任命三十一位政務委員：

張學良、李煜瀛、張繼、胡適、蔣夢麟、吳鼎昌、周作民、張伯苓、韓復榘、徐永昌、方本仁、魯滌平、于學忠、湯爾和、張作相、萬福林、熊希齡、沈鴻烈、劉哲、宋哲元、商震、趙戴文、羅文幹、王樹唐、龐炳勳、王樹翰、湯玉麟、傅作義、劉鎮華、門致中、劉翼飛。

「九一八」事變後，東北淪陷，張學良的實力極大削弱，為對付來自日本的壓力，穩定華北局勢，決定進一步與韓復榘結盟。十月二日，張派萬福麟、范浦江赴濟南商榷維持華北局勢問題。范離開濟南時，對記者說：此次會商圓滿。韓主席表示遵照副總司令意旨，與東北軍永遠團結一處，共維華北治安。一九三二年元月初，韓派私人代表宋式顏赴北平謁張，就華北治安問題做進一步討論。張表示華北大局全賴韓鼎力維持。韓以外交緊迫，華北治安至為重要，擬設第三路軍駐平辦事處，以劉熙眾為辦事處處長。張亦決定在濟南設立辦事處。自此，張、韓之間正式確立特殊關係。

一九三一年十二月三十日，東北政務委員會改稱北平政務委員會，為華北最高行政結構。軍事方面，國民政府任命張學良為北平綏靖主任，張於一九三二年元旦就職。張又呈准設立北平軍事整理委員會，張任理事長，理事十一人：萬福林、張作相、于學忠、宋哲元、徐永昌、龐炳勳、商震、劉翼飛、湯玉麟、沈鴻烈、韓復榘。

一九三三年四月，張學良因「榆關事件」引咎辭職，遊歷歐洲。一九三四年一月，張回中國，三月一日，就任豫鄂皖三省剿匪副總司令，代行總司令職，駐蹕武昌。

（二）國難日急催生張韓聯盟

一九三二年七月，熱河告急。十九日，韓復榘應張學良之邀，乘專車前往北平參加北平政務委員會委員大會，同行的有石友三、葛光庭、劉熙眾、張聯升、李長清等。韓在車站對記者發表談話：「本人係軍人，且係高級軍官，並一身而兼省政，責任重大。現在外侮恣凌，國難至極，本匹夫有責之義，努力犧牲，以赴國難，且屬責無旁貸。至於日人侵熱事件，刺激尤深……」

七月二十七日，韓復榘出席北平政委會臨時大會，與會者有張學良等十一人，張群列席。韓在會上有較長發言。

七月二十九日，北平政委會在順承王府正式舉行。韓復榘與張伯苓對團結救國皆有所闡發。晚，張學良宴請韓於順承王府。宴後，張與韓在客廳敘談，王以哲、劉熙眾在座。張首先對韓說：「內憂外患一天比一天嚴重，對外困難重重，您看我們應該怎麼辦？」韓說：「我是個軍人，對政治並無主張，一切還是聽您的。」張說：「我還年輕，願聽大哥的。」韓說：「論年齡，我比您大八歲，可對政治我外行。今後不論是對日本人作戰，還是國內作戰，只要您一句話，我絕不含糊！」張說：「大哥真爽快，能交您這樣的朋友，非常高興！」接著又說：「父仇國難，我不能忘掉。我最大的願望就是團結，加強抗日力量，時機到來，打回老家，為父報仇。盼望我們拼在一起，去打日本。」韓為之動容，說：「我一切聽您指揮！」事後，韓對劉熙眾說：「張漢卿這人痛快，夠朋友，是個血性漢子，交朋友就要交這樣的人。我們一定能合作得很好。」（張魁堂：〈西安事變中的一幕——記張學良與韓復榘的交往〉，《人物》，一九九三年第一期）

八月一日上午九時，北平政委會臨時常務委員會在順承王府開會，出席會議的有張學良、韓復榘、徐永昌、李煜瀛、張繼、于學忠、吳鼎昌、周作民、王樹翰等九人。下午一時，韓復榘等一行乘專車離平返濟，張學良及夫人于鳳至到前門火車站送行。張贈送韓一支捷克造雙筒獵槍，韓很喜歡，以後一直掛在臥室牆上。

八月五日，韓復榘在省府召集第三路軍師、旅長會議。要求全軍各級軍官加緊訓練，枕戈待旦，隨時準備禦侮報國。

圖146　張學良（中）、韓復榘（右）、李景林（左）在北京火車站機車前合影

韓復榘回到濟南，下車伊始，即發動「驅劉（珍年）之役」。駐軍煙臺及膠東十二縣之劉珍年第二十九師是蔣介石用以牽制韓第三路軍的一枚釘子，蔣當然不會坐視不管，乃調兵遣將，直逼魯境。值此關鍵時刻，張學良發表一個意在援韓之通電，同時從東北軍王樹常部抽調一個重炮營，身著第三路軍軍裝，支援韓軍炮擊掖縣、萊陽兩座孤城。青島沈鴻烈亦奉張命，派出軍艦及海軍陸戰隊助韓攻劉。由於張直接出兵介入，蔣始有所顧忌，被迫停止軍事干預，改為和平調解。

一九三三年四月，張學良因熱河「榆關事件」引咎辭職，出國遊覽歐洲列國。一九三四年一月，張回中國，三月一日，就任豫鄂皖三省剿匪副總司令，代總司令職，駐蹕武昌。

六月十二日，韓復榘赴南昌晉謁蔣介石後，自九江乘長安輪抵漢口，何成濬、張群等均在輪埠熱烈歡迎，隨即下榻中央銀行二樓。張學良由武昌渡江訪晤韓復榘，敘談甚久，並設晚宴為韓洗塵。次日，張親自陪同韓遊覽武昌名勝。十五日，韓一行乘鐵甲車赴鄭，張學良、派代表赴車站送行。

（三）西安事變　風雲突起

一九三六年十二月十二日，張學良、楊虎城在西安實行兵諫，扣留蔣介石及在西安的幾十名軍政要員，引爆了震驚中外的「西安事變」。韓復榘以其在華北的特殊地位，其動向足以影響全域，因而引起各方關注。

據韓復榘之子韓子華回憶說：「記得那天晚上，母親和我們都睡了。父親回家把我們叫起來，笑呵呵說，『告訴你們一件大事兒，張漢卿把蔣先生給扣了！』我們還沒明白過來怎麼回事，電話鈴響了，原來是《民國山東日報》報社來電話請示：明天新聞見報，是否要稱張學良、楊虎城為『張逆』、『楊逆』？父親回答說，什麼『張逆』、『楊逆』的，就說張學良將軍、楊虎城將軍！」（韓子華口述歷史：《我的父親韓復榘》，中華書局，二〇一三年，頁九一）

在南京方面，何應欽在第一時間致電韓復榘，通報情況，意在促其迅速表明態度。馮玉祥是十二月十二日中午接到事變消息的，立即意識到問題的敏感性，當日下午即派鄧鑑三北上，「告韓、宋小心說話為主。」（《馮玉祥日記》一九三七年十二月十二日）行政院長孔祥熙亦派與韓復榘、宋哲元有舊的李毓萬、戈定遠、李世軍等前往濟南、北平，面見韓、宋，懇切關說，對韓「以勸張為言，而以蔣公安全堅其信。」，並於十三日分電韓、宋致意。孔致韓「元」電云：「吾兄坐鎮東魯，負北方之重望，為中樞之屏藩，彌亂安邦，頂多偉話劃，藎籌所及，尚望隨時賜示。漢卿素日為人，弟所深知，此次操切之舉，或激於一時情感，或迫於部下挾持，尤望專電勸釋，袪除誤解，免以鬩牆之爭，致招覆卵之禍，是所至盼。」（王禹廷：〈西安事變釀成巨禍〉，《傳記文學》，一九八六年，第四十九卷第五期，頁一一二）

十二月十二日，即事變當日晚，張學良密電韓復榘，說明兵諫原因，是要「聯合各黨各派一致抗日」，「現在將蔣公請至西安暫住，國家大計由國人共決定。」請韓速派代表赴西安「共商國是」。隨後，韓又收到張、楊「八項政治主張」之通電及劉峙、商震等聯名呼籲營救委員長通電。

「西安事變」完全出乎韓復榘的意料，由於對「西安事變」的背景及各方態度還不甚瞭解，又有馮玉祥「小心說話」的告誡，起初還是採取審慎態度。

十二月十三日，韓復榘召集主要幕僚及將領開會，討論「西安事變」問題及應對辦法。韓建議立刻給南京發電，主張當務之急是營救委員長脫險，並派省府參議靳文溪赴開封，面晤劉峙、商震，討論營救辦法。與會人員一致同意。

圖147　左起：張學良、楊虎城、蔣介石

韓當日覆電何應欽：「逖聞之下，徹夜未眠，事已至此，惟有設法營救委員長為第一要義。傾接經扶

（劉峙）、啟予（商震）兩兄呼籲營救委座電，除派員赴豫外……」十四日，韓覆電孔祥熙：「南京孔院長鈞鑑：元密電敬悉。西安事變，舉世惶惑，值茲外患方殷，群情危懼之日，委座為全國領袖，以一身繫天下之安危。惟盼鈞座與中央諸公，從速運籌決策，俾得其早脫險地，則此後一切問題，均可從容處理。臨電馳惶，佇候明教。韓復榘叩。寒。秘印。」（〈西安事變檔案資料〉，《歷史檔案》，一九八一年第一期）

十二月十五日，張學良派一架軍用飛機抵濟，因飛機跑道不夠堅實，飛機降落時折斷螺旋槳，無法再使用。韓復榘乃派劉熙眾於十九日乘火車去西安。客車只通到洛陽，劉認識一位空軍隊長，請他轉告空軍副總司令王叔銘，派一架飛機送他去西安。王假意答應，卻用飛機把劉送到了太原，是時蔣介石已被釋放。

十二月十六日，國民政府下令討伐張學良，何應欽任討伐軍總司令，即日出征。是日，南京的空軍轟炸了隴海線上的渭南、華縣，地面部隊也開進潼關，步步緊逼，大規模內戰一觸即發。

「西安事變」爆發後，濟南的《新業日報》發表社論，主張和平解決，呼籲團結抗日。南京國民黨中宣部致電韓復榘，令其查封該報。韓在中宣部電報上批了兩個字：「不理」！

在南京，何應欽等力主轟炸西安，馮玉祥主張和平解決，雙方爭執不下。據傳何擬密謀刺殺馮於中山陵附近的韓公館。馮聞訊大驚，移住城外頭條巷辦公廳，並準備下一步逃離南京，潛往山東韓復榘處。（高興亞：《馮玉祥將軍》，北京人民出版社，一九八二年，頁一七四）

（四）宋韓漾電

南京何應欽等主戰派咄咄逼人的姿態，令韓復榘十分反感，旋與宋哲元在濟南濼口車站會晤，協調立

圖148　韓復榘（左）　宋哲元（右）

場，聯名發表「漾電」。（說明：在很長一段時間廣泛流傳韓復榘拍發「馬電」之事，但奇怪的是始終不見全部電文。遍查南京第二檔案館及臺灣國史館韓復榘名下的全部檔案，其中不乏戴笠告韓的密電，均未發現「馬電」。旅美歷史學家劉正教授在廣泛查閱海內外檔案的基礎上，斷言「馬電」純係以訛傳訛，子虛烏有。）

「漾電」主張和平解決「西安事變」，得到社會各界廣泛讚賞，但也受到南京方面的高度質疑。「漾電」有悖於何應欽倡言的「軍事與政治兼顧」之解決辦法。「由中央召集在職人員、在野名流、妥商辦法，合謀萬全無遺之策。」更被南京高層視為「節外生枝」、「別有用心」。

何應欽在致龍雲密電中謂：「主張召一鏊會議一節，應在委座回京以後方能舉行。否則，曠日持久，眾論紛紜，於營救委座與整飭綱紀兩均無益也。」（〈何應欽關於不接受韓復榘等解決陝變三原則致龍雲電〉一九三六年十二月二十四日，《國民政府雲南省政府秘書處檔案》）

孔祥熙對林森、馮玉祥、戴季陶、程潛等說：「韓、宋本人之電均為擁護中央，而此電不同，奇怪！」馮為韓、宋開脫說：「韓、宋在北伐，皆勇敢善戰，但讀書太少，心思太粗。發電前未必一句一字有所研討，可以不必顧慮。不過去人看看，把中央旨意詳告，確有必要。」

南京方面派蔣伯誠赴濟南，何競武赴北平，分別會晤韓復榘、宋哲元，說明情況。

十二月二十四日，孔祥熙分別致電韓復榘、宋哲元，針對「漾電」作出解釋。孔命冀察政務委員會駐寧代表李世軍轉告秦德純，請宋哲元「對於『漾電』後段之主張，詳審考慮。」意即要求宋、韓收回原電。

嗣後，李毓萬（孔祥熙私人秘書）就宋、韓「漾電」之事回憶說：「蔣先生於十二月二十五日自西安脫險抵洛陽之時，孔（祥熙）先生正在南京高樓門孔邸召集中央黨政軍要員開會，商討大計，並研究駁斥宋哲元、韓復榘聯名的『漾電』。因該電忽要求召開國是會議，似與宋、韓前此的公私來電主張不同。當時我在場，正在草擬斥宋、韓的電稿，忽聞洛陽打來長途電話。孔先生接到電話，即席宣佈說委員長已安抵洛陽，……至此，對宋、韓的電報也就不予理會了。……關於宋、韓的電文末端不妥之語，事後知道是被何其鞏篡改的（何後被孫桐萱、曹福林等將領驅離濟南）。宋、韓與孔先生的私人關係本來很好，他們的態度我也早有瞭解。西安事變那天，我正在兗州，代表孔先生參加至聖奉祀官孔德成的婚禮。韓復榘忽有長途電話召孫桐萱，孫趕至濟南，韓告以西安事變之事。孫回兗州，將此事告我，又打電話給韓，告以我在兗州，韓復榘既令孫桐萱陪我當夜乘車去濟南。次早，請我吃早點，以便面談。韓復榘表示：目下情況不明，想派與楊虎城相識的人去西安先探探真相。一面要我打電報給孔先生，代他請撥飛機一架，一面要我轉懇孔先生嚴囑報界，先不要過分刺激張、楊，以免逼他們走極端，對蔣先生的安全反更有礙。就韓復榘當時談話看來，足以證明他的態度很好。」（李毓萬：《孔祥熙與我——李毓萬先生談孔祥熙》，一九六五年）

十二月二十二日，宋子文、宋美齡等到達西安，與張學良、楊虎城談判。二十三日上午，張、楊提出釋蔣之先決條件：由蔣介石出面，在西安召集朝野各界官員名流大會，出席者應包括陳果夫、李（宗仁）、白崇禧、李濟琛、馮玉祥、孫夫人、韓（復榘）、宋（哲元）、劉湘、宋子文、張學良等。大會達成協議後，蔣方可離開西安。宋子文對此建議大感意外，他在日記中寫到：「我對如此條件感到失望，因為我瞭解南京方面的態度，他們不會接受。他提出了不召開名流及政府官員大會的反建議。」

張、楊建議「召集朝野各界官員名流大會」與韓、宋在「漾電」中提議「由中央召集在職人員、在野名流、妥商辦法，合謀萬全無遺之策」均發生在同一時間（二十三日），意見也完全一致，顯然不是偶然的。

一九三六年十二月二十五日，「西安事變」和平解決，下午五時五十分，被釋的蔣介石到達洛陽。據說當時韓復榘正在濟南省政府打麻將，聽到這個消息後，當著南京方面派到濟南的蔣伯誠面，把眼前的牌一推，說：「這叫什麼事嘛，沒想到張漢卿做事情這麼虎頭蛇尾！」後人評說：「就是這句話種下他（韓復榘）以後殺身的基因。」（王禹廷：〈西安事變　釀成巨禍〉，《傳記文學》，一九八六年，第四十九卷第五期，頁一一三）

十二月二十七日，毛澤東致函韓復榘，表示願意合作抗戰。信中說：「西安事變，西北抗日局面成立，先生主張和平解決，今已達到目的。惟蔣氏難免又受群小包圍，延緩抗日發動亦意中事。今後如何改組國防政府，如何組織全國之抗日聯軍，如何確定救亡大計，均願與先生及魯軍方面切實合作。」（《毛澤東年譜》，一九三六年）

蔣介石獲釋後，韓復榘致蔣「宥電」，表示「慶幸」，並於十二月二十九日派張鉞赴寧對蔣進行慰問。

蔣介石回到南京後，宣佈扣留並審判張學良，同時調兵遣將，進迫西安。韓復榘對此持反對立場，在與南京方面交涉過程中，還充當東北軍代總司令于學忠的代言人。一九三七年一月十四日，韓在致孔祥熙、何應欽密電中，將于氏致南京電全文轉錄。韓一方面以此向南京轉達東北軍將士死戰到底的決心，另一方面也暗示自己願與東北軍共進退之立場。翌日，孔覆韓密電：「承示孝侯真電，至感關注。對於陝甘善後，中央正在力為處理。我兄未曾作覆，甚為讚佩。」又有資料披露：韓曾表示，如中央軍進攻西北，山東將出兵徐州，以武力制裁。（陳民：〈西安事變善後失誤的再認識〉，《近代史研究》，一九九〇年，第四期）

一九三七年三月三十一日，韓復榘應蔣介石電召，赴杭州報告一切。其間，韓曾向何應欽提出，擬會見被幽禁在奉化的張學良。韓的要求被當局認為是「不識時務」而遭婉拒。消息傳出，引起各方極大興趣。韓離杭前接受媒體採訪，在記者追問下無奈說：「本人赴奉化訪張學良否，未定。」

韓復榘歿後，馮玉祥在漢口對劉熙眾說：「很多人私下裡說，這是（蔣介石）對雙十二事件的報復，看來是頗有道理的。」（劉熙眾：〈韓復榘被殺前後〉，《一代梟雄韓復榘》，中國文史出版社，一九八八年，頁二七四）

（五）與東北軍將領王樹常的一段交往

王樹常，字霆午，奉天遼中人，日本陸軍士官學校第八期步科、日本陸軍大學第一期畢業，中將加上將銜。一九二七年後任張學良部第十軍軍長，一九三〇年任河北省政府主席，一九三一年後任天津衛戍司令，一九四四年三月任軍事參議院上將參議。一九四九年一月後任國務院水利部參事，全國政協委員，民革中央團結委員，一九六〇年四月八日在北京病逝。

圖149　河北省政府主席王樹常

一九三二年七月十九日，韓復榘乘專車前往北平參加北平政務委員會，當時韓復榘次子韓子華還是個十歲的孩子，也隨同其父去北平玩，六十年後撰文回憶說：「火車路過天津時，河北省政府主席王樹常先生在車站舉行盛大的歡迎儀式。王先生身材高大，相貌堂堂，身著長袍馬褂。車站上還有許多軍政要員和軍樂隊奏樂。我父親下車與王先生等合影留念，在返回車廂的路上，吩咐副官賞軍樂隊八百塊錢。副官以為自己聽錯了，又悄聲問了問錢數。我父親極不耐煩地一擺手，登上了車廂。副官無奈，只好將錢如數送交軍樂隊長。那隊長也嚇了一跳，一共才十二名鼓號手，怎麼賞了這麼多錢！」（韓子華：〈記先父韓復榘先生〉，《傳記文學》，第六十一卷第三期，臺北市：傳記文學雜誌社，頁六二）

王樹常之子王冀在其著作《從北京到華盛頓》中也曾提到這段往事：「父親和山東省主席韓復榘是好友，我們一家常去青島避暑度假。韓復榘還送一棟別墅給我們，在福山支路二號，幾十年後我還回中國去看過，房子還在，不過物是人非。我們去青島會路過濟南，每次韓復榘都會擺出很大排場，派軍樂隊到車站歡迎，自己上車專門陪著我們一直到青島。父親也會打賞軍樂隊，一賞就是八百大洋。後來韓復榘來河北，父親也派軍樂隊去車站歡迎，韓復榘也賞八百大洋，把錢又賞回來了。抗戰初期，以當時軍隊戰鬥力對比來看，中國軍隊很難抵抗日軍。蔣介石為了保持實力，排除異己，把東北軍、西北軍這些雜牌部隊先派上前線充當炮灰。韓復榘不聽蔣介石的調遣，不願派自己的部隊出戰，再加上一些政見不合，蔣介石要除掉他，以開會為名把他騙了去。父親和韓復榘是莫逆之交，知道這是陷阱，有去無回，勸他不要去。韓復榘雖然口頭上說他率了一個連的警衛，不要緊，但臨行前託付父親：如果發生不測，請代為照顧家人。果然，韓復榘在開封被蔣介石逮捕，並在漢口處決。父親後來一直照顧著韓復榘的兩個太太和三個兒子。我有次回中國去香山萬安公墓掃墓，看到那裡韓復榘的墓碑，想起他當年一身長袍馬褂陪同我們一起去青島的印象，感慨萬千。」（王冀：《從北京到華盛頓》，華文出版社，二〇一二年，頁一一）

文中所說：「韓復榘還送一棟別墅給我們，在福山支路二號。」有誤。韓在青島只有一棟別墅，還是沈鴻烈送的。王冀所說的那棟別墅估計也是沈送的，他們畢竟都是東北軍袍澤。

王冀是王樹常的幼子，一九四九年赴美求學，獲馬里蘭大學農學學士，後在喬治城大學獲得歷史學博士，並留校任教至今。一九五七年起在美國國會圖書館中國、朝鮮部工作，後擔任主任，直至二〇〇四年退休。一九六六年，美中全國關係委員會創辦人之一。一九七〇年代，受美國國務院指派，秘密從香港訪問大陸，開啟中美兩國文化藝術交往篇章；協助中美建立兩國之間聯絡代表處，為中國外交打開美國政界大門。一九九五年成立美中政策基金會，長期以來，多次參與、親歷中美關係。及海岸交往重大事件，與大陸、臺灣、美國的政要、學者多有往來。王冀的岳父和岳母分別是臺灣的「立法委員」和「國大代表」，因此王冀在臺灣有很深的人脈關係，在華府與臺灣駐美機構和歷任駐美代表亦有聯繫。在張學良和宋美齡晚年，王冀經常前去拜訪，且推動了當時九十八歲的宋美齡於一九九五年七月二十六日重返美國國會演講，引起轟動。近年，王冀為促成國民黨主席連戰參訪大陸穿針引線。

二〇一四年，韓復榘之孫，數學家韓念國在華盛頓與王冀晤面，暢敘世誼。

韓復榘與宋哲元

中原大戰後西北軍解體，宋哲元先被張學良委任東北邊防軍第三軍軍長，後任第二十九軍軍長。一九三二年九月，宋出任察哈爾政府主席，與韓復榘同時擔任軍事委員會北平分會委員。一九三三年三月，宋哲元軍之趙登禹旅與劉汝明師分別在長城喜峰口及羅文峪大勝日軍，斃敵六千有奇，造成自「九一八」以來北方戰場首次之勝利。一九三五年九月，宋哲元在北平就任平津衛戍司令。十二月，任冀察政務委員會委員長。一九三六年一月兼河北省政府主席。

韓復榘的第三路軍與宋哲元的第二十九軍是西北軍的兩大餘脈，也是西北軍出身的華北兩大軍系。由於「西北同源」，韓與宋之間有一種天然的聯繫。一九三五年宋先後擔任平津衛戍司令、冀察政務委員會委員長後，又由於地緣政治的關係，韓、宋之間的交往與聯絡更加密切。

面對日本帝國主義的的侵略和蔣介石的「削藩」策略，韓、宋唯一的選擇就是在夾縫中求生存。韓、宋同根同源，一榮俱榮，一損俱損，共同的境遇決定他們必須在重大問題上協調立場，一致行動。因此每逢關鍵時刻，韓、宋往往會在一個冷僻的地方，舉行秘密會晤，此種神秘之舉理所當然地會引起各種政治

圖150　宋哲元就任平津衛戍司令，後為參議陳覺生

勢力及新聞媒體的關注。

一九三六年一月，宋哲元赴天津與日軍司令多田及特務機關長土肥原交涉取消「冀東防共自治政府」事宜，日方蠻橫要求以「華北自治」為條件，致使談判陷入僵局。宋以回原籍休養為理由，去山東樂陵與韓復榘會晤。韓乘一輛黑色轎車從濟南來到樂陵，他輕車簡從，頭戴禮帽、身著長袍馬褂，隨行的只有親信劉熙眾。宋頭戴帽盔、一襲藏青色毛料長袍、外套黑禮服呢馬褂。二月二日，宋、韓、鄧哲熙（宋之秘書長）、劉熙眾、李炘（西北軍宿將）五人在一間村舍的大炕上促膝密談。會談結束後，五人到村西散步，引來許多村民圍觀。宋對周圍的村民說：「韓主席拳術很好，咱們請他打一套如何？」眾人高聲叫好。韓略微客氣了一下，便熟練地打完一套拳，然後又對眾人說：「委員長的武藝比我好，大夥請委員長練一套怎麼樣？」宋一語雙關地說：「人不能光練武、練磕頭也能鍛鍊身體」，二人相視大笑，挽手而歸。當天下午，韓即離開樂陵回濟南，宋送至村外。

會談雖然很低調，但還是被媒體傳揚出去，引起廣泛關注，蔣介石「亦甚注意」。（《馮玉祥日記》，一九三六年二月三日）韓復榘將會談情況電告正在南京的馮玉祥。馮在日記裡寫到：「韓向方來電，言到樂陵會明軒之事。宋『形容憔悴，諸事困難』云云。」（《馮玉祥日記》，一九三六年二月四日）宋哲元回平後，向報界透露其在樂陵

圖151　韓復榘與宋哲元（河北南宮）

與韓晤談內容：「對於安定華北大局，以客觀眼光，暢加談論。至於將來所進行之途徑，雖無何決定，但須從國家、民族為前提，不利於國家民族者，絕不辦理。」（〈宋哲元二月七日發表之談話〉，《中央週報》，第四〇二期，一九三六年二月十七日）

一九三六年十一月十六日下午一時，韓復榘以「視察魯北」為名，偕省府參議過之綱、葛金章、劉熙眾等由濟南乘火車至德州，十七日再換乘汽車到南宮縣。同時，宋哲元亦以「視察演習」為名，在馮治安、秦德純、門致中陪同下，從北平出發，經固安、任邱、河間至南宮縣。韓、宋二人「把晤竟日、歡敘契闊」，當晚在南宮留宿一夜。十八日上午九時，韓一行返濟，宋一行亦回平。此即舉世矚目的「南宮會談」。據說，當會談進行到最機密的議程時，韓、宋避開眾隨從，二人單獨到村外一片僻靜的墳地，立談多時。南宮會談雙方未簽署任何書面文件，以免被有關方面偵悉，授人以柄。

南宮會談引起各方及媒體的關注。宋哲元回到北平後，於十一月十九日向報界透露南宮會談的內容：「余將冀察一般真相竭誠相告；韓將南京謁蔣委員長情形敘述甚詳。此行對國事亦有所泛論。冀魯壤土相接，處境大致相同，應在整個國策之下，睦外安內，保靖地方。韓對此言完全與余同感。」（《申報》，一九三六年十一月二十二日）

韓復榘返回濟南後，接受《大朝》、《滿日》兩報日本記者採訪。日記者問：「南宮會宋何意？」韓答：「宋為鄰省同志，無論政治、經濟均有密切關係。前擬會見，未得機會。此次宋因視察演習南來，遂特乘車往洽，交換意見。」（《申報》，一九三六年十一月二十九日）

一九三六年十二月十二日，張學良、楊虎城在西安實行兵諫，扣留蔣介石，引爆「西安事變」。馮玉祥十二日中午接到事變消息，當日下午即派鄧鑑三北上，「告韓、宋小心說話為主。」在南京，何應欽等力主轟炸西安。韓對此十分反感，一改此前之審慎態度及「中立」立場，於二十一日以密碼形式致電

（「馬電」）張學良表示支持。偕秦德純、鄧哲熙去濟南，在濼口車站與韓會晤。二十三日，宋、韓連名發表「漾電」，提出解決「西安事變」三原則。

一九三七年五月，宋哲元在天津難以擺脫日方的糾纏，遂將政務委託秦德純、張自忠、馮治安處理，自己借回籍掃墓為名躲避。二十二日，宋與韓復榘在山東省商河縣城西之茅家寺舉行會晤，討論華北時局。

一九三七年，「七七」事變爆發，第二十九軍奮起抗戰，副軍長佟麟閣、師張趙登禹在北平南苑壯烈犧牲。宋哲元率部撤往保定、河間，張自忠留平維持。八月中旬，宋部擴編為第一集團軍，宋任總司令負責津浦路北段作戰。

九月，第六戰區司令長官馮玉祥北上，指揮第一集團軍。宋哲元以「養病」為由離隊徑上泰山。馮治安亦迴避與馮見面。十月，大本營撤銷第六戰區，馮返回南京。宋立即下山至河北大名，繼續指揮第一集團軍。

一九三八年一月十二日，蔣介石在開封軍事會議上宣佈將韓復榘扣交軍事法庭訊辦。出席會議的宋哲元站起來，說：「韓復榘不聽命令，罪有應得。委員長原諒他是個粗人，沒有知識，請從輕判他。」隨後宋又回過頭來，請大家站起來為韓求情。當時前邊的一些人都站了起來。

宋哲元與韓復榘有一個很大的共同點，那就是對蔣介石的極端不信任。冀察委員會成立後，日本逼迫宋在「經濟提攜」繕本上簽字。蔣為阻止這一行動，讓第二十九軍駐南京辦事處主任李世軍轉告宋，敦促第二十九軍作好作戰準備，一旦戰爭打響，他將調大軍北上支援。李向宋報告完畢之後，宋帶笑地哼了一聲，一面舉起他經常握在手裡的一根小竹爬兒，不斷地在背上搔癢，一面說：「你看蔣先生說的是真是假？」李答：「我看是真的。他今天再不抗日，國家完了，他也完了。」宋說：「你不要太傻了，蔣介石的話都是在騙人，是吹牛皮，是怕我執行『經濟協定』跟日本走，想故意拿這一套嚇唬我；要我解決東交民巷、海光寺幾千日本鬼子，我們能做得到。梅津一封信，關徵麟、黃傑兩師乖乖地走了。今天說他馬上派隊伍北上作戰，是騙人的鬼話，是放狗屁！」（李世軍：〈宋哲元和蔣介石關係的始末〉，《江蘇文史資料選輯》，第四輯，一九八〇年六月）

面對日本製造「華北五省自治」的巨大壓力，宋哲元與韓復榘的對策也是如出一轍。他們一般採取敷衍塘塞、虛與委蛇的態度，但在涉及國家主權的原則問題上絕不讓步，大節凜然。日本所謂的「華北五省自治」始終沒有成為事實，這與宋、韓的堅絕抵制有很大關係。

宋哲元曾對部屬說過：「咱們對中央絕不說『脫離中央』的話；對蔣介石絕不作他個人玩弄的工具；對日本力求表面親善，絕不屈服投降。隊伍練好了，咱們有機會打到東北，收復失地。」（李世軍：〈宋哲元和蔣介石關係的始末〉，《江蘇文史資料選輯》，第四輯，一九八〇年六月）

一九三八年一月，張自忠第五十九軍調赴淮河前線。宋哲元指揮第七十七軍在豫北對敵作戰。二月，滑縣、道口作戰失利，宋部西進中條上進行游擊戰。三月初，宋調任第一戰區副司令長官，被迫脫離部隊，赴鄭州就職，不久第一集團軍建制被撤銷。韓復榘一月被蔣殺，宋哲元三月被剝奪兵權，韓、宋之間的唇亡齒寒關係終於被印證。

一九四〇年四月五日，宋哲元病逝於四川綿陽，享年五十六歲。

借重梁漱溟

梁漱溟原籍廣西桂林，出生於北京，其曾祖、祖父、父親都是清朝舉人或進士。梁早年參加京津地區同盟會，順天中學畢業後任京津同盟會機關報《民國報》編輯兼記者。一九一七年，蔡元培出任北京大學校長，梁被聘為北京大學講師。

作為一個學者的梁漱溟是怎麼認識韓復榘的呢？梁漱溟說：「這得從民國十一年（即一九二二年）的往事談起。這一年，我應邀到北京南苑馮玉祥部，給部隊官佐講學，宣傳我的主張，主要是儒家哲學……我的講學一共進行了五次，每次一個旅，由旅長帶著全旅官佐前來聽講，地點在當時南苑的青年會講堂……這次我在馮部講學，韓復榘還是團或營長一級的官職（當時韓任團長）。當然他認得我，我不認識他。後來他先後在河南省和山東省政府任主席，我去河南、山東搞鄉村建設，特別在山東時達七年之久，才和他有了直接的接觸和交往。」（汪東林：〈訪梁漱溟問答錄〉，《人物》，一九八六年，第六期，頁五〇）

一九二四年初，身為北京大學講師的梁漱溟應陸軍檢閱使馮玉祥之邀，到北京南苑兵營為馮軍官兵宣講儒家文化。梁演講無激昂雄辯之勢，而是條分縷析，邏輯嚴密，言詞簡潔而準確，聽來如沐清風，沁人心脾。時為團長的韓復榘被梁的學識及思辯所折服。這位身著一襲長袍，頭戴一頂黑呢圓形小帽盔，身軀精瘦硬朗，目光深邃而銳利的「最後的大儒」，給韓留下深刻的印象。

梁漱溟是中國鄉村建設理論奠基人，也是中國鄉村建設運動領袖。梁從青少年起就希望中國成為一個憲政國家，清朝皇帝退位，民國建立，憲政仍未實現。梁認為，國家憲政要以地方自治為基礎，從基層入手，要把散漫的自生自滅的不關心國事的農民組織起來。一鄉一村的自治搞好了，國家憲政的基礎就有了。梁主張用「村治」的辦法來解決中國的組織，進而解決中國的問題。他認為西方資產階級民主政治和蘇聯式的政治制度在中國都是行不通的。梁是位勇於實踐而不尚空談的學者。他有了這個想法，就要找個地方進行實驗。

一九二九年秋，韓復榘正在河南任省政府主席，當時河南也有幾個搞「村治」的人，在河南百泉辦了一個「村治學院」，彭禹廷任院長，梁仲華任副院長，他們邀請梁任「河南省村治學院」教務長，負責實際工作。

梁漱溟在其所著〈記韓向方主席〉一文中追述他在河南與韓復榘的交往：「愚初次晤韓在開封，時為十八年秋末，正籌備河南村治學院。愚自北平南來，院長彭君禹廷迎於鄭州。抵汴，初就館舍，韓先來拜。韓云，五年前即已見過。蓋民國十三年初，愚應馮煥章（時為陸軍檢閱使，駐北平之南苑）邀，為其軍中官佐講演五次，韓方為團長，聽講也。比愚答拜，並應邀為其省政府人員講演，則韓以剿匪赴周家口，皆不在也。其後愚住輝縣學院中，有事洽商，均由院長、副院長往見，愚再未與晤面。外間以河南、山東鄉村工作近十年，皆得韓之力，意愚與韓必有舊，或傳愚曾為韓師，皆非也。……其時主席名義既屬韓向方，然一切政務皆馮（煥章）親決之，例行公事委於薛篤弼，韓實不問事也。時局擾攘，議雖定而事未舉。十八年，韓既背馮而獨立行動（梁注：十八年，馮、蔣間醞釀戰爭，馮部西撤入潼關，韓於會議上持異議，馮當眾辱之，韓乃單獨率其所部東進，自是脫離馮部）乃自操權柄，所有政令恆一反馮之所為。關心茲事者，咸以為必成畫餅，顧一一皆如原議而行，乃知其非無別擇也。十九年冬，村治學院遽告結束，當其存在期間，韓遇事積極贊助。」這是第二階段。

一九三〇年秋，韓復榘就任山東省政府主席，原河南村治學院副院長梁仲華到濟南向韓彙報河南村治學院結束情形。韓說：「請你們到山東來，繼續在河南的事業。」於是，在一九三一年一月，梁漱溟及其河南村治學院同仁又齊集山東，推廣鄉村建設運動。這是第三階段。

梁漱溟在廣東採用「鄉治」的名義，到河南沿用河南已有的「村治」概念，來到山東則綜合前二著的名號，再加上當時十分流行的「建設」一詞，就成了新的名稱「鄉村建設」。

韓復榘主政之始，立志要「變魯變齊」，要使山東「政治日新，與年俱增，地方有豐產之象，人民興樂利之歌。」「為我山東開一新紀元。」而梁漱溟的鄉村改革計畫，與之不謀而合。因此。韓將梁奉為座上賓，聘為「高等政治顧問」，言必稱「梁先生」。

關於推行「鄉村建設」，韓復榘說：「中國紊亂至此，非從農村入手不可。余個人對此迷信甚深。」（《山東民國日報》，一九三四年三月一日）他又說：「我學識淺陋，而有相當學識的，即鄉村建設研究院，因為它是集合知識能力分子去接濟農村，一方面培養農民知識，一方面把農村組織起來，有組織才有力量。」（《山東民國日報》，一九三六年四月二十八日）他還說：「軍隊需要整理，不整理早晚要垮；政治也需要改革，不改革也是早晚要垮的。」「我不會改革，請梁來替我們改革吧。」（何思源：〈我與韓復榘共事八年的經歷和見聞〉，《文史資料選輯》，第三十七期，頁二〇八）

韓復榘要把梁漱溟的「鄉村建設」實驗，作為山東的改革示範櫥窗。

梁漱溟在山東搞「鄉村建設」實驗，也需要地方實力派的財力及行政權力的支持。他直言不諱地說：「我們與政府是彼此相需的，非不相容的。至於依靠政權，則亦有不得不然者。」「我們的經費主要是靠中國地方政府，在河南靠馮玉祥，在山東靠韓復榘。」（梁漱溟：《憶往談舊錄》，中國文史出版社，一九八七年，頁一二四）

一九三一年初，韓復榘撥款十萬元，請梁漱溟在山東省鄒平縣籌建「鄉村建設研究院」，院長梁耀祖

圖152　鄉村建設研究院院長梁漱溟

（一九三三年易梁漱溟）。

「鄉村建設研究院」起初並沒有得到蔣介石的批准，聽命於蔣的國民黨鄒平縣黨部公開反對梁漱溟的實驗活動。他們在縣黨部門口搭起檯子，張貼標語，發表演說，要求「取消研究院」，讓「梁漱溟滾開」。梁不得不求助於韓復榘，韓當即關閉國民黨鄒平縣黨部。當梁主持長山縣杏花溝疏浚工程遇阻，韓立即派一個旅協助完成，並責打阻饒工程進行的長山縣縣長袁明謙。

梁漱溟在山東搞「鄉村建設」實驗，主要包括以下活動：

（一）用鄉村建設理論培訓大批鄉村建設運動骨幹，畢業後去農村工作。

（二）幫助山東省政府進行地方行政改革，在山東劃分專區，就是「鄉建」派提議，並首先實驗實施的。起初韓復榘劃鄒平、菏澤、濟寧三個縣為鄉村建設實驗區，以後擴展到三個專區，共二十七個縣，所有專員、縣長和保安司令都由鄉建派人士擔任。梁漱溟本人則不擔任任何行政職務，只保持學者身份。

梁漱溟將實驗區內的縣區政府機構徹底改組，縣政府「裁局設科」，把原來的公安、財政、建設、教育四個局縮編為五個科，合署辦公（所有科室集中在一間辦公室），實行八小時工作制，縣長、科長、科員在食堂一起用餐，毫無官僚作風，工作效率大大提高，政府工作面貌煥然一新。

（三）建立「鄉農學校」。梁漱溟認為，搞鄉村建設運動，本質上就是辦民眾教育或社會教育。於是「鄉院」師生紛紛便到農村去試辦「鄉農學校」，進而又提出在農村基層建立「村學」和「鄉學」機構。「村學」和「鄉學」既是教育機構，又是行政機關，「政教合一」。「村學」執行鄉公所職能，「鄉學」

執行區公所職能。「村學」「鄉學」教育，梁主張從平常平淡之處入手，用日常功課如識字、唱歌、講話，發揮潛移默化作用。有「村學」「鄉學」把道德勸戒編成歌謠，如許家道口村的《早起歌》，歌曰：「黑暗過去天破曉，朝日上升人起早。勤儉孝友，慈幼敬老，鄉村風俗自好。力田而食，布衣亦尊，天下將太平了。」梁還主張，鄉村教育必須與農業生產相聯繫。如在山區就開設植樹造林課；在種棉區就開設種棉知識課；在養蠶區就開設養蠶知識課。

（四）舉辦「民眾自衛訓練班」。梁漱溟主張建立民眾自衛武裝，維持地方治安，在日本逐漸加強對中國侵略的背景下，還有保家衛國的意義。為此，由鄉農學校舉辦「民眾自衛訓練班」，先後訓練了七千人左右亦民亦兵的武裝人員。抗戰爆發後，韓復榘將荷澤一帶的自衛訓練班壯丁四千人編為第一補充旅，委孫則讓為旅長；將膠東第七專區訓練的壯丁三千人編為第二補充旅，委張驤伍為旅長。抗戰初期，日軍佔領濟南，孫則讓的第一補充旅撤到河南漯河，全部編入中央軍炮兵。何應欽高興地說：「山東人身高體壯，可以成為最好的炮兵！」

（五）組織農村合作社。梁漱溟認為，中國是「倫理本位」社會，他搞農村合作社，就是要「發揮倫理情誼」。農村合作社「一面是經濟組織，同時也是倫理組織。你與人有倫理關係，則經濟生活自會有保障。」梁在鄒平縣建立上百個各種類型的合作社，如信用、運輸、機織、蠶業、林業、棉花等合作社。鄒平是產棉區，以美棉運銷合作社最多。鄉村建設研究院與山東大學及省立棉作試驗場合作，推廣美國「脫立斯長絨棉」，產量高，品質好。合作社統一收購棉農生產的棉花，共同軋花，共同出售，避免商人的之間盤剝，提高了棉農的效益。鄉村建設研究院所屬的實驗農場從美國引進良種豬，從義大利引進「來杭雞」，與本地畜禽雜交，培育出新品種，加以推廣。

由於梁漱溟等人在山東搞的鄉村建設實驗規模和影響都很大，當時到山東來參觀的人絡繹不絕，如陳立夫、蔣百里、張治中、黃炎培、甘乃光、陶知行、江問漁及南京市長石衡青等，丹麥的教育家及日本的鄉村教育家也來考察，都予以很高的評價。韓復榘亦覺光彩。蔣百里激動地對梁說：「中日要開戰，日本絕不滿足於一個滿洲國」、「中國人的弱點是統一不起來，為了準備抗日，要組織訓練農民，把散漫的農民組織起來」。梁的實驗，就是要改變農民一盤散沙的狀況。

一九三三年七月十四日，來自河北、江蘇、浙江、北平、上海的鄉村建設團體派代表齊聚山東鄒平參加會議，鄒平被公認為全國農村運動三大中心之一。

由於「鄉村建設研究院」掌握了地方軍政大權，當時人們稱其為「第二省政府」。梁漱溟出於一個學者的理想主義，提倡鄉村建設，韓復榘不但充分理解，而且劃出二十七個縣供其進行社會改革實踐，並將地方軍政大權一併交他作主，在那個時代，一個職業軍人能有此胸襟和雅量，殊為難得。

梁漱溟對韓復榘的評價是：「韓復榘在戰場上衝鋒陷陣，英勇善戰，才深得馮玉祥的重用和信任，一步步提拔，而成為馮手下的一員大將。後來他離馮投蔣，去山東主政八年，曾試圖做出一些政績，直到抗戰爆發，被蔣介石殺頭，他並非完全一介武夫。」

中國社會科學院近代史研究所研究員馬勇說：「在這樣一個政權架構的調整過程中，你可以看到韓復榘的授權是很充分的。就是你們自己找地點，你們說怎麼試驗就怎麼試驗。韓復榘作為政治家的心胸是大的。他並不過問那些細節，給你權力，你就充分行使。」

鑑於日本帝國主義侵略華北的步子越走越快，韓復榘同意了梁漱溟擬定的「三年防衛計畫」，從一九三六年起，逐步完成全省行政體制改革，實行民眾自衛訓練，保衛家鄉。但隨著抗戰爆發，濟南陷落，山東的鄉村建設運動也宣告結束。

收容石友三

圖153　石友三

中原大戰結束後，石友三軍相對完整，又截獲大量晉軍潰兵的武器及軍需，還收編了劉春榮的部隊，因此實力大增，下轄二個甲種師、四個乙種師、一個騎兵旅、一個炮兵團、一個特務團、一個工兵團、一個鋼甲車隊，總兵力五萬六千人，其實力與韓復榘第三路軍不相上下。

石友三軍實力不菲，但軍餉出了問題。石部餉項月需六十萬元，但中央及東北財政困難，每月籌給石部餉項不足一半。更令石友三難以接受的是，張學良主張「與其兵多受餓，不如實行縮編」，要將石部裁撤一半，編餘的三個師遠調黑龍江補充東北軍。

一九三一年五月下旬，汪精衛、胡漢民、孫科、陳濟棠、李宗仁等在廣州組織國民政府，與蔣介石的南京國民政府分庭抗禮，形成寧粵對峙。粵方為建立反蔣同盟，派鄒魯北上，與閻錫山、馮玉祥及北方各地方實力派聯絡。閻、馮等立即予以積極回應。

正在進退維谷的石友三決定利用蔣介石全力對付粵方，無暇北顧之機，首先對張學良用兵，於是派人四處活動，廣泛聯絡前西北軍袍澤及晉軍將領共同起事，倒蔣反張。

隱居山西峪道河村的馮玉祥，始終與韓復榘、石友三保持信使往來。石多次派代表看望馮，表述倒蔣反張之決心。在中原大戰中慘敗的馮，反蔣之志彌堅，無論是誰，只要反蔣便是同志。馮見廣東方面已公開討蔣，認為重整旗鼓，東山再起的時機已到。馮高興地對左右說：「此誠討蔣以來未有之機會。」馮親自執筆分別致函舊部及晉軍將領，促其出兵，聯石打張，並代石擬訂作戰計畫。按馮玉祥計算，以上兵力約有三十萬，如齊心協力，擊敗張學良毫無問題，與蔣介石也有一搏。

一九三一年七月三日，躊躇滿志的馮玉祥致電汪精衛、孫科等：「擬將敝部編為三個集團軍暨兩個獨立部隊。以宋哲元任第二集團軍總司令，以石友三任第五集團軍總司令，以韓復榘任第六集團軍總司令，至孫連仲、吉鴻昌，擬俟發動時，任為獨立部隊司令官。」（〈馮玉祥致精衛先生並許孫科、陳濟棠、李宗仁、古應芬諸先生電〉，一九三一年七月三日，《馮玉祥發電抄本》）不管粵方採納與否，馮預先設計了一幅「新西北軍」藍圖。馮電告粵方：「此間各將領經數度磋商，已趨一致，晉方亦表示同情。石若發動，晉軍決取一致行動。」粵方樂不可支，立即派李漢魂為代表來順德與石友三聯絡，許以國府委員及第五集團軍總司令，隨之又匯來五十萬元。

經馮玉祥努力撮合，信陽吉鴻昌、晉城孫殿英、高桂滋、大名劉桂堂均表示願與石一致行動；宋哲元態度曖昧；孫連仲不置可否；龐炳勳對孫殿英代表說，北方大家都幹，並有把握，他就幹，若少數人幹，他絕不幹！

實際上，各方最關注的還是韓復榘的動向，而韓之態度一直尚未明朗，態度超然，令人莫測。

韓復榘與石友三有很深厚的歷史淵源，每遇重大事件及關鍵時刻，二人必定協調立場，一致行動。北方各實力派中以韓最強。《國聞週報》曾評論：「現時握華北治安樞紐者，厥為山東省政府主席韓復榘。」（〈魯韓信使往來〉，《國聞週報》，第八卷第二十九期，「一週間國內外大事述評」，頁二）由於韓軍位於津浦路中段，是石軍不可或缺的強大右翼，閻錫山、馮玉祥都認為能否把韓爭取過來是倒蔣反張事業成敗的關鍵。

客居大連的閻錫山通過賈景德轉告孫殿英：「對方如攻漢章，晉軍應以重兵援助。否則大家應推韓向方為領袖，則北方方能大成。」（〈晉城孫殿英致順德石友三沁電〉，一九三一年五月二十七日，《雜派民國二十年往來電文錄存》，「閻檔」，48／1300。）閻致信晉軍諸將領，全力助石驅逐張學良。晉軍將領遵閻囑，派代表孫楚與宋哲元、龐炳勳聯絡，並派代表赴濟晤韓復榘，極表擁戴。

程希賢在順德致電韓復榘：「今日接得天津密電，謂閻、馮二公均以現下局面無吾兄領導北方將領共同的幹不能解決。已密令駐晉各軍一致擁護我兄。徐（永昌）、楊（愛源）均極同意，閻並電粵政府請給兄一較當名義。廣東覆電擬任兄為北方各省聯軍總司令，致電漢章徵詢吾兄同意。」（〈順德程偉儒致濟南韓復榘支電〉，一九三一年七月四日，《石友三部民國二十年往來電文錄存》，「閻檔」，50／1799）六月七日，趙次驊電顧祝同：聞西北將領有推韓復榘為領袖說。

馮玉祥多次派秦德純等人赴濟南與韓復榘聯絡。蔣介石派邵力子長駐濟南，隨時向南京報告韓復榘、馬鴻逵動向。蔣急電駐韓代表蔣伯誠轉告韓：「中（蔣中正）可保證東北絕無攻擊漢章之理，請向方兄囑其安心。」（〈蔣中正電蔣伯誠保證東北絕無攻擊石友三之理囑韓復榘安心〉，一九三一年六月二十五日，《籌筆》第五十七冊，「蔣檔」，04／0090）

韓復榘與石友三有很深厚的歷史淵源，但對其輕言用兵深感憂慮，尤其對各實力派向閻錫山、馮玉祥所作之種種承諾表示嚴重懷疑，當年唐生智倒蔣之教訓仍記憶猶新。更有一層，韓雖不滿蔣介石之「消藩」方略，但畢竟在華北仍有一席之地，若受他人唆使，與石一道倒蔣反張，鋌而走險，且不說失敗，即便是大功告成，江山易主，也很可能是為他人做嫁衣。

一九三一年六月二十日，韓復榘致電石友三：「時局不靖，各方情形極為複雜，吾輩必須力持極穩重鎮靜之態度，方可應付環境。以兄所知，北方局勢並無若何變更……吾輩在相當時期，惟有順應潮流，對於各方多說好話，委曲求全，不可舉止不定，致貽後悔也。」（〈濟南韓復榘致順德石友三號巳電〉，一九三一年六月二十九日，《雜派民國二十年往來電文錄存》，「閻檔」，50／1727）石覆電韓：承囑靜待自當謹遵，惟聞東北軍已準備作戰。二十二日，韓再電石：「局勢無大變更，應堅定主意，不為浮言所動。」

石友三對韓復榘消極態度十分不滿，致電韓：「弟在外二十餘年，認為痛癢相關，相愛過於手足者僅兄一人而已。凡吾兄有言，弟必奉行唯謹。但以現在環境困難，而兄我二人大有不同，雖無天堂地獄之甚，確有雲泥之別。兄處蔣、張之間，蔣信張託，可謂進退自如，擒縱隨意：而弟之進退得咎，有適得其反，其困苦艱難較甘棠東進時我兄之苦有過之而無不及也。此時弟但有一線希望，絕不如此作，事實上之逼迫至於如此也。」

蔣介石對韓復榘之深藏不露而疑慮重重，六月六日，蔣電示蔣伯誠等，任韓復榘為魯豫清鄉督辦，指揮兩省各軍，安定北局。馬鴻逵六月十二日電蔣：「請即早速發表韓復榘督辦名義，俟發表後韓復榘擬赴開封、鄭州一行，約石友三晤談，詳說利害，又與韓復榘單獨密談公義私義等情。」六月二十五日，蔣電囑周駿彥照舊數發給韓復榘各師餉項。蔣在一九三七年七月一日日記中寫到：「前後接韓向方各電，安危無從捉摸。」七月十四日，蔣電蕭振瀛，詳查石友三、韓復榘動向。

七月十三日，蔣介石電蔣伯誠謂：「石友三事請韓復榘設法挽回，若未果，則查明並開誠相商。」十四日，蔣伯誠致電蔣介石：「向兄謂：石前日開旅長以上秘密會議，不准程希賢列席。張學良及張化南極力鼓動石速動。認其遲早必變動云。職查向兄必將保魯境，守中立態度。近對東北較諒解，對石表不滿。既難就範，請及早戒備。」（臺灣國史館保存檔案，編號為002—080200—00051—036）

蔣伯誠的這封電報和韓復榘的態度，讓蔣介石逐漸感到放心。

東北軍從一九三一年六月中旬即開始向關內源源不斷，大量調兵，于學忠部已在保定完成集結，對石軍取包圍之勢。七月十六日（石友三發動前兩天），張學良派范浦江由平抵濟，與韓復榘商討共維華北和平事宜。

很快，石友三獲悉張學良因病住院，不能視事。又有傳言，張病危，恐不治。更有傳言，避居四川的吳佩孚與昔日舊部、現東北軍將領于學忠又有聯絡，似將有對東北軍不利之舉。

石友三得到上以上消息，不辨真假，便以為時機成熟，決定立即發動。

七月十八日，石友三在順德就任廣州國民政府委任之第五集團軍總司令。二十日，發表討蔣通電。石友三首先切斷南北交通，七月十九日揮師北上，二十日進抵石家莊。

七月十八日，以劉峙為首的蔣系將領發表擁蔣討石通電。

七月二十三日、二十四日，蔣介石、張學良分別通電討伐石友三，免去石本兼各職，所部第十三路軍歸韓復榘節制。是日蔣任命張學良為北路集團軍總司令；劉峙為南路集團軍總司令；韓復榘為總預備集團軍總司令。

圖154　張學良

石友三發動後，韓復榘態度漸趨明朗。七月十八日（石發動之日）韓向蔣介石代表郘力子明確表示：服從中央命令，向石作最後之勸告。十九日，蔣電王樹翰：「下令免石職時，兼敘該部准歸韓指揮，以安韓心，而堅其志也。」（《蔣中正電王樹翰下令免石職時兼敘該部准歸韓復榘指揮轉商張學良》，一九三一年七月十九日，《籌筆》第五十八冊，「蔣檔」，04／0189）

蔣介石七月二十一日日記：「魯韓態度似可信，而異言甚多。豫南之吉部確不可靠，如此情形似乎危極，但叛逆皆無重心，且多觀望取巧，如我能擊破其一股，以鐵路為運用利器，決心堅強，則以一可以擊十，決非難事。」

七月二十一日，蔣介石電韓復榘：石既通電叛變，政府不能不明令討伐。請向兄即照前電從速進行，將石改編。石部以及其番號歸向兄全權辦理可也。（見臺灣國史館保存檔案〈蔣中正電邵力子：石友三已叛，應明令討伐石部。番號餉項由韓復榘處理〉和〈蔣中正電邵力子：謂韓復榘部暫不移往德州之因及石友三部解決後仍歸韓復榘部〉，編號為002-060100-00038-024和002-010200-00059-028）

蔣介石七月二十一日日記：「石友三叛變通電已發，反於灰色部隊更不直其所為，羞與為伍也。此時吉鴻昌與韓復榘之態度甚為緊要，當設法以安頓之。」

七月二十二日，韓復榘發表「養」電，響應劉峙等蔣系將領十八日「擁蔣反石」電，謂：「苟有昧大義破壞和平者，自當是視為公敵。榘當追隨諸公之後一致進行，以附救國救民之初心。」（《北平晨報》一九三一年七月二十四日）

七月二十四日，韓復榘回電蔣介石：劉（峙）主席巧日通電，極表同情，現正擬拍發響應，通電稿即日擬就，主行發出。（臺灣國史館保存檔案《蔣中正總統檔案》（特交文卷，親批文件），編號為002-070100002-075）蔣伯誠電蔣中正，報告韓復榘等到平，稱遵飭助張學良華北抗日，使不影響剿匪。並請飭張群等趁機解決熱河問題，兵勿停熱邊。

七月二十五日，韓復榘致電張學良：「復榘等以私誼曾迭電石，敦勸以大局為重，勿信人蠱惑利用。石仍不容納，且無覆電。今石行動即已明顯，復榘等絕不因私廢公，自當追隨鈞座，一致進行。」（《北平晨報》，一九三一年七月二十六日）韓雖表示要與中央「一致進行」，但也向蔣、張明確表示，囿於歷史淵源及袍澤情誼，對石「實難用兵」，請予諒解。

石友三發動當日即約韓復榘同時行動，石部沿平漢線北上，韓部沿津浦線北上，分進合擊，會師平、津。韓亦於當日（七月十八日）覆電石，說明華北局勢，勸其千萬不可妄動。石已箭在弦上，不得不發，竟置韓最後勸阻於不顧，次日即率軍北上，沿途遍貼「歡迎韓主席馬總指揮」等大幅標語以製造輿論，同時頻頻電韓，從速出兵策應。七月二十三日，韓向石發出十萬火急電，勸其「懸崖勒馬」，就地停止行動，願代向蔣介石、張學良迴旋。石接電，大怒，非但拒不覆電，還命令電臺今後不准再接收韓電。

石友三發動次日（七月十九日），馮玉祥致電韓復榘，要求其「即日發動，協助漢章」「萬不可稍有觀望，致陷不利，而吾弟亦有孤勢之感。」更告知韓：「晉境各軍，皆已準備回應漢章。」（〈馮玉祥致韓復榘電〉，一九三一年七月十九日，《馮玉祥發電抄本》）二十日，馮再電韓，促其立即出兵助石，有「張不走則蔣賴以存；蔣不去則國何以活？」之語。

而實際情況是，石友三發動後，除劉桂堂這支土匪軍外，各方面無一人出兵助石。

按約定，晉軍應與石軍在石家莊會師，而石軍進抵石家莊後，全不見晉軍蹤影。石派員見孫楚，孫支唔其辭，顧左右而言他。原來晉軍將領只是表面敷衍閻錫山，實則不以為然。「因中央月給百萬，縱得平、津，亦為石所有，於晉無利也。」馮玉祥再致電晉軍徐永昌，仍不得要領。

七月二十三日，馮玉祥電宋哲元，促其認清當前大好形勢，共同完成這「當仁不讓之偉業」。然而經過「蔣馮之戰」及「中原大戰」，馮昔日舊部對馮之戰略眼光及政治謀略皆極為失望。當年馮用自己的本錢去搏，別人無話可說。現在他要用別人的本錢去搏，別人自要掂量掂量。無論馮如何搖旗吶喊，外柔內剛，綿裡藏針的宋哲元全不為所動。

龐炳勳更是滑得可以，非但不出兵，還要向馮玉祥表忠心：當年石友三叛過先生，斷不能助他！弄得馮哭笑不得。

連當初信誓旦旦要與石友三榮辱與共的孫殿英，在蔣、張答應加餉十萬元後，於十七日致電張，謂石「不顧信義」，表示對張唯命是聽，絕不作忘恩負義之事。

石友三大失所望，但討蔣通電已發，師行在途，勢成騎虎，只得孤注一擲打到底了。

自從石友三發動後，蔣介石、張學良都十分緊張，因為石軍的戰鬥力不容低估。蔣一面令顧祝同北攻順德，一面促晉軍商震部速出娘子關協攻。張令于學忠負責平漢線正面作戰，集結五六萬精銳部隊在保定以南之方順橋一帶。是時東北軍主力幾乎全部調入關內。東北軍將領曾作了個通俗而又形象的比喻：「東北軍為了討伐石友三，不但把棍子拿了出來，而且連笤帚疙瘩都拿出來了。」

中原大戰期間，張學良曾調七八萬東北軍入關，此次討石，又調三四萬軍隊入關，致使東北軍後方空虛，為日軍發動「九一八」事變提供了機會。

起初，石友三軍一路北上，其鋒甚銳，一九三一年七月二十八日進抵保定以南，直逼平、津，部分東北軍將領提出要退回關外。值此關鍵時刻，山西省政府主席、晉軍將領商震奉蔣介石命令，率五個旅出兵娘子關討石，戰局發生戲劇逆轉。絕處逢生的張學良從津浦線上調來王樹常第二軍團，與平漢線于學忠第一軍團會合，從七月二十八日起，在南大冉與石軍展開殊死決戰。石軍連續三晝夜發動猛攻，始終未突破東北軍防線，漸成強弩之末。是時，南路蔣軍胡宗南第一軍團攻佔順德；陳繼承第三軍團進薄高邑；商震晉軍逼進石家莊。石軍三面受敵，終於不支，於七月三十一日宣佈總退卻，頓時兵敗如山倒，潰不成軍。

石軍前敵副總指揮唐邦植見大勢已去，勸石友三：「我們退往山東找韓向方吧。」石餘怒未消，把桌子一拍，說：「我不能便宜韓復榘！」（唐邦植：〈回憶石友三倒張之役〉，《文史資料選輯》，第五十三輯，頁二〇五）

八月四日，石軍在張、蔣、商三方夾擊下幾乎全軍覆沒，石友三走投無路，最終還是帶著總參議程希賢、總參贊張化南去了濟南，因為他知道，現在也只有韓復榘有膽量、有能力保護他了。

石友三從起事至失敗，僅半月時間，這在軍事史上也是一個奇蹟。

石友三先在德州致電韓復榘，請代向張學良關說，只要保證其下野及出國安全，願將所部交韓收編。韓電告蔣介石，謂傾接石電，彼將一走了之，請求榘代收部下。蔣覆電，稱石反覆數次，決不可靠。命顧祝同、王樹常阻截石殘部入魯。

韓復榘決心保護石友三，八月四日，對蔣介石之代表邵力子說：中央如令本人負責收容石部，石部將服從。石若來魯，本人必保證其生命安全。邵當日返寧覆命。是日，張學良代表范浦江來濟，與韓討論石殘部解決辦法，並希望共維華北大局。蔣見韓執意要保石，便作了個順水人情，准韓收容石殘部，並匯去二十萬元收編費。

八月八日，石友三在德州通電下野。

八月九日，石軍前敵副總指揮兼師長唐邦植、師長梁芳啟率張國乾旅、王心德旅、及特務旅等殘部經衡水、棗強開赴山東德州，聽候韓復榘收編。韓派曹福林前往德州點驗收編。經點驗，石軍殘部有四個團，約六千人。曹將石軍殘部編成一個旅，以唐邦植任旅長。

一日，石友三率二三十騎乘夜幕馳入濟南，直奔省府東大樓。石見到韓復榘夫人高藝珍就放聲大哭，說：「嫂子，你看我成了這個樣子！」他此刻又黑又瘦，頭髮很長，確實有點狼狽。深夜，韓回到家，石見到韓又大哭一場。韓將石藏在後花園裡一座僻靜的二

圖155　韓復榘收容石友三軍殘部

層小樓上。

八月八日，蔣介石電蔣伯誠：「據報石友三向粵方索鉅款，圖死灰復燃等，請告韓復榘令其離魯出洋，免其挑撥。」蔣再電蔣伯誠轉韓復榘，令石友三即刻離魯出洋。韓對此置若罔聞。

石友三很少下樓，深居簡出，相當神秘。他偶爾下樓，在花園散散步，練練自行車。三個月後，外面空氣已經緩和，石便搬出省府，住進商埠，漸漸又活躍起來。傅瑞瑗從英國留學空軍回中國，來到濟南看望老長官韓復榘，碰巧遇到石，忙上前問候：「總指揮辛苦了，受驚了！」石笑道：「什麼辛苦了，受驚了，還不是又胡鬧了一陣子！說好了，明天我請你吃飯。」（傅瑞瑗：〈韓復榘舊事〉，《縱橫》，一九九一年，第二期，頁四〇）

嗣後，石友三常陪韓復榘會見賓客，或外出巡視。韓應張學良之邀赴北平開會，石也跟著去。石花錢手很大，有一次，他寫了個條子，派人送給韓，說是沒錢花了。韓著副官楊樹森給他送去五百元。他不屑一顧，把錢扔到桌上，說：「這夠幹什麼的！」又指著他吸的雪茄菸，說：「你看，一盒雪茄就要五十塊。」楊吐吐舌頭趕快跑了。（韓子華：〈記先父韓復榘先生〉，《傳記文學》，第六十一卷第三期，臺北市：傳記文學雜誌社，頁六六）

石友三在濟南住了一年多，不甘寂寞，多次向韓復榘表示要搬到天津去住。天津是多種政治集團及社會勢力交匯之地，危機四伏。韓擔心石在那個環境中經不起各種誘惑，惹是生非，便以「哪裡也不如濟南安全」為由，勸其留下來。石性多疑，韓本意出於至誠，石反疑韓有別有他圖，乃秘密潛赴煙臺，乘輪至天津，住進日租界當寓公。果然，石一到天津，立刻被賦閒政客、失意軍人、日特漢奸、黑幫流氓所包圍，不能自拔。馮玉祥在日記中對石很不放心：「石友三已斷菸，惟仍同壞小子一起去玩，不免危險。」（《馮玉祥日記》，一九三七年四月二十四日）

驅逐劉珍年

韓復榘主魯第二年，在山東的膠東半島爆發了驅劉之役。

劉珍年，直隸南宮人。保定陸軍軍官學校第八期步兵科畢業，與同期炮科之陳誠有同學之誼。曾先後為李景林、褚玉璞及張宗昌任舊部，北伐前擔任旅長。一九二八年四月，蔣介石二次北伐，張宗昌敗北。劉珍年改旗易職，投靠蔣介石，領得國民革命軍暫編第一軍的番號，進駐煙臺，作為蔣牽制西北軍的一枚「釘子」。一九二九年，蔣介石將其軍隊番號改為陸軍第二十一師。劉珍年對此很不滿意，在軍旗旗褲上一邊寫著第二十一師，一邊寫著第十七軍。出佈告署名，時而軍長，時而師長。

劉珍年控制膠東十二縣及煙臺、龍口兩市，憑藉當地雄厚的財力，橫徵暴斂，從英國、日本進口武器，大肆擴軍，將幾千直魯軍殘兵敗將，發展到三萬餘人，其武器裝備甚至超過蔣軍嫡系部隊。

圖156　第二十一師師長劉珍年

劉珍年不過一師長，卻將防區視為自己的領地，自行任免膠東十二縣縣長，所委之縣長多為其同鄉或親信。劉盤踞膠東數年，根基已固，儼然「膠東王」，不容他人插手；作為蔣介石牽制韓復榘的一枚棋子，背後又有南京的支持，更使其野心膨脹，夢想衝開膠東，走向濟南，取韓而代之。劉春風得意，忘乎所以，嘗對親信放言：「我們若有三萬人馬，便可橫行域中。」「若交給我一省或一國，無論軍政都不在話下，必能臻於治境。」

劉珍年在膠東數縣蕞爾之地，養活其數萬軍隊，大部分經費要就地取財，百姓不堪重負。據當地鄉紳控告揭發：一九二八年，劉珍年加征地丁稅、正稅每兩加征九元；軍需特捐丁銀每兩加征至三十四元，創民國以來歷史最高記錄。一九三〇年下半年至一九三一年上半年共徵稅六次，總計每兩達四十一元，超出常規六倍之多。除此之外，劉還巧立名目，橫徵暴斂，如他擅立捐名稅目有漁鹽、菸酒、屠宰、硝磺、印花等不下十幾種。有時甚至「綁票」勒贖，逼迫富戶出錢。劉在各縣設立官產清理處，將學田、牧場、荒山等均列為官產，定價讓農民領購。劉為招兵買馬，還強拉壯丁，搞得民怨沸騰，以致膠東百姓提起劉珍年來無不切齒痛恨。

劉珍年在防區內擅自收稅，除部分直接上交南京外，餘皆歸己，分文不交省府。南京政府曾答應每月給山東軍隊協餉六十萬元，其中分撥劉部七萬元。劉胃口很大，非二十萬元不可。韓當然不准。後經國民黨山東省黨部調解，韓允撥十二萬元，劉堅持要十四、十五萬元，演成僵局。（呂偉俊：《韓復榘傳》，山東人民出版社，一九九七年，頁九〇）

最令韓復榘不能容忍的是，劉珍年派其副手何益三、參謀長韓洞等赴濟，與劉部駐濟辦事處主任趙蘭言、「復興社」分之劉子建等秘密策劃，瓦解韓軍，但未得逞。

韓復榘發動「驅劉之役」，導火線是第三路軍進入劉珍年部防區剿匪遭拒。一九三二年九月初，韓陸續向膠東增兵，至十五日左右，第三路軍在濰縣、高密一帶集結兵力三萬餘人，以曹福林任前敵總指揮。十六日晨五時，韓親赴濰縣督師。劉珍年亦在沙河、平度、昌邑一線設防。

一九三二年九月十七日，韓軍兵分兩路，韓復榘親自指揮三個主力旅為左翼，沿煙濰汽車路前進，直指掖縣；曹福林率所部第二十九師為右翼，渡萊河，進攻平度，直趨萊陽。入夜，在昌邑附近之韓軍左翼向劉軍發起攻擊。劉軍不支，向沙河、平度退卻。十八日夜，韓軍進至沙河。當韓從濰縣親至昌邑督師時，其先頭部隊已由沙河分途向掖縣疾進，勢如破竹。韓旋赴沙河指揮作戰。與此同時，韓軍右翼曹福林師在平度與劉軍張鑾基旅激戰，張旅不支，向萊陽方向撤退。十九日，韓軍曹師榮光興旅進抵距萊陽五〇里之水溝頭。

蔣介石九月十七日日記：「今日韓復渠（榘）不奉命進攻煙臺劉珍年。」

蔣介石九月十九日日記：「為山東韓劉衝突事，思索不決，對倭寇，對國際皆無法以善其後也。如用和平為主，則調劉珍年離魯，為之調解。如用武力干涉，則可以不顧一切；倘暫置觀望，則非至最後不表示態度，其結果一韓勝。二相持不下。三韓退，中央以不用武而得魯為主也。」

韓復榘料定南京方面必然偏袒劉珍年，因此他要「先斬後奏」，戰爭發動第二天（九月十八日）方致電南京，歷數劉種種惡行，申明討劉是為「弔民伐罪」，「為解除人民痛苦起見，誓當驅逐此獠，以救民命」。九月二十日，以山東省政府民政廳長李樹春為首的各廳長、省府委員及國民黨山東黨部大員向南京政府發出「號電」，控告劉「把持民政」、「擾亂財政」、「破壞建設」、「朘削實業」、「聚斂無度」，不服從省府命令等，要求中央明令褫奪劉本兼各職。（《山東省政府公報》，第一九九期，一九三二年十月二日）

蔣介石對此事先未曾與聞，急電雙方停止軍事行動，「靜候中央處置」。軍政部長何應欽亦令兩軍撤兵，「聽候中央查明處理」。韓復榘置蔣、何電令於不顧，繼續進兵。

劉珍年決定收縮兵力，九月二十三日晚，從煙臺撤軍，退至棲霞。韓乘虛而入，迅速派騎兵馳赴煙臺接防，同時委派膠東八個縣之縣長。至此，劉的地盤只剩下掖縣、萊陽、牟平、棲霞四縣。由於韓軍缺乏重武器，頓兵於堅城之下，戰鬥一度進入僵持狀態。劉珍年鬆了一口氣，對部下誇口說：「我知道韓那兩下子，如果南京讓打，我第一步打到濰縣，第二步打到濟南！」

此間，韓復榘與劉珍年的代表先後到達廬山晉謁蔣介石，說明情況。九月二十三日，韓的代表張鉞赴南京報告驅劉真相，再轉廬山謁蔣，要求中央將劉部調離山東。蔣表示劉部可以調走，但須與何應欽商議後再定奪。劉珍年的代表韓洞也於九月二十七日到廬山向蔣報告一切。蔣聽了很生氣，說：「我在前幾天曾向他（韓復榘）要兩團人，他竟沒答應，想不到他是為襲擊劉軍，太可恨了，我要消滅他！」（韓洞：〈膠東之戰〉，《一代梟雄韓復榘》，中國文史出版社，一九八八年，頁一三八）

蔣介石先為韓復榘竟敢「先斬後奏」氣惱，繼而又為韓藐視中央命令而大為震怒，他於十月五日再次下令，限劉、韓兩軍五日內先行停戰，並派參謀次長熊斌、軍委會主任秘書高凌百為特派員赴魯監視雙方撤兵，各歸原防；同時檄調河北商震為西路軍東進，蚌埠徐庭瑤所部第四師會同徐州劉峙之黃傑師為南路軍北上，于學忠為北路軍沿津浦線南下，加大對韓軍的軍事壓力。陳誠囑韓洞密電劉珍年，即使韓撤兵，也要劉部對其以兵牽制，使其愈限，好由中央明令討伐。（韓洞：〈膠東之戰〉，《一代梟雄韓復榘》，中國文史出版社，一九八八年，頁一三八）

然而當南路軍黃傑部進抵魯南郯城時，張學良突然在北平發表了一個意在援韓的通電，並命駐防津浦線的王樹常軍派出一個機炮營，化裝成韓軍前往支援。韓軍在東北軍炮兵的支援下，加強了對掖縣、萊陽兩座孤城的攻擊。張身為中國北方的軍事領袖，他的軍事介入，迫使蔣放棄對魯用兵，轉而採取和平調停方針，派蔣伯誠、熊斌等分別會晤韓、劉，進行調解。

就在蔣介石調整對韓策略之際，韓軍一直未停止進攻。東北軍的機炮團協助韓軍炮擊孤城，沈鴻烈的東北海軍兩架飛機也前來助戰，投了兩次炸彈。十月十一日，韓復榘發表〈致膠東父老書〉，稱「一日不去劉，良心所不安；已下除劉萬分決心，絕不半途中止。」（《國聞週報》，第九卷第四十一期，一九三二年十月十七日）

蔣介石十月十六日日記：「韓一方聲明服從中央，一方運大炮積極攻掖，此種卑劣行動，馮之遺毒，不知何日能完也。」

十月十九日國民黨中央以何應欽名義電令韓、劉停戰，並提出四項解決辦法，劃定雙方防區。軍政部的這個方案貌似折中，實則對韓方不利，更關鍵的是此方案隻字不提劉部撤出山東一事。韓見中央明顯偏袒劉珍年，遂於十月二十一日向林森、宋子文、蔣介石和張學良發出「馬電」，憤而辭職。文稱：「仰懇准辭山東省政府主席本職。復榘生性坦直，言必由衷，久隸帷幄，諒蒙洞鑑，果尚有一線可行之路，絕不作無端煩瀆之辭。」（上海《新聞報》，一九三二年十月二十二日）

韓復榘之辭職在社會上引起巨大反響，各界人士紛紛要求息爭罷戰，且多傾向韓。張學良、張群、劉峙、宋哲元等黨政要原都曾電韓慰留。

南京方面終於感覺到，要解決山東問題，只有將劉珍年調離山東，而且越快越好。因為劉部一旦被殲滅，其新式英制槍械將全部落入韓復榘第三路軍手中，那是南京方面最不願意看見的。

蔣介石日記：「對魯案，以韓不遵命，急欲制裁，惟預定方針，以實力準備未完，不如使此劣徒在魯掩護，暫免倭寇妒疾著急，以此大謀既定，可不忍乎，故欲行又止也。」（蔣介石日記，一九三二年十月二十一日）「對魯案以不用兵為上策，先調韓離魯；次則先入魯南，以觀其變；用兵為不得已事也。」（蔣介石日記，一九三二年十月二十四日）蔣在日記中怒斥韓為「劣徒」，最終之所以息事寧人，意在以魯韓為南京與日本之間的緩衝勢力，「使此劣徒在魯掩護，暫免倭寇妒疾著急。」

劉珍年面對韓軍強大攻勢，又眼見蔣介石無意在短期內對韓復榘用兵，知道大勢已去，遂於十月二十五日致電南京，表示願意率部離開山東。南京政府立即照准。劉部從一九三二年十一月十七日起，至二十二日止，全體由煙臺登輪，渡海南下。

韓復榘發動「驅劉之役」雖然達到目的，但從此與蔣介石交惡益深。

張宗昌之死

圖157　前山東省軍務督辦張宗昌

一九三二年春，失敗下野的張宗昌從大連回到北京，投奔張學良，由張學良每月供給四千元維持生計。

一九三二年九月一日夜，張宗昌乘火車啟程赴濟南。至於張為什麼要去濟南有種種說法：一，盡孝說（回鄉掃墓）；二，抗日說（組織隊伍北上抗日）；三，陰謀說。三種說法中，以「陰謀說」最流行：張欲返回山東召集舊部，東山再起，取韓復榘而代之。由於各種說法都沒有人證物證，皆為揣測、傳說，其中真真假假，識者只能見仁見智了。

九月二日上午九點，張宗昌一行到達濟南，石友三、程希賢等到站迎接，下榻緯二路石之私邸。是日，張赴省府拜訪韓復榘，受到韓復榘的盛情款待，當晚韓在石寓所設宴為張洗塵。傳說在酒宴上，曾有石騙取張手槍之戲劇性情節……

第二天，張宗昌突然提出要回北平。張在濟南只住一夜就要走，顯然很不正常，究其原委，仍是眾說紛紜。九月三日午後，韓復榘在石友三寓所設宴為張宗昌餞行。

張宗昌乘坐的是平浦二○二次快車二○八號頭等客廳車，列車停在第二月臺南第七股道上，開車時間是下午六點半。石友三、程希賢等到濟南火車站為張送行。開車前三分鐘，張從車廂下來，在車門口與眾人握手告別。突然山東省府參議鄭繼成從人群中跳出來，將張擊倒，隨即大呼：「我是鄭繼成，為父報仇，現在投案自首！」鄭被循聲而來的士兵抓獲。張被送往醫院搶救，因傷勢過重，途中殞命。

事後又有傳說，據法院屍檢報告，張宗昌頭部致命一彈為步槍子彈，而鄭繼成拿的均是手槍。

張宗昌遇刺後，其遺體由韓復榘代購棺木厚殮，運至濟南皖新街安徽鄉祠停放。九月一日，張氏原承啟處長王金鈺（韓復榘好友）代表張家屬與韓的副官長韓文秀接洽，要求將張的靈柩運回北平，韓即飭令濟南火車站為之備車。午後二時半，張氏靈柩被安置在一輛鐵篷車上，附掛北去之津浦十次列車赴平。次日，張氏靈柩停放什剎海後海廣化寺，十月九日，下葬於北平西郊香山普安店塋地。

張學良及其他政府要人致電韓復榘，詢問張案真相，所得覆電均稱：「（銜略）張宗昌到濟，臨行在車站被刺，當時殞命，兇手已獲，係前國民革命軍第十七師師長鄭金聲之子鄭繼成。特此電聞。弟韓復榘。」

鄭繼成被韓復榘軍隊逮捕並押往第三路軍軍法處，九月二十四日轉送山東省高等法院，旋又交濟南地方法院。十月十九日，鄭以「預謀殺人罪」被判有期徒刑七年。

鄭繼成為父報仇，刺殺張宗昌，投案自首的消息傳遍全國，鄭成了人們心目中的英雄。一九三二年九月八日《北平晨報》載：閻錫山、商震、張之江、宋哲元、孫連仲、梁冠英、龐炳勳、劉鎮華、孫殿英等先後致電韓復榘，謂鄭繼成刺殺張宗昌案，情有可原，請從輕處理或予特赦。長江各省來電尤多，一致同情鄭繼成，請求韓對其予以特赦。馮玉祥則派員赴濟為鄭說情。南京方面蔣介石、陳立夫也分電國民黨山東省黨部，認為「法律不外人情」，而鄭應該「俟法院判決後，如科罪過重，再援特赦條例辦理。」一九三三年一月，南京司法行政部核准行政院，責令濟南地方法院將鄭予以「特赦」。

多年來，人們普遍認為張宗昌是被韓復榘設計誘殺的，理由是張圖謀在魯捲土重來，威脅到韓在山東的地位。筆者以為，一九三二年的張根本不可能對韓構成威脅，因此韓也根本不可能處心積慮，設計謀張。

想當年，張宗昌擁有四十萬大軍，又與孫傳芳聯手，以奉軍為後盾，尚且不是國民革命軍的對手，在豫東被韓復榘打得人仰馬翻，現在他一個光桿司令就想回到山東，拉一幫「舊部」，就想一舉消滅第三路軍，推翻山東省政府？其在山東唯一的舊部劉珍年，在三年前把他打的落花流水，現在連他回鄉掃墓這樣一個簡單的要求都斷然拒絕，還能為他賣命？退一步說，即便他有能力東山再起，蔣會讓山東落到張的手中嗎？

也許有人會舉出一九二九年三月，張宗昌率褚玉璞、方永昌等魯軍殘部由大連乘船，進攻膠東的例子，證明張仍有企圖東山再起的野心。但一九二九年不能與一九三二年同日而語。一九二九年正值中原大戰前夕，群雄逐鹿中原，無人顧及膠東一隅；日軍佔領膠濟鐵路，國民革命軍不准越過日軍防地，膠東實際上成為一塊飛地；劉珍年駐膠東五個師，其中劉開泰、李錫桐、施中誠三個師都是方永昌忠實舊部；張宗昌舊部孫殿英還正駐防山東；當時的山東省主席是軍人政客陳調元，軍事實力很有限，整個形勢看來尚有可為，但儘管如此，張宗昌在膠東還是被劉珍年打得損兵折將，一敗塗地。一九三二年，連張學良都「易幟」三年有餘，一個在張學良那裡吃閒飯的張宗昌還想推翻國民政府，打出「五色旗」來？

殺人是要有動機的，韓復榘與張宗昌素無仇隙，張又對韓不能構成任何威脅，韓為什麼非要殺張不可？

鄭繼成對其酒友、日人五反田說：「張宗昌於吾有殺父之仇，今張之來魯，而主席待之如上賓。吾曾面謁主席，請將張逮捕法辦，為父伸冤。主席反斥我糊塗，曰『他是我下請帖請來的客人，招待還來不及呢，豈有找他麻煩的道理！』」（矢原謙吉：《謙廬隨筆》，廣西師範大學出版社，二〇〇八年，頁

一七五）

臺灣《山東文獻》雜誌曾登載張蘊珊撰寫的文章〈狗肉將軍張宗昌遇刺始末〉。作者認為：刺殺張宗昌一事，不僅與韓復榘無關，而且韓曾暗加防範，理由如下：（一）張回里掃墓乃為人共知之事，而張到濟南只停一夜，忽又要返回北平，此等飄忽行動，除韓對他有所警告外，別無任何理由。（二）張回中國後已成孤家寡人，手無寸鐵，韓若有心圖之，隨時隨地皆可置之死地，何必選定自己轄區內的濟南，惹人非議？（三）韓如蓄意殺張，指派任何人行刺均可，何必非派身為省府參議的鄭繼成，如此豈非明白示人「事出於己」？

刺殺張宗昌的主謀究竟是誰，社會上有各種猜測，議論最多的還是前西北軍人。鄭金聲是西北軍老人，其人慷慨豪爽，在袍澤中人緣極好。張宗昌殺鄭，可謂是犯了眾怒。也有人認為，張之死與陳其美之死不無關係。一九一六年五月，馮國璋指使張宗昌派人刺殺陳其美。而陳是蔣介石的結拜兄長，又是二陳（陳果夫、陳立夫）的叔父。張宗昌當初哪裡會預想到，一九三二年的中國將是「蔣家天下陳家黨」？

韓復榘不是策劃者，但肯定是知情者，因為要在韓的地面上，刺殺韓請來的客人，想瞞過韓是不可能的。這裡有馮玉祥的日記為證。

「郝鵬舉來，談話如下：一，（郝）見韓，說的具體辦法。二，鄭繼成給韓之信時，張×（鉞）之言論，其意在制止鄭，而韓則說，不必管也。」—（《馮玉祥日記》，一九三二年九月七日）這篇日記將韓復榘在張案中扮演的角色暴露無遺。

應該說，張鉞是最有理由勸阻韓復榘的。六年前，他親歷張之江在廊坊車站截殺徐樹錚的一幕。儘管張是奉命行事，而且也不是張的人下手，但案子發生在張的轄區，以致十幾年後，徐的後人還上法院狀告張殺人之罪。

無論如何，韓復榘默認別人在自己的一畝三分地上殺人，充分暴露出他在政治上的糊塗與幼稚，其結果是至今仍在替人背黑鍋。

對日關係

（一）夾縫中求生存

「九一八」事變後，日人進一步窺伺華北，地處華北要衝的山東省立即成為熱點地區。日人一向視中國的山東為其禁臠，當年北伐軍打到濟南，日軍即出兵干涉，製造「五三慘案」，佔領濟南及膠濟路沿線大片土地。因此，韓復榘主魯期間，始終對日本人保持高度警惕。

韓復榘主魯後，一直是在蔣介石與日本人的夾縫中求生存。蔣始終是以「削藩」為即定國策，自不待言；日本人霸佔山東的狼子野心路人皆知。韓為保全在華北的一席之地，一邊對南京打日本牌，一邊對日本打南京牌。無論是對南京，還是對日本，韓皆堅持有節制的鬥爭及有底線的妥協。

山東省教育廳長何思源曾對韓復榘說：「我們在山東所以能維持特殊情況，有些地方是在蔣介石與日本的夾縫中達到的。如果全靠中央，日本見拉不住了，就可能在山東出事（可能在山東也來一個事變，和『九一八』一樣）。如果全靠

圖158　一九三二年濟南各界民眾集會紀念九一八事變一周年，聲討日本佔領東北

日本，也不應該，就要被全國所痛恨，那就要站不住。」「我們在山東的特殊地位，就怕中日打仗，一開戰，我們的特殊地位就結束，那只有站在一邊，站在自家人一邊。」（何思源：〈我與韓復榘共事八年的經歷〉，《文史資料選輯》，第三十七輯，頁二〇九）韓復榘實際上也就是按照這個思路做的。

韓復榘主魯不久就解散反日會，限制反日宣傳。通令如召集抗日集會及張貼反日標語，必須經省黨部及省政府先行審查允准方得進行，目的是避免刺激日本人的神經，這種做法與「五三慘案」後蔣介石在山東的舉措如出一轍。

據何思源回憶說：「五三慘案後，我隨蔣介石退到兗州，蔣介石對我說，以後對軍隊的政治工作要注意，不要鋪張，不要刺激日本人，停止反日宣傳。此時，蔣介石已經接受了日軍師團長福田的最後通牒，其中第二條就是要『嚴禁一切反日宣傳及其他排日行動。』」（何思源：〈我與韓復榘共事八年的經歷〉，《文史資料選輯》，第三十七輯，頁一九五）

一九三六年二月七日，中央監察院派駐山東監察使方覺慧致電蔣介石：韓對日採取敷衍方式。對魯境漢奸，決嚴厲制裁。（臺灣國史館保存檔案，編號為002-080200-00468-033）

由此可以看出，當時韓復榘雖然對日採取了「敷衍方式」、「虛與委蛇」的對日方針。但是對於境內出現的漢奸，則是採取了「決嚴厲制裁」的抗日態度。

韓不止一次對幕僚說：「日本不喜歡山東駐中央軍」，實際上山東也確實沒有駐過中央軍，無異於提前執行了蔣日簽定的「何梅協定」（「何梅協定」規定平津及河北省不得駐紮中央軍）。韓的對日妥協種種舉措並不是他發明的，而是中央對日策略的延續和預支。

韓復榘雖然在民間限制反日宣傳，但在第三路軍中從未禁止過反日言論；從未對部屬說過「中日親善」的話；三路軍唱的軍歌仍是充滿反帝精神的老西北軍軍歌；三路軍官兵的反日情緒與其它國軍是一樣的。「西安事變」後，何思源在山東各地大講將來可能發生的中日戰爭，怎樣才能克敵制勝，前後共講了四十五次，韓並沒有認為太激烈，太刺激，也不怕日本抗議。日本駐濟領事西田耕一就山東各學校教科書及《學生問答手冊》中的反日內容向山東省政府提交抗議書。韓對教育廳長何思源面授機宜，說：「不要理他，但是你以後可以常常請他們吃吃飯，應付應付。」（何思源：〈我與韓復榘共事八年的經歷〉，《文史資料選輯》，第三十七輯，頁二一九）

韓復榘雖然與日本有默契不在山東駐中央軍，但「七七事變」爆發，中日開戰後，韓則公開說：「這樣我可不能不讓中央軍進山東了！」當幾列車北上的中央軍開到濟南時，韓在車站聯合辦公時理直氣壯地命令：「通知日本領事館，中央軍過山東了。」接著又開玩笑似地說：「不通知，他們也會知道的，他們一定早已知道了。」（何思源：〈我與韓復榘共事八年的經歷〉，《文史資料選輯》，第三十七輯，頁二二五）

由於韓復榘在與日方周旋中採取有限的妥協態度，給日人一種錯覺，以為韓聽話，可以進一步合作。日本方面為長遠利益，直到一九三六年加緊推行「華北自治運動」之前，對山東沒有提出零星的要求，也沒有在山東搞軍事行動。

韓復榘的對日妥協是有限度，也是有底線的。

「九一八」事變爆發第八天，濟南各界舉行反日大會，到會百餘團體千餘人，發起組織本市民眾「義勇軍」。十月二十八日，濟南舉行學生「義勇軍」大檢閱。

一九三一年十二月五日，省立高中等校學生提出「武力收回東

圖159　一九三二年濟南各界紀念九一八事變一週年

三省」、「反對一切秘密外交」的主張，組成南下情願團，在濟南車站候車入京。蔣介石嚴令山東省政府不准放行；學生堅守車站不退。八日，省府同意備車送學生南下。十二日，蔣被迫在南京國民政府接見山東學生。

一九三二年一月二十八日，日本派海軍陸戰隊登陸上海。第十九路軍奮起迎戰抵抗，引起了日軍多次派兵增援。在強敵入侵後十九路軍被迫撤退到江蘇省太倉瀏河鎮一帶。二月十日，韓復榘在山東前線主動增兵六千人，預防日軍來犯，配合十九路軍保衛上海的戰鬥。（臺灣國史館保存檔案，編號為116-010108-0190-049）同日，韓派大刀隊赴滬助戰。

二月十六日，軍政部長何應欽致電韓復榘：十九路軍在滬抗日急需補充兵員，請選現役徒手兵一千名。三月十八日，韓在山東省各縣募集新兵三九五名，派綱甲車於密送浦口，撥給第八十七師補充隊編練；二十六日，再派員護送第二批新兵五七四名，撥給第八十八師補充隊編練。

一九三二年二月十五日，濟南各界召開慰勞禦侮將士大會，動員各界捐資慰勞上海「一二八」抗戰將士，當場捐款五七一〇元，寄往上海第十九路軍。十八日，津浦路濟南大廠全體職員每人捐兩日薪水，工人每人捐一日薪水，慰勞淞滬抗戰將士。二十日，濟南商界捐獻淞滬抗戰將士六千元。

一九三二年七月二十九日，韓復榘就正式向國民政府提議：糾合鄂魯晉等組織軍委會抗日。（臺灣國史館保存檔案，編號為116-010107-0035-043）

一九三三年二月一日，韓復榘致電蔣介石，通報了日軍在青島登陸並干擾其部隊北上之事。（臺灣國史館保存檔案〈韓復榘電蔣中正：據報日軍將由青島上陸，沿津浦線擾亂阻止我南軍北上〉，編號為002-020200-00016-052）同時，在該電文中，他特別向蔣介石彙報了日本關東軍派人在煙臺、濟南等地從事軍事情報活動的事實。

同年二月二十七日，韓復榘致電蔣介石，介紹了他正部署對日作戰之事：已通令我部擔任海防部隊，趕築工事矣。（臺灣國史館保存檔案〈韓復榘電蔣中正：日軍擬攻略山東，已通令職部擔任海防部隊趕築工事〉，編號為002-020200-00016-076）

日商在山東的走私活動十分猖獗，甚至到各縣販賣毒品。韓復榘命令各縣政府從嚴稽查，一經查獲，人貨一律押送濟南。一九三六年六月十四日，日韓浪人強佔津浦線火車，在濟南強行提走被扣的大批鴉片等走私貨物，並毆打中國緝私人員。由於被抓獲的販毒日、韓浪人屢屢被日本領事館保釋，韓復榘恨極，密令偵探隊長劉耀庭率隊員夤夜闖入日商洋行，綁架毒販，拉到山裡就地活埋。韓不怕日本領事館「抗議」，事情往往不了了之。

一九三五年「華北事變」後，對於中日難免一戰，舉國朝野已基本達成共識。從十月到十二月，韓復榘與梁漱溟多次討論山東防衛辦法，最終制定「三年計畫」（一九三六—一九三八），主要包括兩項工作：（一）實行地方行政改革，準備應對敵人入侵。將全省劃分七個專區，設立行政專員公署，專員兼保安司令，擁有武裝部隊，戰時可與敵人周旋。（二）開展民眾自衛訓練，在全省範圍內逐步訓練壯丁，旨在抗擊入侵之敵，保衛家鄉。韓指定「三年計畫」由其參謀長劉書香及孫則讓貫徹執行。

從一九三六年起，韓復榘開始擴充民團，訓練民眾；教育廳組織學生軍訓，為抗日做準備。韓還從軍隊裡抽調軍訓幹部，空出兵額作為訓練民眾的經費，最多時每師空出兵額一千至一千五百人之數。省府各廳長也四出檢閱民眾軍訓成績，最多時到場接受檢閱的軍訓民眾有萬餘人。此外，為備戰韓還提倡各機關及高級官員在家中挖掘防空避彈室。

一九三七年一月十五日，戴笠再次致電錢大鈞轉蔣介石，報告韓復榘親函：「願告所部聽曹福林指揮，服從中央。若不從，則定以軍法。」（臺灣國史館保存檔案，編號為144-010104-0002-038）

這是韓復榘在山東局勢越來越危機之時，他向中央政府的表態。

（二）「華北自治運動」

一九三六年，日本加緊推行「華北自治運動」。所謂「華北自治運動」是日本企圖在華北建立傀儡政權的一個陰謀。

一九三三年，時任日本關東軍副參謀長的阪垣征四郎制定了分裂中國華北的計畫。一九三五年五月，日本關東軍司令長官南次郎與華北駐屯軍司令梅津美治郎商定加速推行「華北自治」，以使華北各省「特殊化」，負責執行這一計畫的人就是日本關東軍特務機關長土肥原賢二，此後的「何梅協定」與「秦土協定」就是這一陰謀的具體實現。

此項計畫的重點是在華北地方實力人物（如太原綏靖主任閻錫山、平津衛戍司令宋哲元、山東省政府主席韓復榘、河北省政府主席商震）中物色「自治」政權的傀儡。而閻、宋、韓、商則一律採取虛與委蛇，敷衍搪塞的態度，或閃爍其詞，或不置可否，或顧左右而言它，或「打太極」不著邊際。他們的辦法不謀而合，如出一轍，但在原則問題上絕不讓步。此間，宋哲元受到壓力最大，幾乎被逼到絕境。韓復榘因壓力較小，尚能應付自如，遊刃有餘。鄧哲熙上泰山，向馮玉祥報告說，「一、韓有些辦法。二、宋無甚辦法。三、張允榮是想同西南一致。四、蕭（振瀛）是要官，每日都罵蔣中正。五、日本正對華北分化中。」（《馮玉祥日記》，一九三五年七月十二日）

圖160　日本關東軍特務機關長土肥原賢二

蔣介石對日本人的陰謀深感憂慮，他在一九三五年九月二十九日記中寫道：「惟國人識淺，魯韓態度可慮耳，華北偽組織醞釀，其必出現乎。」

一九三五年十一月上旬，國民黨五大開幕前，土肥原擬定了「華北高度自治方案」，關東軍司令長官南次郎同時下達「七五一」號作戰令，以所部第一獨立混成旅團集中山海關、古北口一線，對宋哲元實施武力威脅。

韓復榘特派山東省政府委員張鉞及第三路軍駐京辦事處主任唐襄於十一月十五日面謁蔣介石，說明一切。蔣表示「對日非抗不可」「向方能抗為最好，蔣自己帶隊去援助他。」在國民黨五全大會上，宋、韓均被大會主席團推薦為中央執監委員候選人。

土肥原限宋哲元、韓復榘於十一月二十日前宣佈「自治」，否則日軍以五師兵力取河北；以六師兵力取山東（《東京國際軍事法庭審訊檔》第三三一九號）。十五日，日軍四個師已開始從錦州調往山海關。十六日，關東軍司令部以「現地保僑」為名，出兵山東（《太平洋戰爭只之路（三）》，頁一五六）；命令空軍六個中隊集結山海關、綏中、錦州地區待命，並聲稱：「將不惜用刺刀威脅持觀望態度的華北將領，使其必須斷然實行華北自治」。（中國社會科學院近代史研究所中華民國史研究室：《中華民國史料叢書·中國事變陸軍作戰史》，中華書局，一九七九年，第一卷第一分冊，頁四八）

河北省政府主席商震以生病為由，住進保定醫院「避難」。，並於十一月十九日，主動向蔣介石彙報：對方曾聲明三點：不侵犯中國領土、內政、主權；此項組織將名為「華北防共自治委員會」，現俟魯主席、冀主席及各關係省市當局及代表在平或津一度會商，即可決定。（臺灣國史館保存檔案〈商震電蔣中正：曰蕭振瀛發表談話以日方曾聲明不侵略中國、不干涉中國內政、不侵犯中國主權，組織名為「中華民國華北防共自治委員會」，俟韓復榘及商震等會商即可決定〉，檔案編號002-080103-00020-128）

韓復榘、宋哲元則對土肥原的無理要求敷衍搪塞，迴避核心問題。眼看十一月二十日大限已過，只因土肥原未受權代表日本政府，所謂「限期」無任何約束力，其議乃寢。

土肥原之最後限期之前，蔣介石曾派何應欽北上應付危局。蔣並不反對妥協，但他最怕地方當局首腦單獨與日方妥協，主張循「正常外交途徑」解決中日危機。為此，蔣派何為駐平辦事處長官。何北上時，先派陳儀、殷同途經濟南會晤韓復榘；何本人在路過保定時與商震晤面。何到北平後擬與宋哲元會晤，宋託病迴避，由蕭振瀛代其會談。

十一月二十一日，日本天津駐屯軍中井參謀飛往保定，會晤正在「養病」的河北省政府主席商震，詭稱「自治組織已得韓復榘、宋哲元之同意」，希望商於三、五日內赴平協商。商稱病「含混卻之」。（《中國外交史料叢書（五）》，頁四七四）

十一月二十二日，日本退役陸軍大將松井石根率日軍方高層到達濟南，並攜一大型歌舞團，十天之內，連續約見，旨在勸韓脫離中央，參加「自治」組織，並邀請韓派人去東北考察偽「滿州國」情形。韓對松井一行竭力應酬，但對松井之勸誘則不予理睬。

土肥原在天津繼續對宋哲元施壓，並謂韓、商如不贊同，宋可單獨宣佈。逼迫宋必須在十一月三十日之前宣佈「自治」。宋一面敷衍土肥原的糾纏，一面電邀濟南韓復榘、保定商震來平磋商應付危局辦法。韓、商不明內情，皆覆電婉拒。（《國聞週報》十二卷，四十三期，一九三五年十二月二日）

一九三五年十二月八日，經蔣介石同意，撤銷北平軍分會，成立以宋為委員長的「半自治」之「冀察政務委員會」，以示對日妥協。

「冀察政務委員會」成立後，日本方面開始把推行「自治」的重點放在山東韓復榘的身上。

一九三六年一月十二日，日本駐華使館武官磯谷廉介、日本關東軍參謀副長、陸軍少將阪垣征四郎、偽滿外交次長大橋忠一等，到濟南策動韓復榘加入冀察政務委員會，未果。

一月二十三日，美國駐華大使江森致電國務院，稱：「一般均認為日本人正繼續其策動五省自治的努力，但他們發現宋、韓、閻都難動搖。」（Foreiga Relation of the United States，1936，IV，P 125）

一月三十一日，宋哲元由天津返原籍樂陵掃墓。二月一日，韓復榘自濟南來晤。由於宋、韓會晤前，土肥原曾有濟南之行，故時人多疑宋、韓會晤係日人安排。宋回平後，曾公開宣稱會談內容是：「對於安定華北大局，以客觀眼光暢加討論。關於將來所進行之途徑，雖無如何決定，但須以國家民族為前提，凡不利於國家民族者，絕不辦理。」（〈宋哲元二月七日發表之談話〉，《中央週報》第四〇二期，一九三六年二月十七日）

一九三六年六月十七日，日本外務省東亞事務局局長、日本駐天津總領事桑島主計及日本駐濟南領事西田耕一在領事館宴請韓復榘。韓知宴無好宴，事先帶上手槍，並吩咐參謀長劉書香：「把十五生的重迫擊炮拉來，我若中午十二點不回來，你們就往領事館裡打炮，不要管我。」飲宴間，日

圖161　前日本駐濟南總領事館

人果然又提出「華北五省自治」方案。韓顧左右而言它，大打「太極」。領事館武官石野失去耐心，徒然動粗，「出手槍，置案上曰，所議請一言！韓笑曰，我來時誡我部下，至午不歸署，即我死矣，汝等即將境內脅我之人盡殺之。既視手表，曰，時將至矣，舉酒痛飲，遂罷。」（趙新儒：〈樂陵宋上將明軒事略〉，《宋上將哲元將軍遺集》，臺北市：傳記文學出版社，一九八五年，頁五）

是時，劉參謀長已將幾門重迫擊炮用卡車運來，圍著領事館轉了幾圈。日人見韓已下魚死網破之決心，只得草草收場。

六月二十五日，韓復榘對《山東民國日報》等九家報社的社長談話時說：「比如有妄想壓迫山東者，我山東亦絕不示弱。」（《北平晨報》一九三六年六月二十七日）

八月二十八日，日本駐華大使川樾茂回中國述職，途經濟南，會晤韓復榘，交換「華北經濟提攜」意見，挑撥韓與中央關係。韓不予理睬。

十一月十日，日本駐天津駐屯軍參謀長橋本群少將偕參謀和知中佐擬赴濟訪韓。韓聞訊急派省府參議張聯升去天津擋駕。橋本群堅持成行。十一日，韓在省府宴請橋本群一行，席間只談風月，未終席，佯醉離去。橋本無趣，悻悻而返。

（三）日人圖窮匕見

直到中日戰爭爆發前夕，日人仍對「華北五省自治」抱有幻想。

一九三七年初，日本駐華北駐屯軍司令官田代皖一派阪垣征四郎師團長及參謀花谷大佐飛濟，面邀韓復榘赴平參加所謂「自

圖162　日軍第五師團長阪垣征四郎

治」問題會談，並以「五省（冀魯晉察綏）三市（平津青）自治」頭領為餌。花谷曾任土肥原的助手及張學良之外交顧問，後調任日本駐濟南領事館中佐武官，經常與韓打交道，旋晉升大佐，調任日本駐華北駐屯軍司令部參謀，所遺駐濟南領事館武官一職由石野中佐繼任。花谷自詡與韓「私交甚厚」，行前曾向田代司令官誇下海口，保證不虛此行。由於華北局勢極度緊張，一觸即發，韓已無任何迴旋餘地，到了非攤牌不可的地步。會談中，韓一改過去敷衍曖昧態度，斷然拒絕參與「自治」，且不留任何餘地。阪垣大失所望，花谷無地自容，惱羞成怒，竟解衣拔刀，欲當韓面剖腹自殺，幸韓的日語翻譯朱經古及時阻攔而未遂，會談不歡而散，阪垣一行廢然而去。須臾，垣征一行又折回濟南，花谷先去見朱經古，表示緩和，不願與韓決裂。朱告花谷不必見韓，他可代達。（何思源：《我與韓復榘共事八年的經歷》，《文史資料選輯》，第三十七輯，頁二二二）

由於韓復榘抵制「華北五省自治」的態度完全明朗，南京方面倍受鼓舞。一九三七年二月，國民黨五屆三中全會期間，蔣介石命令正在南京開會的何思源：「你即刻回山東，代表我告訴韓復榘，他只要跟著我走，到哪裡我就把哪裡的軍政權交給他。」何說：「韓復榘絕無問題，他也是愛國的。委座放心，我就去講。」何回魯後去見韓。韓說：「我知道了，我決不能跟日本人搞到一塊。」（何思源：《我與韓復榘共事八年的經歷》，《文史資料選輯》，第三十七輯，頁二二〇）

东亚国际球战中华队球员人选蠡测

（1）宋哲元　（2）阎锡山　（3）蒋中正　（4）冯玉祥　（5）韩复榘
（6）李宗仁　（7）何应钦　（8）蒋光鼐　（9）蔡廷锴　（10）张学良
（11）陈济棠

圖163　「東亞國際球戰中華隊球員人選預測」《時代漫畫》一九三五年第24期

一九三七年三月二十九日，韓復榘奉命去杭州見蔣介石，臨行前對何思源說：「這次南去，日本方面一定不高興，但事到如今，不能不得罪他們了。」韓在杭州受到南京方面的隆重歡迎。

一九三七年六月，即「七七事變」前一個月，日本駐濟南領事館武官石野中佐醉醺醺來省府見韓復榘，要韓對「華北五省自治」表明態度。韓見他喝多了，沒理他。石野突然掏出手槍要與韓拚命。韓平靜地說：「你別著急。咱們慢慢商量……」趁石野沒注意，一把將他手槍奪過來，說：「你說的什麼華北五省自治，我不當家，你到南京找我們政府交涉去。我叫你們日本的一個地方自治行嗎？你快滾出去！」（于右堯：〈韓復榘和日本人打交道〉，《一代梟雄韓復榘》，中國文史出版社，一九八八年，頁二三九）

（四）何思源澄清「山東獨立」的流言

一九六〇年代，有人寫文章「揭發」說：「山東獨立」雖然沒成為事實，但韓復榘有這個打算。「山東獨立」之所以沒成為事實，是因為受到了阻力。據說，他從韓的副官那裡聽說日本駐濟南領事館武官花谷催韓宣佈「山東獨立」，韓要召集五位師長開會。於是他斷定「韓已動搖」，便私下把五位師長叫了去，讓他們不要服從韓的「亂命」。五位師長聽了他的話，在韓召集的會上都不贊成「山東獨立」。韓受到阻力，遂「默然」，「山東獨立」終於沒成有為事實。此文一出，被一些人引為信史，流傳一時。

文章作者在韓主魯期間曾擔任過幾年閒職，用他自己的話說是個「顧而不問」的顧問，居然能四兩撥千斤，決定韓氏向背，左右魯省大局，救山東眾生於水火，實屬咄咄怪事。

無獨有偶，全國政協委員何思源在一九六〇年代也寫了一篇名為〈我與韓復榘共事八年的經歷和見聞〉的回憶文章，其中也涉及到所謂「山東獨立」問題，文曰：「有人曾說：日本人要求『山東獨立』，

圖164　全國政協委員何思源

花谷和韓復榘把『山東獨立』的問題決定了下來。後來韓怕不妥，請他的五位師長來商議，孫桐萱不贊成，就打消了。後問二十師師長孫桐萱、二十二師師長谷良民、七十四師師長李漢章，三個人全都否認，都說不知有『山東獨立』之說。所謂當時在場的濟南市長聞承烈也矢口否認。他們還說：『華北五省自治』韓還不答應，哪裡談得到『山東獨立』呢？」（何思源：〈我與韓復榘共事八年的經歷〉，《文史資料選輯》，第三十七輯，頁二一七）

何思源在韓復榘主魯期間擔任山東省政府委員、教育廳長，與韓共事八年，嗣後又出任過第七任山東省政府主席，他的〈我與韓復榘共事八年的經歷〉一文被認為是研究韓復榘問題的重要史料。「世界上怕就怕『認真』二字」，學者出身的何就認真了一回，為弄清事實真相，儘管時隔多年，還是找到當時仍然健在的四位當事人（另外兩位當事人，一位已逝，一位去了臺灣）逐一核實，使真相大白。

資料是研究歷史的依據，但資料遠不是事實本身，一個錯誤的、甚至是捏造的資料往往把人們引向歧途。

第五章

抗日戰爭

七七事變

一九三七年七月七日，盧溝橋一聲炮響，宣告抗日戰爭全面爆發。

「七七」事變當天，韓復榘不在濟南。七月八日，梁漱溟從鄒平去江西廬山參加國民政府召集的各界人士談話會，途經濟南訪韓不遇，遂通過省府秘書長張紹堂與韓接通電話。韓已獲悉盧溝橋事件，吩咐張與第三路軍參謀長劉書香以韓的名義給廬山蔣介石寫一封信，請梁帶到廬山去。信中大意是說：第三路軍有部分將領正在廬山受訓，請蔣儘快命他們返魯，做應戰準備；請蔣為第三路軍補充高射炮等防空武器。張還在電話裡向韓報告：剛接到北平市長秦德純來電，稱局勢有所緩和，日本人表示願意談判，他們亦不欲擴大事態。韓在電話裡笑了，說這是日本人的緩兵之計，欲借機調動兵力。仗註定要打，日本人不拿下北平不會甘休。（梁漱溟：〈七七事變前後的韓復榘〉，《一代梟雄韓復榘》，中國文史出版社，一九八八年，頁三四四）

韓復榘的分析與預見十分準確。是時日軍兵力尚不足，

圖165　一九三七年七月七日盧溝橋事變

駐平部隊僅有兩個大隊用於前線作戰；天津派來增援的炮兵，因連日大雨，道路泥濘，被阻於通州。日軍通過談判爭取時間。七月十一日，日本政府五相會議即在軍方要求下通過陸軍省的增兵華北提案，日軍源源開進華北。從二十五日起，日軍即開始向廊坊、北平、通州之宋哲元第二十九軍發動猛烈進攻。七月二十八日晚九時，第二十九軍被迫撤出北平。

七月九日，韓復榘向蔣介石正式提出：

> 對於日本的侵逼，不宜輕起戰端以延長準備時間。且應有一百萬野戰軍及充分給養方可言戰。但若不得已，則應照既國策正式宣戰。（臺灣國史館保存檔案，編號為002-090105-00001-207）

韓復榘主張「應有一百萬野戰軍及充分給養方可言戰」，「但若不得已，則應照既國策正式宣戰」，既是他的戰略思想，也是他決心追隨大本營軍事部署的表態。

七月十一日，蔣介石致電韓復榘，向他下達「魯東國防工事，應星夜趕築」的指示。韓復榘回電立刻執行。同年七月十五日，蔣介石再次致電韓復榘，通報他日軍兩個師團正在向青島和濟南開進，讓他做好迎戰準備。第二天，韓復榘明確答覆：「謹將準據部頒作戰計畫」，進行防禦部署。同年七月三十日，蔣介石致電韓，約他速來京面談對敵之策。同年八月八日，蔣介石致電韓復榘，詢問煙臺、龍口一帶海岸工事的材料是否牢固的問題。同年八月十五日，蔣介石再次來電提醒韓復榘：「日軍日內必在青島煙臺行動，望特加準備」。

梁漱溟在南京將韓復榘致蔣介石函交行政院轉呈，七月二十三日返回濟南，在火車上遇見一些韓軍中下級軍官，他們是奉命將眷屬送回原籍安徽後又返回山東的。原來韓於七月十五日即下令所部軍官送眷回

圖166 第三集團軍總司令韓復榘檢驗士兵槍支

籍，部隊進入戰備狀態。

韓復榘命令將山東省汽車路管理局改編為第三路軍汽車兵團，任命汽車路管理局局長劉熙眾為汽車兵團團長；將所有載重汽車加裝鋼板，作為裝甲汽車使用，擔任作戰和軍事運輸任務。

韓復榘將荷澤一帶的自衛訓練班壯丁四千人（自備槍支）編為第一補充旅，委孫則讓為旅長；將膠東第七專區訓練的壯丁三千人（自備槍支）編為第二補充旅，委張驤伍為旅長。嗣後蔣介石給韓欽定的罪名之一「收繳民槍」，即指此事。日軍佔領濟南，孫則讓的第一補充旅，撤到河南漯河，全部編入中央軍炮兵。

七月二十六日，韓復榘致電蔣介石說：「倭寇登陸，當拚命一決」（臺灣國史館保存檔案，編號為002-090105-00004-589）

韓復榘於七月二十八、二十九日兩次致電蔣介石，要求國軍各路同時出擊沿津浦線南下之敵。蔣回電稱，他自有主張，自有辦法云云。

七月三十日，韓復榘應蔣電召赴南京開會，臨行前對梁漱溟笑著說：「趕緊回鄒平挖地洞吧。」意思是讓他作好打仗的思想準備。蔣從廬山下來，回到驕陽似火的南京，召開國防會議，山西閻錫山、山東韓復榘、四川劉湘、廣西白崇禧、廣東于漢謀、湖南何健、雲南龍雲等皆與會。會後，韓還單獨向蔣請示機宜。韓回到濟南後，對梁漱溟說，蔣見到他沒談什麼，似有一肚子心事，卻一點也不吐露。他臨走時，蔣對他說：「我的意思，你完全明白。」韓對梁感歎道：「我是糊里糊塗去南京，又糊里糊塗回濟南。我看蔣先生並無抗日決心。」（梁漱溟：〈七七事變前後的韓復榘〉，《一代梟雄韓復榘》，中國文史出版社，一九八八年，頁二二四）

七月上旬，第五十一軍于學忠部奉蔣介石命令由江蘇淮陰開往山東臨沂。韓復榘不再顧及與日本達成不在山東駐中央軍的默契，當幾列火車搭載北上的第五十一軍源源開到濟南時，韓在車站聯合辦公時理直氣壯地命令參謀：「通知日本領事館，中央軍過山東了。」遵照韓的部署，第五十一軍駐防青島以南沿海至連雲港及膠濟路東段，以防日軍從海上登陸。

九月二十三日，蔣伯誠致電蔣介石，向他彙報：「據韓復榘云：『決遵鈞座意旨，抗日到底』」（臺灣國史館保存檔案，編號為002-090105-00001-196）

同年十一月二十四日，韓復榘再次致電蔣中正，鄭重其事表明了自己的立場：「誓當追隨，與國家共存亡」。（臺灣國史館保存檔案，編號為002-090105-00004-340）

一九三七年十月以前，韓復榘第三路軍的防區在津浦路以東，膠濟路以北。

蔣百里濟南論戰

「八一三」上海抗戰爆發後，局勢更加緊張，一九三七年八月十七日，由國民黨副總裁汪精衛在南京召集全國社會各界有代表性的人物舉行「參議會」（「國民參政會」前身），為抗日救亡出謀獻策，梁漱溟也應邀參加。會議結束後，蔣介石囑梁陪同蔣百里赴山東視察防務。梁、蔣途經徐州時見到時任軍長的胡宗南。胡對梁說，山東防務十分重要，日本人可能在膠東沿海登陸，他是奉命幫助韓復榘守衛山東，共同抗日，而決無意取代韓主席在山東的地位。

八月二十二日晨，梁漱溟陪同蔣百里回到濟南。省民政廳長李樹春到站迎接，把他們安排在車站附近的石泰岩飯店。

梁漱溟先去省府見韓復榘。韓說，他已收到蔣介石的電報，知道梁陪同蔣百里來山東，但不知道究竟來幹什麼。梁說是蔣介石派他來山東視察防務的。韓一聽就笑了，說：「難道他們還想守山東嗎？」梁又轉述了胡宗南的話。韓聽著直搖頭冷笑，說；「日本人一來，還扯什麼誰代替誰的地位，簡直是廢話！」然後又提高嗓音說：「我認為山東是守不了的，我們打不過日本人。唯一的辦法是保存實力，把軍隊撤到平漢鐵路以西，等待國際上的援助，然後再反攻，別的出路沒有，歐美是不會讓日本獨吞中國的。這些道理，蔣介石肚子裡比我明白得多，還裝什麼樣子！」（汪東林：〈訪梁漱溟問答錄

圖167　蔣百里

（五）〉，《人物》雜誌，一九八六年第六期，頁五三）梁對韓說：「百里先生認為，我們中國人控制了山東高地和山西高地，則廣大中原非敵人所得而有。同時我們如控制山東，敵人亦難據徐州，而徐州、江北在我之手，南京便得其屏障。」韓復榘聽了竟笑了起來，說：「難道他們南方人還想守住南京？」（果然四個月後南京陷落）。隨後，韓說出了自己的看法：「中國現在只有西撤至平漢線以西，待國際局勢變化，和盟國之力乘機反攻，才能收復國土。」

對此梁漱溟似乎並不認同。回到石泰岩飯店，梁把韓復榘的態度及觀點告知了蔣百里。令梁沒想到的是，蔣說，韓之所見沒有錯。看到梁有些詫異，蔣說明了其中道理。據梁回憶，內容大致如下：

單靠中國自己的力量無法抗得住強攻，大半國土皆要淪陷而不能守，那是沒有問題的。抗且抗不了，要戰勝它就更有待國際大形勢的變化不可了。所以西撤、待機反攻和借盟國之力以收復失地，這些話自然都沒有錯。不過單是這樣講卻很不夠，單是靠他人，而沒「求諸己」的一面，那怎麼能行？須知反攻戰勝敵人的主要條件仍然在中國人自己。於此，至少可以舉出兩個事關重要的問題：

一，抵抗不了而西撤，要看怎樣撤。在政治上、軍事上，中國一直不像一個統一的國家。若一旦敗退，更見其分崩離析，而不是有領導地，有有步驟地西撤，或是撤至西部後鬧不團結。缺乏能夠對外說話有力的一個中央政府，那縱然有了有利的國際機會到來，怕亦無用。

二，待機反攻，要看如何等待。要積極做準備工作，待機反攻，不能無所作為，消極等待反攻。反攻的準備工作也不能西撤之後再做，而要從西撤之日起就著手準備東返。更確切地說，應在未曾西撤時，即做好向東反攻的準備才行，這是從時間上說。再從空間上說，在西部有西部需做的準備工作，在東部又有東部需做的準備工作；並非撤到西部就放棄東部不管。不然的話，失土豈易收復？

以上兩問題，前一個側重於上面軍政（包括外交）領導職協和統一；後一個側重在下面廣大的東部地方留在敵後的民眾組織活動。問題雖分為兩個，實際上就是一體相連的事。過去所說的「控制山東高地和山西高地」、「堅守一些山區不放」，這些任務既指正規軍而說，亦兼指非正規軍（游擊隊）而說，即就西撤前而言，亦包括西撤後而言。

今梁漱溟深為感慨的是：「數十年後的今天來看，他的遠見卓識正是一絲一毫不差，全都應驗了。」（于建用：〈七七事變後蔣百里濟南論「戰」〉，《濟南文史》，二〇一四年，第三期，頁八一—一三）

對日決絕

平、津淪陷後，駐平日本當局派特使飛濟南，與韓復榘密談。日方提出可以不在山東駐軍，但要假道山東運兵。韓明確表示，不管是駐兵還是運兵，都不允許日軍進入山東。（王道生：〈大本營送我到韓部〉，《一代梟雄韓復榘》，中國文史出版社，一九八八年，頁二三四）

中日既已開戰，韓復榘為表示對日決絕，限令日本駐濟領事館人員及日僑民三天內撤離濟南，並不准帶走財物。七月十八日，日駐濟武官石野到省府與韓復榘談判到深夜一點，旨在誘使韓保持「中立」。最後韓說：「你們把我韓復榘當作漢奸看，那你們瞎了眼！明天你們不走，你們的安全我就不負責了。」適七十四師師長李漢章有事進來，聽見韓的話並見其怒容滿面，就知道是日人的要求使韓感到受侮辱了。七月十九日，省府辦公會上，韓對與會者說：「日領事館人員及僑民今早乘專車赴青島回國去了。他們希望我們中立，真是異想天開！」（何思源：〈我與韓復榘共事八年的經歷〉，《文史資料選輯》，第三十七輯，頁二二二）

是日，日本駐濟領事館人員及日僑民一行二六七人乘車離濟去青島回國，日本洋行、工廠一律封門上鎖。青島的日本人也全部撤離回國，日官方一切事務由美國領事館代為處理。八月二十日，日本駐煙臺領事館亦關閉。十一月中旬，上海淪陷，南京告急，韓復榘下令沒收日僑財產，在日本洋行內抄出大量槍支、鴉片等私貨。韓派爆破隊到淄博、膠東一帶將日本人的廠礦炸毀。

李濟深致韓復榘函

圖168　國民政府軍事委員會委員李濟深

一九三七年七月二十二日，國民政府軍事委員會委員李濟深致韓復榘一封私函：

向方主席我兄勳鑑：前介紹鄧君鐵僧謁候聆教，蒙予接見指導，至感隆情。邇者蘆宛變起，寰宇震驚，然此乃敵整個蠶食中國之又進一步計畫耳。揆之中央當局已往措施，顢頇其至可慮者，裝模作樣，徒作空氣之宣傳，以避國人之責難，而結果迫諉其妥協出責之過於當其衝者，而實際國家又亡了一大部份，此則尤堪悲痛者也。然此為弟過慮之言，深望其不至成為事實耳。竊以為中國非整個抗敵，不足以圖存，而保證整個抗敵之實現與勝利，則必自全國各地之抗敵力量大聯合與配合全國民眾救國運動、促進中央實行民主政治做起，別無他途。此為亡羊補牢之計。想麾下藎籌在搶，必有以為國家民族延其如縷之生命者也。胡南湖先生從事革命已數十年，去歲西南發動抗日運動，其奔走推動之力不少。現為促成整個抗日故，奔走各方，特肅函介紹謁見，乞予開情見教，詳賜指示一切。至所感禱，不盡縷縷，託由胡先生面陳。端肅，敬頌政祺。

弟李濟深拜上

七月二十二日

信中李濟深所言：「揆之這樣當局已往措施，顢頇至可慮者，裝模作樣，徒作空氣之宣傳，以避國人之責難，而結果諉迫其妥協出賣之過於當其衝者，而實際國家又亡了一大部份，此則尤堪悲痛者也。」李這一擔憂此後果然在韓復榘身上應驗了。

抗日統一戰線

圖169　中共代表張經武

一九三七年抗戰爆發，日軍佔領了北平、天津等地之後，其鋒芒直指山東。七月下旬，中共中央和毛澤東以中央軍委名義派張經武以軍事聯絡官身份前任濟南，會晤韓復榘，開展抗日民族統一戰線工作。張到濟南後暫時住在劉熙眾家裡，七月二十八日晚，經余心清、劉熙眾、王致遠的介紹，見到了韓復榘。

張經武向韓復榘轉達了中共中央和毛澤東關於聯合地方實力派一致抗日的方針及願與韓建立統一戰線的願望。韓表示贊同。韓又向張詢問抗戰勝利的辦法。張便根據中共洛川會議上通過的「抗日救國十大綱領」精神，向韓提出建立抗戰動員結構、改造部隊、動員群眾、開展游擊戰爭等建議。（呂偉俊：《韓復榘傳》，山東人民出版社，一九九七年，頁三四六）

其後，中共中央又派左派教授張友漁（中共黨員）去山東開展工作。張經武和張友漁一道配合共同開展韓復榘的工作。經過多次交涉，韓表示「願與共產黨合作」，聯合抗日。九月，雙方終於達成了三項決議：一、韓答應凡在第三路軍軍法處在押的政治犯立即全部釋放，已判刑關在山東地方法院的政治犯應直接歸南京高等法院管轄，韓無權過問。二、成立「第三集團軍政訓處」，由余心清任處長。三、開辦「第三集團軍政工人員訓練班」，韓親自兼任主任。這樣，經過張經武的努力，中共中央與韓初步達成了聯合抗日的協定，實現了山東的統戰工作。

早在「七七」事變前，中共中央和毛澤東就有了聯絡山東韓復榘、綏遠傅作義、山西閻錫山和北平宋哲元的北方聯合戰線計畫。因此，從一九三六年洛川會議起，毛澤東就開始了一段相當長的「電報統戰」工作。這其中便包括加強對韓復榘的爭取和聯絡工作。而這一時期，毛澤東派赴進行統戰工作的總代表便是張經武。

一九三六年八月十四日，毛澤東曾致函宋哲元，表達聯合抗日願望。毛澤東在信中曾提到，「茲遣張金吾同志前來就教，請予接談。如荷同意，即以張同志為敝方長駐尊處之聯絡代表，一切通信聯絡均以秘密出之。」這裡的「張金吾」即張經武。毛澤東在信中又表達了要開展山東統戰工作的願望，「魯韓、綏傅、晉閻三處，弟等甚願與之發生關係，共組北方聯合戰線。」（中共中央文獻研究室：《毛澤東文集》第一卷，人民出版社，一九九九年，頁四一八—四一九）

同日，毛澤東又致信韓復榘，呼籲要組成建立抗日聯合戰線，並告之派同志前去拜謁，「乞賜接談，如承不棄，予以具體進行辦法。」（中共中央文獻研究室：《毛澤東年譜（一八九三～一九四九）》上卷，中央文獻出版社出版，二〇一三年，頁五七〇）電報中的「同志」指的就是張經武。

張友漁對此有過一段評論：「宋哲元、韓復榘均係馮玉祥的部下。馮對其西北軍失去控制後，宋、韓率部投降了蔣介石。他們控制了冀、察、平、津和山東地盤，既不甘心賣國投敵，又取不到蔣介石的信任，為了本身的生存，故謀取與中國各個實力派結成同盟。我黨就利用這種矛盾，與宋、韓搞統一戰線。經過我黨的爭取，宋、韓釋放了在押的我黨同志；開放群眾抗日救亡運動，便利了我黨力量的發展；利用他們的合法名義，很順利地展開我們的工作，推動了抗日運動的高漲。所以說，周恩來同志領導的聯絡在華北的工作成績是巨大的。」（張友漁：《中共中央軍委華北聯絡局與山東抗戰》，中國社會科學院近代史研究所存稿。）

一九三七年五月，中共中央軍委聯絡部周恩來派彭雪楓到濟南開展統戰工作。

自七月三十日平、津相繼淪陷後，數以萬計的流亡學生乘外商輪船走海路在山東煙臺、青島或掖縣虎頭崖登陸。韓復榘盡地主之誼，派劉熙眾、余心清用汽車把學生接到濰縣，再乘火車到濟南，全部車票及食宿一概免費，歷時一月有餘。遠道而來的學生在濟南成立「平津流亡同學會」，設立「民先」駐濟聯絡處。

八月中旬，張友漁、許德瑗等在余心清陪同下，在濟南會見韓復榘。「韓對來濟南的北平左派教授表示歡迎，徵詢我們（指張、許等）關於抗戰意見。我們就根據中共中央頒佈的『抗日救國十大綱領』精神，闡述了我們對抗戰的意見。並針對山東具體情況，提出要想堅持抗戰，必須發動民眾，而發動民眾，必須開放黨禁，吸收各黨各派的人，特別是青年人參加救國工作的道理說了一遍。韓同意我們的意見，懇切地表示希望我們和大批愛國青年留在山東，幫他們抗戰。」（張友漁：《中共中央軍委華北聯絡局與山東抗戰》，中國社會科學院近代史研究所存稿）

圖170　第三集團軍政治工作人員訓練班副主任余心清

到達濟南的平津流亡學生再也不能坐下讀書了，紛紛要求脫下長衫，走上抗日前線。一部分學生被送到山西閻錫山的「犧盟會」、「決死隊」、津浦線馮玉祥的第六戰區司令長官部、平漢執行緒潛的第一戰區司令長官部、宋哲元第一集團軍、保定萬福林第五十三軍、大同馬佔山的「東北挺進軍」、石友三第一八一師和楊秀峰主辦的河北民軍「民訓處」等處，走上抗日戰場。一部分學生上軍校、航校、炮校和「戰幹團」，去大後方復學去了。還有不少學生留在山東參加抗日，喊出「保衛山東，保衛華北，恢復平津」的口號。（張友漁：《中共中央軍委華北聯絡局與山東抗戰》，中國社會科學院近代史研究所存稿）

八月下旬，韓復榘在王致遠的鄉村建設人員訓練班的基礎上，於濟南舉辦第三集團軍政治工作人員訓練班，旨在為第三集團軍各部培訓政工幹部。韓出任班主任；余任副主任；黃松齡（教授、中共黨員）任教育長，張友漁、許德瑗任政治教員；北平左派文化人士齊燕銘、陳北鷗等主持教務工作。學員主要是平、津流亡學生、山東愛國知識青年及鄉建派人士，共辦三期，有一千三百人參加培訓。第一批學員五百人於八月底入學，九月中旬被派往臨清、德州、惠民、煙臺等地開展抗日工作。

九月至十一月間，張嘩、李林、趙健民、理琪、姚仲明、張北華等四百多名被關押的共產黨幹部陸續出獄，分赴山東各地開展抗日鬥爭。

「總司令是大家的」

一九三七年八月四日，韓復榘就任第五戰區副司令長官。

第五戰區司令長官為李宗仁，參謀長為徐祖貽（胡若愚代），轄第三集團軍（韓復榘）、第五集團軍（顧祝同）、第十一集團軍（李品仙）、第三十一軍（劉士毅）、第五十一軍（于學忠）、第五十七軍（繆徵流）第八十九軍（韓德勤）和青島守備隊、海軍第三艦隊（沈鴻烈）。

第五戰區負責津浦線南段蘇魯方面作戰。

第三路軍擴充為第三集團軍，韓復榘兼總司令，沈鴻烈、于學忠任副總司令，轄第十二軍（孫桐萱）、第五十一軍（于學忠）、第五十五軍（曹福林）、第五十六軍（谷良民）、青島守備隊（沈鴻烈）和海軍第三艦隊（沈鴻烈）。

第三路軍擴充為第三集團軍，只是番號改變，兵力仍為原來的五師一旅。于學忠的第五十一軍及沈鴻烈的青島守備隊、第三艦隊名義上歸第三集團軍建制、實際上均由五戰區司令長官李宗仁直接指揮，韓復

圖171　韓復榘就任第五戰區副司令長官兼第三集團軍總司令

渠無權調配。由於無法預料未來日軍究竟是從陸上還是從海上進攻，因此韓軍防線拉得很長，兵力明顯不足，捉襟見肘。

其實軍令部長徐永昌在此之前即認為韓復榘軍兵力不足，防區過大，主張以中央軍接魯北防，韓軍全部用於用於膠東，預防日軍自海上登陸。「余主中央軍接魯北防，使向方全部用於膠東，非萬不得已不就淮河陣地，以進取攻擊姿勢，不令日軍登陸為原則。」然而蔣介石計不此出，另有打算。

韓復榘升任第五戰區副司令長官兼第三集團軍總司令，何思源等幾位廳長給韓道喜。憂心忡忡的韓說：「總司令是大家的，以後有事大家商議。」（何思源：〈我與韓復榘共事八年的經歷〉，《我的父親韓復榘》，中華書局，二〇一三年，頁三七九）

八月十三日，淞滬會戰爆發。十六日，國民政府下達國家總動員令，組織大本營，作為最高統帥部，指揮全國陸海空軍，蔣自任陸海空軍大元帥；在全國劃出五個戰區（以後有調整增添），建立戰時體制。

宋哲元第二十九軍撤出平、津後，奉命向津浦路唐官屯、馬廠一線集結，當時部隊尚有八萬人。不久，第二十九軍擴編為第一集團軍，宋哲元任總司令，隸第一戰區（司令長官潛程）。

是時部署在津浦線上的原西北軍及東北軍約十個師，與日軍相持，戰事一度平寂。

八月二十三日，日軍第二軍在津浦線上發動攻擊，主力為磯谷廉介第十師團。第一集團軍不支，且戰且退。日軍九月四日攻克唐官屯，十一日佔領馬廠。

九月十一日，即日軍佔領馬廠之日，馮玉祥就任第六戰區司令長官，鹿鍾麟任副司令長官，轄第一集團軍、第三軍團（軍團長龐炳勳）、第六十七軍（軍長吳克仁）、第二十三師（師長李必藩）、第一一八師（師長張硯田）。第六戰區負責津浦路北段及冀察方面作戰。

張自忠滯留濟南真相

北伐結束後，全國軍隊實行編遣，馮玉祥第二集團軍准予保留十二個師，其中第二十五師師長是童玉振。不久童去陸大學習，張自忠接替童擔任第二十五師師長。該師是在前韓復榘第六軍第一師基礎上改編而成，因此，該師官兵基本都是韓的舊部。正是因為有這樣一層關係，韓發動「甘棠東進」後，張因此受到誅連。馮派張凌雲接替張自忠擔任第二十五師師長。直到中原大戰後，張自忠麾下的軍官黃維綱、劉自珍、李九思等都曾是韓的舊部。

一九三七年四月，宋哲元應日本駐屯軍司令部邀請，派出以天津市市長張自忠為團長的「冀察平津國外旅行團」一行二十多人赴日考察，同行的有張允榮、黃維綱、徐惟烈等。後因中日關係日緊，張在日接宋電，終止在日考察，五月二十三日率團由神戶港乘「大陸丸」號輪船回中國。張一行原擬在上海登陸，但考慮到此次日本之行，事先未取得南京政府批准，恐上岸後遭遇不測，乃決定改在青島登陸。團員中天津市政府高參徐惟烈當年是馮玉祥身邊的紅人，曾在馮面前說過不少對韓復榘不利的話，後又力促龐炳勳在黑石襲擊韓軍，因而擔心韓報復，不敢去山東，後經張擔保其安全，才同意在青島上岸。五月二十六日，張一行到達青島。韓派葛金章為代表赴青迎接。張一行隨後又轉赴濟南，受到韓及山東各界隆重歡迎。當日，張在下榻的津浦路賓館接受記者採訪，發表書面發言：「本人此次蒙冀察政務委員會委員長之允許，赴日本遊歷，因職務關係不便作長時間之視察，所以在日本各地略作一旅行，即行回國。……本人因韓主席係舊長官，闊別多時，又久慕山東、青島政績，故於歸國之時，繞道一遊，日內即行返津。」（天津《大公報》，一九三七年五月二十八日）

一九三七年，「七七」事變後，宋哲元率部撤出北平。張自忠代理冀察政務委員會委員長，暫留北平與敵周旋，以爭取時間，再圖良策。但張很快發現，平津冀察局勢已毫無逆轉希望，遂於九月七日化裝秘密潛出北平，先到天津，再乘輪桴海南下，於煙臺登陸，再乘汽車去濟南。

張自忠在北平滯留的一個多月，引起各方面的誤解，許多報刊出於愛國之情，對張痛加辱罵，斥之為「賣國變節」，輿論攻擊如火如荼。張離開北平後，不敢直接去南京，因為他不知道蔣介石會如何處置這件事。張在走投無路的情況下，想到去濟南找韓復榘。張之所以要去濟南，一是因為與韓有袍澤之誼，二是因為韓敢作敢當，從來不屈服外界壓力。馮玉祥、石友三等在最困難的時候都選擇去山東，這絕不是偶然的。

圖172　第二十九軍三十八師師長張自忠

九月十三日下午，張自忠來到濟南，驅車到達省政府東大樓，先由副官進去向韓復榘報告。韓也是從報紙上瞭解到張的近況，聽說張找上門來，便冷冷地說：「他當他的漢奸，我救我的國，來見我幹啥？」張在門外聽得真切，便大步走進屋內，說明一切，韓乃釋然，走進裡屋給南京掛電話，向蔣介石請示處置辦法。蔣下令將張押解南京。韓從裡屋出來，將電話記錄出示給張，一邊說；「老蔣讓我把你解往南京，你看怎麼辦？」張坦然說：「你就看著辦吧。」韓沉吟片刻，說：「咱們畢竟是西北軍的老弟兄，這樣吧，你身體不適，先在我這裡住下，給蔣先生請個假，留在濟南治病，過幾天馮先生要來濟南，見了他再

說。」張表示同意。（林治波：《抗戰軍人之歌——張自忠將軍傳》，廣西師範大學出版社，一九九三年，頁二四六）

九月十五日，馮玉祥北上就任第六戰區司令長官，路過濟南，韓復榘偕張自忠前往車站迎送。馮下車見到張，握著他的手說：「藎忱，你的情況我已知道，你先在濟南住著。」韓在一邊說：「求先生寫一封信給蔣先生。」馮說：「很好。你們的事要我幫忙，凡我能做的，我都願意做。」馮回到車廂，提筆給蔣寫了一封信，大意是：張自忠將軍很有良心，有血性。只要叫張自忠帶著隊伍打日本，張一定盡本分。馮又引用《聖經》上的話：饒恕人能到「七十個七次」就更好了。（馮玉祥：《我的抗戰生活》，黑龍江人民出版社，一九八七年，頁二〇）

然而輿論對張自忠仍然不依不饒。九月二十八日，《大公報》發表〈勉北方軍人〉一文，稱讚段祺瑞「不受日閥的劫持」，表揚吳佩孚「斷然拒絕」漢奸的擁戴，而把張自忠與漢奸殷汝耕相提並論。

十月七日，韓復榘派張鉞陪同張自忠、秦德純（宋哲元代表）南下赴寧謁蔣。就在路上，南京方面關於處分張自忠、劉汝明等人的命令已下達。命令稱張「放棄責任，迭失守地」，著「撤職查辦」。京滬各報駐濟南記者聞訊，拍出電訊：「張逆自忠今日解京訊辦。」

十月九日，張自忠一行到達南京。張在車站接受記者採訪時說：「余九月三日隻身來津，轉途南來，過濟南時因病滯留十餘日，其間迭與韓向方晤談。榘對抗日救國之忠誠，始終一貫，現在有事實表現（指韓軍德州保衛戰）」。當日下榻位於山西路的韓復榘第三集團軍駐寧辦事處。同日下午，張自忠在張鉞、秦德純陪同下於「四方城」面謁蔣介石。蔣讓張先在南京修養一段時間再說。幾天後，張被委以軍政部中將部附的閒職。

張自忠濟南之行，幾十年後被某些人說成是韓復榘為取悅蔣介石，將張自忠「扣留」濟南並「押送」

南京，「邀功請賞」！所謂「牆倒眾人推」，莫過於此。如果這些人說的是事實，那麼馮玉祥在他書裡寫的濟南車站一幕就完全是謊言了。

馮玉祥履新第六戰區司令長官

八月二十日，馮玉祥曾出任第三戰區司令長官，指揮淞滬會戰。第三戰區將領皆出自中央軍系及西南軍系，對馮都是客客氣氣，虛應故事，沒人聽他指揮。馮無所事事，每日只是跑空襲，做「丘八詩」。馮在日記中說：「我現在有兩個任務，一為等死，等日本人來殺死；一為作詩。」

淞滬會戰進行中，馮玉祥又被調任第六戰區司令長官，究其原委，按時任軍事委員會副參謀總長白崇禧在《白崇禧口述自傳》的說法是，他到淞滬前線視察，在宜興見到馮，「轉告委員長慰勞之意後，馮未有何表示。我當時心中忖度，是否第三戰區之部隊都是中央部隊與西南部隊，馮指揮不靈而不到戰區？我回至南京與何總長（應欽）商量，我以為西北部隊如宋哲元、石友三、石敬亭、孫連仲、劉汝明、馮治安等有愛國之熱誠，又是馮一手造成之部隊，他們對潛程之指揮素來不大接受，不如在黃河以北、山東北部、河北等地開闢一新戰區——第六戰區，由馮負責，兵力若連同韓復榘部至少有十五萬人以上。何總長同意我的說法，我們遂向蔣委員長建議，也蒙採納。我徵求馮之意見，馮亦很高興。我詎料命令發表不久，馮剛乘津浦路北上，韓復榘即有電到中央反對此事，寧願隸屬第五戰區（戰區司令官李宗仁）。中央之命令已經發表，而韓復榘又表示反對，只好將韓之一部不納入第六戰區，給韓以山東省主席兼集團軍總司令。馮就職不久，宋、石等西北軍紛紛向中央密電反對，過去宋、石等在程潛之指揮下雖不太受命，然情況尚稱良好，如今對馮甚畏懼而不信任，則事態更形嚴重。」

馮玉祥在其《我的抗戰生活》中說：「有一天，白健生（白崇禧）來對我說，宋哲元的部隊退到了馬廠，蔣先生叫他跟我商量。問我到河北去，指揮他這一路的隊伍好不好。我說，『在抗戰的時候，只有唯

命是聽。統帥有什麼命令，我都是遵從。』」（馮玉祥：《我的抗戰生活》，黑龍江人民出版社，一九八七年，頁一九）

宋哲元的高級幕僚吳錫祺、王式九認為，蔣介石之所以調馮擔任第六戰區司令長官，「問題的實質是：一方面，馮玉祥想藉抗戰提高自己的政治地位和聲望，並乘機抓住一部分軍隊；另一方面，蔣介石表面上對馮表示推重，暗地裡卻挖他的牆角，使馮丟醜。」（吳錫祺、王式九：〈宋哲元及其部隊在抗戰初期的活動〉，《文史資料選輯》，第五十四輯，頁五八）

圖173　第六戰區司令長官馮玉祥

九月十三日，馮玉祥偕鹿鍾麟、石敬亭、孫良誠、張維璽等舊部乘車北上，準備在津浦線上冀魯交界的桑園建立第六戰區長官司令部。

九月十五日，馮玉祥一行路過濟南。韓復榘偕張自忠到火車站迎送。馮對韓勉勵一番，告誡他「千萬不可聽壞人的話」意思是不要聽蕭振瀛的話。韓則為張自忠求情：「求先生為張自忠寫一封信給蔣先生。」馮說：「很好，你們的事要我幫忙，凡我能做的，我都願意做。」（馮玉祥：《我的抗戰生活》，黑龍江人民出版社，一九八七年，頁二〇）

馮玉祥請韓復榘抽調兩個師到德州以厚其勢。韓告以所部隸屬第五戰區，津浦線北段不在其防區以內。其責任防區黃河防線及海防線過長，兵力已不敷應用，再抽調兩師支援津浦線北段確有困難。馮不悅而去。

韓復榘、宋哲元之所以不歡迎馮玉祥北上，據說是因為時任第一戰區總參議的蕭振瀛。曾長期擔任馮的秘書，並為馮編寫《國民軍史稿》的高興亞，在其著作《馮玉祥將軍》一書中指出：蔣介石「密令蕭（振瀛）奔走於宋、韓各部間，進行挑撥離間，務必使馮玉祥與宋哲元、韓復榘決裂。」「蕭振瀛到前方，煽動宋、韓不聽馮的指揮，說馮是借犧牲他們的實力來提高個人的抗戰聲譽，到一定時機，準備以鹿鍾麟、石敬亭來分別來接收他們的隊伍；又說蔣介石心裡是不願意打的，你們費力不討好，有『兵』才有力量，把『兵』打完了，自己的一切也完蛋了，只是為中央省一筆遣散費！」（高興亞：《馮玉祥將軍》，北京人民出版社，一九八二年，頁一七六）

蕭振瀛在其遺著《華北危局記實》中作如是說：「不料馮（玉祥）甫到滄州，竟然既不遵守大本營之軍事指揮系統，亦不籌畫對日之作戰，而派其私人代表紛赴前線防地，與原西北軍各將領聯繫，要求分撥部隊至其處，並交付私人密電碼作為私人間之秘密聯繫。各將領均以此事向余詢問。余僅覆以馮北來，應表示歡迎，共同抗日，然現為國家之軍隊，一切自當遵守國法軍紀。在眾將領表示歡迎而不肯私撥軍隊下，馮即以眾將領如是聽命於我，而派人各處散佈謠言，妄圖挑撥各將領與余之關係。」（蕭振瀛：《華北危局記實》，中國國際廣播出版社，一九八九年，頁六七）

九月十六日晨，馮玉祥專車到達連鎮。宋哲元上車向馮報告軍務，隨即說明舊病復發，已向中央請准病假，擬赴泰山休養，第一集團軍總司令職務由馮治安代理。馮玉祥看出宋是有意迴避，遂返回桑園第六戰區長官司令部。宋的專車徑直開往泰安。馮治安也以前方情況緊急，避而不與馮玉祥見面。

時任軍令部長的徐永昌在日記中云：「據徐祖貽等述，宋明軒、馮治安等對馮先生太難堪，鹿瑞伯亦橫遭疑忌。」

馮玉祥在連鎮碰了宋哲元一個軟釘子，返回桑園，餘怒未消，當即致函蔣介石，告發韓「通敵叛國罪」。

曾任馮玉祥隨從參謀的馮紀法在一九八〇年代寫了一本小冊子，書中透露馮玉祥坐鎮桑園期間曾致函蔣介石，狀告韓復榘，他說，「馮先生當天給蔣介石寫了一封親筆信，告發韓的通敵叛國罪，特派我去南京送信，並向我口述了韓的具體叛國勾當，要我記住向蔣轉述。當天晚上，我就出發了。到了南京，我住在馮先生的公館裡，在電話裡與蔣的侍從室聯繫上了，過了個把小時，白崇禧的秘書打來電話，說白總長要接見，叫我等著。果然，過了一會工夫來了一部車子把我接去了。白崇禧見了我很客氣，告訴我蔣有事，由他接見我。我從懷中把馮先生的親筆信拿出來，雙手遞交給他。我坐下來後，就遵照馮先生的口述，把韓如何不聽號令，如何與日寇秘密勾結，如何要『自治』，準備發通電等等行為一一向白作了報告。白崇禧聽得很認真，不時記在一個小本子上。我報告完了，白說，『我儘快向蔣先生轉報，馮先生的回信我就不寫了』。緊接著又囑咐一聲，『你趕快回去吧。』幾經輾轉我終於在德州見到馮先生，向他報告了南京之行。很快，馮先生離開了德州。」（馮紀法：《在馮玉祥將軍身邊十五年》，陝西人民出版社，一九八九年，頁一〇二）

不知何故，軍委會接到舉報信，非但未將「通敵叛國」的韓復榘立刻繩之以法，還把他放在抗戰第一線擔任戰地指揮官達四個月之久。

九月十八日，紀念「九一八」六周年大會在民眾體育場舉行，濟南各機關、團體、學校及東北、平謹流亡學生等萬余人到會，大會通過決議：通電全國及國民政府及前方戰士，本市今日絕食或節食，捐款救國。

日軍兵臨山東省界

一九三七年九月二十一日，日軍磯谷師團先頭部隊與龐炳勳第四十軍在姚官屯交火，經過三天激戰，姚官屯失守，龐軍元氣大傷，離開津浦線，向西撤退。二十四日，日軍輕取滄州。

馮玉祥之第六戰區長官司令部由桑園遷至山東境內的德州。

馮玉祥要求韓復榘支援兩個師被拒後，便通過大本營向韓施壓。蔣介石電令韓抽調兩師到德州，接應沿津浦線退下來的第一集團軍。韓以部隊西調而空出的魯東防地，無友軍填防，造成防區疏漏為由，幾番與大本營交涉均無結果，只得從命。正當津浦線北段姚官屯—滄州戰事進行之際，韓命所部展書堂第八十一師於九月二十三日從招遠開拔，日夜兼程向德州急進。從魯東沿海的招遠到冀魯交界的德州近八〇〇里路程，幾乎橫貫山東半島。時值魯北連日大雨，運河各支流水勢暴漲，道路泥濘淤塞，部隊長途行軍異常艱難，其間搭乘一段火車，鐵道路基又有多處被大水沖毀，九月二十六日到達德州，韓因此受到種種非議，被指故意拖延時間。

韓部曹福林第二十九師奉命從濰縣開到魯北，佈防臨邑、商河、惠民、齊東之線。韓部李漢章第七十四師由青島開往津浦線上的平原、禹城之線。如是第三集團軍主力幾乎全部壓到魯北，空出之膠東及沿海地區只能由民團填防。

至此，第三集團軍在津浦線上已集結三師一旅：展書堂第八十一師與李漢章第七十四師佈防在德州至禹城一線，為第一梯隊；孫桐萱第二十師佈防在禹城至濟南一線，為為第二梯隊；吳化文手槍旅駐防濟南，為預備隊。從膠東煙臺至周村以北之三四〇公里防線只有谷良民第二十二師擔任，如果日軍從膠東沿海登陸，將勢如破竹，長驅直入。

日軍進犯山東

由於韓復榘對日決絕，堅持抗戰立場，日軍決定進攻山東，對第三集團軍實施壓迫打擊。日本史書稱：「津浦路方面山東省主席韓復榘也敵視我軍，命令其部下山東軍活動於黃河左岸。因此方面軍司令官於十月上旬至中旬對山東軍進行了掃蕩。」（日本防衛廳戰史室編，天津市政協編譯組譯：《華北治安戰》）

一九三七年九月三十日，沿津浦線南下的日軍磯谷廉介第十師團一部佔領冀魯交界的桑園車站，戰火燒到山東的大門口。

韓復榘第三集團軍第八十一師（師長展書堂）第二四三旅（旅長運其昌）已在德州以北的于莊佈陣以待。

馮玉祥的第六戰區長官司令部由德州南遷禹城。

日軍磯谷廉介第十師團，是日本陸軍的一個甲種師團，也是日軍重裝備的機械化部隊，又擁有空軍協同作戰的能力，被日軍作為現代化師團的樣板。第十師團轄步兵第八旅團、步兵第三十三旅團、師團直轄騎、炮、工、輜各一個聯隊。臨時配屬二個炮兵聯隊、二個機槍大隊和二個裝甲中隊。

韓復榘第三路軍在魯北佈防有一個甲種師和二個丙種師。韓軍裝備落後，沒有重武器，除了步槍和有限的輕、重機槍外，就是陳舊的山炮和迫擊炮，有的山炮連瞄準器都沒有。

日本人在對韓復榘實施打壓的同時，仍不忘挑撥離間。九月二十八日，日本報紙刊登一條偽新聞，詭稱土肥原到濟南，與韓洽談「五省自治」。一時間，社會上流言頻傳，說什麼韓與日本人有勾結云云。

為以正視聽，韓復榘於九月二十九日在上海《新聞報》發表一篇書面聲明：「昨日外報登載有日人土肥原來濟接洽五省自治云云，此種無稽謠言，實不值識者一笑。此次中國抗戰，係中國爭取生存唯一出路，凡我軍人，保國為民，責無旁貸。本人負軍政重任，抗戰禦侮，謹遵中央命令，服從最高軍事領袖指揮。乃敵人竟欲於此時，施其分化故技，挑撥離間，淆惑聽聞，殊堪痛恨，深望國人及友邦之士，勿中奸計，勿信謠言，則國家幸甚。」（上海《新聞報》，一九三七年九月三十日）

十月一日，日軍四百人在七輛坦克的支援下進攻于莊，遭到我守軍的堅決回擊。

是日晚，馮玉祥連同長官部撤至濟南近郊的濼口。

同日上午，韓復榘乘鋼甲車由濟南直達禹城，命令第三集團軍「趁敵立足未穩，夜襲桑園」，以配合第一集團軍在津浦線上之反擊。當日下午又趕到平原車站以東之任莊，召集第八十一師旅團長開會，下達襲擊桑園命令。

夜襲桑園

一九三七年十月一日夜，第八十一師師長展書堂親率由該師第二四三旅第四八六團（團長趙廷璧）及師直屬部隊組成五百人之奮勇隊，飽餐酹酒之後，向桑園方向急行軍三〇餘里；該師運其昌旅第四八五團（團長陳延年）堅守德州。

翌日凌晨，展書堂率奮勇隊突然衝進桑園火車站，與夢中驚醒之日軍第十師團右翼縱隊千餘人激戰四小時，至上午八時，完全控制了火車站，將敵逼往鐵路以西，繳獲三十餘門火炮及一列鋼甲車。被展部奮勇隊逐出車站的日軍，在隨即趕到的增援部隊支援下，又向車站猛烈反撲，敵我雙方反覆進退，車站幾易其手，至下午六時，展部奮勇隊再度控制車站，穩定勝局。

據第八十一師戰報稱：今（二日）早七時據趙團長廷璧派便衣口述報告如左：該團已於今（二日）早四時三十分佔領桑園及車站，奪獲火炮三十餘門、鋼甲車一列。（《陸軍第八十一師德州戰役戰鬥詳報》，中國第二歷史檔案館，卷宗號：七八七，案卷：七三六〇）

十月三日，南京《中央日報》以「津浦路我軍大捷」為題，報導了第三集團軍夜襲桑園成功的消息。

圖174　韓軍第八十一師師長展書堂

就在第三集團軍反攻桑園得手之日，第一集團軍之龐炳勳、李多荃、李必藩等部亦一度攻下泊頭鎮、馮家口、南、北霞口等日軍據點，但由於擔任津浦線正面阻敵任務的第一集團軍主力部隊在馮家口被敵軍衝潰後，一路南退，始終未能建立一條穩定的防線，雖然我軍在冀魯交界處一度得手，卻未能從扭轉津浦線上的頹勢。

是時，津浦路正面僅有展書堂師在禦敵。

入夜，韓復榘電話通知展書堂：沿津浦線南下之日軍已攻佔德州以北之于莊，德州告急，我援軍第七十四師李漢章部最快還需兩天才能到達德州，飭展部立即回援德州。

展師長命令將繳獲的鋼甲車南開；把繳獲的笨重火炮用炸藥炸毀；破壞交通設施。展師趙團撤出桑園時，吹響四八六團的「號牌子」，無意中暴露我軍僅一個團的兵力，日軍於是全力反撲。我四八六團在師手槍營掩護下撤出桑園，馳援德州。

第四八六團在德州以北十餘里處受到日軍阻擊，再度投入戰鬥。

血戰德州

一九三七年十月二日，日軍磯谷師團之一部繞道桑園以西南下，與于莊日軍會合，包圍德州。是時我德州守軍為運其昌旅長率領之第八十一師第二四三旅第四八五團（團長陳延年）、第二四三旅直屬部隊及一個重迫擊炮營。展書堂師長率從桑園撤回之第四八六團在德州以東游擊策應。入夜，日軍向德州發起猛攻。我守城部隊與敵鏖戰竟夜，擊退日軍進攻。

十月三日晨，日軍全力攻城，飛機、大炮狂轟濫炸，步兵頻頻發起猛攻。敵軍數次攻到城下，均被我軍擊退。日軍出動數輛坦克，撞擊德州西北之小西門，日兵一度衝進城內，旋被運旅長率領一營官兵奮力逐出城外。堅守在小西門上的迫擊炮營三連連長古大長（河南省遂平縣玉山鎮北門裡人）將迫擊炮彈安上「頂火帽」，從城頭往下連續擲向敵坦克，炸毀坦克一輛。古連長被敵機槍擊中胸部，英勇犧牲，臨終前還高呼：「弟兄們，要消滅鬼子！」（楊雲青：〈德州阻擊戰片斷〉，《七七事變/正面戰場》，中國文史出版社，二〇一〇年，頁二七〇）。敵我攻守戰持續一整天。

圖175　韓軍第二四三旅旅長運其昌

十月四日，大批桑園日軍增援到德州城外。上午十時，一列日軍鋼甲車停在閘口北一公里處，車上幾十門火炮與日軍炮兵部隊的火炮同時轟擊德州城牆。隨後，日軍又出動飛機轟炸，由三架增加到十二架。下午一時，德州西北隅城牆被炸開一個大豁口，日軍蜂擁而入。埋伏在豁口兩側之我軍丁營，以輕、重機

圖176　一九三七年十月四日日軍攻陷德縣城

槍組成交叉火力網，封殺入城之敵，同時堆積沙袋堵住豁口。下午四時，德州東北隅城牆亦被炸塌，我城防再次被突破。第四八五團全體官兵與敵展開巷戰，一直持續到黃昏。此刻我軍官兵子彈大都告罄，只剩少許手榴彈。運旅長奉命棄城，命部隊分兩路從南門和東門突圍。展師長指揮第四八六團在城外接應。運旅長率迫擊炮營突圍成功，在城外第四八六團掩護下，向淩縣方向撤退，而我第四八五團官兵在突圍過程中，大部為國捐軀，日軍也遭受重大傷亡。

德州保衛戰之慘烈，震驚全國！

當德州激戰之際，韓復榘率第二十師及第七十四師的五個團去平原支援。是夜，第七十四師師長李漢章選派二千名精兵奔襲德州城南之許莊，旨在解救被被日軍關押的青年農民，只因日軍有所戒備，激戰一場之後，李軍撤回平原陣地。據第七十四師戰報稱：「師在德縣二十裡鋪附近與諸兵種連合之敵五千餘名遭遇，激戰竟日，反覆肉搏，斃敵千餘名。然我亦損失慘重，四四四團第三營全部犧牲，四四三團第二營亦損失過半，無如敵一再增援，卒因眾寡不敵，奉命撤至黃河岸南阻敵南犯。」（中國第二歷史檔案館 卷宗號：七八七，案卷：七三六〇）

蔣介石因德州失守而電責韓復榘。韓據理力爭，稱德州之戰進行時，津浦線上除魯軍孤軍奮戰外，已無人打仗。況且膠東半島與黃河的防務還需兼顧。（《韓復榘致蔣介石電》，一九三七年十月六日，《國民政府軍令部戰史會檔案》，中國第二歷史檔案館）韓憤而向蔣辭職。蔣致電韓，要求「前方部隊退卻無紀律，糾察拿辦」，並撫慰之，勸其「勿再有辭意，務希督勵全軍」、「忍痛抗戰，奮鬥到底」。（〈蔣介石致韓復榘電〉，一九三七年十月十日，《國民政府軍令部戰史會檔案》，中國第二歷史檔案館）

十月五日，馮玉祥被大本營調至平漢線，離開濼口。韓復榘從禹城回來親往車站送行。馮七日到鄭州，九日去邢臺，二十日，在新鄉被大本營召回南京，參加國防會議。大本營決定撤銷第六戰區，馮第六戰區司令長官之職也隨之被解除。

圖177　二〇一〇年十月德州小西門戰役遺址貼出紀念抗日陣亡將士標語

時在泰山養病的宋哲元，一接到撤銷第六戰區，馮玉祥已離職的報告，立即向蔣介石申請銷假，要求下山歸隊。十月下旬，宋回到河北大名第一集團軍總司令部。

從老黃河到徒駭河

德州失守後，韓命第八十一師之三個團回濟南辛莊兵營休整補充，留第七十四師三個團、第八十一師一個團及第二十師一個團在平原以北扼守老黃河右岸。韓率衛隊旅第一團駐蹕禹城，指揮作戰。日軍佔領德州後繼續南下，在津浦線上與扼守平原之韓復榘第三集團軍相峙於老黃河故道。為便於指揮作戰，韓復榘一度將指揮部前移至平原南關外一座民舍內。十月七日晚，韓親自乘坐北平號鋼甲車，率領手槍旅賈本甲團，冒險從平原直衝至德州車站南頭扳道口附近（當時鐵路尚未被破壞），向德州城內開炮轟擊，旋即駛回平原。日軍不明就裡，發炮還擊，炮聲隆隆，徹夜未停。

《山東日報》社社長兼總編牟宜之三子牟敦廳在接受「鳳凰衛視」採訪時說「韓復榘確實那個時候抵抗真是親自上陣。韓復榘還是有兩三輛坦克車（筆者注：應該是鋼甲車），開個坦克車來像模像樣的指揮打仗，我爸爸藉這個機會大肆宣揚、極力的捧場。韓主席與山東人民共存亡，韓主席領導山東子弟與日軍決死到底。……韓復榘還鼓勵牟宜之多出號外，多辦報。我爸爸就藉這個機會說：多出報沒有錢。韓復榘說：你沒錢到我這裡拿。」

十月九日，黃炎培、江問漁從上海到濟南，考察山東民眾動員工作。十日，省建設廳廳長張鴻烈宴請黃、江，何思源、梁漱溟、余心清、李文齋作陪。席間議決成立「民眾動員委員會」，推選梁、何、余、李及張紹堂為常委，梁為主任委員。主要工作是動員協調各方力量，團結一致進行抗日工作。當晚梁等陪同黃、江一起去見韓復榘，說明應團結一致進行抗日工作，軍事方面自然由韓負責，民眾動員工作則由「民眾動員委員會」負責推動。「韓聽過後，很高興，說完全同意。」（梁漱溟：〈七七事變前後的韓復

榘〉，《一代梟雄韓復榘》，中國文史出版社，一九八八年，頁二二七）

十月十日「雙十」節，韓復榘親筆手諭全體官兵及公務員：「日本人想要滅我們的國家和民族，我們非得要拚命殺敵，不得死裡偷生。拚命是我們應該的，為救國家，為救民族，為祖先爭光，為子孫造福，犧牲個人，倒也值得，幹，幹，幹，幹！」（《中央日報》，十月十一日）

十月十三日，日軍步、騎、炮混合編隊，強渡老黃河成功，從東、西、北三面進攻平原。是日，平原失陷，李漢章師三團與展書堂師、孫桐萱師各一團沿津浦線退往禹城以北之張莊車站。

是日深夜，山東省府緊急會議，決定將省府遷至寧陽縣。

十月十四日，南下日軍在坦克支援下，繼續向張莊、馬家橋、黎濟寨等我守軍陣地進攻；另有一路日軍從側翼迂迴包抄。我李漢章第七十四師無險可守，經一晝夜激戰，撤退到徒駭河南岸之禹城一線設防，並炸毀徒駭河鐵橋，與日軍隔徒駭河相峙。

韓復榘親率李漢章第七十四師在徒駭河、禹城之線擔任正面；曹福林第二十九師與吳化文手槍旅在惠民與商河之間，任右翼；孫桐萱第二十師在黃河、濟南之線，為總預備隊。

十月十九日，已撤離聊城的第六行政專署專員范築先在官莊向韓復榘電話報告：「我不過黃河了，請求主席允許我留在黃河以北。現在魯西北民眾抗日情緒很高，希望省府領導他們抗戰，希望主席源源不斷地接濟彈藥……」韓回答：「當前魯西北日軍的攻勢有些緩和。宋哲元的第一集團軍奉命側擊平漢線，以支援山西國軍作戰。你們可以留下來幫助他們籌畫給養。以後你們支持不住了，再隨二十九軍撤退。」范放下電話，高興地對隨員說：「韓主席已批准我們留在黃河以北抗戰了，」（張維翰：〈我黨和范築先合作發動魯西北抗戰的經過〉，《山東文史資料選輯》，頁二〇）

韓復榘命令將山東省圖書館館藏之善本、孤本典籍及金石碑帖全部裝箱，由部隊押運至武漢交國民政府保管。這些文物以後又轉移到四川，保存在樂山大佛寺的秘密山洞中，直到一九四七年才運回濟南，完璧歸「魯」。

反攻德州

日軍為儘快解決山西戰事，決定進一步從津浦線上抽調部分兵力，支援太原、忻口方面作戰，津浦線戰事相對平寂。

一九三七年十月十六日，蔣介石命令韓復榘乘機反攻德州，並進擊滄州，以牽制西線之敵。韓復榘奉命，派第七十四師之第四三九團及第二十師之第一一七團沿津浦線正面北攻；曹福林第二十九師任右翼，擔任協攻。十八日夜，江、史兩團跨越徒駭河，十九日拂曉到達平原以南之十二里廟、毛家園、北丘村一線，與日軍交戰半日，即向鐵路兩側轉進，當晚襲擊了平原以南的日軍據點，並破壞鐵路多處。

曹福林師一部協攻平原車站，一部在平原以東的雞鳴店、王家店、吳家廟、大劉家莊與日軍激戰。盤踞在大劉家莊的日軍有三百多人，火炮兩門，聚集在一個大院裡。曹師突擊隊向院中投擲手榴彈一百多枚，日軍傷亡慘重。由於曹師在側翼發動一系列攻擊，遍地開花，使津浦線上平原至禹城區間日軍被斬為數段，紛紛後撤。

十月二十日，德縣、平原日軍迅速南下支援，鐵路正面日軍在援軍支持下很快站穩陣腳，並發動反攻。戰鬥至傍晚，韓軍不支，且戰且退。中國空軍在平原、張莊鎮、黎濟寨等處實施轟炸，協助韓軍步兵地面作戰，戰鬥異常激烈。二十二日暮，鐵路正面之韓軍撤回徒駭河南岸。

韓軍正面受挫，但側翼仍十分活躍。十月二十三日夜，第二十九師宋好義營向陵縣東南之鳳凰店日軍發動突襲，用大刀和手榴彈消滅日軍一百多人，炸毀裝甲車二輛。日軍憑藉牆垣、工事頑抗。次日，日軍增援千餘人，火炮十餘門，坦克四輛，瘋狂報復。我宋營官兵臨危不懼，前仆後繼，營長宋好義犧牲，官兵傷亡三百餘人。黃昏後戰場沉寂。十月二十五日拂曉，第二十九師之第八十七旅前往增援，在鳳凰店東南之鄭家寨與日軍激戰竟日，將鳳凰店街市東南角佔領。不久，日軍又增援千餘人。榮光興旅撤出戰鬥，向臨邑方向轉移。

十月二十四日，為配合臨邑之曹福林第二十九師進攻鳳凰店一帶日軍，禹城方面李漢章第七十四師奉命再次渡河北進。第一集團軍之李文田師長率第四四三團已先於二十三日渡過徒駭河，擊退十二里廟、張莊鎮一帶日軍後，二十四日再克復吳家廟、雞鳴店，隨即沿鐵路襲擊日軍據點多處，並破壞該段鐵路，最後於當日晚返回徒駭河南岸。

據此可見，陳誠在其回憶錄裡所說：「我統帥部乃令韓復榘部以主力規復德縣，進出滄縣，以牽制敵人。不料韓復榘遲疑觀望，無意奉行命令」（《陳誠回憶錄：抗日戰爭》，東方出版社，二〇〇九年），完全不符合史實。

此役，由於李文田師與第三集團軍配合默契，外間關於李欲改換門庭之流言不脛而走。

十月二十五日，黎濟寨日軍從大劉莊偷渡，過河的一百多日軍被圍殲，未渡河的日軍退回黎濟寨。

徐永昌在十月二十五日日記中稱：「韓向方之游擊隊出擊陵縣，擊破鳳凰店。」

十月二十六日，軍委會指示第三集團軍：津浦、平漢兩路之敵轉用於晉東、晉北後，殘餘僅數千人。我為在九國開會以前，一新國際視聽，並牽制敵人再轉用兵力於晉東，該集團軍應以主力擊破當面之敵，以與平漢路進出之第一集團軍互相策應。

韓復榘接到命令後，申訴困難，請求中央增調三個師，至少一個師的兵力，接替膠東海岸或津浦路南段防務，以使他抽出兵力進擊當面之敵，完成進出滄州，策應友軍作戰的任務。軍委會回應：令韓先解決凌縣方面的日軍。

十月二十八日，曹福林師到達臨邑，佔領城郊西部、北部兩陣地。

正當韓軍與日軍在老黃河與徒駭河之間鏖戰時，日本人在訴諸武力的同時，仍不忘進行「精神戰」。他們通過各種宣傳管道散佈謠言，說什麼日軍至今之所以尚未轟炸濟南，是因為日方與韓復榘有所「諒解」。韓於十月二十二日就此對記者發表一項聲明：「日敵百計離間吾人，然後毀滅吾人。但吾人已予敵以意料之外打擊。現在日本人已智窮力盡，復思散佈謠言以售其奸。但明白人窺之，將愈見其心勞日拙也，余身為軍人，保衛國家為余唯一天職。在此國家存亡關頭，余誓忠中央，服從領袖，至死不渝，自有事實證明。總之，事實勝於雄辯，散佈流言者定然自召毀滅。」

蔣介石九月二十八日日記：「本日，聞濟南有敵機載人落場見韓（復榘）消息，甚憂。急電沈（鴻烈）、韓，知非事實。以後急事緩辦，切勿自擾。」蔣在華北局勢緊張的情況下。「風聲鶴唳，草木皆兵」，聽到謠言，急查，方「知非事實」，自誡嗣後「切勿自擾」。

十一月二日，山西忻口失守；八日，太原淪陷，日軍抽調部分用於山西作戰的兵力，加強津浦線上的攻勢。

事實上，從十月二十六日以來，日軍磯谷師團就在平原以東陸續增兵二千餘人、火炮十餘門、坦克十餘輛，目標是掃蕩臨邑附近曹福林第二十九師主力。

十一月四日，軍委會再電告韓：第一集團軍先頭部隊已進至南宮，主力已過雞澤，即於日內向石家莊進出，望貴部按預定計劃從速策應。韓於十一月七日回覆：「職已派部隊由濟南向武城前進，擬請李司令長官排隊接替津浦路濟南以南防務，並蒞濟坐鎮，職願率所部三師或四師兵力，經武城、鄭家口進出河間，與第一集團軍協同前進。」

十一月七日，《徐永昌日記》：「蔣先生囑余致電向方速其擴大游擊戰力量」。

十一月八日，軍委會覆電韓復榘：「桂軍原在徐州部隊已經他調，其後續部隊集中前線，尚需時日。司令長官李宗仁在南京尚有重要任務，一時難來前方。津浦方面尚非決戰之時，望先派有力部隊實行游擊，與第一集團軍行動相互呼應，並努力破壞鐵路，牽制敵人。若能恢復德縣，則於中國在國際上之活動更為有利。」

是日，日軍兵分兩路南下：一路為一〇九師團一一八旅團，從河北鹽山出發，以八輛坦克為先導，十一月十日佔慶雲，十一日陷惠民，十三日向濟陽方向推進，在商河、濟陽間與曹福林第二十九師展開激戰；一路為日軍磯谷師團，向臨邑大舉進犯，對大丘家、金家寨、葛宅、宴城等曹福林第二十九師陣地發動猛攻。曹師奮起反擊，所部傷亡五百餘人，向臨邑方向撤退。

當晚，韓復榘根據軍委會指示，決定先驅逐臨邑、凌縣之敵，再向德州推進；曹福林師第八十七旅守衛臨邑縣城；第八十五旅、第八十六旅扼守臨邑以西各據點，阻止當面之敵南下；據守禹城附近之孫桐萱師第六十旅以一部渡徒駭河北進，襲擊平原以南各據點之敵，協同曹師作戰；守備黃河南岸之孫師第五十九旅以一一八團掩護配屬的炮兵團第一營由青城渡河，其餘部隊由濟陽渡河，向商河集結；孫桐萱率師直屬部隊從濼口渡河，到商河指揮。以上所有部隊限十一月十五日到達指定地點。

臨邑之戰

一九三七年十一月八日，鳳凰店、馬腰務之日軍向臨邑陣地進攻。守軍與日軍苦戰竟日，傷亡很大。入夜，撤至主陣地。十一月九日拂曉，日軍繼續向臨邑主陣地進攻。自五時三十分開始，日炮兵向守軍主陣地全線轟擊達一小時之久，爾後日步兵在三架飛機掩護下向臨邑猛攻。十三時，第二十九師師長曹福林到臨邑以北的李莊督戰，激戰至暮，雙方形成對峙。十日晨，日軍繼續向守軍主陣地進攻，守軍官兵堅決抵抗。至十三時，日軍由陵縣方向增來千餘援兵，向守軍右翼後樊家陣地以北地區包抄。守軍第八十五旅第一六九團作延伸戰線抵抗，陷於日軍炮火包圍之中，營長周繼光殉國。十五時，守軍預備隊第八十七旅一個團到達王巧地，對日軍反包圍，混戰至夜，形成對峙。

日軍第二軍第一〇九師團之第一一八旅團於十一月八日從鹽山附近開始行動，第十師團也從平原沿津浦鐵路兩側向徒駭河急進。

十一月十一日五時三十分，臨邑正面的日軍又發動攻擊。守軍第二十九師奮力抵抗，營長馬壽軒率部隊數次出擊，重傷不退。至夜，王士琦第八十五旅奉命退守臨邑北郊，陳德馨第八十六旅固守臨邑城，榮光興第八十七旅移至臨邑的東南郊。十二日，進入臨邑地區的日軍已達五千餘人。其一部向臨邑以南地區活動，主力向臨邑城郊逼進，至十七時，已接近城垣。

十一月十二日，展書堂第八十一師奉命趕赴臨邑城南，協同第二十九師作戰。

十一月十三日，由商河退守臨邑北郊的第二十九師第八十五旅及臨邑東南的第八十七旅乘拂曉薄霧向臨邑以北地區反擊，與數倍於己的日軍展開白刃格鬥，十時許退至城東掩護守城部隊。十三時，臨邑城牆多處被日軍炮火轟塌。日軍坦克在前衝擊，步兵緊隨其後，由缺口突入城中。雙方展開巷戰。守軍因傷亡過重，從東關撤出。黃昏時分，第二十九師接到韓復榘命令：「第二十九師即刻設法與敵脫離，經邢家渡向黃河南岸轉進，渡河後乘火車輸送至兗州集結整頓。」該師兩個旅南撤，臨邑淪陷。

是役，主戰之第二十九師損失過半。協同作戰之第八十一師僅與臨邑鐘店子之役即陣亡官兵三五〇人，受傷一七二人。（《陸軍第八十一師臨邑鐘店子之役戰鬥詳報》，中國第二歷史檔案館，卷宗號：七八七，案卷：七三六〇）

時在南京的馮玉祥得知韓復榘第三路軍在魯北抗戰情形甚感欣慰，在日記中寫到：「彭國政亦來，帶到展書堂之覆信，甚有朝氣。談及展、曹兩師襲擊日人情形：日人以畏我軍之襲擊，故恆宿於民房，鍵其門而架機槍於窗口及特製之槍洞，第一次我軍以未知詳情遽然入院，經日人機槍掃射，死傷甚眾。第二次我軍知其所持，乃縱火以燒其居，屋內日軍盡為殲滅，此亦對日人之絕好方法也。」（《馮玉祥日記》，一九三七年十一月十九日）

十一月十二日，上海淪陷。

濟陽遭遇戰

一九三七年十一月十三日，曹福林第二十九師一部在商河至濟陽之間激戰。韓復榘在手槍旅第一團團長賈本甲、副官楊樹森、特別偵探隊第二大隊大隊長朱世勳陪同下率辛莊衛隊衛士及手槍旅一團二營五連之一個加強排（排長芮允堂，安徽蒙城人）士兵共七十多人赴濟陽前督戰。

濟陽縣城位於濟南北九〇華里，東、南兩面傍臨黃河。在日軍重兵壓境之際，韓復榘已於十一月十二日夜，將衛隊旅第一團千餘人調至濟陽城東北黃河大堤外之董家道口、尹家村，郭家村、羅家村、代家村、斜莊一線修築工事，並在尹家村設立了臨時指揮部。

十一月十三日晨，韓復榘一行在邢家渡口乘擺渡過黃河，分乘數輛摩托車和兩輛卡車馳往濟陽縣城。上午十時，韓一行在濟陽西關附近一個村莊與一支從惠民疾馳而來的，由裝甲車隊和騎兵部隊組成的日軍快速突擊部隊不期而遇。賈團長鑑於敵我戰力懸殊，勸韓立即率部撤退。韓認為日軍快速突擊部隊機動性極強，躲也躲不掉，於是笑道：「我們今天說抗日，明天說抗日，今天小日本自己送上門來了，我們能不打嗎？」

圖178　第三集團軍總司令韓復榘

日軍二十幾輛裝甲車及騎兵立即將韓一行包圍在村子裡。村巷狹窄，裝甲車及騎兵無法發揮威力，日兵紛紛從裝甲車和戰馬上跳下來，進行巷戰，裝甲車在村外以車載重機槍實施火力支援。

韓復榘指揮所部官兵一律上房，居高臨下，以步槍和手榴彈還擊。日軍調兵乘卡車增援，又出動飛機助攻。韓部寡不敵眾，傷亡殆盡，團長賈本甲一條腿被打斷，村民將他藏在家中。副官楊樹森勸韓立即突圍。打紅眼的韓執意不肯。身高力壯的芮排長及士兵朱景法不容分說，硬將韓攔腰抱起，放到摩托車跨斗裡。楊副官駕車，在眾衛士拚死掩護下，突出重圍，向西南方向絕塵而去。

韓、楊駛出一〇餘里，在一片小樹林邊停車，看是否有倖存的弟兄在後邊，稍候片刻，不見人來，便轉向黃河北岸駛去。途中遇到前來救援的第二十師第五十九旅一部，韓復榘命令他們繼續向濟陽進發，此時第二十九師也派出一個團由從商河向濟陽馳援。日軍快速突擊部隊在我軍兩路夾擊下，憑藉其高度機動性的優勢向北遁去。

韓復榘回到濟南時，身邊只剩下副官楊樹森，嗣後又陸續有九名弟兄突圍回來，其餘弟兄全部傷亡。這九名弟兄是偵探隊第四分隊隊長朱世勳（腿部受傷）：排長芮允堂、班長王壯志（河南許昌人）、陶樹興（河南通許人）、王俊卿（河南永城人）、張殿和（安徽宿縣人）、朱傳山（山東日照人）、賈志宗（新兵，籍貫不詳）和朱景法（河南寧陵人）。韓沉痛地說：「我韓某人能活著回從濟陽回來，是近百名弟兄的性命換來的。」（朱景法：〈隨韓復榘在濟陽突圍〉，《商丘文史資料》，第二輯，頁二四一）

韓復榘立即調查濟陽前線戰況，原來是駐守惠民的魯北民團總指揮趙仁泉擅自撤離防區，日軍裝甲車隊就是從此缺口鑽過來的。韓即命令將趙撤職逮捕。

韓復榘從濟陽突圍回來，給夫人高藝珍寫一封親筆家信，讓一位副官專程送到曹縣。當時高夫人已偕子女隨後勤機關撤到魯西曹縣。信全文如下：

「大姐：我部這次與日寇浴血奮戰，傷亡慘重，為我從軍以來歷次戰鬥所未有，眼見官兵如此傷亡，我心中十分沉重。今後戰鬥會更加嚴重，生死存亡，難以預卜。請大姐再勿為我操心，只要把孩子們照顧好，教育好，我即感激之至。現派人送去五千元作為今後之家用，望查收。致安好。向方。（韓子華口述歷史：《我的父親韓復榘》，中華書局，二〇一三年，頁一二〇）

高夫人接信痛哭。實際上，這已是他的絕筆了。

徒駭河之戰　撤守黃河南岸

一九三七年十一月十四日上午，磯谷師團一部千餘人，火炮二十餘門，在徒駭河北岸發起攻擊。日軍首先炮轟徒駭河南岸我軍陣地及禹城車站，並出動十五架飛機輪番轟炸。日軍步兵隨後進攻我軍在徒駭河之橋頭堡堤李橋。我守軍孫桐萱師第六十旅第一二〇團第二營立即予以回擊。至下午，日軍的四次進攻均被我守軍擊退，但守軍也傷亡過半，連長張金蛟等壯烈殉國，班長傅千三帶十餘名戰士仍拚死抵抗。

十一月十六日七時，日軍再次集結兵力，發動強攻，終於佔領堤李橋，突破我徒駭河防線。日軍渡過徒駭河，與第一二〇團在禹城安仁街發生激戰。第三營營長以下官兵犧牲二百餘人。午後，第六十旅奉命向左右兩側迂迴撤退，禹城陷落。日軍直撲黃河北岸。

徒駭河之戰結束。此役戰鬥二十餘日，守軍傷亡五千四百餘人。

十一月十六日下午四點，第六十旅旅長孫學發乘鋼甲車在桑梓店與宴城之間指揮作戰，一枚穿甲彈擊中鋼甲車，同車之少校參謀主任姜懷珍及上尉參謀李小枝當場被炸死。孫旅長命鋼甲車撤回濼口橋頭，是時正在橋頭指揮作戰的第六十旅參謀長賈良田亦陣亡，黃河鐵橋上一片混亂，官兵爭相過河。韓復榘震怒，當即將孫旅長撤職，提升獨立重迫擊炮團團長周遵時接任第六十旅旅長，同時命令手槍旅第二團團長趙廣興率部急馳黃河鐵橋維持秩序。趙團長指揮手槍團據守鐵橋。日軍至暮仍未能接近鐵橋北端。

日軍乘我第五十八旅與第八十五旅換防之際，偷襲黃河北岸之鵲山，使濟南、辛莊兵營、張莊機場均在敵炮火射程之內。

是日，日本出版的報紙《北陸每日新聞》通欄題為「山東戰線的勇猛進擊」；頭條是「距黃河岸僅一里之遙，濟南省城指日可下」；副題是「黃河北岸的韓復榘大軍難逃被全殲的命運」。

韓復榘下令全軍撤退到黃河南岸。蔣介石從南京打電話令韓炸毀黃河鐵橋。韓命手槍旅第二團工兵攜帶一〇八箱TNT炸藥前往大橋執行爆破任務，爆炸將濟南市內民宅的窗戶玻璃都震得亂響。

吳化文率手槍旅在黃河北岸鵲山一帶掩護部隊後撤，遭受重大損失，營附茆學倫、杜仰甫、王執政陣亡，團附楊友柏和營長于懷安負傷。

十一月十六日，日軍第一一八旅團佔領黃河北岸之鵲山。第十師團亦進至高唐、齊河一線。手槍旅第二團掩護李漢章師、孫桐萱師周遵時旅及曹福林師榮光興旅從齊河渡口渡過黃河；孫桐萱師張清秀旅從濟陽以西渡過黃河，協同孫桐萱師趙心德旅守護濼口至濟陽一線；趙明遠之魯東民團軍留在黃河以北打游擊，騷擾敵後，牽制敵軍。

是時，平漢線上劉峙指揮的部隊已撤至河南彰德，劉峙指揮部南移至鄭州。

韓復榘於十一月十五、十六兩日召集于學忠、沈鴻烈、蔣伯誠舉行軍會議，重新部署兵力：孫桐萱第二十師負責濟南以北，齊河至濟陽段黃河防線；谷良民負責周村以北，濟陽至青城段黃河防線；李漢章第七十四師負責肥城以北，齊河至平陰段黃河防線；吳化文手槍旅負責濟南城防，擔任總預備隊；曹福林第二十九師因損失嚴重，調濟寧、休整補充。于學忠第五十一軍駐防濰縣、高密一線；沈鴻烈青島守備隊守護青島，拒敵從海上登陸。

魯北抗戰時期從一九三七年十月一日，韓復榘軍夜襲桑園始，至十一月十六日，韓復榘軍全部撤到黃河南岸，炸毀黃河鐵橋止，歷時一個半月，經過大小戰鬥十餘次，據孫桐萱說：「在這次戰鬥中，曹（福林）、李（漢章）、展（書堂）等師也犧牲過半。」（孫桐萱：〈韓復榘被扣前後〉，《文史資料選輯》，第五十四輯，頁一〇二）

據《第七十四師德縣、平原、禹城、長清、肥城各戰役戰鬥詳報》稱：該師官兵陣亡一四〇五人；受傷七三三人。（中國第二歷史檔案館，卷宗號：七八七，案卷：七三六〇）

徐永昌在一九三七年十一月十六日日記中稱：「濟南黃河橋已炸斷，向方部隊完全撤回，前後損失九千人。」

山東大學歷史文化學院院長、歷史系主任、民國史專家呂偉俊教授在其所著《韓復榘傳》一書中，就韓復榘魯北抗戰中的表現有一段論述：「從上述抗戰以來韓復榘的表現來看，總起來說他還是抗戰的，不論其態度是消極或是積極，他還是堅持打了幾仗。因此一般史書上稱韓『不戰而逃』是不妥當的，也不符合事實。逃在後，戰在前。至於傳說他想投降當漢奸，就更是無事實根據的。」（呂偉俊：《韓復榘傳》，山東人民出版社，一九九七年，頁三五七）

臨戰調走重炮團

韓復榘部撤守黃河南岸以後，從一九三七年十一月十六日至十二月二十三日，在此一個月零一週的時間內，戰事相對平靜。日軍偶爾隔河炮擊，飛機也來過幾次，在濟南丟幾枚炸彈就飛走了。日機還來過兩次空投「通訊筒」，發動「政治攻勢」。韓復榘將日人通訊筒內的勸降信掛在辦公室內示眾，以示抗戰到底。

一九三七年十一月二十八日，走馬上任十六天的第五戰區司令長官李宗仁偕參謀長張任民到達濟南，視察防務。韓復榘與李討論時局及戰略問題，二人作竟夜談，當晚李就住在韓的司令部。當時南京剛淪陷半月，人們記憶猶新，因此黃河防線能否守住，對於李、韓來說已不是問題，他們討論的關鍵是，黃河防線一旦被敵突破，第三集團軍將撤往何處。李的意思是「第三集團軍以沂蒙山為後方，必要時將彈藥給養物資等運往山區，準備打游擊。」韓不同意，反駁說：「浦口已失，敵人即將打到蚌埠（第十一集團軍李品仙部防地）。他們（指蔣嫡系部隊）節節撤退，我們沒有了退路，豈不成了包子餡嗎！」李不答，頗為難堪，會談不歡而散。（孫桐萱：〈韓復榘被扣前後〉，《文史資料選輯》，第五十四輯，頁一〇二）

在韓復榘看來，將第三集團軍趕到山裡去打游擊的計畫不僅是極其荒謬，而且是別有用心的。沂蒙山區「四塞之崮，舟車不通，外貨不入，土貨不出。」五萬多正規軍不比小股游擊隊，一旦被敵人包圍在沂蒙山區，彈藥給養怎麼辦？

在與韓復榘交談中，李宗仁絲毫沒有透露將在第五戰區內開展一次類似淞滬會戰、忻口會戰那樣大規模會戰的意思。實際上，韓至死也不知道即將開展徐州會戰。如果韓知道即將有中國各地的大批部隊開進第五戰區協同作戰，而不是他「一個人在戰鬥」，他還會有後來的西撤嗎？

李宗仁在其回憶錄中也提到當年赴濟南與韓復榘會晤一事，而且言之甚詳，頗為得意，絲毫沒有「不歡而散」意思。說是韓曾向他虛心求教「中國抗戰之前途」，他則從中國說到到國際，從中國抗戰說到歐戰，從歐戰說到世界大戰，條分縷析，侃侃而談，「韓復榘聽了我這番分析之後，如大夢初醒。」（李宗仁語）

實際上，包括韓復榘在內的西北軍人對以李宗仁為首的桂系軍人一向很不屑，很難設想韓會向李請教什麼「中國抗戰之前途」，更難想像韓聽了李的一番話會作「大夢初醒」狀。李宗仁到徐州走馬上任十六天了，韓復榘既沒去迎接，也沒去拜訪。

圖179　抗戰初期，蔣介石從山東撤走之七五毫米卜福斯山炮

李宗仁回到徐州第五戰區司令長官部，數次派人到濟南，向韓復榘要求調回原由大本營配屬韓部的炮兵第一旅（旅長史文桂）第一團。該團轄兩個山炮營，裝備卜福斯山炮二十四門，此山炮係蔣介石以重金從國外購買來的。

卜福斯M1930七五毫米山炮是由瑞典卜福斯廠製造生產。瑞典卜福斯廠是德國克魯伯軍火工業的子公司，因此卜福斯山炮實為德國技術。此炮一九三〇年開發成功，是當時最新式的山炮。一九三〇年末，國民政府開始向卜福斯炮廠訂購山炮，價格為每門山炮一・六萬美元，山炮彈每發二十美元。此山炮曾用於淞滬會戰，大顯神威，被上海媒體渲染為「神炮」。

韓復榘軍缺乏重武器，為加強黃河防線，韓向大本營要求調配重炮。蔣准所請，於一九三七年九月上旬，將炮兵第一旅第一團調至濟南，沿黃河南岸、齊河至周家口之線佈防，其中炮兵第一營第三連駐黃河北岸之臨邑，歸曹福林第五十五軍指揮。

炮兵第三連進入陣地之翌日，日軍步騎不斷向我步兵前沿陣地騷擾。丁正國連長奉命開炮射擊，日軍當即人仰馬翻，一處物資倉庫亦中彈起火。此後日軍攻勢日益猛烈，韓擔心昂貴的卜福斯山炮落入敵手，無法向中央交代，命曹軍長不惜一切代價，務必將山炮護送到濟南。入夜，丁連官兵用棉布包裹山炮輪子，以繩索紮緊馬嘴，在五十五軍士兵護送下，悄然越過日軍封鎖線，通過橋面已嚴重破損的黃河鐵橋，安全到達濟南馬鞍山炮兵陣地。次日下午三時左右，丁連長從望遠鏡中觀察到黃河對面鵲山頂上有二十多名日本軍官正手執地圖向我方窺測，一邊指手畫腳。丁立刻下令開炮，敵軍官頓時倒下一片。

韓復榘對卜福斯山炮倚畀甚殷。李宗仁欲將山炮團調走，韓執意不放。韓對來人說：「這個炮團是我直接要來的，你們自己可以向中央要。這個炮團在抗戰時期，絕對不能給你們調走。」（孫桐萱：〈韓復榘被扣前後〉，《文史資料選輯》，第五十四輯，頁一〇二）

後蔣伯誠從中斡旋，韓仍拒絕交出山炮團。但最終在蔣介石的壓力下，卜福斯山炮團還是被強行調往津浦線南段。

對此，韓復榘十分氣憤。他對何思源說：「蔣叫我們在山東死守黃河，抵住日軍，原說派重炮支持的，到快用的時候，忽然抽調走了。他們不守南京，卻叫我們死守濟南，叫我們用步槍跟日軍拚嗎？」（何思源：〈我與韓復榘共事八年的經歷〉，《文史資料選輯》，第三十七輯，頁二二五）

李宗仁對此也十分氣憤，認為是韓復榘沒把他這位司令長官放在眼裡。後韓在開封被扣後，孫桐萱見李，請說項，李猶提及此事，餘怒未消。

「中國抗日必須西撤而後反攻」

一九三七年十二月四日，宋哲元第一集團軍總司令部撤退到黃河南岸。

十二月十三日，南京陷落。當國軍自上海退至蘇州時，白崇禧向陳誠說不可續戰。陳責以「自相矛盾」，白遂不復言。

經過歷時一個半月的魯北作戰，韓復榘深感自己的部隊無論是武器裝備，還是戰鬥力，都與日軍相去甚遠，如繼續與日軍死打硬拚，只是徒供犧牲，於事無補。在剛剛結束的淞滬會戰與南京會戰中，國軍分別投入七八個師及十四個師，最終仍以失敗告終，第三集團軍的五師一旅能守住六二八公里的黃河防線嗎？韓認為，在長期抗戰之大戰略下，與其死守黃河，悉數被殲，不如有計劃撤退，保存實力，以利再戰。

韓復榘的戰略思想應該是完全正確的，事實證明，此後八年抗戰的發展軌跡也大抵如此。蔣百里一九二三年即斷定中日將來決戰之地為平漢線以西的「三陽」，即襄陽、洛陽和衡陽，應「以京漢鐵路以西為總根據地，逐漸東進」。

但是，戰略決策是大本營的事，韓雖尊為戰區副司令長官、集團軍總司令，也不過是一名高級戰地指揮官，必須服從大本營的指揮。「軍人以服從命令為天職」，韓無論有什麼理由，也必須服從大本營的命令。

梁漱溟分析韓復榘在退守黃河防線後，為什麼要「急切求退」？他認為原因有「下列三層」：

「一，當時此路（津浦路）敵我雙方兵力均極薄少（我方除韓部外並無其他隊伍，魯東方面韓部所空出之防務亦未填補。）雙方均不著重在此，不於此決戰。

二，韓氏自始抱『中國必須西撤』之見解。八月二十二日，余陪蔣百里先生晤韓。韓即謂不求現在決戰，但求能戰能退。對於前途大勢，認為中國必撤至平漢路以西，待國際援助，再反攻過來，始有辦法。故以兵力於此時決戰，徒供犧牲；不如保全實力，以待反攻機會。又自知所部品質兩差，不堪作戰；一經決戰，必致消滅，故蓄意退至南陽、漢中等地練兵，以冀不失為參加反攻的一個單位。

三，韓氏自忖退路在魯西南，而敵人在平漢線已達安陽、大名，將斷其後路，自非急退不可。」（梁漱溟：《抗戰初期告山東鄉村建設同人同學書》，武昌鄉村書店代印）

韓軍撤守黃河南岸後，一次，何思源問韓復榘：當前的抗日戰爭是不是全面的，是不是民族戰爭？韓回答說：這是全面的的戰爭，打到底，中國一定能勝利。但又說：「我們要最後參戰。」並說已電中央，請求向後方調了。何懷疑這種辦法能行得通，怕蔣不同意。韓說：「現在全面抗戰，中央顧不得問我們。」（何思源：〈我與韓復榘共事八年的經歷〉，《文史資料選輯》，第三十七輯，頁二二五）韓復榘顯然是誤讀了形勢，低估了蔣介石的謀略，其在政治上的幼稚由此可見一斑。

大本營擬將第三集團軍拉進沂蒙山區打游擊的計畫及調走卜福斯山炮團的作法，被韓復榘認為是「即在全面抗戰中，蔣介石也有先犧牲他的詭計」。（何思源：〈我與韓復榘共事八年的經歷〉，《文史資料選輯》，第三十七輯，頁二二五）從而更強化他保存實力的意願。

蔣介石究竟有無如此「詭計」呢？與蔣共事多年，並參與「開封扣韓」事件的李宗仁作如是說：「西北軍系統瓦解，部隊零星流散。雖經中央收編，然因蔣先生一心一意要藉對內對外的戰爭，把這些『雜牌』部隊消滅，所以平時扣發軍餉，戰時不予補充，待該部在戰爭中消滅迨盡時，中央便藉口將其番號取消。」（李宗仁口述，唐德剛撰寫：《李宗仁回憶錄》下冊，廣西人民出版社，二〇〇五年，頁七九五）

撤退前的疏散轉移

早在一九三七年八月九日至十一日，梁漱溟與蔣百里在南京討論山東抗戰問題。蔣「勸梁漱溟速回山東，催促山東當局將重要的物資——特別是兵工廠和將來被敵人封鎖時需用。而這類物資多很笨重，運輸力又有限，非及時籌畫，早日動手不可。」

韓復榘心領神會，當濟南危急時，即令將彈藥、給養等軍需物資、軍醫院、修械所、傷病員及官佐眷屬用火車運送到河南漯河、舞陽、南陽等地；將山東最大的「新城兵工廠」（其前身是始建於一八七五年的「山東機器局」）的全套生產設備內遷到西安。

當韓部運送軍用物資和工廠設備的火車經過徐州時，五戰區長官司令來電阻止，並責問：「豫西非第三集團軍的後方，為何運往該地？」韓隨手在電報上批曰：「全面抗戰，何分彼此」，又云：「開封、鄭州亦非五戰區後方，為什麼將彈藥、給養存在該地？（李確有此事）」。（孫桐萱：〈韓復榘被扣前後〉，《文史資料選輯》，第五十四輯，頁一〇三）韓的參謀處不知是何居心（參謀處有蔣系特務，如聯絡參謀王道生等，意在挑撥韓、李關係），竟按韓隨手所批字句，直接電覆五戰區長官司令部，事先也未將覆電呈韓過目。

李宗仁接電，勃然大怒，將韓覆電轉給蔣介石。

韓復榘在文電上信手寫批語是他長年軍旅生涯養成的習慣，多為有感而發，並非覆電電文。馮玉祥也有如此習慣，有時看到不愜己意的文電，批語更是出奇，如：「放屁」、「放狗屁」、「脫褲子放屁」等，不一而足。

抗戰開始後，以葛光庭為首的膠濟鐵路管理委員會從青島搬到濟南。當時在膠濟路運行的有一〇七台機車和客、貨車一八三〇輛車廂。鐵道部飭令膠濟鐵路當局將機車、車輛南移或西撤。一九三七年八、九月份，韓復榘協助葛將機車二十輛、客、貨車二十列過軌運往津浦路，再轉粵漢路。十一月十六日以後，除維持軍運和少數旅客列車外，絕大部分車輛都已過軌南運。十二月二十四日，日軍渡過黃河，葛又將剩下的全部機車、車輛過軌運往津浦路。青島「四方機廠」的全部重要機器設備也於八月份南遷湖南株洲機廠及西安。（于建勇：《圖說膠濟鐵路故事》下，中國鐵道出版社，二〇一五年，頁一四五）十二月二十四日晚，韓與葛同乘最後一列鋼甲車離開濟南。二十七日，濟南陷落。

十月，韓復榘命令教育廳將濟南全部四所公立中等學校內遷到四川綿陽，組成「國立第六中學」。韓命令將「山東省立圖書館」全部善本藏書及文物金石裝箱，在軍隊押送下，轉運四川，藏進樂山大佛寺的秘密山洞裡。

十一月二十日，為使濟南市民免遭日軍塗炭，在山東省政府及濟南市政府撤離濟南的同時，韓復榘下令將三十萬濟南市民疏散到位於東南部山區（泰山山脈）的歷城縣和長清縣。因此當日軍攻佔濟南時，面臨的幾乎是一座空城。

十二月，韓復榘協助沈鴻烈將青島「華新紗廠」的精紡設備，包括兩萬紗錠、二百度台織布機及印染器材全部運往中國內地。

日軍突破黃河防線

從一九三七年十二月中旬起，南路日軍華中方面軍指揮第十三師團從鎮江、南京、蕪湖渡江，沿津浦路北上；津浦北段日軍準備渡過黃河南下，企圖南北夾擊，打通津浦線。

在經過一個多月的相對沉寂之後，日軍決定對濟南發動攻擊。日本史書稱：「攻克南京後，大本營決定戡定膠濟路沿線及濟南黃河上游左岸地區，命令華北方面軍司令官逐步推行這一計畫。於是，華北方面軍司令官決定迅速攻擊濟南，即命令第二軍攻佔該地。」（日本防衛廳戰史室編，天津市政協編譯組譯：《華北治安戰》）

一九三七年十二月二十二日夜，濟陽至青城間之黃河北岸日軍第一一八旅團以猛烈炮擊南岸我第三集團軍第五十六軍（軍長谷良民）第二十二師（師長谷兼）陣地，並出動飛機轟炸，掩護日軍步兵從濟陽、門檯子、清河鎮等幾個渡口同時強渡黃河。

我第二十二師負責周村以北及濟陽至青城一〇〇多里黃河防線。河防部隊兵不敷用（用佈防門檯子渡口的韓蓮台營長的話說：「一個營擔任四〇多里長的黃河防線，把全營士兵都擺到黃河防線也看不見人」），又無重武器，迫擊炮及輕、重機槍也很少。時值冬季，黃河水淺，河道窄，我軍防線很快被突破，其中門檯子渡口有數百名日兵衝上南岸。是時我門檯子渡口守軍只有一個連，當第六十四旅（旅長時同然）第一二九團（團長葛開祥）第三營營長韓蓮台率第二、三連及機槍連趕來增援時，第一連已傷亡殆盡。韓營長率部拚死抵抗，身受三處重傷，躺在地上仍指揮作戰。陸續渡河的日軍增至二、三千人；我第一營營長劉志寅也率部前來增援。一場血戰之後，我門檯子陣地終於失陷。（韓蓮台：《回憶我親歷抗日

戰爭經過情況》，頁三）

在門檯子戰鬥中，我二十二師六十四旅第一二九團兩個營共犧牲三百餘名官兵，其中包括劉志寅營長及一名副營長、九名連、排長。（姜惟翰：〈韓復榘第三集團軍山東抗戰經過〉，《文史精華》，一九九三年第二期，頁三六）

日軍突破我門檯子渡口後，迅速擴大戰果，佔領黃河南岸寬二〇餘里，縱深一〇餘里地區。谷良民軍長用電話向韓復榘告急。韓命谷師撤守小清河。但小清河無險可守。韓又給谷打電話：「日軍過了黃河，我們沒有大炮是抵不住的，你先撤到周村好了。」谷師分散在漫長的防線上，部隊一時無法集結，難以形成有效戰力。敵機又來輪番轟炸，將周村車站炸毀，鐵路炸斷，交通斷絕。十二月二十五日，日軍第一一八旅團攻佔周村。谷師以團為單位，分途向博山方向且戰且退。

濟南保衛戰

一九三七年十二月二十三日凌晨五時，韓復榘把李樹春、何思源召到省府，說：「夜裡日軍已經從濟陽門樓子過了黃河，二十二師谷良民部已退到周村。你們該走了吧！」李、何於是各自乘車前往省府新址曹縣。

同日，日軍磯谷師團二萬餘人分兩路從濟陽、青城間與齊河渡過黃河，向濟南與周村進逼。

十二月二十四日拂曉，濟南以北，黃河對岸之日軍發動猛烈炮擊，我南岸濼口陣地全部被炮火夷為平地。我軍無重炮，無法回擊，士兵只能以彈坑為掩體，堅守陣地。下午，日偽軍在煙幕彈掩護下於北岸邢家渡口強渡黃河，受到我第二十師（師長孫桐萱）第五十八旅（旅長張青秀）、第六十旅（旅長周遵時）之頑強抵抗。第六十旅因在魯北傷亡過重，戰鬥力有所減弱。晚六時，我第六十旅第一二〇團（團長孫正訓）第七連陣地首先被突破，孫桐萱率師直屬部隊趕赴前線，狙擊過河之敵。戰鬥持續到晚八時，我濼口陣地失陷，濟南之北已無險可守。

第二十師戰報就此稱：「師以守備濟南為目的，以五十八、五十九旅守河岸；六十旅控制濟南，為預備隊。三十六年（一九三七年）十二月二十四日早四時二十分。A，敵利用汽艇，拂曉時向濟陽東南二〇里處施行強渡，開放毒氣。B，師左翼二十二師兵力薄弱，敵強渡得逞，突破二十二師防線。師以五十八旅向過河之敵迎戰。本日午後五時，敵渡河兵力漸強，濟南地凹，防守無所依據。師奉命於是日午後七時三十分轉移崮山，佔領陣地。」（第二十師戰報：《濟南至大汶口之役》，中國第二歷史檔案館，全宗號：七八七，案卷號：七三六一）

是時，自濟陽渡河的日軍五千餘人，正沿膠濟路由東向西逼進濟南。韓復榘命令二十師第五十九旅（旅長趙心德）迅速開至界首（位於現濟南市長清區萬德鎮）山區構築工事，抵禦西進之敵。

韓復榘兩面受敵，擬調曹福林第二十九師及李漢章第七十四師增援濟南，同時欲請駐防濰縣並隸屬第三集團軍建制之于學忠第五十一軍暫為支援。孫桐萱奉韓命通過電話向李宗仁提出此項請求。李拒絕之，並讓孫轉告韓：「于學忠部已決定調蚌埠，不調不行。」（孫桐萱：〈韓復榘被扣前後〉，《文史資料選輯》，第五十四輯，頁一〇三）實際上，濟南失陷後，第五十一軍才被調南下淮河一線。至於五十一軍調防後，日軍會不會從海上登陸膠東，李宗仁就不管了。

原來此刻南線日軍第十三師團有三個聯隊沿津浦路北犯，桂系第三十一軍後撤。日軍進佔滁縣、盱眙。李宗仁調五十一南下為的去支援桂軍第三十一軍。

韓氣憤至極，認為這也是大本營以抗戰為名，「先犧牲他的詭計」之一。

韓復榘命令孫桐萱第二十師留守濟南斷後，第三集團軍其他各部向泰安、兗州方向撤退。

十二月二十四日晚，韓復榘與蔣伯誠同乘一輛汽車離開濟南，到白馬山火車站換乘鋼甲車向泰安駛去。

韓復榘撤離濟南前，曾下令將省府及所屬各廳、處、高等法院、進德會、裕魯當、兵工廠、日本駐濟領事館等建築焚毀，此即蔣介石所宣導之「焦土抗戰」。韓此舉日後曾遭非議。

此前南京失陷，守軍倉促撤退，乃至各官廳之堂皇建築全部為敵方利用，如外交部大樓作為敵軍總司令部前後八年；金陵兵工廠及所有鐵道車輛器材亦未及破壞，全部資敵等，日後亦遭非議。

灤口陣地失守後，孫桐萱率二十師之第六十旅撤至濟南市西南的開山構築陣地。開山（當地人稱大西山，該山因當年詩人徐志摩乘坐的飛機在此失事而引人注目。）海拔三三〇米，位於濟南西南十六公里崮山鎮，距白馬山車站（現濟南南站）十二公里。二十師之五十八旅在夾河（位於現泰安市東平縣州城鎮）山區構築工事。

十二月二十七日晨，日軍遠端炮猛轟我開山陣地，同時以一個旅團的兵力發動地面進攻。我第六十旅奮起反擊，激戰竟日，斃敵甚眾。

是日，日軍佔領濟南。

二十八日晨，日軍在增援部隊支援下再度對開山發起攻擊。我第六十旅傷亡慘重。下午六時日軍實行左翼包抄，佔領夾河以東高地。我開山陣地孤立無援，第六十旅堅持到傍晚，不支，師長孫桐萱與參謀長張測民在山洞裡打電話向韓復榘請示行止。韓回覆：「能打就打，不能打就撤。」孫遂率部於傍晚撤至小萬德，停留一夜，翌日撤往泰安。

第二十師戰報就開山之役稱：「二十七日上午九時十分，敵以旅團兵力進襲崮山（開山），先以便衣騎兵猛襲，被我六十旅之一二零團數次擊退。上午十二時，敵以飛機二十餘架、炮十五門援攻並以一部向我陣地左翼迂回。斯時戰鬥異常激烈，敵死傷多我數倍。直至下午五時，敵攻擊不逞，炮火聲漸息。二十八日上午七時，敵增援部隊來到，仍以陸空聯合攻擊。六十旅指揮官周旅長指揮若定，陣地毫不動搖，戰事較昨日更激烈，敵我死傷更重。下午六時，敵左翼包圍成功，將夾河以東高地佔領。五十九旅應援失時，崮山陣地陷於孤立。午後七時二十分，師奉命轉移大汶河南岸，佔領陣地。」（第二十師戰報：《濟南至大汶口之役》，中國第二歷史檔案館，全宗號：七八七，案卷號：七三六一）

日軍衝上開山後，在界首（位於現濟南市長清區萬德鎮）設防的第五十九旅立即處於背腹受敵的困境。旅長趙心德率部與敵拚死肉搏，傷亡慘重。敵調來二十餘輛坦克及裝甲車隊，橫衝直撞，將我第五十九旅沖散。趙旅長僅率二十餘人經運動場、侯家大院，趕到白馬山火車站，被敵沖散之第五十九旅殘部也陸續分途到達白馬山火車站與之會合，乘火車撤往泰安。

濟南保衛戰應包括灤口之戰、開山之戰和界首之戰在內，發生在濟南近郊的灤口、開山、界首等地的戰鬥都是濟南保衛戰的分戰場，不能說非在濟南城裡打巷戰才叫「堅守濟南」，也不能說非得死掉最後一名戰士才叫「死守濟南」。

據第二十師戰報統計，在濟南保衛戰中，第二十師傷亡官兵一五〇三人（其中營長五人、連、排長三十餘人）；失蹤官兵一九九人。（第二十師戰報：《濟南至大汶口之役》，中國第二歷史檔案館，全宗號：七八七，案卷號：七三六一）手槍旅第一團傷亡連、排長十人、士兵三百餘人。（姜惟翰：〈韓復榘第三集團軍山東抗戰經過〉，《文史精華》，一九九三年第二期，頁三六）因此，所謂「韓復榘不戰而放棄濟南」的說法是不準確，也是不恰當的，否則將何以面對那些為保衛濟南而為國捐軀的在天之靈！

至於說「韓復榘不戰而致山東全省淪陷」，更不符合事實，且不說韓軍在魯北與日軍輾轉作戰歷時一個半月，主力損失過半，截止韓在武昌被殺之日，魯西及魯南均在韓軍及友軍控制之下，其後的「台兒莊大捷」也是在魯省進行的。

從一九三七年九月三十日日軍進犯山東省境至十二月二十七日濟南淪陷，韓復榘第三路軍以絕對劣勢的裝備與敵周旋近三個月，為徐州會戰及武漢會戰贏得了充分的準備時間。

「南京不守　何守泰安」

韓復榘偕蔣伯誠乘鋼甲車於十二月二十四日晚離開濟南白馬山車站後，直達濟寧。蔣伯誠一覺醒來，以為到了泰安，不料鋼甲車已停在濟寧車站。蔣問韓：「不是說我們住泰安麼？」韓道：「已到濟寧，還說什麼泰安呢！」

十二月二十九日，蔣伯誠親自致電蔣介石，為韓復榘的戰略轉移放棄濟南而做解釋。（臺灣國史館保存檔案〈韓復榘態度曖昧，外界頗多揣測。蔣中正以此為憂。蔣伯誠自泰安來電為之解釋〉，編號為002-060100-00265-029）十二月三十一日，蔣介石致電徐州第五戰區司令長官李宗仁、副司令長官韓復榘：第三路韓復榘所部主力須分佈於泰安至臨沂一帶、泰山山脈各縣。晚考慮傷兵散勇之處置、游擊部隊紀律之整飭。（臺灣國史館保存檔案，編號為002-060100-00265-031）

李宗仁亦電韓，命其死守泰安，如泰安不守，可節節抵抗，撤守兗州。

十二月三十一日，韓復榘於濟寧致電蔣介石：自日軍渡黃河後，重武器部隊全數參戰，已令谷良民、李漢章等三師分在泰山各山地抗拒。（臺灣國史館保存檔案，編號為002-090200-00036-109）

濟南失守後，日軍第二軍磯谷廉介師團由博山、萊蕪進攻泰安。孫桐萱師撤到泰安後，在城外阻擊南下之敵，所部重迫擊炮團彈藥隊隊長賈發勇陣亡。（宋明祥：《韓復榘的為人及其死》），十二月三十日，韓復榘令孫桐萱師撤至大汶口佈防。三十一日，泰安陷落。

待韓部退出泰安，軍委會復有令給李宗仁與韓復榘，令韓重入泰安並以泰山為根據地，指揮地方團隊游擊。李亦致電韓，促其重返泰安。韓在來電上信手批曰：「南京不守，何守泰安。」參謀處故技重演，仍將韓所批字句當作覆電，直接拍發五戰區長官司令部。李接電，又是大怒，將韓電轉給蔣介石，指韓不聽指揮，擅自行動，「無力戰意」。

就在日軍佔領濟南前兩日（十二月二十五日），白崇禧還對徐永昌說不主張李宗仁「力戰」。徐在日記中寫道：「健生昨日談話不主德鄰軍力戰，以為在一地力戰，只守不了一星期，不如預留游擊之力量為得計。」對此，徐在日記中譏諷白曰：「人慮向方（韓復榘）不力戰，而慮德鄰（李宗仁）力戰，此等情形只能責己，不好尤人也。」（《徐永昌日記》，一九三七年十二月二十六日，團結出版社，二〇一四年）

其實，面對日軍咄咄逼人的進攻，白崇禧早就力主「開放戰場，後退決戰」。

一個月前，李宗仁、白崇禧還反對守南京，李甚至主張宣佈南京為「不設防城市」（按國際公約不能再動武，可免敵軍藉故燒殺平民），大本營作戰組長劉斐亦建議，以少數部隊作象徵性防守，然後主動而有秩序地撤退。李認為，蔣介石要死守南京，是他犯的第二個錯誤（第一個錯誤是死守上海），但「無奈蔣先生不此之圖，意氣用事，甚至潰敗之兆已顯，他還要一守，再守，終於潰不成軍。試問在長期抗戰的原則下，多守一兩日和少守一兩日，究竟有多少區別？但是在用兵上說，有計劃的撤退和無計畫的潰敗，則相去遠甚。」（唐德剛撰寫：《李宗仁回憶錄》下冊，廣西人民出版社，二〇〇五年，頁七〇一）

李宗仁言之有理，擲地有聲，至於一個月之後他為什麼又認為「死守泰安」非但不是第三個錯誤，而且必須貫徹執行不可，自有他的道理，或許「多守一兩日和少守一兩日」區別很大了，但這一切都不是韓復榘應該過問的。韓作為一名戰地指揮官，對上級的命令，應該是理解的要執行，不理解的也要執行。

韓復榘拒不執行軍委會「以泰山為根據地，指揮地方團隊游擊」的命令是犯了一個致命錯誤。

韓復榘不服從指揮，李宗仁告他「御狀」，現在只一條「不聽命令，擅自撤退」，就足以名正言順地置韓於死地，何況又是以「抗戰」這個堂而皇之的名義。

大汶口之戰

一九三八年元月一日上午，佔領泰安之日軍沿津浦路南下，在大汶口首先遭遇我孫桐萱師右地區隊第五十八旅之有力阻擊。敵軍先以排炮轟擊我軍陣地，繼而以坦克車、裝甲車掩護步兵發起攻擊。戰至最激烈時，我第一一團長劉泮水手持大刀，率部躍出戰壕，與敵肉搏；擔任預備隊之五十九旅旅長張青秀隨之下令全旅出擊增援，激戰三十分鐘後，將敵第一次衝鋒波擊退。後日軍增援部隊接踵而至。四日上午十時，我二十師第五十九旅奉命撤出大汶口，開往兗州；第五十九旅、第六十旅開赴定陶縣整補。

是役，我第二十師傷亡三百餘人，第一一五團團長劉泮水壯烈犧牲。該團第三營馬營長受重傷。

據第二十師戰報稱：「三十日到達大汶口以南地區，師以第六十旅為左地區隊；五十八旅為右地區隊；五十九旅為預備隊。二十七年（一九三八年）元月一日，上午八時敵大部襲擊大汶口，以唐克車、裝甲車掩護步兵攻擊進至大汶口北端，我地雷轟毀敵戰車十餘輛。我方因有汶水之障，敵進攻時僅以炮擊甚烈。敵步兵於一日夜偷渡，被我發覺，斃敵人於水中者三百餘。二日晨，敵死屍漂浮水面，兩方隔河對峙，不時炮戰。四日上午十時，師奉命開赴定陶縣整補。」（第二十師戰報：《濟南至大汶口之役》，中國第二歷史檔案館，全宗號：七八七，案卷號：七三六一）

因此，某些史書與坊間傳言濟南淪陷後，韓軍「一槍不放」撤往魯西南不是史實；《陳誠回憶錄》稱「韓復榘又放棄大汶口」也不是史實。實際情況是，自日軍強渡黃河，攻擊濟南、周村之日起，韓部始終是且戰且退，直至魯西南。

一九三八年一月一日，韓復榘致電蔣介石，彙報他的軍隊在青石關、博山、界首、長清、肥城等處與日軍激戰情況，並且已下令第二十師等向泗水、寧陽、兗州、濟寧等處警戒（臺灣國史館保存檔案〈韓復榘電蔣中正：青石關、博山、界首、長清、肥城等處與日敵激戰情況，已令第二十師等向泗水、寧陽、兗州、濟寧等處警戒〉，編號為002-090200-00037-038）。一月二日，韓再次電蔣，報告孫、谷兩師在黃河南岸守備佈置及傷亡情形，其到濟寧在運河西部署情況（見臺灣國史館保存檔案〈韓復榘電蔣中正：孫、谷兩師在黃河南岸守備佈置及傷亡情形，其到濟寧在運河西部署，擬堅強抵抗〉，編號為002-090200-00037-037）

韓復榘命曹福林師至濟寧佈防；李漢章師開往定陶；展書堂師開往嘉祥；谷良民師，經萊蕪、泗水、兗州，向曹縣集中。韓佈置完畢，遂離開濟寧，前往巨野。第三集團軍總司令部就設在巨野。

同日，沈鴻烈棄守青島，所部向徐州方向撤退。

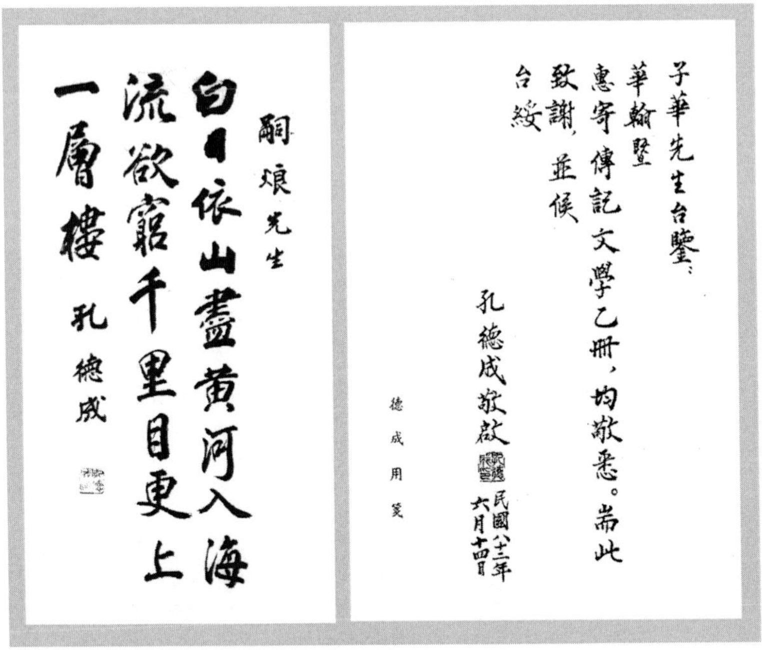

圖180　孔德成贈韓復榘之子韓子華墨寶二幅（一九九三年）

韓復榘接到孔祥熙火急電報，稱：「委員長諭，撤退時一定將奉祀官孔德成帶走。」適逢從泗水撤退下來的第二十二師軍次曲阜，軍長谷良民奉韓命護送孔到兗州。同時，第二十師亦撤到曲阜，軍長孫桐萱也奉韓命執行護送任務。一月三日晚十時，孫、谷一同來到孔府接洽。時孔夫人身懷六甲，初堅不肯行，孔亦猶豫不決，但事關國體，時間緊迫，只得成行。谷將自己的汽車讓給孔德成夫婦乘坐，孫的參謀長張測民陪同。孔一行到兗州，換乘最後一列專車南下。谷騎馬到兗州，那裡已是兵荒馬亂，找不見自己的汽車，翌日改乘卡車赴曹縣，一月七日到達目的地。一月十日，韓復榘偕孫桐萱、劉書香去開封赴會，行前委託谷代理第三路軍總指揮，在曹縣收容後續部隊。

濟寧防禦戰

孔德成走後第二天（一九三八年一月四日），曲阜、兗州相繼淪陷。第二十師與第二十二師脫離津浦路，撤往濟寧。日軍佔領兗州後，兵分兩路，一路沿津浦線南下，一路沿兗（州）濟（寧）線進攻濟寧。

軍委會電令韓復榘死守運河；蔣介石電令李宗仁、韓復榘：「死守運河西岸及濟寧據點。」；李宗仁致電韓復榘：「務請兄於運河之線竭力支持，固守濟寧。」

是時駐守濟寧及運河的是曹福林師及李漢章師之一個旅。韓復榘主張在運河之線採取攻勢防禦。一九三八年一月六日，韓命先期到達濟寧之曹福林師出動，未幾，曹師無功而返。

一月七日上午，日軍第十師團騎兵第十聯隊由兗州進抵濟寧東面之八里鋪；第八旅團第三十九聯隊進至濟寧之東北。韓復榘親至濟寧佈防，旋即回到巨野坐鎮。

是日下午，日軍對濟寧實施分路合擊，韓部奮力抵抗。八日晨，日軍又增兵兩個聯隊、坦克二十餘輛。日軍兩次攻入濟寧北關，均被我守軍擊退。日軍又出動飛機十餘架助戰，將城牆炸塌數處。傍晚，日軍終於在炮火掩護下，從西、北門衝入城內，佔領濟寧。曹、李兩部渡過運河撤往金鄉。

濟寧失陷後，韓部次第撤往巨野、曹縣，韓留在巨野，戰事一度暫時平寂。

韓復榘為什麼要撤往豫西南

韓復榘為什麼要率部隊撤往豫西南的南陽地區呢?南陽在平漢路以西，他在豫省當過主席，又在那裡駐過軍，打過仗，對河南比較熟悉。

南陽一帶曾有位西北軍出身的彭禹亭，在地方上搞「村治」，進而實行「宛西自治」，很有成績。彭是梁漱溟的同道與朋友，與韓私交甚密。

彭禹廷，名錫田，字禹廷，河南省鎮平縣七里莊人，中國鄉村建設運動的主要代表人物之一，宛西自治運動的領袖。他所創辦的宛西自治，曾被鄉村建設派奉為樣板，在鄉村建設派中享有很高聲譽。彭禹廷還是紅軍將領彭雪峰的族叔。

彭禹廷一九二〇年參加西北軍，一九二七年六月，馮玉祥第二集團軍北伐開進河南，時任檢查委員會委員長的張之江任命彭為高等執法官。兩個月後，彭母病逝，彭告假歸家奔喪。事畢，留鄉出任鎮平縣南區區長，開始著手創辦民團，同時進行軍事技術訓練，使鎮平民團成為一支頗有戰力的剿匪武裝。

一九二九年一月，時任河南省政府主席的韓復榘任命彭出任河南自衛團豫南第二區區長，轄九縣。彭為擴大剿匪力量，又與鄰縣民團結成聯盟，成立宛西地方自衛團，穩定地方秩序，推動地方自治運動的進行。夏，韓委彭為豫南民團總指揮，彭堅辭不就，並與韓商准在河南省百泉創辦河南村治學院，彭任院長，梁仲華任副院長，邀請梁漱溟等「村治」學者為教授。中原大戰爆發後，韓率部赴魯參戰，河南村治學院解散，彭返回鎮平縣繼續從事「村治」事業，與地方實力人物別廷芳聯手推行地方自治。

一九三三年二月，彭禹廷遇害，別廷芳成為宛西地方自治的核心人物。別廷芳，河南內鄉人，民初為山寨「禁頭」，靠火拼發跡，遂成為一方的民團首領。別後受鎮平彭禹廷的影響，全力推行地方自治，歷任內鄉民團司令、宛西四縣聯防主任等職。抗戰前夕，別擁有宛屬民團約二十萬眾，是一支不可小覷的地方勢力，並與時任山東省政府主席韓復榘一直保持聯繫。「七七」事變後，日軍大舉入侵，中國國土淪陷，中原岌岌可危，獨南陽偏安一隅。此時的南陽已成為全省的政治、經濟、文化中心和穩固的戰略後方。

韓復榘認為豫西南頗有迴旋的餘地，將來如山東不守，退到那裡倒是一盤活棋。韓為此曾命張鉞去南京奔走，請求允許將來向那裡轉移，後來也曾得到何應欽的當面許可。（劉熙眾：〈韓復榘與劉湘的秘密結合〉，《一代梟雄韓復榘》，中國文史出版社，一九八八年，頁二〇九）

殺機四伏

一九三八年一月七日，李宗仁在徐州召集第五戰區軍政會議，江蘇省政府主席韓德勤、安徽省政府主席李品仙都到了。韓復榘不去，從巨野給在曹縣的何思源打電話，委託他代表自己去徐州開會。李見韓未到，大不悅。會後，李對何說：「委員長就要到開封，你快回去，務要叫韓復榘去見委員長。」因為此時他已「心知這一會議係專為懲治韓復榘而召集的。」（唐德剛：《李宗仁回憶錄》下冊，廣西人民出版社第，二〇〇五年，頁七一三）

一月八日，正在歸德編練第三路軍汽車兵團的劉熙眾在火車站會見老朋友、川軍代表鄧錫侯的顧問趙岳松。趙是從徐州赴漢口路過歸德的。劉後來撰文回憶他與趙在月臺上的一番對話：「他（趙）說，『你們韓主席與李司令長官鬧翻了，你知道嗎？』我（劉）說，『不知道，怎麼回事？』他說，『詳細情況我也不十分清楚，只聽說你們主席有幾個電報對李長官毫不客氣。李惱火了，將韓違抗命令，不聽指揮的情形告到委員長那裡。聽說蔣要在開封召開軍事會議，解決這個問題。最好請你們主席好好準備準備，來打這場官司。』我問韓打的什麼電報。趙說，『我只聽到大家傳說，他這些電報在措辭上、語氣上都很欠斟酌。李長官認為他目無長官，若不予以懲辦，今後將無法指揮作戰。你回去查查這些來往的電報就知道了。』」（劉熙眾：〈韓復榘被殺前後〉，《一代梟雄韓復榘》，頁二六八）

一月九日晨，劉熙眾前往巨野，將趙岳松一番話轉告韓復榘。韓聽後，沉吟片刻，命人去參謀處將最近與李來往的電報取來。劉翻閱一遍，果然有些詞句很生硬，但這些詞句都是韓在來電上信手批註的，而參謀處卻將這些話原封不動，當作正式電文發了出去，事先也沒請韓過目。韓自知欠妥，但倔強的性格，又使他不肯認錯，只淡淡地說：「趙先生一番好意，你去信謝謝人家。李宗仁要打官司，那就打吧！」劉竭力勸韓，請他派人去徐州，當面向李解釋一下，以緩和一下關係。韓沉思了一會兒，說：「好，你代表我前往解釋解釋吧。」（劉熙眾：〈韓復榘被殺前後〉，《一代梟雄韓復榘》，中國文史出版社，一九八八年，頁二六八）

圖181　蔣介石與戴笠

劉熙眾走後，蔣介石親自打電話給韓復榘，說：「我決定召集團團長以上軍官在開封開個會，請向方兄帶同孫軍長等務必到開封見見面。」（孫桐萱：〈韓復榘被扣前後〉，《文史資料選輯》，第五十四輯，頁一〇三）韓不假思索就答應了。第三路軍「八大處」的處長們都堅絕勸韓不要去開會，主張派代表參加，但韓意已決，勸阻無效。

一九三八年一月九日下午，劉熙眾趕到徐州，李宗仁在升火待發的專列上接見了他。劉說：「韓主席叫我來問候長官，並報告一下部隊的情況，請示將來的作法。還聽說長官很生他的氣，也叫我陳述一下實際情況。」李嘴裡「唔、唔」地哼著，臉上的表情很難看，等劉說完了，才問了聲：「你們打算怎麼辦呢？」劉說：「還是聽長官的命令。前次命第三路軍撤往沂蒙山區，韓主席以在沂蒙山區未做一點準備，臨時變更計畫，在敵人追蹤下，目前雖不能去，將來準備一下，還是可以去的，即便不能全去，也可以去一部分。」李聽了未做任何表示。劉接著又說：「聽說有兩個電報，使長官很生氣。韓主席這個人，長官還不瞭解，他做事一向馬馬虎虎，事情一忙，許多事都交給下邊辦，發電報連看也不看。前天我們檢查了那些電報，都是參謀處代發的，真是太不成話。韓主席正在追究這一責任，準備對承辦人給予應得的處分。當然，像這樣重要的電報，隨隨便便交給下邊處理，他本人也難辭其咎。韓主席說過幾天一定來面謁長官，負荊請罪，請長官教訓。」李聽話時，面色嚴肅，時而冷笑，一反平時一團和氣的態度。最後，李說：「我現在去開封，盼望熙眾兄常來談談，以後見面再談吧。」（劉熙眾：〈韓復榘被殺前後〉，《一代梟雄韓復榘》，中國文史出版社，一九八八年，頁二六九）

李宗仁在其回憶錄裡說：「韓氏本人果然也疑慮叢生，特派專人來徐州長官部請示，問他應否親自出席這一軍事會議。我告訴他的使者說，『應該去』。韓乃如命前往。」（唐德剛：《李宗仁回憶錄》（下），廣西人民出版社第，二〇〇五年，頁七一三）李所謂「專人」當是指劉熙眾，但劉徐州之行的使命與李所說的「請示」完全是兩碼事。當時，韓復榘與李宗仁的關係已緊張到要「打官司」的地步，難道前者還指望後者能為自己指一條生路？韓去不去開封，問誰也不會問他，這一情節顯然是虛構的。

劉熙眾與李宗仁交談半小時，李自始至終沒說一句諒解的話，劉感到他的談話沒起什麼作用，心情很沉重。當日晚，劉返回巨野向韓如實報告李宗仁的表現。韓表示不在乎李宗仁。劉憂心忡忡，找秘書長張紹堂商量。張說，開封會議的通知已到，韓已決定前往出席。劉又去見韓，勸說：「據我見李長官的神情，開封會議恐對我們不利，主席還是不去的好，派個代表去，也有緩衝的餘地。」韓說；「我已覆電說到時出席，怎麼能不去呢！」劉說：「可以來個臨時病假。」韓笑著說：「你不要神經過敏，我不去更叫人家懷疑。我又沒有投降日本，怕什麼？」

劉熙眾認為韓不聽他的勸告，是受了蔣伯誠的騙，總以為沒有投靠日本，又有蔣伯誠作證，何懼之有？當時蔣伯誠正在開封，他通過第三路軍駐開封代表靳文溪電話告韓，到開封與委員長見面後，一切問題都可解決。其實，韓堅持要去開封並非要與李宗仁打什麼官司，而是希望部隊西撤計畫得到蔣介石的首肯。殊不知，蔣設鴻門宴，醉翁之意不在酒，韓忘了「雙十二」，蔣未必也那麼健忘。劉越想越擔心，堅持勸韓不要去開封。韓仍笑道：「在此抗戰期間，委員長召集軍事會議，哪有不去之理，你的顧慮太多了。」劉說：「我總認為慎重點好。」韓有些不耐煩了，連說：「好，好，好。」接著把話岔開，問起汽車兵團的事。劉無奈只得返回歸德，臨行前還敦請李樹春、張紹堂、王向榮再設法勸阻。（劉熙眾：〈韓復榘被殺前後〉，《一代梟雄韓復榘》，中國文史出版社，一九八八年，頁二六九—二七〇）

開封事變

一九三八年一月十日，韓復榘偕參謀長劉書香、參謀處長張國選、交際處長曹青山等乘汽車，從巨野到達曹縣，在第十二軍軍長孫桐萱的軍部休息片刻。午飯後，孫桐萱、省府委員張鉞及部分旅、團長隨韓一行同赴柳河車站，在四十餘名手槍隊及一個衛隊營護送下，換乘一列鋼甲車開往開封。

傍晚，韓復榘一行到達開封，河南綏靖區主任、第一戰區副司令長官兼第二集團軍總司令劉峙及蔣伯誠到站迎接。孫桐萱及部分旅、團長住在省府東邊路南指定的旅館；韓偕張鉞、劉書香、張國選、曹青山等住鹽商牛敬廷宅內。次日，韓、張、劉、張、曹等遷至黃河水利委員會委員長孔祥榕（孔子七十五代孫、著名水利工程專家，一九二五年在北京任永定河河務局局長，是時韓復榘在北京任國民軍旅長，曾帶領官兵疏浚永定河，二人在治河工作中成為朋友）私邸，為辦公方便，孫也搬來同住，各旅、團長與手槍隊分住牛、孔兩宅。劉峙以開封城內部隊過多為由，安排韓的衛隊營留在鋼甲車上，駛離市區。

圖182　韓復榘赴開封所乘之鋼甲列車

圖183　原黃河水利委員會委員長孔祥榕私邸

同日，蔣介石偕副參謀總長白崇禧自南京飛抵開封。

軍統局第二處處長戴笠偕軍統局特務總隊總隊長王兆槐，帶領十二名特務亦先期到達開封。戴指定王具體負責綁架行動。

一月十一日上午，韓復榘偕孫桐萱、張鉞等去開封圖書館，拜會先一天到汴的第一集團軍宋哲元、秦德純、過之翰等前西北軍袍澤。交談中，說起最高軍事當局借刀殺人，排除異己，韓復榘不禁義憤填膺，滔滔不絕。宋見韓還是當年直來直去，口無遮攔的習慣，很替他擔心，於是勸道：「向方老弟，按說我是不贊成你來開封的。到了這裡，我們已然是籠中鳥，還是少說為佳。」

下午一點半，軍事會議在開封南關袁家花園（今開封二十七中）舉行，韓復榘偕孫桐萱等乘車前往出席會議。

袁家花園位於開封南關。出古城南大門，向東折入東拐街，在街東頭、護城河南岸便是袁家花園。十年前，即一九二八年二月十六日，蔣介石親赴開封，就在袁家花園與馮玉祥及閻錫山的代表會晤，制定北伐計畫，發表「花園通電」。

一九三八年一月十一日開封軍事會議上究竟發生了些什麼事情，是人們關注的焦點，有關這方面的文章，連篇累牘，人言言殊，其中不乏文藝小說、傳奇故事。筆者在撰寫開封軍事會議時，為盡可能接近史實，主要參考四篇當年與會將領撰寫的回憶文獻，文獻作者都是身臨其境的目擊者。四篇文獻及其作者分別是：（一）李宗仁口述，唐德剛撰寫：《李宗仁回憶錄》，廣西人民出版社，二〇〇五年；（二）孫

圖184　開封南關原袁家花園（今開封二十七中）

桐萱：〈韓復榘被扣前後〉，《文史資料選輯》，第五十四輯；（三）吳錫祺：〈韓復榘被扣目擊記〉，《文史資料選輯》，第十八輯；（四）張宣武：〈開封會議見聞〉，《一代梟雄韓復榘》，中國文史出版社，一九八八年。

我們注意到，即使是四篇親歷親見的第一手資料，彼此也有相當出入，顯然與各位作者所處的時代背景、身份地位、派系情結、價值觀念、切身利益、個人恩怨、品行修養有關。

袁家花園的大門朝南，左邊掛著一塊木門牌，上書「中國中學」，院內有一個很大院落和一座大禮堂，可容納數百人，會場就設在禮堂內。與會人員一律在大門外下車，按集團軍整隊進入，集團軍總司令在前面帶隊。所有武裝或非武裝隨從人員一律不准入內，分別被安置在附近招待所內。院內憲兵林立，三步一崗，五步一哨，如臨大敵。與會人員不得攜帶武器進入會場，槍械交副官處統一保管。

參加會議的是第一、五戰區所轄各戰列部隊團長以上各級指揮官及幕僚長，到會約四百人左右。坐在第一排的皆為高級將領，從左至右為：蔣作賓、蔣伯誠、俞飛鵬、劉峙、鹿鍾麟、程潛、李宗仁、韓復榘、宋哲元、鄧錫侯、孫震、

圖185　原開會禮堂外景和內景（現重建學校食堂）

于學忠、萬福麟等。在高級將領中，除韓復榘、宋哲元、鄧錫侯、孫震四人身著灰布棉軍服外，其餘將領皆著黃呢軍裝。韓復榘是高級將領中最後步入會場的。他戴一付茶色墨鏡，身著灰色斜紋布棉軍服，頭戴灰布棉軍帽，下邊打布綁腿，腰紮武裝帶。韓表現得很活躍，與坐在第一排的高級將領一一握手，親熱問候，然後坐現在指定的李宗仁與宋哲元之間的空位上。

下午一點半左右，侍從室主任錢大鈞出現在講臺上，首先與在前排就座的高級將領們打個招呼，然後宣佈會議開始。蔣介石從講臺右側角門走出來，身著黃呢子軍常服，戴白手套。錢高喊一聲「起立」，全體與會將領立正。錢向蔣報告到會人數。蔣向與會將領脫帽鞠躬；眾將領坐下。蔣摘掉手套，拿起花名冊，拈起一支紅藍鉛筆，開按戰區、集團軍番號順序一一點名。半個多小時後點名結束，蔣從上衣左邊口袋裡掏出一個藍色封面小本子，舉起來說：「你們有誰帶來這本《黨員手冊》？帶著的請站起來，把本子舉起來讓我看看！」全場站起八人。蔣命侍從人員將八人名字記下來。接著，蔣又從上衣右邊口袋裡掏出一個紅色封面小本子，舉起來說：「帶著《步兵操典》的請站起來！」結果，全場只站起一人。蔣又命侍從人員將那人名字記下來。蔣面露慍色，隨即開始訓話，先是反覆強調《黨員手冊》與《步兵操典》的重要性，必須隨身攜帶，認真學習，批評眾將不重視戰時教育訓練，不學無術，長此以往，非亡國滅種不可！「……講到此處，蔣很憤慨，很暴躁。一面講著，一面頻頻以手背敲打桌面，把桌面擊打得『砰砰』響。」（張宣武語）接著，蔣又「鼓勵大家奮勇作戰」，他說：「國際形勢很好，抗戰是有把握的，但是我們要頂得住，大家一定要服從中央和戰區司令長官的指揮，沒有命令，絕對不准擅自後退！要不怕犧牲，如有損失，我一定負責代為補充。」（李宗仁語）

會議中間休息半小時。據吳錫祺回憶：「中間休息的時候，蔣派人請韓復榘到講臺後邊的休息室談話，劉峙也陪著去了，去後即未再回到會場。」據張宣武回憶，會間休息時，蔣派人傳喚孫桐萱和川軍師長王銘章到講臺後邊的休息室談話，但未提韓復榘，說韓是散會時被扣的；而在孫桐萱的回憶中，根本未說有人在會間休息時間被蔣傳喚；李宗仁在回憶錄中也未說有人在會間休息時間被蔣傳喚，只說韓是在散會時被蔣傳去談話。如此看來，韓應該不是在會議中間休息時間被扣的，可能是吳錫祺把時間記錯了。

休息過後，天已近黃昏，蔣介石又來到會場接著講下去。他批評說：「我們有些高級將領把國家的軍隊視作個人的私有財產，自從抗戰開始以來，一味保存實力，不肯抗擊敵人，只顧擁兵自衛，不管國家存亡，不聽命令，自由行動，哪裡安全就往哪裡撤退……」張宣武說，「蔣在後半段講話時，顯出一種精神失常，心緒紛亂，神情恍惚的樣子。講起話來，上句不接下句，講畢上句，久久想不起下句來。」「他有一個毛病，就是常常用『這個是』來作上一句和下一句之間的連接詞，一連使用三四個『這個是』是平常的事。可是在這天後半段講話中，一連使用三四個『這個是』要算是最少的了。有一次我好奇地在筆記本上記著數，看看他究竟一次能說多少『這個是』，竟然達到二十四個！」

蔣介石訓話結束後，由第一戰區司令長官程潛和第五戰區司令長官李宗仁分別報告戰況。晚六時多，程、李報告畢，天已黑透，錢大鈞宣佈散會，並通知，晚七時蔣委員長請全體將領吃飯。

當與會人紛紛離去時，發生了戲劇性的一幕。按李宗仁的說法是：「劉峙忽然起立大呼道，『韓總司令請慢點走，委員長有話要同你講！』韓復榘聞言留下。離會眾人議論紛紛，齊說『韓復榘糟了，韓復榘糟了！』當散會時，我走在最後，只見會場內留有委員長的便衣衛士四、五人。劉峙便指著衛士對韓復榘說，『韓總司令，你可以跟他們去。』」

按張宣武的說法是：「那位中將侍從官步下講壇，走到韓復榘面前，笑著對韓說，『請你稍等一會再走，委員長約你說幾句話。』」兩種說法大體相近，無非是會散了，別人走了，韓被「留」下來了。

在孫桐萱的回憶中，散會後，他並不知道韓被蔣「留」一下，而且他也沒參加宴會。他只說：「散會後，我與劉書香、張國選及旅、團長十餘人，同去飯館吃飯，飯後各回住所休息。」

韓復榘從進入休息室，直至被綁架到漢口，其間都發生些什麼事，由於沒有目擊者的第一手資料，因此都只是傳聞，但有關蔣介石與韓復榘之間一段精彩對話卻廣為流傳，其中以王一民的說法最有代表性。王曾任山東省政府參議、汽車路局局長，他寫過一篇〈關於韓復榘統治山東和被捕的見聞〉的回憶文章，文中說：蔣質問韓：「『我問韓主席，你不發一槍，從黃河北岸，一再向後撤退，繼而放棄濟南、泰安，使後方動搖，這個責任，應當是你負擔！』韓復榘是有膽量的，而且他是傲上的老資格。他聽了蔣介石的話，毫不客氣地頂上去說，『山東丟失是我應負的責任，南京丟失是誰負的責任呢？』韓的話還未說完，蔣正顏厲色地截住韓的話，說道，『現在我問的是山東，不是問的南京！南京丟失，自有人負責。』韓正想開口反駁，可是劉峙就拉著韓的手，說，『向方，委座正在冒火的時候，你先到我辦公室裡休息一下吧。』於是他拉著韓從會議廳邊門（王說這一幕發生在大會議廳，顯然不合情理。如確有此事，也應發生在休息室）走了出來。劉峙裝著很親熱的樣子，握著韓的手走院內，早有準備好的一輛小汽車。劉峙手指著說，『坐上吧，這是我的車子。』……韓先上了車。劉峙說，『我還要參加會議去。』說時就把車門關上了。在這個時候，汽車前座上有兩個人爬到後車廂裡來，分左右坐在韓的兩旁，出示預先準備好的逮捕令給韓看，並對韓說，『你已經被逮捕了！』韓起初還以為前座上兩個人是劉峙的隨從副官，看見了逮捕令，至此才知道兩人是軍統特務。」

汽車開出袁家花園，迅速馳往火車站。車站內有一連湯恩伯的士兵荷槍實彈，擔任警戒，站內一列準備好的專車已升火待發。韓在眾特務、軍警的簇擁下剛被押上車，火車便轟然開動。一時間，隴海線及平漢線上所有火車一律停駛，讓開線路。搭載著韓的火車先沿隴海線向西疾駛，到鄭州再轉平漢線南下，沿途一刻不停，直達漢口。在火車車廂裡，王兆槐一直陪坐在韓復榘身邊。

李宗仁在回憶錄中寫道：「同日（十二日）下午（散會後），委員長在其歸德（應是開封）行轅召集一小規模的談話會。出席者僅委員長、程潛、白崇禧和我，共四人而已。大家方坐定，蔣先生便聲色俱厲地說，『韓復榘這次不聽命令，擅自行動，我要嚴辦他！』程潛應聲說，『韓復榘應該嚴辦！這種將領不辦，我們的仗還能打下去嗎？』白崇禧和我在一旁默坐，未發一言。」李在這裡顯然是要撇清自己與韓被誘殺的關係。

孫桐萱回憶散會後情形：「當天（十一日）夜間兩三點鐘，蔣伯誠忽然進來對我們說，『向方被扣了！』我們三人均大吃一驚。蔣伯誠對我說，『你走吧，蔣先生叫你去。』我同蔣伯誠走到門外，始知軍警已將我們住所包圍，氣勢洶洶地將我們攔住，不許出門。經蔣伯誠給侍從室錢大均打電話聯繫之後，始得出門。我到袁家花園見了蔣介石，蔣說，『韓復榘不聽命令，不能再叫他回去指揮隊伍。』我對蔣說，『他在北伐時期作戰有功，給中國出了很大的力。不過他個性太強，有不周到的地方，請委員長原諒他，無論如何留他的性命，不叫他指揮部隊，叫他休息休息也好，留在鈞座身邊，教他力改前非，以觀後效，或叫他出國』。蔣介石說，『好，好，考慮考慮，考慮考慮。』接著，他將幾條手諭拿出來交給我，說，『你當第三集團軍副總司令，曹福林當前敵總指揮，于學忠兼第三集團軍總司令，你聽于學忠指揮。你馬上回曹縣，整頓隊伍繼續抗戰。』蔣同時也召見了于學忠。我退出後，蔣伯誠、何競武（隴海鐵路局局長）同我乘汽車有去見李宗仁、白崇禧。李、白和方振武三人正在閒談，我請求他們在蔣介石面前為韓說情。李、白都很生氣，說韓不服從命令等。我一再要求他們念韓北伐有功，對韓多多包涵。李、白含糊其詞地勉強答應了。這時有個傳令兵告我說，鹿鍾麟幾次來電話找我，要我無論如何務必到他那裡見見面。我由李、白處辭出後，對蔣伯誠、何競武說，『鹿鍾麟找我，我去看看他。』蔣、何竭力阻攔，並說，『你千萬別去，如果你去，於你不利。』當時火車已準備好，蔣伯誠拉我到車站，同上火車，當夜返回曹縣。」

張宣武回憶散會後情形：「晚八時左右，我從宴會廳回到旅社住處。同來住的人差不多都沒在家，於是我也到一家電影院裡去看電影。晚九時左右，忽然停電了，據說全城的電燈都滅了，同時聽到外面大街上由北而來逐漸南移的不太稠密的槍聲。街上禁止通行。我在電影院裡待了約半小時，等到槍聲停止了，電燈復明了，就急忙回到住處，打聽剛才街上發生的事情。據目擊者說，約有四五十個帶手槍，背大刀的人（韓復榘的手槍隊），順著南門大街由北向南，且戰且走地向南關方向跑去。事先佈置在街道兩側的崗哨開槍截擊，但都不敢偎邊，後邊還有約一營人的兵力跑步追趕。究竟是怎麼回事，當夜無人摸清底細。十二日一早，人們互相奔相走告，紛紛傳說韓復榘於昨晚被捕並已押赴武漢云云。」

韓復榘的手槍隊因拚死抵抗被劉峙部隊消滅；韓的衛隊營被劉部包圍繳械。

十二日下午，蔣介石再次召集軍事會議。吳錫祺回憶當時情形說：「蔣又出來講話，隨即宣佈，『山東省主席兼第三集團軍總司令韓復榘違抗命令，擅自撤退，現在已經把他扣交軍事法庭訊辦』。當時到會的人，均為之愕然。宋哲元接著站起來，遲鈍地說，『韓復榘不聽命令，罪有應得。委員長原諒他是個粗人，沒有知識，請從輕判他』。隨後宋又回過頭來，請大家站起來為韓求情。當時前邊的一些人都站了起來。蔣介石連聲『嗯嗯，好好』，隨即散會。」

孫桐萱說：「據說第二天（十二日）蔣繼續開會，不但提出韓的罪狀，還說如果有人作戰不力，向後一跑數百里，均應重辦。宋哲元當時眼看著于學忠，兩人均立起給韓求情，請蔣從寬處理。」

張宣武說：「所有參加開封會議的人十二日下午照常聽取蔣介石的第二次訓話。至於在這次講話中蔣介石又講了些什麼，由於我未參加，不知其詳，但後來也聽說蔣介石在這次講話中曾經當眾宣佈韓復榘的四大罪狀，並云已經撤職查辦；同時還聽說宋哲元曾當眾向蔣介石為韓開脫講情。」

蔣介石扣押韓復榘後，又立即召見何思源。何回憶說：「蔣召見我，開口先問，『韓復榘扣留你多少教育經費』、『韓復榘是怎樣賣鴉片菸的』等等一些有關韓復榘的罪狀。我說，『韓復榘從未欠過教育經費，也並不賣鴉片。』」「我又說，『委員長派我在山東已經十年了，事沒作好，最好換個人。』蔣說，『沒有什麼，韓復榘不聽命令，他負責。以後山東還需要你留下。』」（何思源：〈我與韓復榘共事八年的經歷和見聞〉，《文史資料選輯》，第三十七輯，頁二二七）

韓復榘撤離濟南前，韓部軍法處向商會強派了一部分鴉片，勒索四五萬元，此即嗣後蔣介石給韓欽定的另一個罪名「勒派菸土」，即指此事。原來韓主魯期間，嚴厲禁毒，強制戒菸，歷年收繳的鴉片都保存在軍法處。後來有人反映，老年人戒菸太急受不了，往往致人死命，應考慮予以漸戒，對那些登記在冊的老年菸民，可以賣一些鴉片給他們。韓同意照此辦理。但後來因為登記的人不多，賣出的鴉片很少，直到臨撤退時，韓見也賣不了幾個錢，就通知軍法處不准再賣了。但軍法處處長魏漢章卻趁撤退混亂之機，向商會強派了一部分鴉片，勒索四五萬元。韓全不知情。（何理路：〈韓復榘在山東〉，《縱橫》，一九九二年第一期，頁四〇）

據說，韓復榘被羈押在武昌平閱路（今彭劉楊路）三十號，一說是在中正路（今解放路）二四三號，軍事委員會軍法執行總監部的一座二層花園小樓裡，韓住二層，特務住一層，生活上對韓尚優待，特務頭目王兆槐每天陪他聊天、下棋，但不准離開小樓，也不准與外界聯繫。（喬家才：《戴笠和他的同志》，臺灣中外圖書出版社，一九八五年，頁二三）亦有傳說，韓在武昌羈押期間「受到何應欽的優待，食以山珍，衣以輕裘。」（王華岑：〈馮玉祥與韓復榘過從瑣記〉，《人民政協報品牌週刊春秋集粹系列叢書》，二〇〇七年）此說為一家之言，姑妄聽之。

鄭洞國造訪韓夫人

由於特務嚴密監守，封鎖消息，韓復榘從一九三八年一月十一日開封被扣，到二十四日武昌被殺，其間十三天時間究竟發生過哪些事情，外界全然不知，至今仍是個謎。

一九八〇年代，時任河北大學教授的王維庭對韓復榘次子韓子華說，他在韓被羈押期間曾陪孫連仲去看望過韓一次。他當時擔任孫的秘書長，孫是韓在西北軍中最好的朋友之一。看望的地點就在武昌韓被羈押的小樓，孫上二樓與韓單獨談話，王在樓下等候。半個小時後，孫告辭從樓上下來，韓也走下來送客。只見韓很輕鬆地對孫說：「仿魯（孫字），你放心吧，我頂多就是回家種地去唄，沒什麼了不起的。」王見韓軍裝很整潔，氣色也很好。至於韓、孫在樓上都說了些什麼，王當然不知道。

這是韓復榘在武昌被羈押期間，唯一來自親歷者的敘事。

韓復榘在開封被扣之日，韓夫人高藝珍攜全家隨第三路軍家眷到達河南舞陽縣。高得到韓被扣消息之後沒幾天，時駐漯河的中央軍第二師師長鄭洞國突然乘汽車來舞陽，要求會見韓夫人。鄭見到高，先敬一個軍禮，然後彬彬有禮地說：「我是奉命來保護夫人的。」高請

圖186　第二集團軍總司令孫連仲

鄭進屋落坐，稍事寒暄後即吩咐隨員把攜帶的箱子全部打開，請鄭檢查。鄭連忙起身阻攔說：「這是從何說起，我是奉命來保護夫人的，千萬不要聽信謠言，請趕快把箱子收起來吧。」態度十分誠懇。高於是將攜帶的二十多把大小槍支請鄭驗收。鄭考慮了一下，說：「這些槍你們留之無益，反而會招來災禍。夫人既然這樣說，我帶走就是了。」最後，高又提出兩項要求：一是想帶著孩子去漢口見韓一面；二是身邊的警衛連是正規軍，他們希望重返抗日前線，請予放行。鄭沉吟良久方說：「請夫人諒解，我需回去請示，明天肯定給夫人答覆。」又說：「夫人還有什麼要求，請只管說，我一定照辦。」高說：「再沒什麼事了，感謝師長關心。」鄭臨行前又給高行一軍禮，即乘車而去。

翌日，果然一位參謀準時來見高藝珍，傳達鄭洞國的口信：第一，路上兵荒馬亂不安全，聽說韓主席令弟在西安，不妨請他代勞先去漢口，看看情況，夫人隨後再去不遲。第二，批准警衛連攜帶武器返回建制，並發給通行護照。明天即可開拔。

當時韓復榘次子韓子華十五歲，鄭洞國來到韓家時，他就站在身邊。一九八〇年代，鄭與韓子華會面，還說起當年在河南舞陽的往事。韓對鄭說：「當時是『監視』還是『保護』我就說不清了，但有一點可以肯定，當時的鄭師長對我們家眷絕對是尊重和友好的。」（韓子華：〈與鄭洞國的一段奇緣〉，《團結報》，一九九七年五月十四日）

事後，高藝珍請時在寧夏馬鴻逵處的韓復榘的二夫人紀甘青（紀與馬夫人是乾姊妹）在韓胞弟韓復彬陪同下先前往漢口。實際上，紀到漢口時，韓復榘已不在人

圖187　第二師師長鄭洞國

圖188　韓復榘遺屬（上海一九四〇年）

世。紀在第三路軍駐漢辦事處工作人員及前西北軍袍澤協助下，為韓辦理了後事。高藝珍始終未被允許前往漢口。所謂韓夫人高藝珍到武漢找馮玉祥，求其為韓在蔣介石面前為韓說項，被馮拒絕云云，純屬謠傳。

韓復榘去世後，他在西北軍的老友、曾任濟南市長、時任宋哲元第一集團軍中將兵站總監的聞承烈親自押著一列軍用火車趕到漯河，再轉乘汽車來到舞陽，接韓夫人一行去後方的西安。高藝珍一見到風塵僕僕的聞，只叫了聲：「聞大哥……」便哽咽住了。聞扭過頭去，把手一擺，頓時熱淚長流。聞冒著日機的不斷轟炸，用火車把高藝珍一家護送到西安。（韓子華口述歷史：《我的父親韓復榘》，中華書局，二〇一三年，頁一六一）

聞承烈是老西北軍人，「十三太保」之一，在其戎馬生涯中，長期從事「油水」很大的兵站工作，卻始終一貧如洗。一九五三年，聞攜眷來到北京，任中央文史館員，但苦無居所，又無錢租房，只能借住在郊區一位跟他多年的老廚子家裡，歷時數年之久。

一九六〇年某日，聞承烈走過北京西單大街，途遇張鈁（曾任國民政府軍事參議院副院長），二人在路邊交談片刻，當時張尚戴「右派」帽子一頂，於是便有人向聞的上級領導報告，指聞不能劃清界限。領

圖189　第一集團軍中將兵站總監的聞承烈

導找聞瞭解情況。聞忿然說：「我跟張鈁認識多年，路上碰見了，他要跟我說幾句話，我能在大街上踢他兩腳嗎！」領導聽了，一笑置之。

韓復榘與聞承烈從當營長起就結成莫逆之交。韓脫離西北軍後，馮玉祥每逢派人與他聯絡，聞必是第一人選。聞到山東任職後，韓對他極為尊重，請他擔任濟南市長，言必先稱「大哥」，每遇到重大事情，要先同聞及過之綱、葛金章商量。三位老友也毫不客氣，知無不言，言必由衷，有時意見不一，也會爭得面紅耳赤。

部屬的營救活動

孫桐萱回到曹縣後，正在歸德編練汽車兵團的劉熙眾接到張紹堂的電報也立即趕回曹縣。孫避開蔣伯誠，約省府李樹春、王向榮、張紹堂等省府委員；第三路軍高級將領曹福林、吳化文等；第三路軍總部劉書香、張鉞、劉熙眾等開會，研究營救韓復榘的辦法。與會人員均擔心韓的安全，心情都很沉重。曹福林埋怨韓的左右不應該讓韓去開會，至於具體如何營救，眾人也無萬全之策。孫說：「我們跟主席多年，都受過他的培養，要趕快營救才對得起他。」他主張一面打電報要求軍委會放韓，一面加緊抗戰，爭取立功，並說：「如果不行，即集結兵力在黃河邊，作強烈之抗爭。」（孫桐萱：〈韓復榘被扣前後〉，《文史資料選輯》，第五十四輯，頁一〇五）

與會者最後一致同意先給軍委會打電報，竭力保韓。張紹堂提議，應立即派人前往漢口，先探聽韓的情況，再設法營救。眾人一致推舉劉熙眾前往。劉義不容辭，立刻趕回歸德，把工作交給李鐵民團附代理，即搭車赴漢。會後張紹堂擬好電文並拍發。孫桐萱還不放心，又派張鉞攜款六萬元赴漢口活動高層，並囑如款項不夠，可繼續接濟。

孫桐萱召集的會議剛一結束，蔣伯誠即派李文齋（國民黨山東省黨部主任委員）前來打探會議內容（孫說係「曹福林全盤相告」），蔣伯誠隨即轉報蔣介石。

劉熙眾到達漢口，住在第三集團軍辦事處。據處長王愷如說，韓復榘被羈押在武昌，吃住均尚優待，只是不准與外人見面，其他情況還不明瞭。劉說：「我對此間情況全很生疏，只是認識馮（玉祥）先生和鹿（鍾麟）先生，其他方面你看怎麼樣？」王說：「其他方面全不能幫忙，只能打聽打聽消息，但真實情況也得不到，現在也只有找他們兩位。」

於是，劉熙眾立即去見馮玉祥，先向馮報告了韓被扣前後的情形，然後又說韓的種種作法不對，主要是指馮任第六戰區司令長官時與韓的衝突。劉最後說：「無論如何，他是先生一手培養的，還得請您想辦法救他。」馮說：「別說這些了。現在的問題是如何保全他的生命，我這幾天正為這事著急。我覺得應該從你們部隊本身去想辦法，專靠某一兩個人去講情，是沒有多大用的。」劉見馮的表現很誠懇，便辭出，再與王愷如一起去見鹿鍾麟（鹿剛從開封回漢口）。鹿說：「我和馮先生正為向方的事為難，你們打算怎麼辦呢？」劉把來漢口前大家開會商議的意見轉告，又把馮的意思說了，並徵求鹿的意見。鹿說：「不錯，韓向方再回軍隊怕是很難了。現在最重要的問題是先保住他的生命，馮先生的看法是對的。最好由你們部隊將領向蔣委員長表示一下，使他有所顧慮，最主要的，部隊要團結一致，不要被人分化，才有力量。你們自己研究研究吧，我和馮先生自然儘量想辦法，用不著說別的。」（劉熙眾：〈韓復榘被殺前後〉，《一代梟雄韓復榘》，中國文史出版社，一九八八年，頁二七一）

劉熙眾和王愷如回到辦事處，都認為無論是馮玉祥，還是鹿鍾麟對韓復榘都極為關切，他們的意見都很有道理。劉想到韓當團、旅、師長時，都是鹿一手提拔的，第三路的官佐也多是鹿的舊部，如果大家擁戴鹿把第三路軍帶起來，不但鹿高興，馮一定也喜歡，鹿的辦法很多，他到第三路軍不但可以推動馮救韓，而且對第三路全軍也是有利的。劉把這個想法告訴王，王也很同意。

翌日，劉熙眾和王愷如一起去見馮玉祥。劉對馮說：「我們打算由第三路將領出個電報，使蔣有所顧忌。我們還想到第三路著部分隊伍，自韓被扣，群龍無首，孫桐萱不一定能統帥得起來，內部一鬧分裂，即被人分化消滅。這個隊伍是先生一手訓練的，不能看著不管。這個隊伍是第一師的老底子，許多官佐是鹿總監（鹿時任執法總監）的舊部，他如果能去招呼一下，一定不成問題。先生你看怎麼樣？鹿總監是否能去？」馮笑了笑，說：「好，你們的辦法很好！至於瑞伯去帶這部分隊伍的事，還不是那麼簡單。一方面瑞伯是不是願意去。另一方面是將來如何去，人家是不是讓他去，均是問題。待我問問瑞伯再說吧。」（劉熙眾：〈韓復榘被殺前後〉，《一代梟雄韓復榘》，中國文史出版社，一九八八年，頁二七二）劉看馮的意思是很願意鹿去的，至於鹿能不能去，關鍵是第三路的將領歡迎不歡迎，蔣介石同意不同意。劉又將準備好的電報稿請馮再過目，作一些修改，意思是抗戰不力，不僅是韓的罪責，第三路將領都有責任，請分別予以應得的處分，今後自當服從命令，效忠委座，帶罪圖功，以贖前愆云云。

關於劉熙眾從漢口返回曹縣的交通工具問題，馮玉祥說：「坐客車去，恐怕耽誤時間。」後由鹿鍾麟要了一列專車，一個車頭掛兩節車廂，劉與鹿的副官長連夜趕到柳河，換乘汽車返回曹縣。

劉熙眾向孫桐萱報告漢口之行的經過，孫極滿意。至於那通經馮玉祥修改潤色過的電報，孫意等請各軍、師長過目，再商議定奪。

其實早在劉熙眾回到曹縣之前，馮玉祥已派其孫副官來到曹縣。孫副官見孫桐萱後大哭，說：「我是馮先生派來的，蔣委員長要殺韓主席，你們趕快通電擁護鹿先生當總司令。」孫桐萱說：「你們與曹軍長及各師長先談談，只要他們同意，我就辦。擁護鹿先生我是同意的。」（孫桐萱：〈韓復榘被扣前後〉，《文史資料選輯》，第五十四輯，頁一〇六）

與此同時，于學忠偕參謀長謝珂由蚌埠來到曹縣就任第三集團軍總司令，住了幾天就走了，留下參謀長及幾位參謀在曹縣第三集團軍總司令部辦公。

未幾，鹿鍾麟帶著參謀長張知行、參謀、副官和衛隊數十人來到曹縣孫桐萱的防區，住在金鄉吳化文的師部。吳通知孫：鹿總監來了。孫告吳：要請總監吃飯，酒席已備好。孫在等候鹿的時間，到隔壁與劉書香參謀長說話，並囑咐副官，鹿一到就叫他。不久，鹿乘車來到孫處，一進門見孫不在，扭頭就走。副官忙不迭說；孫軍長馬上就過來，請稍坐。鹿不答，徑直走了。副官立即報告孫。孫、劉趕緊出來迎接，鹿已不見人影。孫驅車追到金鄉，向鹿道歉。鹿沉著臉道：「請客嘛，主人不在家！」孫坐了半小時，話不投機，始告辭。鹿住了兩天也返回漢口。孫由此以為，鹿「似對我有隔閡」。

其實，鹿鍾麟為什麼一來就氣不順，孫桐萱最清楚。

第三集團軍的歸屬、去留，蔣介石早已安排妥當，豈容他人插手？連孫桐萱都坦承，「後來據李漢章對我說，他在韓被扣第二天，即接到蔣介石給他的親筆信，信內云，韓復榘不聽命令，由韓個人負責，其餘無關等語。足見蔣對第三集團軍其他將領，均直接有所拉攏。」（孫桐萱：〈韓復榘被扣前後〉，《文史資料選輯》，第五十四輯，頁一〇五）

劉熙眾在漢口與馮玉祥、鹿鍾麟醞釀第三路軍擁鹿之事，自然瞞不過蔣介石的耳目，嗣後有人說，劉漢口之行非但未能救韓，反促韓氏之死。劉亦感慨：「我自己也體會到，蔣之殺韓雖然已是定案，而我們的作法，也的確不夠審慎嚴密。」（劉熙眾：〈韓復榘被殺前後〉，《一代梟雄韓復榘》，中國文史出版社，一九八八年，頁二七三）

赴漢口活動救韓的張鉞亦返回曹縣，對孫桐萱說：「見到了何應欽、何成浚等人，他們都表示不敢說話。韓平常得罪人太多，無法再託別人。」（孫桐萱：〈韓復榘被扣前後〉，《文史資料選輯》，第五十四輯，頁一〇六）

其實，韓復榘在開封被扣的當晚，馮玉祥就從鹿鍾麟那裡得到消息。馮在震驚之餘，心情相當複雜。馮與韓結緣二十六年，個中恩恩怨怨，剪不斷，理還亂，有些事不要說外人難以度測，就是他們本人也未必說得清楚。因此，時下有些人就馮、韓關係說事，或以己度人，說三道四，或以訛傳訛，危言聳聽，實在有點可笑。至於一些以「親聞親歷」為名，編造故事，渾水摸魚，旨在達到某些個人目的之人，就另作別論了。

韓復榘被扣後，很多西北軍袍澤找到馮玉祥，請其為韓緩頰。馮與蔣介石共事多年，彼此都非常瞭解。馮斷定，韓這次落入蔣的手裡，必死無疑，任何援救的努力都是徒勞。馮此刻在最關心的，倒是韓身後的第三路軍之去向。

一九三八年一月十九日，針對許多西北軍袍澤請馮玉祥為韓復榘說項，馮身邊的隨從陳天秩向馮進言，「意謂對韓事應以民族國家之立場，向蔣先生表示。」簡言之，即促蔣殺韓。馮曰：「吾人際此局面之下，非實不得已時，不宜表示一言。設余謂韓可殺，蔣先生終必釋放，且將揚言余不念袍澤，險狠可畏；設余請為緩頰，則伊必將處決，而復謂余輕國家而重私情。故仍以沉默為是。」（《馮玉祥日記》，一九三八年一月十九日）

同日，有人攜第三路軍第五十六軍軍長谷良民及第二十二師副師長時同然致馮玉祥信各一封，請馮為韓事設法。（《馮玉祥日記》，一九三八年一月十九日）

一月二十日，蔣介石邀馮玉祥過江議事。鹿鍾麟及石敬亭謂馮：此行必是討論如何處置韓復榘事，最好迴避，派人代行即可。鹿過江謁蔣，蔣果然「詢以馮先生對向方事有何意見？鹿答：以委員長意見為意見。蔣復詢以，作何論呢？答以：救國者友，害國者仇。蔣先生甚然其言。」（《馮玉祥日記》，一九三八年一月二十一日）

一月二十一日，曾任馮玉祥秘書長的黃少谷見馮，說到韓復榘事。馮謂：「一，韓向方之事，事關重大，未便輕致說辭；二，如諸將能趁此時機出擊，獲勝固佳，即敗退而回，亦可恢復不戰之罪，亦即可救韓矣；三，如能就近擁鹿出而領導，則為最佳。」（《馮玉祥日記》，一九三八年一月二十一日）

一月二十二日，孫連仲在漢口見馮玉祥。馮當天日記如下：「孫連仲來會，談及韓向方事，請便中設法，勉盡朋友之義。我告以向方平日所為，功過自有定論，吾人不能予之挽回。」

據王華岑說，「谷良民迭電馮玉祥，請為韓復榘講情，望將韓釋放，讓他戴罪立功。馮為所動。有一天，馮正擬訪蔣，適鹿鍾麟來見，向馮報告審韓經過，告韓已判死刑。」馮乃作罷。（王華岑：〈馮玉祥與韓復榘過從瑣記〉，《人民政協報品牌週刊春秋集粹系列叢書》，二〇〇七年）查閱馮一月二十二日（韓復榘被殺前兩天）日記：「五時半，擬趨車赴蔣先生宴，出門遇鹿瑞伯先生，談審訊韓向方事已全部完竣，一俟匯呈蔣先生後，即能批示定案。」（《馮玉祥日記》，一九三八年一月二十二日）

傳說中的「高等軍法會審」

其實所有人都心知肚明，韓復榘的生死予奪其實就是蔣介石的一句話，但蔣還是想把事情搞得像那麼回事。一月十九日，蔣組織「高等軍法會審」機構，以軍政部長何應欽為審判長，軍委會執法總監鹿鍾麟、武漢行營主任何成浚為審判官，徐業道、賈煥臣為軍法官。同時，國民黨中央通訊社發表一則電訊：

軍息，第□戰區副司令長官、第□集團軍總司令兼第三路軍總指揮韓復榘，此次不遵命令，擅自撤退，蔣委員長異常震怒，並韓在魯勒派菸土、強索民捐、侵吞公款、收繳民槍，種種不法，實屬罪大惡極，已於十一日在前方令將韓氏革本兼各職，交軍法執行總監部依法懲治，聞現已組織高等軍法會審，開始審判中。（《掃蕩報》，一九三八年一月二十日）

由於當局一貫崇尚保密，時隔六、七十年仍不肯或不敢解密檔案，加之當事人皆對此諱莫如深，守口如瓶，因此「會審」究竟審幾次，有無旁聽，有無辯護，被告是否認罪，當庭宣判與否等等，一概秘而不宣。好在所謂「會審」本來就是作秀，大家都知道是怎麼回事，也沒人去深究。

圖190　軍政部長何應欽（左）、軍委會執法總監鹿鍾麟（中）、武漢行營主任何成浚（右）

官方說，「數度開庭審訊」，無據可查，不詳；有人說，僅二十二日下午審訊一次，既然走過場，一次足矣；還有人說，根本就沒審！說這話的不是別人，正是「原告」之一李宗仁。（唐德剛：《李宗仁回憶錄》下冊，廣西人民出版社，二〇〇五年，頁七一四）

姑按「一次審訊」說，也有幾種版本：

「馮玉祥說」：此說源自馮氏一月二十二日日記。馮「五時半，擬趨車赴蔣先生宴，出門遇鹿瑞伯先生，談審訊韓向方事已全部完竣，一俟匯呈蔣先生後，即能批示定案。當審訊之際，鹿曾詢以，究以委員長據守濟南之命令在先，抑或李司令長官令其退卻之電在先？是本予彼以減輕處分之一線途徑，而韓竟答以委員長命令在先；復詢以，聲言將退漢中果有其事否？設彼矢口否認，當亦稍減罪名，而彼亦毫不掩飾，又謂彼僅戲言耳。似此他人亦無能為其盡力矣。」（《馮玉祥日記》，一九三八年一月二十二日）

「孫桐萱說」：此說出自孫的一篇回憶文章，稱：「會審後有人見鹿（鍾麟），鹿說主審人是何應欽，並舉了何、韓問答的三件事：（一）何問韓，『你有兩個老婆，為何還娶日本女人？』韓愕然，說，『那是沈鴻烈（青島市長）、葛光庭（膠濟路局長）他們與我開玩笑，叫過日本條子，逢場作戲。』（二）何問，『政府三令五申禁鴉片菸，你為什麼還賣菸土？』韓說，『那是宋明軒（宋哲元）老早送給我的一千兩，家裡女人們存著的。』（三）何問，『山東民團槍支，你為何擅自收編？』韓說：『那也許是民團指揮張驤武、孫則讓、趙明遠他們辦的吧！』鹿鍾麟在說完這段問答後，頓足嘆惜說，『這不是逐條承認又是什麼！真像小孩子一樣！』」（孫桐萱：〈韓復榘被扣前後〉，《文史資料選輯》，第五十四輯，頁一〇七）

「傅瑞瑗說」：傅在一九九〇年代曾發表一篇回憶文章說：「有一次，我向鹿（鍾麟）問起韓復榘臨終前的事。鹿向我說明，審判韓沒有經過正式的開庭手續，事先一些軍法官去見韓，詭稱為韓先生相面、算命，問韓何時入伍，過去的經歷等等。韓也明白這些來歷不明人的用意，一律有問必答。這些記錄下來就算是韓在法庭上的口供。開庭時，何應欽任審判長、何成浚、鹿鍾麟任副審判長。何先請韓坐下。韓笑問，『今天這裡還有我的座位嗎？』然後一位軍法官起立宣讀韓的『罪狀』與『口供』。何問韓還有什麼話說。濟南失守後，第三集團軍為何一退再退，不節節抵抗？韓說，『敬之兄，我們都是帶兵的人，不能說外行話。兵敗如山倒，節節抵抗，又談何容易呢！』這時又有軍法官慷慨激昂地說，韓某某所作所為，形同漢奸。鹿反駁道，『可以說韓向方作戰不力，但絕不能冠之以漢奸的名義。』最後，正、副審判長都在記錄上蓋了章，『審判』至此結束。」（傅瑞瑗：〈韓復榘舊事〉，《縱橫》，一九九一年，第二期，頁四〇—四一）

傅瑞瑗早年參加西北軍，追隨韓多年，北伐後赴英國學習空軍，抗戰前回中國，服務中央空軍，一九四九年赴台，退役前任台防空炮兵司令，授空軍中將銜。傅居住臺北期間，其宅邸與石敬亭宅邸僅一牆之隔，二人時有過從，以上三說，追根溯源，皆出自鹿鍾麟之口，因無佐證，暫存疑。其中「馮玉祥說」與「孫桐萱說」無非是要告訴世人，鹿不是不幫忙，只怪韓自己亂說話，鹿只有「頓足歎息」的份了。

鹿鍾麟日後寫了不少回憶西北軍的文史資料，但絕口不提「會審」之事。鹿在西北軍時代，有六年時間都是韓復榘的直接上司，無怪乎他常對人說：「韓向方是我的人」。蔣介石之所以指定鹿審訊韓，就是要以此避「排除異己」之嫌；鹿之所以對人如此道來，也是希冀得到西北軍袍澤及第三路軍將領的諒解。

一言不發說：「在法庭上，韓訊問之下，只昂首微笑，一句也不答覆，也不請求寬恕。」（王一民：〈關於韓復榘統治山東和被捕殺的見聞〉，《文史資料選輯》，第十二輯，頁七六）會審尷尬收場。此種說法流傳甚廣，被眾多文獻所採用，雖無可靠佐證，卻也符合韓的性格，於情於理也說得通：在危機四伏的政治博弈中落敗，就要認輸，如今人為刀俎，我為魚肉，夫復何言！

一九三八年一月二十五日，《掃蕩報》發表了中央通訊社的一條消息：

韓復榘既於本月（一月）二十四日執行槍決，特將判決書摘錄如下：

國民政府軍事委員會高等軍法會審判決，被告韓復榘，男，四十七歲，河北霸縣人，山東省政府主席、第□戰區副司令長官、第三集團軍總司令、第三路軍總指揮、陸軍上將。被告因不尊命令，擅自撤退等情一案，經本會高等軍法會審審理終結，判決如下：

（主文）韓復榘不奉命令，無故放棄濟南及其應守之要地，致陷軍事上重大損失，處死刑，褫奪公權終身。

（事實）被告韓復榘，原充，山東省政府主席、第三路軍總指揮，任為陸軍上將。二十六年抗日軍興，兼任第三集團軍總司令，嗣敵南犯，戰局演變，中央為策應抗戰便利起見，復任被告兼充第□戰區副司令長官。被告並不盡其守土職責及抵抗能事，對本會委員長相互二電飭出師應援德州及進擊滄州，牽制敵軍之命令，均不遵奉；復因敵軍渡河，擅先放棄濟南，撤退泰安，委員長繼令該被告堅守魯南防地，又不奉命令，節節後退，迄魯西濟寧，後敵軍跟蹤侵入，陷軍事上重大損失。該管長官等先後分電檢舉，並以被告別有借勢勒派菸土、強索民捐、侵吞公款、收繳民槍等情事，一併檢報到會，經委員長飭將被告，拿訊辦。

背後槍聲響起

韓復榘是一九三八年一月二十四日在其被羈押的小樓裡遭槍殺的，準確地說是暗殺，因為當局採用的是黑暗的特務手段。當時現場發生的一幕，沒有目擊者的報告，有的只是傳聞。不過各種傳聞大抵一致，或許比較接近事實，這裡姑從其說。

是日晚七時，兩名特務上樓對韓復榘說：「何部長找你談話，請跟我們走。」韓起身欲走。特務問：「家裡有沒有事？你寫信我們可以送到。」韓說：「我沒有家。」隨即下樓。韓走到樓梯中間拐彎處，發現樓下已佈滿荷槍實彈的特務和軍警。韓對前面領路的特務說：「我的鞋小，有點擠腳，回去換雙鞋……」遂轉過身去，剛要上樓，背後槍聲大作。韓回過頭，只說了聲：「打我胸……」便倒在血泊中。

幾乎所有的傳聞都確認：韓復榘身中七槍，不過有說頭部中二彈，身體中五彈；有說全部擊中胸部。韓的家眷為韓開棺料理遺體時，劉熙眾及第三集團軍第二十二師軍醫處長姜墨林等也在現場，後來劉、姜分別撰文述及此事，皆證實韓「身中七槍，都在胸部」。韓的家眷也作如是說。不過，由此又引出一段傳聞，說是蔣介石事先已囑令劊子手不要打韓頭部，因為他是二級上將，又是一省主席云云。

次日，時任軍委會軍令部長的徐永昌在日記中寫道：「今日任何報紙未看，以紀念韓向方也。」

（《徐永昌日記》，團結出版社，二〇一四年，一九三八年一月二十四日）

托體雞公山

劉熙眾在曹縣聽說韓復榘在武昌被槍殺，驚愕之餘，在徵求孫桐萱同意後，趕赴河南舞陽縣，陪同韓的二夫人紀甘青赴漢口，為韓料理後事。

一九三八年一月二十四日，即韓復榘被殺之當日，馮玉祥「下午四時三刻驅車赴蔣，談話如下……（與韓事無關）。五時三刻談畢，即驅車歸來。」（《馮玉祥日記》，一九三八年一月二十四日）

一月二十五日，馮玉祥接見張鉞、王愷如：「十二時，山東省委張鉞、王愷如來，請余為之探詢韓主席屍首之所在，擬前往收殮，未知可否。我立即電詢賀主任耀祖，經多方探詢，始知已入殮，停於武昌長春觀。」（《馮玉祥日記》，一九三八年一月二十八日）

劉熙眾曾撰文記述他到武漢的一段見聞：「（我）到後去見馮（玉祥），馮這次見我，表示出很難過的樣子，開頭說，『你回來啦，人家這一手真毒，沒想到這麼快！你快去看看他的屍體怎麼辦，其他的事回頭再談吧。』我說，『韓的家眷也來了，打算領回安葬。』馮說，『在國難期間，他又是這樣死的，可不要鋪張，快去辦吧。』我回到辦事處，王愷如已辦妥了由家屬領屍的手續。第二天我們同紀甘青赴武昌長春觀領屍，我們原先以為

圖191　武昌長春觀

收殮得一定很壞，打算另換一套衣服棺木，到後才知道一切裝殮是按上將待遇，棺木並不壞。我們打開棺木看了看，身中七槍，都在胸部，血跡已代洗淨，衣服也很好，大家商議，已無再換的必要，只另加上一個綢子苫單，蒙蓋全身，復將棺木蓋上。聽說，在韓被槍斃後，馮、鹿派人代為照料收殮。我再去見馮，報告為韓領屍的情形。馮問，『打算葬在哪裡？』我說：『決定先葬在雞公山，戰事過後，他的家屬還要運回北方安葬。』馮說，『很好。』後又談到我回山東的情況，我說『我回去不兩天，孫桐萱答應邀集各軍、師長研究發電的事，想不到他們還沒來齊，即接到這方面的消息，我馬上就趕回來了。孫桐萱處在蔣伯誠的控制下，他沒有敢作敢為的魄力，所以事情沒有辦好。』馮說，『瑞伯對韓的事盡了很多力。審判時，他想為向方設法開脫，沒想到一切辦法終歸無效。很多人私下裡說，這是對雙十二事件的報復，看來是頗有道理的。』」—（劉熙眾：〈韓復榘被殺前後〉，《一代梟雄韓復榘》，中國文史出版社，一九八八年，頁二七三）

馮玉祥在日記中所述與劉熙眾說法無大出入：「十二時半，劉熙眾、潘蘊玉來，劉說，一，日前銜命，赴前方與諸將領談及對請鹿先生主持全域事，諸人皆表贊同，一切電文函稿俱往草就。後韓主席伏法之消息業已傳來，諸人皆痛苦（哭）流涕，然無可如何。行抵曹縣，則于學忠已應第三集團軍職，諸人為聽命計，不得不暫事服從。二，屍體聞現存長春觀，可否赴彼料理，或先擇地暫厝。我告以屍體事可俟其家屬來再行料理。」—（《馮玉祥日記》，一九三八年一月二十八日）

有資料說，韓復榘的棺木是由何成浚購買的，也有說是鹿鍾麟購買的，當然最終掏腰包的還是蔣介石。據韓的親屬說，韓的棺木很大、很重、很考究，通身黑色，前面有朱色木雕文飾。

韓復榘的靈柩暫厝長春觀。長春觀是武昌一座著名的道觀，距韓遇難的地方很近。那個時代的風俗，人去世了，下葬前大都將靈柩暫時停放在寺廟或道觀。

韓復榘的二夫人紀甘青與韓的五弟韓復彬（字子中）在劉熙眾、張鉞、王愷如等陪同下前往長春觀為韓處理後事，軍醫處長姜墨林代表正在前線的第二十師師長谷良民也隨同前往。據姜氏其後撰文回憶說：「韓復榘的棺木停放在長春觀的一間空屋中，棺木前小桌上有用黃裱紙折疊成的一個牌位，上書『故魯主席韓公向方之位。』」（姜維翰：〈韓復榘之死〉，《青島市文史資料》第二輯，頁四〇）他們一行原本已準備好了更換的壽衣、被褥，見一切已裝殮得很整齊，頭面部亦無傷痕，就只由紀夫人用手巾為韓淨了面，將準備的壽衣覆蓋在遺體上，並在棺外做了副棉棺套。

弔唁期間，親朋故舊為避嫌，不敢前往，場面自然十分冷清，只有韓復榘的摯友、時任第二集團軍總司令的孫連仲全副戎裝前來鞠躬致祭，並送來花圈。姜墨林也代表谷良民送來花圈。

孫連仲於一九六〇年二月至一九六一年十一月間，在臺灣作口述歷史，其中有一段關於韓復榘之死的回憶。他說：「我率部在靈寶渡河，開往洛陽，這時李宗仁在徐州佈防，韓復榘將自己的部隊撤到南陽一帶。在開封開會時，韓被扣，所帶特務營亦被繳械，內情如何，我一點都不知道，後解往漢口，被判死刑。我到洛陽，錢大鈞告訴我此事，我感到很難過。」（劉鳳翰編：〈孫連仲口述歷史·徐州會戰〉，《孫連仲先生年譜長編》，國史館，一九九三年，第四冊，頁一二三九）

由於韓復榘生前多次前往雞公山，對那裡的自然景致情有獨衷，加之雞公山又在孫連仲的防區之內，便決定暫時將韓的靈柩安葬在那裡的蒼山雲海之間，俟戰事結束後再遷回北方。

墓地是由鹿鍾麟和孫連仲一起勘定、購買的，地點在雞公山南崗風景區一處松柏成蔭的山崖下面。韓復榘的靈柩用火車從武昌運到武勝關，再用汽車拉到雞公山。下葬那天時屆中午，天降大雪，萬籟無聲，「千山鳥飛絕，萬徑人蹤滅」，突然間，一陣響器聲打破死一般的寂靜，在寒山遠樹之間，但見一隊送殯儀仗及一具由數十人抬著的巨大棺木沿山道向墓穴緩緩行進，兩乘藍呢小轎緊隨其後，紙片夾雜著雪片漫

圖192　雞公山遠眺

圖193　雞公山韓復榘衣冠塚

天飛舞……

傍晚時分，在一座三尺見方的新土墳前豎起一通簡樸的青石碑，上書「韓公向方之墓」。

親戚或余悲，他人亦已歌。死去何足道，托體同山阿。

——陶淵明〈挽歌〉

全部殯葬活動皆由孫連仲主持。

一九五四年，韓復榘的靈柩由其家人遷葬到北京西郊香山腳下的萬安公墓，黑色的大理石墓碑上鐫刻著「韓復榘」三個大字，下邊是「一八九〇—一九三八」。

圖194　北京萬安公墓

圖195　韓復榘、高藝珍夫妻合葬墓

結語

蔣介石為什麼要殺韓復榘，幾十年來，一直是人們熱議的話題。要討論這個問題，首先必須明確，韓復榘究竟有沒有犯罪？

在「高等軍法會審」對韓復榘的判決書中，把「不遵命令，擅自撤退」規定為韓的主要罪狀，應該說是無可非議的，因為韓的確沒有遵照大本營的命令去「死守泰安」。「軍人以服從命令為天職」，這是常識，古今中外，概莫能外，更何況這是一場民族戰爭！

至於判決書中所謂「勒派菸土、強索民捐、侵吞公款、收繳民槍」等罪名，不過是刑名師爺的文字遊戲，不足與論。

人們之所以指蔣介石槍殺韓復榘有「消滅異己」、「挾私報復」之嫌，即在他的雙重標準。

李宗仁在其回憶錄裡寫到武漢保衛戰，他說：「武勝關失守，亦由於第一軍軍長胡宗南不聽調遣所致。我抵樊城後，便呈報中央，要求嚴懲胡宗南。孰知此電報竟如石沉大海，永無反響。於是，武勝關一帶失守的責任問題，亦不了了之。」當時李仍是第五戰區司令長官，胡宗南和韓復榘一樣也受李節制，也是「不聽調遣」，李也曾「呈報中央，要求嚴懲」，怎麼就「石沉大海，永無反響」了呢？李得出結論：「於此可見中央政府的治軍、治政，全以人為依歸。凡中央『嫡系』部隊，或與中央可以發生『通天』關係的，因不聽將令，不受指揮而失城失地的，都可不了了之。」（唐德剛：《李宗仁回憶錄》下冊，廣西人民出版社，二〇〇五年，頁七六四）

韓復榘歿後，馮玉祥在漢口對劉熙眾說：「很多人私下裡說，這是（蔣介石）對雙十二事件的報

復，看來是頗有道理的。」（劉熙眾：〈韓復榘被殺前後〉，《一代梟雄韓復榘》，中國文史出版社，一九八八年，頁二七四）

梁漱溟於一九八〇年代接受美國人艾愷採訪時，曾就韓復榘的死因作如下解釋：「韓在無意中得罪了蔣（介石），所以蔣把他槍斃了。怎麼得罪蔣呢？就是西安事變。不是蔣被扣嗎？蔣被扣的時候，陝北的中共方面周恩來到了西安了，蔣被扣起來，好像要商量對蔣怎麼樣。這個時候各省的軍閥互相派代表商量，一得到這個消息，得到蔣被扣了消息了，商量怎麼樣子……韓答覆一個電報到西安，他就提議說，怎麼樣處分蔣，我們大家開會商量。這樣一個主張不利於蔣，共同商量對蔣如何嘛。可是這個電報出去之後，蔣已經出來了。蔣看見這個電報，『我一向對你很好嘛，你怎麼還要這樣子？』所以他心裡恨這個韓。韓這個電報走晚了，韓發電報，他已經出來了。所以後來是韓被蔣槍斃的。」（〔美〕艾愷採訪，梁漱溟口述：《這個世界會好嗎》，外語教學與研究出版社，二〇一〇年，頁二〇五）

梁漱溟接受汪東林採訪時說：「蔣介石藉此殺了韓復榘，是殺一儆百，還是消滅異己，史家評論，都認為是重在後者，我以為是有道理的。」（汪東林：〈梁漱溟問答錄〉，《人物》一九八六年，第六期，頁五一）

臺灣歷史學家李敖說：「韓是抗戰期間被處決的集團軍司令一級的將領，歷史上曾有反蔣（介石）記錄，所謂因違反軍紀而遭處決，恐怕大有公報私仇的成分。而抓人處決不是經由正當的軍事法庭審理，而是由戴笠用特務手段來處理的，死罪與否，全憑蔣介石手批。」（李敖：《蔣介石所謂領導抗戰的真相》）

外間還有一種傳說，即馮玉祥亦主張殺韓復榘，主要依據是馮在擔任第六戰區司令長官時，曾寫信給蔣介石告韓的狀，又據說馮曾在私下說過一些狠話。

原西北軍人、後任臺灣空軍中將的傅瑞瑗在其回憶文章裡是這樣說的：「還有一種說法，即韓（復榘）的死是馮（玉祥）借刀殺人的結果。馮聽到這種話後，流淚了。馮說，『我又不是真正的領袖，人家要殺韓向方，我不讓殺，人家能聽我的嗎？韓向方是我一手培植起來的，一個做父兄的，眼看自己的子弟被人一刀為快，我是什麼心情？散佈這種流言的人真是居心叵測！』」（傅瑞瑗：〈韓復榘舊事〉，《縱橫》，一九九一年，第二期，頁四一）

曾參與辦理韓復榘後事的第三集團軍二十二師軍醫處長姜墨林其後撰文說：「當筆者到武昌謁馮（玉祥）時，見馮面帶愁容，長歎不已。左右人說，『馮自韓死後已三天不見客了。』」（姜維翰：〈韓復榘之死〉，《青島市文史資料》，第二輯，頁四〇）

韓復榘的親信劉熙眾說：「馮對韓的態度，由韓被捕至死，是可看得清楚的。至於外間所傳，馮亦主張殺韓，完全是蔣方放出的一種空氣，絕對不是事實。」（劉熙眾：〈韓復榘被殺前後〉，《一代梟雄韓復榘》，中國文史出版社，一九八八年，頁二七三）

傅瑞瑗就韓復榘之死又說：「還有一種說法，即蔣（介石）本不想對韓採取如此嚴厲的手段，都是李宗仁施加的壓力。」（傅瑞瑗：〈韓復榘舊事〉，《縱橫》，一九九一年，第二期，頁四一）

韓復榘歿後，社會上出現一種傳聞，即韓與四川劉湘聯合，「密謀倒蔣」，即劉之川軍封閉蔣介石入川之路；韓復榘之魯軍撤至南陽、襄樊、漢中，以附蔣軍之背，對蔣形夾擊合圍之勢，同時通電聯合倒蔣。不料事洩，韓在武昌被殺，三天後，劉死在漢口醫院。

由於都是傳聞，因此版本極多：有說是劉、韓兩家聯合；有說是劉、韓、宋（哲元）三家聯合；白崇禧則說，韓欲去漢中與西北「五馬」聯合，隻字不提劉、宋；有說聯合之後要「宣佈獨立」；有說聯合的目的是「倒蔣」；有說聯合的目的是「和日」加「倒蔣」。

對此，山東大學歷史文化學院院長兼歷史系主任、民國史專家呂偉俊教授在其所著《韓復榘傳》一書中，就所謂韓復榘「密謀倒蔣」之傳聞表達了自己的看法：「韓密謀倒蔣，從韓蔣關係的歷史淵源及他們抗戰後的新摩擦來看，有其一定的歷史必然性；但從當時全國抗戰的形勢和韓的膽識及其當時的實際能力來看，又似未必，況且傳聞畢竟是傳聞，並無確鑿材料加以佐證。」（呂偉俊：《韓復榘傳》，山東人民出版社，一九九七年，頁三六七）

一九三八年夏，國民黨在漢口召開特別代表大會，何思源遇見何應欽，談起韓復榘被殺的事。「何說，韓復榘被槍斃，主要是因為他不聽命令，擅自撤退，影響軍心。何又說，韓太剛愎自用，特別是得罪了李宗仁。李宗仁告韓不聽命令，主要是兩個電報，一個是『全面抗戰，何分彼此』；第二個是『南京不守，何守泰安』。」何思源認為，「何應欽的話是頗為符合實際情況的。」（何思源：〈我與韓復榘共事八年的經歷〉，《文史資料選輯》，第三十七輯，頁二二八）

國家圖書館出版品預行編目(CIP) 資料

韓復榘全傳/韓宗喆著. -- 初版. -- 臺北市 : 元
華文創股份有限公司, 2022.06
面 ; 公分

ISBN 978-957-711-258-3 (平裝)

1.CST: 韓復榘 2.CST: 傳記

782.886 111006252

韓復榘全傳

韓宗喆 著

發 行 人：賴洋助
出 版 者：元華文創股份有限公司
聯絡地址：100 臺北市中正區重慶南路二段 51 號 5 樓
公司地址：新竹縣竹北市台元一街 8 號 5 樓之 7
電 話：(02) 2351-1607 傳 真：(02) 2351-1549
網 址：www.eculture.com.tw
E-mail：service@eculture.com.tw
主 編：李欣芳
責任編輯：立欣
行銷業務：林宜葶
出版年月：2022 年 06 月 初版
定 價：新臺幣 620 元

ISBN：978-957-711-258-3 (平裝)

總經銷：聯合發行股份有限公司
地 址：231 新北市新店區寶橋路 235 巷 6 弄 6 號 4F
電 話：(02)2917-8022 傳 真：(02)2915-6275